普通高校“十三五”规划教材·工商管理系列

市场营销学教程

刘治江 ◎ 编 著

清华大学出版社

北 京

内 容 简 介

本书系统地论述了市场营销的基本概念、原理和方法，全书分四篇十六章，每章前有学习目标、营销故事和引例，章中配有小链接、新视角和阅读资料，章后还有本章提要、关键词（中英文对照）、复习与思考、研究与讨论、实践演练、营销模拟、本章案例及讨论题，既有时代性和趣味性，更有实战性，丰富了学习资源，以便进一步深化学习内容、体验营销实践、提升营销能力。

本书适用于准备从事市场营销工作或已经从事营销工作的人们，包括经济管理类本（专）科学生、MBA 学生和各类营销人员。

图书在版编目(CIP)数据

市场营销学教程 / 刘治江编著. —北京：清华大学出版社，2017（2022.9重印）
（普通高校“十三五”规划教材 . 工商管理系列）
ISBN 978-7-302-46206-4

Ⅰ. ①市… Ⅱ. ①刘… Ⅲ. ①市场营销学－高等学校－教材 Ⅳ. ①F713.50

中国版本图书馆 CIP 数据核字（2017）第 013850 号

责任编辑：吴 雷
封面设计：汉风唐韵
版式设计：方加青
责任校对：宋玉莲
责任印制：沈 露

出版发行：清华大学出版社
网 址：http://www.tup.com.cn，http://www.wqbook.com
地 址：北京清华大学学研大厦 A 座 **邮 编**：100084
社 总 机：010-83470000 **邮 购**：010-62786544
投稿与读者服务：010-62776969，c-service@tup.tsinghua.edu.cn
质 量 反 馈：010-62772015，zhiliang@tup.tsinghua.edu.cn
印 装 者：天津鑫丰华印务有限公司
经 销：全国新华书店
开 本：185mm×260mm **印 张**：20.5 **字 数**：480 千字
版 次：2017 年 3 月第 1 版 **印 次**：2022 年 9 月第 4 次印刷
定 价：49.80 元

产品编号：071085-02

前　言

市场营销学是一门以经济学、行为学、管理学和现代科学技术为基础，研究以满足消费者需求为中心的市场营销活动及其规律的综合性应用科学。管理大师彼得•德鲁克指出：顾客是企业得以生存的基础，企业的目的是创造顾客。市场营销和创新，是企业的两个基本职能。其中，营销是企业与众不同的、独一无二的职能。市场营销融思想性、理论性、实践性和方法性于一体，既要传授营销的基本知识，更要培养和提升营销者的基本技能。本书以培养高素质、创新型人才为目标，以传授营销知识为基础，以提升营销能力为本位，兼顾知识、技能与应用的统一，力求体系完整、内容简明、结构新颖、学研结合、注重应用、强化实践。

本书特点包括：

（1）系统性。由浅入深，分量适中，结构合理，全面系统地介绍市场营销的基本概念、理论和方法；

（2）科学性。采用定性与定量相结合的方法，准确地阐述市场营销原理，充分体现市场营销学科的科学性；

（3）前瞻性。阐述市场营销学的最新理论及其发展，充分考虑到21世纪市场营销环境的新发展，超前预判信息化社会给市场营销带来的新机会和新挑战；

（4）实践性。在充分借鉴国内外市场营销学最新成果的基础上，面对中国企业市场营销实践的现实，论述了市场营销的基本概念、原理和方法，使读者容易掌握、消化、吸收和应用。对各章节的重点难点问题都配有相应的案例，使读者在学习市场营销理论与原理的同时，借助这些案例深入思考营销实践领域中的问题。

本书分四篇十六章，每章正文前配有学习目标、营销故事和引例，章中配有小链接、新视角和阅读资料，章后还有本章提要、关键词（中英文对照）、复习与思考、研究与讨论、实践演练、营销模拟、本章案例，既有时代性和趣味性，更有实战性，丰富了学习资源，以便进一步深化学习内容、体验营销实践、提升营销能力。

本书适用于准备从事市场营销工作或已经从事营销工作的人群，如经济、管理、商科类本（专）科学生、MBA学生和各类营销人员。本书在写作过程中，参阅和引用了许多市场营销学的教材、研究成果和案例，在此谨向各位作者表示衷心的感谢。同时，感谢清华大学出版社对本书出版的大力支持和帮助。由于本人水平所限，欠妥和不足在所难免，谨请广大读者批评指正。

刘治江

2016年12月

目　录

第一篇　导　论

第二篇　市场营销分析

第三篇 市场营销战略

第四篇 营销组合策略

第一篇　导　论

第一章　市场营销概述

顾客是企业得以生存的基础，企业的目的是创造顾客。市场营销和创新是企业的两个功能。

——彼得·德鲁克

从本质上说，营销就是一门吸引和留住有利可图顾客的艺术。

——菲利普·科特勒

学习目标

知识目标

1. 市场营销及其相关概念；
2. 市场营销职能；
3. 市场营销学的产生和发展；
4. 市场营销理念的变化过程；
5. 市场营销的基本理论。

能力目标

1. 理解市场营销的任务及其重要意义；
2. 掌握市场营销学的内容体系、研究方法；
3. 深刻领会顾客让渡价值的意义；
4. 正确理解顾客满意和顾客忠诚的含义；
5. 理解、掌握和运用市场营销的基本理论。

营销故事

有一家生产木梳的公司，为扩大经营规模，决定高薪招聘营销主管。广告一打出来，报名者云集。面对众多应聘者，老板说："相马不如赛马，为了能选拔出高素质的人才，我们出一道实践性的试题：请想办法把木梳尽量多地卖给和尚。"绝大多数应聘者感到困惑不解，甚至愤怒：出家人要木梳何用？这不明摆着拿人开涮吗？于是纷纷拂袖而去，最后只剩下三个应聘者：甲、乙和丙。老板交代："以10日为限，届时向我汇报销售成果。"

10日后，老板问甲："卖出了多少把？"甲答："卖出了1把！"老板又问："怎么卖的？"甲讲述了历尽的辛苦，游说和尚应当买把梳子，无甚效果，还惨遭和尚的责骂，好在下山途中遇到一个小和尚一边晒太阳，一边使劲挠着头皮。甲灵机一动，递上木梳，小和尚用后满心欢喜，于是买下了一把。

老板问乙："卖出了多少把？"乙答："卖出了10把！"老板又问："怎么卖的？"

乙说他去了一座名山古寺，由于山高风大，进香者的头发都被吹乱了，他找到寺院的住持说："蓬头垢面是对佛的不敬。应在每座庙的香案前放把木梳，供善男信女梳理鬓发。"住持采纳了他的建议。那山有十座庙，于是买下了10把木梳。

老板再问丙："卖出了多少把？"丙答："卖出了1 000把！"老板惊问："怎么卖的？"丙说他到一座颇具盛名、香火极旺的深山宝刹，朝圣者、施主络绎不绝。丙对住持说："凡来进香参观者，多有一颗虔诚之心，宝刹应有所回赠，以做纪念，保佑其平安吉祥，鼓励其多做善事。我有一批木梳，您的书法超群，可刻上'积善梳'三个字，便可做赠品。"住持大喜，立即买下1 000把木梳。得到"积善梳"的施主与香客也很是高兴，一传十、十传百，朝圣者更多，香火更旺。

引例

麦当劳——特许经营的典范

1955年，52岁的克劳克以270万美元买下了理查兄弟经营的7家麦当劳快餐连锁店及其店名，开始了他的麦当劳汉堡包的经营生涯。经过多年的努力，麦当劳快餐店取得了惊人的成就，目前它已成为世界上最大的食品公司，麦当劳快餐店已遍布世界大多数地区。麦当劳金色的拱形"M"标志，在世界市场上已成为不用翻译即懂的大众文化。

麦当劳公司是怎样取得如此瞩目的成就呢？这要归功于公司的市场营销理念。公司知道一个好的企业国际形象将对企业市场营销起到巨大的作用。所以其创始人克劳克在努力树立企业产品形象的同时，更着重于树立良好的企业形象，塑造了"M"标志的金色形象。当时市场上可买到的汉堡包比较多，但是绝大多数的汉堡包质量较差、供应顾客的速度很慢、服务态度不好、卫生条件差、餐厅的气氛嘈杂，消费者很不满意。针对这种情况，麦当劳的公司提出了著名的"Q""S""C"和"V"经管理念，"Q"代表产品质量"quality"，"S"代表服务"service"、"C"代表清洁"cleanness"，"V"代表价值"value"。他们知道向顾客提供适当的产品和服务，并不断满足不断变化的顾客需要，是树立企业良好形象的重要途径。

麦当劳公司为了保证其产品的质量，对生产汉堡包的每一具体细节都有着详细具体的规定和说明，从管理经营到具体产品的选料、加工等，甚至包括多长时间必须清洗一次厕所、煎土豆片的油应有多热等细节，可谓应有尽有。对经营麦当劳分店的人员，必须先到伊利诺伊州的麦当劳汉堡包大学培训10天，拿到"汉堡包"学位，方可营业。因此，所有麦当劳快餐店出售的汉堡包都严格执行规定的质量和配料。以与汉堡包一起销售的炸薯条为例，用作原料的马铃薯是专门培植并经精心挑选的，再通过适当的储存时间调整其淀粉和糖的含量，然后再将其放入可以调温的炸锅中油炸后立即供应给顾客。薯条炸后7分钟内如果尚未售出，就将报废不再供应顾客，这就保证了炸薯条的质量。由于到麦当劳快餐店就餐的顾客来自不同的阶层，具有不同的年龄、性别和爱好，因此，汉堡包的口味及快餐的菜谱、佐料也迎合了不同的口味和要求。这些措施使得公司的产品博得了人们的赞叹并经久不衰，树立了良好的企业产品形象，而良好的企业产品形象又为树立良好的企业国际形象打下了坚实的基础。

麦当劳快餐的服务也是一流的。在这里没有公用电话和投币式自动电唱机，因此没有喧闹和闲逛，最适于全家聚餐。它的座位舒适、宽敞，有早点，也有新品种项目，随顾客挑选。这里的服务效率非常高，碰到人多时，顾客要的所有食品都事先放在纸盒或纸杯中，排队一次就能满足顾客所有的要求。麦当劳快餐店总是在人们需要就餐的地方出现，特别是在高速公路两旁，上面写着："10米远就有麦当劳快餐服务"，并标明醒目的食品名称和价格；有的地方还装有通话器，顾客只要在通话器里报上食品的名称和数量，待车开到分店时，就能一手交货，一手付钱，马上驱车赶路。由顾客带走在车上吃的食品，不但事先包装妥当，防止在车上溢出，而且还备有塑料刀、叉、匙、吸管和餐巾纸等，饮料杯盖则预先代为划上十字口，以便顾客插入吸管。如此周到的服务，更为公司光彩的形象加了多彩的一笔。

麦当劳公司在公众中树起优质产品、优质服务形象的同时，也意识到清洁卫生对于一个食品公司的重要性，假如没有一个清洁卫生的形象，麦氏公司是无法一直保持其良好形象的，当然也就无法保障其良好的营销效果。所以，麦当劳快餐店制定了严格的卫生标准，如工作人员不准留长发，妇女必须戴发网，顾客一走就必须擦净桌面，落在地上的纸片，必须马上捡起来，使快餐店始终保持窗明几净的清洁环境。顾客无论什么时候走进麦当劳快餐店，均可立刻感受到清洁和舒适，从而对该公司产生信赖。

由于麦当劳快餐店在服务、质量、清洁三方面的杰出表现，使顾客感到麦当劳快餐是一种真正的享受，花钱也值得。这种感受会促使他再次走进麦当劳店，走进那金色拱顶的餐厅。

麦当劳公司就是这样通过"Q""S""C""V"的营销管理模式，为企业赢得了良好的形象。今天，麦当劳公司正以一个安全、可靠的形象屹立在国际市场中。良好的国际形象为企业的市场营销带来了巨大的效益。同时，良好的销售又进一步扩大、巩固了企业的国际形象。

资料来源：根据创业网（2015-10-29）《最新12大经典成功市场营销案例分析与点评》改编。

第一节　市场与市场营销

一、市场的概念

市场是商品经济的范畴，是以商品交换为基本内容的经济联系形式，也是市场营销活动的场所、对象和载体。在市场经济条件下，企业必须按照市场需求组织生产。了解和认识市场是开展市场营销活动的前提。

市场的概念随商品经济的不断发展而丰富，主要表述如下：

（1）市场是商品交换的场所；

（2）市场是对某种商品或劳务具有需求、支付能力和希望进行交易的人或组织；

（3）市场是某种商品或劳务的所有现实和的潜在购买者；

（4）市场是全部商品交换关系的总和。

上述市场的概念从不同角度反映了市场的基本特征和性质。从市场营销学的观点来看，市场是由购买者、购买能力和购买欲望三个要素所构成。因此，应当主要关注以下几个方面：

（1）客户是谁（who）？

（2）客户需要什么（what）？

（3）他们为什么要购买（why）？

（4）他们何时购买（when）？

（5）他们在什么地方购买（where）？

（6）他们怎样来购买（how）？

二、市场营销的含义

1. 市场营销的定义

市场营销一词是由英文“Marketing”翻译而来。1960 年美国市场营销协会（AMA）将市场营销定义为：市场营销是引导商品和劳务从生产者到达消费者或用户所实施的企业活动。1985 年该协会又将其重新定义为：市场营销是关于构思、货物和服务的设计、定价、分销和促销的规划与过程，目的是创造能实现个人和组织目标的交换。1990 年，日本营销协会提出：市场营销是包括教育机构、医疗机构、行政机构等在内的各种组织，基于与顾客、委托人、业务伙伴、个人、当地居民、雇员及有关各方达成的相互理解，通过对社会、文化、自然等领域的细致观察，和对组织内外部的调研、产品、价格、促销、分销、顾客关系、环境适应等进行整合、集成和协调的各种活动。2004 年，AMA 对市场营销重新作了定义：营销既是一种组织职能，也是为了组织自身及利益相关者的利益而创造、传播、传递客户价值，管理客户关系的一系列过程。

菲利普・科特勒把市场营销定义为：“市场营销是个人和群体通过创造并与他人交换产品和价值以满足需求和欲望的一种社会和管理过程。”这一权威定义，包括以下几点含义：

（1）市场营销的最终目标是满足需求和欲望；

（2）市场营销的核心是交换，交换过程是一个主动积极满足交换双方需求和欲望的过程；

（3）交换过程能否顺利进行，取决于营销者创造的产品和价值满足顾客需求的程度和管理水平。

小链接

市场营销源于何时何地

彼得・德鲁克认为，市场营销最早起源于 17 世纪的日本，而不是西方。他指出：市场营销最早的实践者是日本三井家族的一位成员。17 世纪 50 年代，作为商人的他在东京定居后，成立了世界上第一家百货商店，并为该商店制定了一些经营原则。250 年后，美国的西尔斯・罗巴克公司才提出了类似的原则。该原则的基本内容是：公司充当顾客的采购员；为顾客设计和生产适合需要的产品；保证满意，否则原款奉还；为顾客提供丰富多彩的产品，而不只是着眼于一套工艺、一种类型、一个程序。

2. 市场营销的几个核心概念

（1）需要、欲望和需求。需要是指人类在其生存和发展过程中感到没有满足的某种状态。主要有物质和精神两个方面。欲望是指人们想得到上述需要的具体满足品的愿望，是个人受文化及社会环境影响表现出来的对需要的特定追求。需要和欲望是市场营销活动的起点。需求是指人们有能力并愿意购买某个具体产品的欲望。

（2）产品。产品是能够满足人们需要和欲望的任何东西。产品的价值不在于拥有它，而在于它带给我们对欲望的满足感。这些产品不仅限于实体物品，还包括服务、人物、地点、组织、事件以及观念等。市场营销者不仅要创造物质产品来满足消费者的需要和欲望，也要为消费者提供更好的非物质产品来满足消费者的需要和欲望。

（3）价值和满足。消费者在选择不同的产品时，一般都以他们对产品的直观价值为根据。所谓价值，就是消费者的付出与所获之间的比率，即价值＝利益 ÷ 成本。一般来说，消费者在获得利益的同时也要承担成本，包括金钱成本、时间成本、精力成本和精神成本。消费者获得的价值越大，得到的满足也越大。营销者可以通过几种途径来提高消费者供应的价值：①增加利益；②降低成本；③增加利益并降低成本；④增加利益并提高成本，但利益的增加超过成本的增加；⑤降低利益并降低成本，但利益的降低少于成本的降低。

（4）交换、交易和关系营销。交换是指从他人处取得所需之物，而以自己的某种东西作为回报的行为。人们对满足需求或欲望之物的取得可以有多种方式，如自产自用、强取豪夺、乞讨和交换等。其中，只有交换方式才存在市场营销。交换的发生必须具备五个条件：至少有交换双方；每一方都有对方需要的有价值的东西；每一方都有沟通和运送货品的能力；每一方都可以自由地接受或拒绝；每一方都认为与对方交易是合适的。

交易是交换的基本组成单位，是交换双方之间的价值交换。交换是一种过程，在这个过程中，如果双方达成一项协议，就称为发生了交易。交易通常有两种方式：①货币交易；②非货币交易。

关系营销是营销者与顾客、分销商经销商、供应商等建立、保持并加强合作关系，通过互利交换及共同履行诺言，使各方实现各自目的的营销方式。与顾客建立长期合作关系是关系营销的核心内容。关系营销可以节约交易的时间和成本，使市场营销宗旨从追求每一笔交易利润最大化转向追求各方利益关系的最大化。

（5）市场营销者。在交换双方中，如果一方比另一方更主动、更积极地寻求交换，就将前者称为市场营销，后者称为潜在顾客。换言之，所谓市场营销者是指希望从别人那里取得资源并愿意以某种有价值的东西作为交换的人。市场营销者既可以是卖者，也可以是买者。

三、市场营销职能

管理大师彼得·德鲁克指出：企业的基本职能有两个：市场营销和创新。营销学家梅纳德认为，营销是影响商品交换或商品所有权转移，以及为商品实体分配服务的一切必要的企业活动。

顾客是企业得以生存的基础，企业的目的是创造顾客，企业若没有营销或营销只是其业务的一部分，则不能称为企业。当然，营销职能在企业中也经历了一个变化过程。

企业未能全面贯彻市场营销职能的原因主要有四个方面：①现代市场营学是一门较为新颖的学科，人们常常会将其次要功能如推销、广告等误认为就是市场营销；②企业各职能部门的认识存在差异，营销工作常常受到其他部门的抵制和攻击；③企业组织及其成员接受营销观念有一个过程，甚至会有反复；④企业顺利成长时最容易忘记营销原则和理论，偏离轨道。

第二节　市场营销学

一、市场营销学的产生和发展

市场营销作为企业的一种实践，最早起源于17世纪的日本。直到19世纪中叶才出现于美国，又过了50年，才成为美国学术界的研究领域，进而登上了经营管理的舞台。

市场营销学于20世纪初创建于美国，后来流传到欧洲、日本和其他国家，在实践中与时俱进，不断完善、丰富和发展。大致经历了如下阶段。

1. 初创期（20世纪初到20世纪20年代末）

在此期间，有些大学开始注意到交换领域的定价、分销和广告等问题的研究，并陆续开设了一些相关课程，如“产业分销”“商业制度”等，提出了一些新概念，初始的学科体系开始形成。例如，1905年，克罗西在宾夕法尼亚大学讲授以“产品市场营销”为题的课程，标志着市场营销首次进入大学课堂；1911年，第一个正式的市场研究部门在柯蒂斯出版公司内成立。

2. 形成期（20世纪三四十年代末）

随着商业的发展，经济萧条，市场问题日益突出，推销和广告受到广泛关注，出现了不少新观点和研究方法，市场营销已成为有影响力的领域，学术界开始对各种专门学科和研究方法的成果加以整合提炼，逐渐形成了较为系统的市场营销学理论体系。例如，营销从传统的经济学转入管理学研究，标志着营销管理时代的开始。

3. 发展期（20世纪50～70年代末）

这时，买方市场形成，市场营销备受企业青睐，营销思想得到广泛传播，相关学科得到广泛应用，新观点、新理论层出不穷，市场营销学的研究已突破了流通领域并深入到生产领域和消费领域，建立起了以消费者为中心的现代市场营销学体系。例如，20世纪50年代，营销环境和市场研究成为热点，“市场细分”的概念浮出水面；20世纪60年代，威廉·莱泽提出了比市场细分更理想的方法，即消费者的价值观念、人生态度与其所处的社会、阶层相比，能够更准确地解释消费者的消费方式，自此，市场研究强化了消费者态度与使用的研究，从态度和习惯上判断消费者的生活方式；杰罗姆·麦卡锡提出著名的4P理论；20世纪70年代末，随着服务业的兴起，服务营销为服务业提供了思想和工具，也推进了制造业开拓新的竞争领域。

4. 创新期（20世纪80年代后）

进入20世纪80年代，随着经济、科技、信息、文化等对市场营销的影响和渗透，市场营销学在理论研究的深度和学科体系的完善上有了新突破，特别是菲利普·科特勒提出的“大市场营销”概念，以及全球营销、关系营销、网络营销、绿色营销等，推动了市场营销学从策略到战略、从顾客到社会、从外部到内部、从一国到全球，得到了深化、创新和发展。例如，20世纪80年代，顾客满意度开始流行，几乎与此同时，“品牌资产”成为另一流行概念，大卫·A. 艾克还提出了构筑品牌资产的五大元素，即品牌忠诚、品牌知名度、心目中的品质、品牌联想和其他独有资产；伴随着全球一体化的进程，西奥多·李维特提出了“全球营销”的思想，同时，舒尔茨提出了整合营销概念；1985年，巴巴拉·本德·杰克逊首次强调关系营销的重要性；之后，信息技术的迅速发展，使得企业“一对一沟通”成为可能，于是出现了数据库营销；20世纪90年代，营销理念发生新的变化，企业开始反思传统的营销活动，意识到营销不仅要考虑消费者的需要，更要考虑消费者与社会的长远利益，公司的组织目标不应是利润最大化或消费者的选择和满意度最大化，而应是兼顾消费者的满意与长期福利。这些新概念如表1-1所示。

表1-1　市场营销新概念纵览

年代	新概念	提出者
20世纪50年代	市场营销组合 产品生命周期 品牌形象 市场细分 市场营销观念 营销审计	尼尔·鲍顿 齐尔·迪安 西德尼·莱维 温德尔·史密斯 约翰·麦克金特立克 艾贝·肖克曼
20世纪60年代	4P组合 营销近视 生活方式 买方行为理论 扩大营销	杰罗姆·麦卡锡 西奥多·莱维特 威廉·莱泽 约翰·霍华德 杰克逊·西斯 西德尼·莱维 菲利普·科特勒
20世纪70年代	社会营销 低营销 定位 战略营销 服务营销	杰拉尔德·泽尔曼 菲利普·科特勒 西德尼·莱维 菲利普·科特勒 阿尔·赖斯 波士顿咨询公司 林恩·休斯塔克逊

续表

年代	新概念	提出者
20 世纪 80 年代	营销战 大市场营销 内部营销 全球营销 关系营销	雷维·辛格 菲利普·科特勒 克里斯琴·格罗路斯 西德尼·莱维特 巴巴拉·本德·杰克逊
20 世纪 90 年代	网络营销 差异化营销 绿色营销 3R 营销	葛斯·哈泊 赫海凯特

二、市场营销学的性质和研究对象

1. 市场营销学的性质

市场营销学是一门以经济学、行为学、管理学和现代科学技术为基础，研究以满足消费者需求为中心的市场营销活动及其规律的综合性应用科学。或者说，市场营销学是在特定的市场营销环境中，企业以市场分析为基础，以营销战略为先导，为满足消费者现实和潜在的需求，对其产品、定价、渠道、促销等因素作出决策并加以管理的科学。它从经济学的母体中脱胎而出成为一门管理学范畴的应用科学。

市场营销学的发展经历了一个充分吸收相关学科研究成果、博采众家之长的跨学科演变过程，进而形成了具有特定研究对象和研究方法的独立学科。其中，经济学、心理学、社会学以及管理学等相关学科对市场营销学的贡献最为显著。

2. 市场营销学的研究对象

市场营销学的研究对象是以满足消费者需求为中心的市场营销活动及其规律。具体来说，市场营销学要研究作为卖主的企业如何在复杂多变的市场中有效地管理其与买主的交换过程和交换关系及相关活动过程。

市场营销学的构建从微观开始，逐步形成微观与宏观两个分支。

宏观市场营销学从社会总体交换层面研究营销问题，以社会整体利益为目标，研究营销系统的社会功能与效用，并通过这些系统引导产品和服务从生产进入消费，以满足社会需要。

微观市场营销学从个体和组织交换层面研究营销问题：一是要研究消费者的需求和欲望及其形成、影响因素、满足方式等（即消费者行为）；二是要研究供应商如何创造、满足并影响消费者欲望和购买行为（即供应商行为）；三是要研究辅助完成交易行为，从而满足消费者欲望的机构及其活动（即营销机构行为）。现代市场营销学主要研究微观市场营销学，其内容体系的构建以“满足顾客需求”“顾客满意”为主线，沿着树立营销理念、分析市场需求、规划营销战略、设计营销策略和管理营销活动而展开，体现市场营销学系统性、科学性、前瞻性和实践性的特点。

新视角

市场营销学的性质

1. 市场营销学是一门科学

市场营销学是什么性质的科学？它是否是一门科学？对此，国内外学术界持有不同的见解。概括起来，大致分为三种观点。

第一种观点认为市场营销学不是一门科学，而是一门艺术。他们认为，工商管理（包括市场营销学在内）不是科学而是一种教会人们如何作营销决策的艺术。

第二种观点认为，市场营销学既是一种科学，又是一种行为和一种艺术。这种观点认为，管理（包括市场营销学）不完全是科学，也不完全是艺术，有时偏向科学，有时偏向艺术。当收集资料时，尽量用科学方法收集和分析，这时科学成分比较大，当资料取得以后，要作最后决定时，这时艺术成分就大一点，由于主要是依据企业领导者的经验和主观判断，这时便是艺术。这种双重性观点，主要问题在于将市场营销同市场营销学混同起来了。市场营销是一种活动过程、一种策略，因而是一种艺术。市场营销学是对市场营销活动规律的概括，因而是一门科学。

第三种观点认为市场营销学是一门科学。这是因为，市场营销学是对现代化大生产及商品经济条件下工商企业营销活动经验的总结和概括，它阐明了一系列概念、原理和方法。市场营销理论与方法一直指导着国内外企业营销活动的发展。

2. 市场营销学是一门应用科学

市场营销学是一门经济科学还是一门应用科学？学术界对此存在两种观点：一种是少数学者认为市场营销学是一门经济科学，是研究商品流通、供求关系及价值规律的科学；另一种观点认为市场营销学是一门应用科学。无疑，市场营销学是于20世纪初从经济学的“母体”中脱胎出来的，但经过几十年的演变，它已不是经济科学，而是建立在多种学科基础上的应用科学。美国著名市场营销学家菲利普·科特勒指出：“市场营销学是一门建立在经济科学、行为科学、现代管理理论之上的应用科学。”因为“经济科学提醒我们，市场营销是用有限的资源通过仔细分配来满足竞争的需要；行为科学提醒我们，市场营销学涉及谁购买、谁组织，因此，必须了解消费者的需求、动机、态度和行为；管理理论提醒我们，如何组织才能更好地管理其营销活动，以便为顾客、社会及自己创造效用”。

3. 市场营销学既包括宏观营销学又包括微观营销学

美国著名市场营销学家麦卡锡在其代表作《基础市场学》中明确指出，任何商品经济社会的市场营销均存在两个方面：一个是宏观市场营销；另一个是微观市场营销。宏观市场营销是把市场营销活动与社会联系起来，着重阐述市场营销与满足社会需要、提高社会经济福利的关系，它是一种重要的社会过程。宏观市场营销的存在是由于社会化大生产及商品经济社会要求某种宏观市场营销机构及营销系统来组织整个社会所有的生产者与中间商的活动，组织整个社会的生产与流通，以实现社会总供需的平衡及提高社会的福利。微观市场营销是指企业活动或企业职能，是研究如何从顾客需求出发，将产品或劳务从生产者转到消费者手中，实现企业盈利目标，它是一种企业经济活动的过程。

三、市场营销学的研究方法

1. 传统研究法

包括产品研究法（即对产品分门别类进行研究）、机构研究法（即对分销系统的各个环节进行研究）、职能研究法（即对营销的职能以及在执行这些职能中所遇到的问题和解决方法进行研究）。

2. 历史研究法

这是从发展变化过程来分析阐述市场营销问题的研究方法。

3. 管理研究法

这是从管理决策的角度来研究营销问题，重视市场营销的分析、计划、组织、执行和控制。

4. 系统研究法

这是一种将现代系统理论和方法运用于市场营销研究的方法。

四、学习和研究市场营销的意义

1. 学习和研究市场营销是迎接新世纪挑战的需要

21 世纪，人们的生活方式和社会生产方式发生了巨大变化，带来比以往更为复杂和快速变化的环境以及更为剧烈的全球竞争。经营者只有通过不断学习，转变观念，方能迎接知识经济的挑战。

2. 加强市场营销是促进经济发展的需要

（1）市场营销在促进经济总量增长方面发挥着重作用。

（2）市场营销通过营销战略与策略的创新，来指导新产品的开发，降低市场风险，促进新科技成果转化为生产力。

（3）市场营销的发展，在扩大内需和进军国际市场以及吸引外资、解决经济成长中的供求矛盾等方面，开拓了更大的市场空间。

（4）市场营销为第三产业的发展开辟了道路。

（5）市场营销强调经营与环境的系统协调，倡导保护环境和绿色营销，对经济的可持续发展起到了重要作用。

3. 加强市场营销是促进企业健康成长的需要

（1）市场营销以满足需要为宗旨，引导企业树立正确的营销观念，面向市场组织生产过程和流通过程，不断从根本上解决企业成长中的关键问题。

（2）市场营销为企业成长提供了战略管理原则，将企业成长视为与变化的环境保持长期适应关系的过程。为此，企业必须不断掌握环境变化趋势，不断进行营销创新，在更高层次上满足需要来实现自身增长。

（3）市场营销为企业成长提供了一整套竞争策略，指引企业创造竞争优势。

（4）市场营销为企业成长提供了系统的策略方案，企业可以通过市场营销战略、营销组合的决策和实施，来达到其成长的目标。

阅读资料

市场营销学在中国的传播与发展

20 世纪三四十年代，市场营销学在中国曾有一轮传播。现存最早的教材，是丁馨伯编译的《市场学》，由复旦大学于 1933 年出版。当时一些大学的商学院开设了市场学课程。教师主要是欧美留学归来的学者。但由于长期战乱及半封建半殖民地政治经济条件的限制，其研究和应用没有很好开展。新中国成立后，从 20 世纪 50 年代到 70 年代末，由于西方的外部封锁和国内实行高度集中的计划经济体制，市场和商品经济在理论上遭到了否定，在实践中没有基础，缺乏需求，市场营销学的研究在中国内地基本中断。在这段时间里，中国内地学术界对国外迅速发展的市场营销学知之甚少。

党的十一届三中全会后，中国确定了实施以经济建设为中心，对外开放、对内搞活的方针。经济学界努力为商品生产恢复名誉，改革开放的实践则不断冲击着旧体制，逐步明晰了以市场为导向，建立社会主义市场经济体制的改革目标，为我国重新引进和研究市场营销学创造了良好条件。

1978 年到 1983 年，是市场营销学再次被引进中国的启蒙阶段。其间，北京、上海和广州等地的学者率先从国外引进市场营销学，为这一学科的宣传、研究、应用和人才培养做了大量工作。通过论著、教材翻译评介，到国外访问、考察和学习，邀请境外专家学者来华讲学等方式，系统引进了当代市场营销理论和方法。高等院校相继开设了市场营销课程，组织编写了第一批市场营销学教材。1980 年，外经贸部与设在日内瓦的国际贸易中心（ITC）合作，在北京举办了市场营销培训班。国家经委、国家计委和教育部与美国政府合作举办了以国有企业厂长、经理为培训对象的大连培训中心，聘请美国著名的营销专家讲课，对营销理论方法的实际运用起了推动作用。在此期间，除高校图书馆从国外购买和通过交流获得外文原版教科书外，还翻印和翻译了多种多样的市场学教材，部分综合大学和财经院校也编写发行了一些市场学教材，开设市场学课程的院校逐渐增多。

1984 年到 1994 年，是市场营销学在中国广为传播的时期。适应国内深化改革、经济快速成长和市场竞争加剧的环境，企业界营销管理意识开始形成。市场营销的运用热潮从外贸企业、商业企业、乡镇企业逐步扩展到国有工业企业；从消费品市场扩展到工业品市场。能源、材料、交通、通信企业也开始接受市场营销概念。市场营销热点也开始从沿海向内地推进。全社会对市场营销管理人才出现了旺盛的需求。

1984 年 1 月，为加强学术交流和教学研究，推进市场营销学的普及与发展，全国高等财经院校、综合性大学市场学教学研究会在湖南长沙成立（1987 年改名为中国高等院校市场学研究会）。该研究会汇集了全国 100 多所高等学习的市场营销学者，每年定期交流研讨，公开出版论文集。对市场营销学的传播、深化和创新运用做出了积极贡献。此后几年，许多省、市（区）也逐步成立了市场营销学会，广泛吸纳学者和有影响的企业家参加研讨活动。各地学会举办各种形式的培训班，通过电视讲座和广播讲座，推广传播营销知识。广东营销学会还定期出版了《营销管理》会刊。

到1988年，国内各大学已普遍开设了市场营销课程，专业教师超过4 000人。不少学校增设了市场营销专业，有50多所大学招收了市场营销方向的研究生。1992年前后，部分高校开始培养市场营销方向博士生。与此同时，国内学者编著出版了市场营销教材、专著300多种，发行销售超过1 000万册。国内最早编写的几本《市场学辞典》和篇幅达210万字的《现代市场营销大全》，也在1987—1990年间出版。

1991年3月，中国市场学会在北京成立。该学会成员包括高等院校、科研机构的学者，国家经济管理部门官员和企业经理人员。此后，中国高等院校市场学研究会、中国市场学会作为中国营销的主要学术团体，开展了一系列活动，为促进学术界和企业界、理论与实践的结合，为企业提供营销管理咨询服务和培训服务，建立对外交流渠道，做了大量卓有成效的工作。邓小平南方谈话，奠定了建立社会主义市场经济体制的改革基调。几年时间，改革全方位展开，经济结构迅速变化，外资企业大量进入，买方市场特征逐步明显，中国市场竞争进一步加剧。在这种形势下，强化营销和营销创新成为企业的重要课题。

1995年以后，是市场营销理论研究与应用深入拓展时期。1995年在北京召开的“第五届市场营销与社会发展国际会议”，标志着市场营销学在中国的传播进入新的阶段。一方面，中国营销学术界全方位加强国际学术交流，举办了一系列市场营销国际学术会议；另一方面，中国高层领导日益关注市场营销，学术界也开展了以中国企业实现“两个转变”（从计划经济向市场经济转变，从粗放经营向集约化经营转变）为主题的营销创新研究，以及以“跨世纪的中国市场营销”“中国市场的特点与企业营销战略”“新经济与中国市场营销”“知识经济和市场营销创新”等为专题的营销学术研究。在这一阶段，理论与实际结合更为紧密，出现了一批颇有价值的研究成果。

至21世纪初，中国内地本科开设市场营销专业的院校有213所，招收市场营销方面硕士研究生的院校约150所，招收博士生的院校不下20所。从20世纪80年代至2002年，已出版市场营销学教材500余种，开课院校千余所，任课教师逾5 000人，学习过市场营销学课程的当以千万人计。值得关注的是教育部在“九五”后期，将市场营销学列为“工商管理类核心课程”；不少营销学者在市场营销学的中国化方面，也做了有益的探索。

资料来源：吴健安. 市场营销学[M]. 北京：高等教育出版社，2004.

第三节 市场营销理念

市场营销理念是指企业在开展营销活动及管理的过程中，处理企业、顾客、竞争者和社会等多方利益方面所持有的基本态度、思想和观念，是企业经营哲学和思维方式的体现。市场营销理念具有历史性、时代性、共存性的特征。任何企业的营销活动都是在特定的指导思想下进行的，确立正确的市场营销理念对企业市场营销乃至整个企业的成败具有决定性意义。

营销理念对营销实践的作用是举足轻重的。这种作用概括为：（1）营销理念在营销实践中决定了企业的价值导向，因而也就决定了企业经营的方向；（2）营销理念是全部营销实践过程的龙头；（3）营销理念对企业员工的思想和行为具有整合作用；（4）营销理念在市场营销学理论中同样具有龙头的地位。从市场营销的整体来看，它具有“灵魂”的功能；从市场营销过程来看，它处在“龙头”的位置。

一、传统营销观念

市场营销理念的核心问题是以什么为中心来开展企业的生产经营活动。传统营销观念一般是以企业为中心的哲学理念，归纳为以下三种主要观念。

1. 生产观念

生产观念是指导销售者行为的最古老的观念之一，表现为企业以生产为中心，生产什么就销售什么。企业的中心任务是致力于提高生产效率，扩大生产，降低成本。这种观念是在卖方市场条件下产生的，是一种重生产、轻市场的观念。

2. 产品观念

产品观念认为，消费者喜欢高质量、多功能和具有某些特色的产品，企业的中心任务是致力于生产优质产品，并不断精益求精。与生产观念一样，产品观念也是典型的“以产定销”观念。

3. 推销观念

推销观念认为，消费者通常不会主动选择和购买某种商品，而要通过推销的刺激作用，诱导其产生购买行为。企业的中心任务是积极推销和大力促销。这种观念产生于 20 世纪三四十年代资本主义国家由“由卖方市场”向“买方市场”的过渡阶段，也是一种以“企业为中心、以产定销”的观念。

二、市场营销观念

市场营销观念是作为对上述诸观念的挑战而出现的一种新的营销观念。这种观念认为，企业的一切计划与策略应以消费者为中心，在于正确确定目标市场的需要和欲望，因而比竞争者更有效地满足目标市场的需要和欲望。市场营销观念奉行顾客需要什么，我们就生产供应什么的理念，改变了生产观念、产品观念和推销观念的逻辑，它要求企业市场营销贯彻顾客至上的原则，将管理重心放在善于发现和了解目标顾客的需要，并千方百计去满足它，使顾客满意，从而实现企业目标。从本质上说，市场营销观念是一种以顾客需要和欲望为中心的哲学理念。

三、社会市场营销观念

社会市场营销观念是对市场营销观念的修改和补充。它产生于 20 世纪 70 年代西方国家出现能源短缺、通货膨胀、失业增加、环境日益恶化的形势下。这种观念认为，企业的任务是确定各个目标市场的需要、欲望和利益，并以保护或提高消费者和社会福利的方式，比竞争者更有效、更有利地向目标市场提出能够满足其需要、欲望和利益的物品或服务。社会市场营销观念是以社会长远利益为中心，要求营销者兼顾企业、客户和社会三方面的利益。

四、客户观念

随着现代营销战略由产品导向转变为客户导向，满足客户需求、让客户满意逐渐成为市场营销成功的关键。越来越多的企业开始由奉行市场营销观念转变为客户观念或顾客观念。所谓客户观念，是指企业注重收集每一位客户以往的交易信息、人口统计信息、心理活动信息、媒体信息等，根据由此确定的不同客户价值，分别为每一位客户提供各自不同的产品和服务，传播不同的信息；通过提高客户忠诚度，增加购买量，优化价值链，确保利润增长。需要注意的是，客户观念的实施要以生产定制化、运营信息化、沟通网络化为条件，并不适用于所有企业。

五、让渡价值观念

顾客购买产品的过程，是一个运用其知识、能力、经验进行判断的过程，顾客会按照自己认为最有价值、最满意的标准来购买。

1. 顾客价值

顾客价值是指顾客期望从某一特定产品或服务中获得的一系列利益所构成的总价值。顾客总价值由产品价值、服务价值、人员价值和形象价值构成。

产品价值：指由产品的功能、特性、品质、可靠性与式样等产生的价值。它是顾客需要的中心内容，也是顾客选购产品的首要因素。

服务价值：指伴随产品实体的出售，企业向顾客提供的各种附加服务，如培训、送货、安装、维修、产品保证等。

人员价值：指企业员工的思想观念、知识水平、业务能力、经营作风、工作态度等所产生的价值。

形象价值：指企业及其产品在社会公众中形成的总体形象而产生的价值。

2. 顾客让渡价值

顾客让渡价值是指企业转移的、顾客感受到的实际价值，一般表现为顾客所获得的总价值与为获得这些价值所付出的总成本之间的差额。顾客总成本由货币成本、时间成本、精力成本和体力成本构成。

货币成本：指顾客为购买产品或服务而支付的价款。

时间成本：指顾客为选购和学习使用产品而耗费的时间。

精力成本：指顾客购买产品和学习使用产品过程中在精神上的耗费与支出。

体力成本：指顾客购买产品和学习使用产品过程中在体力上的耗费与支出。

顾客在购买产品时，总是希望把有关成本降低到最低限度，而同时又希望从中获得更多的实际利益，以使自己的需要得到最大限度的满足。因此，顾客在选购产品时，往往从价值与成本两个方面进行比较分析，从中选择出价值最高、成本最低，即“顾客让渡价值”最大化的产品作为优先选购的对象。

3. 顾客让渡价值系统

企业不能只靠自身的价值链把为顾客创造的价值传递出去，还必须进入供应商、分销商和最终顾客各自的价值链中去寻求竞争优势。将这些不同组织的价值链组合起来，把为顾客创造的价值最终传送到顾客那里，就是价值让渡系统。价值链上的所有机构，都是顾客价值让渡系统中的组成部分，任何一个机构如果不能把为顾客创造的价值顺利转让出去的话，那么这个让渡系统中的所有成员都不可能得到收益。

六、顾客满意观念

顾客购买产品后感受如何会直接影响其再购买行为和向他人的推荐。通过满足需求让顾客满意，从而赢得顾客，占领和扩大市场，是现代市场营销的基本精神。这一理念的变革及其在管理中的应用，曾经给西方国家带来了 20 世纪 50 年代以来的商业繁荣和一大批跨国公司的成长。

所谓顾客满意，是指顾客对一个产品满足其需要的绩效与期望相比较后所形成的感觉状态。这说明，顾客满意水平取决于购买后实际感受到的绩效与期望（顾客认为应达到的绩效）之间的差异。如果绩效超过期望，顾客就会满意、愉悦；如果绩效与期望持平，顾客就会满意；如果绩效低于期望，顾客就会失望，感到不满意。

顾客期望的形成，取决于顾客以往的购买经验、他人的影响，以及营销者与竞争者的信息和承诺。若使顾客的期望过高，则容易引起顾客的失望，降低顾客满意度；若期望过低，虽然能使顾客满意，却难以吸引大量的买者。满足顾客需要的绩效是企业通过营销努力提供给消费者的产品（服务）的价值或实际利益。它既是企业的预期，也是顾客通过购买和使用产品（服务）的一种感受。顾客满意既是顾客本人再购买的基础，也是影响他人购买的重要因素。因此，提高顾客满意度，有利于建立顾客忠诚，降低企业成本，提高盈利水平。

顾客满意理论的提出，使企业开始考虑流失顾客的成本与获得新顾客的成本，开始意识到保持顾客的重要性。企业流失顾客不仅导致成本上升，而且会导致利润减少，只要降低 5% 的顾客流失率，利润就可增加 25% ～ 85%。获得新顾客的成本比保持一个顾客的成本要高。总体而言，将产品或服务向一位新顾客推销成交机会只有 15%，而向一位曾经成交的顾客推销成交的机会却有 50%。企业可以通过建立高度转换壁垒和提高顾客忠诚度的方式，来建立与客户之间的多种关系来留住顾客。

七、顾客忠诚观念

顾客满意是实现顾客忠诚的重要条件。顾客忠诚是指顾客在对某一产品或服务的满意度不断提高的基础上，重复购买该产品或服务，以向他人热情推荐该产品或服务的一种行为表现。顾客忠诚主要包含两个要素：情感要素和行为要素。其中，顾客忠诚情感要素主要表现为顾客对企业的经营理念、行为和形象等方面具有高度的认同、信任、满意和支持。顾客忠诚的行为因素主要表现在顾客高频率的重复购买，并且顾客愿意向他人推荐企业的产品或服务，从而愿意成为企业产品或服务的义务推销员。

企业的忠诚顾客一般表现出以下几个特征：

（1）顾客对本企业有明显的感情倾向性（而非随意性）；

（2）顾客对本企业产品或服务在购买行为上有实际的重复反应（即购买的频次很高）；

（3）顾客对本企业及其产品或服务在长期内有偏好；

（4）顾客对本企业的新产品或服务几乎没有顾虑地首先购买；

（5）受忠诚顾客的影响，形成了一个顾客群体；

（6）顾客能承受企业有限的提价，并能够抵制竞争者的降价或倾销。

提高顾客的忠诚度对企业的发展具有以下几个方面的重要意义：

（1）忠诚顾客可以为企业带来更多的利润；

（2）忠诚顾客可以对其他顾客产生积极影响；

（3）忠诚顾客可以为企业提供很多意见和建议；

（4）忠诚顾客群体的扩大有助于企业竞争能力的提升，从而有利于企业长期的发展，因为忠诚顾客群体构成了企业坚实的市场基础。

质量是维护顾客忠诚度的最好保证，也是对付竞争者的有力武器。质量是创造价值和顾客满意的关键。全面质量营销是将全面质量管理的概念引入营销领域，即实行全过程、全方位、全员的质量营销，尽可能使顾客满意。

八、营销道德观念

营销道德是调整企业与所有利益相关者之间的关系的行为规范的总和，是客观经济规律及法制以外制约企业行为的另一因素。营销道德在不同的社会制度下和不同的历史时期，评判标准可能有所差异。但其最根本的准则应是维护和增进全社会和人民的长远利益。在我国，营销道德问题也很突出，如不公平、不真实、浪费等现象非常普遍，仿冒、以次充好、强卖、不正当竞争、污染环境等行为随处可见。建立良好的营销道德是一项艰巨而复杂的工作。

第四节 市场营销的基础理论

市场营销理论的发展是一个系统，主要表现在营销主体、营销对象、营销媒体、营销观念、营销组织以及理论体系等方面的发展变化。其基础理论主要有以下几个方面。

一、顾客价值理论

自20世纪70年代以来，营销学者不断地探索顺应形势变化的新的市场营销理论和方法，从最初以产品为中心单纯注重产品质量，到“以顾客为导向”争取顾客的满意与忠诚，直到90年代顾客价值概念的提出，将市场营销理论推向了一个全新的高度。单纯注重产品质量的观念严格来说仍不属于市场营销观念；而注重顾客满意的企业关注的是如何使购买自己产品和服务的顾客感到满意，却较少关注竞争对手与其顾客的情况，这类企业与顾客之间的关系往往是静态的，单方的“取悦”，并以此来获得顾客对自己产品的忠诚；而顾客价值理论强调企业应基于自身竞争优势，向目标顾客提供超越竞争对手的价值，顾客与企业之间是维持一种互动的关系。所以，顾客价值理论的出现与兴起是营销理论研究领域的进一步扩展和深化。

1. 价值链理论

价值链理论是哈佛大学商学院教授迈克尔·波特于1985年在其所著的《竞争优势》一书中首次提出的。波特认为，“每一个企业都是在设计、生产、销售、发送和辅助其产品的过程中进行种种活动的集合体。所有这些活动可以用一个价值链来表明”。企业的价值创造是通过一系列活动构成的。这些活动可分为基本活动和支持活动两类，基本活动包括内部后勤、生产作业、外部后勤、市场和销售、服务等；而支持活动则包括采购、技术开发、人力资源管理和企业基础设施等。这些互不相同但又相互关联的生产经营活动，构成了一个创造价值的动态过程，即价值链，如图1-1所示。

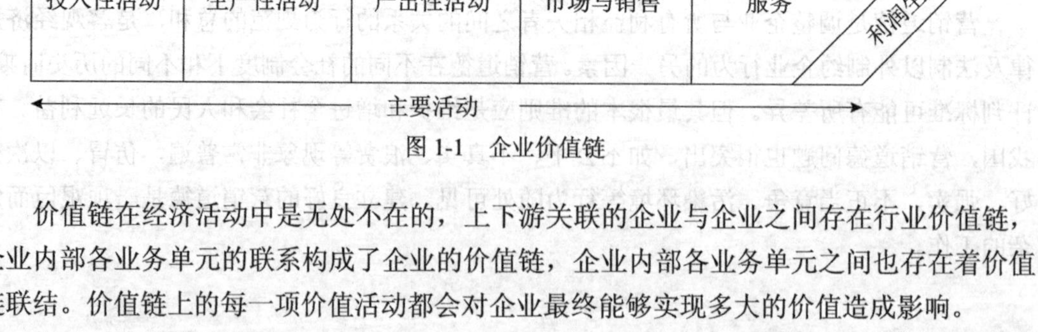

图1-1 企业价值链

价值链在经济活动中是无处不在的，上下游关联的企业与企业之间存在行业价值链，企业内部各业务单元的联系构成了企业的价值链，企业内部各业务单元之间也存在着价值链联结。价值链上的每一项价值活动都会对企业最终能够实现多大的价值造成影响。

波特的价值链理论揭示，企业与企业的竞争，不只是某个环节的竞争，而是整个价值链的竞争，而整个价值链的综合竞争力决定企业的竞争力。用波特的话来说：“消费者心目中的价值由一连串企业内部物质与技术上的具体活动与利润所构成，当你和其他企业竞争时，其实是内部多项活动在进行竞争，而不是某一项活动的竞争。”

价值链理论的要点是：

（1）价值链分析的基础是价值，其重点是价值活动分析。各种价值活动构成价值链。价值是买方愿意为企业提供给他们的产品所支付的价格，也代表着顾客需求满足的实现。价值活动是企业所从事的物质上和技术上的界限分明的各项活动。它们是企业制造对买方有价值的产品的基石。

（2）价值活动可分为两种活动：基本活动和支持活动。价值链除包括价值活动外，还包括利润，利润是总价值与从事各种价值活动的总成本之差。

（3）价值链的整体性。企业的价值链体现在更广泛的价值系统中。供应商拥有创造和交付企业价值链所使用的外购输入的价值链（上游价值），许多产品通过渠道价值链（渠道价值）到达买方手中，企业产品最终成为买方价值链的一部分，这些价值链都在影响企业的价值链。因此，获取并保持竞争优势不仅要理解企业自身的价值链，而且也要理解企业价值链所处的价值系统。

（4）价值链的异质性。不同的产业具有不同的价值链。在同一产业，不同的企业的价值链也不同，这反映了他们各自的历史、战略以及实施战略的途径等方面的不同，同时也代表着企业竞争优势的一种潜在来源。

价值链理论的核心思想是：就竞争角度而言，价值是客户对企业提供的产品或者服务所愿意支付的价格。一个企业创造的总价值是由顾客愿意购买的产品或者服务的价格和数量的乘积总和决定的，如果企业所得的价值超过创造产品所花费的各种成本，那么企业就有盈利；反之则亏损。企业为了获取经营的差异化所带来的价格溢价常抬高成本，所以，分析竞争地位时必须使用价值而不是成本，为买方创造超过成本的价值是任何基本战略的目标。在 Michael E.Porter 的理论中，资源被配置在价值链结构中，其价值链模型表明，企业要比竞争对手更具争优势，必须以更低的成本执行价值链中的价值活动，或以不同的价值结构导致产品的差异化。

J. Shank 和 V. Gowindarajan 对价值链的内在含义进行了扩展。他们认为“任何企业的价值链都包括从最初的供应商手里得到原材料直到将最终产品送到用户手中的全过程”。相对于 Michael E. Porter 对价值链的定义，Shank 和 Govindarajan 研究对价值链理论的贡献不仅在于扩大了企业价值链的范围，更重要的是他们的研究进一步将会计信息置于价值链分析中，从而对传统的价值链模型进行量化，使得价值链理论能够获得更为广泛的应用。

价值链理论被波特提出之后，迅速得到广泛推崇、应用与发展，相继出现了虚拟价值链理论、价值网理论和全球价值链理论等。

2. 顾客感知价值理论

人们买的不是东西，而是他们的期望。消费者希望在交易过程中实现一定的顾客价值。顾客价值的本质是顾客感知，即顾客对与某企业交互过程和结果的主观感知，包括顾客对其感知利得与感知利失之间的比较和权衡。

载瑟摩尔（Zaithaml）在 1988 年首先从顾客角度提出了顾客感知价值理论，她认为，在企业为顾客设计、创造、提供价值时应该从顾客导向出发，把顾客对价值的感知作为决定因素。顾客价值是由顾客而不是由供应企业决定的，顾客价值实际上就是顾客感知价值，在一项探索研究中根据顾客调查总结出感知价值的四种含义：

（1）价值就是低廉的价格。一些顾客将价值等同于低廉的价格，表明在其价值感受中所要付出的货币是最重要的；

（2）价值就是顾客想从产品中所获取的东西。与关注付出的金钱不同，一些顾客将把从服务或产品中所得到的利益看作最重要的价值因素。这实际上和经济学中对效用的定义是一样的，是对从消费产品中所获得满意程度的主观衡量；

（3）价值就是顾客付钱买回的质量。有的顾客将价值概念理解为“付出的金钱”与获得的“质量”之间的权衡。

（4）价值就是顾客的全部付出所能得到的全部。一些顾客描述价值时考虑的既有其付出的因素（时间、金钱、努力），还有其得到的利益。

载瑟摩尔将顾客对这四种价值的表达概括为一个全面的定义：顾客感知价值（customer perceived value），就是顾客所能感知到的利益与其在获取产品或服务时所付出的成本进行权衡后对产品或服务效用的总体评价。这一概念包含着两层含义：首先，价值是个性化的，因人而异，不同的顾客对同一产品或服务所感知到的价值并不相同；其次，价值代表着一种效用（收益）与成本（代价）间的权衡，顾客会根据自己感受到的价值做出购买决定，而绝不是仅仅取决于某单一因素。

顾客价值是指企业认为自己的产品或服务可以为顾客提供的价值，属于企业内部认知导向；而顾客感知价值是指顾客对企业所提供的产品或服务的主观价值判断，属于外部顾客认知导向。

感觉和知觉是认识活动的初级阶段，感觉是人们对于事物属性的反映，如事物的色彩、味道、温度等方面的信息在头脑中的反映，构成人们的感觉。不同的人用不同的方法同时看到同一事物的结论是不一样的。同样，同一个人在不同的时间用不同的方式看同一事物，结论自然也不同。知觉是为了获得结果对输入的信息进行识别、分析和选择的过程。人们通过感官“看、听、闻、尝和摸”等接受信息。虽然获得了大量的零碎的信息，但只有一部分成为知觉。知觉是在感觉的基础之上，对事物属性的综合性反映。我们选择一些信息同时放弃其他大量的信息，这是因为我们无法在同一时间里去注意所有的信息。这种现象就是选择性注意（selective attention）：人们每时每刻，都暴露在许多刺激之下，在面对众多的刺激下人们较可能注意与目前的需求有关的刺激、较可能注意其所期望的刺激、较可能注意某些大幅度偏离正常状况的刺激。

感觉和知觉合称为感知。消费者的感知心理活动是进行其他消费心理活动的基础。消费者的感知有时会和现实不一致，但是这个“感知”却对消费者的行为有重要意义。因此，提升顾客价值可以通过增加顾客感知利益或减少顾客感知付出来实现。

载瑟摩尔（1988）的研究对顾客感知价值理论的发展影响最为广泛。其在一项对饮料市场的探索性调研中，总结出顾客感知价值的内涵，并构建了顾客感知价值的模型，如图 1-2 所示。

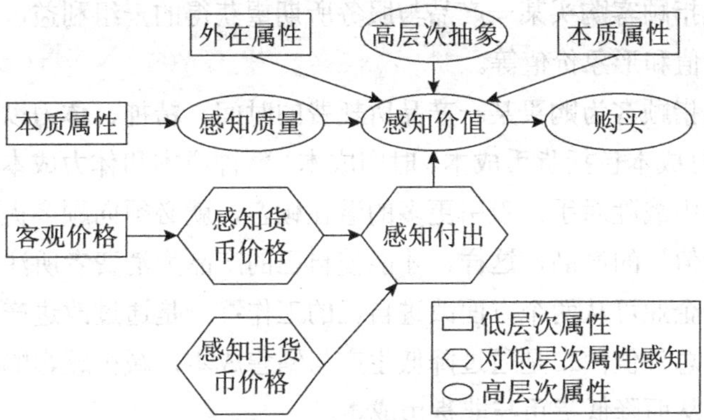

图 1-2 载瑟摩尔（1998）的顾客感知价值模型

载瑟摩尔通过大量的实证研究得出以下几个结论。

（1）价值中收益成分包括显著的内部特性、外部特性、感知质量和其他相关的高层次的抽象概念。虽然许多顾客将产品质量（内部特性）作为价值收益中的主要部分，但总体上衡量价值收益仍包括诸如包装、颜色等外部特性和产品或企业的信誉、便利、形象等更高层次的抽象的利益。而且，产品的内部属性本身可能并不直接与顾客所感知到的价值相关，相反，它们往往要透过产品的外部特性甚至顾客个人所感知的抽象的利益才能得到体现。

（2）感知价值中所付出的包括货币成本和非货币成本。顾客付出货币和其他资源（例如时间、精力、努力）以获得产品或服务。对于一些价格感知程度高的顾客而言，货币方面的付出是关键性的因素，减少货币上的支出即是增加了感知价值；对于那些价格感知程度低的顾客而言，减少时间、精力方面支出更能增加感知价值。

（3）外部特性是“价值信号”，能够在一定程度上取代顾客在收益与成本之间进行的费神的权衡。在评定产品价值时，顾客对组成产品的各种要素的认知能力是有限的，大多数顾客并不认真考虑价格与收益，而是依赖于暗示、经常是外来的暗示——不经意地形成自己对价值的印象，他们只对已获取的信息进行少量加工便实施购买行为。他们重复购买一个信任的品牌，利用外部价值暗示来简化其挑选过程。

（4）价值感性认识依赖于顾客进行估价的参照系统，即依赖于进行估价的背景。例如在不同的购买地点、购买时间、消费时间与地点，顾客对价值的感知就不一样。这意味着顾客感知价值是动态的。

总之，顾客感知价值的核心是感知利益（perceived benefits）与感知付出（perceived sacrifices）之间的权衡，这一点得到了众学者的认同（Ravald and Gronroos，1996；Christopher，1997；Parasuraman，1997）。

3. 顾客让渡价值理论

顾客让渡价值理论是菲利普·科特勒在1994年《营销管理》一书中提出来的。他认为，“顾客让渡价值”是指顾客总价值（total customer value）与顾客总成本（total customer cost）之间的差额。

顾客总价值是指顾客购买某一产品与服务所期望获得的一组利益，它包括产品价值、服务价值、人员价值和形象价值等。

顾客总成本是指顾客为购买某一产品所耗费的时间、精神、体力以及所支付的货币资金等，因此，顾客总成本包括货币成本、时间成本、精神成本和体力成本等，如图 1-3 所示。

企业为在竞争中战胜对手，吸引更多的潜在顾客，就必须向顾客提供比竞争对手具有更多“顾客让渡价值”的产品，这样，才能使自己的产品为消费者所注意，进而购买本企业的产品。为此，企业可从两个方面改进自己的工作：一是通过改进产品、服务、人员与形象，提高产品的总价值；二是通过降低生产与销售成本，减少顾客购买产品的时间、精神与体力的耗费，从而降低货币与非货币成本。

影响顾客让渡价值的因素很多，如企业的营销组合策略、企业所处的市场环境、科技水平的进步，乃至顾客的行为、意识等，它们之间的关系以及作用机制也非常复杂。

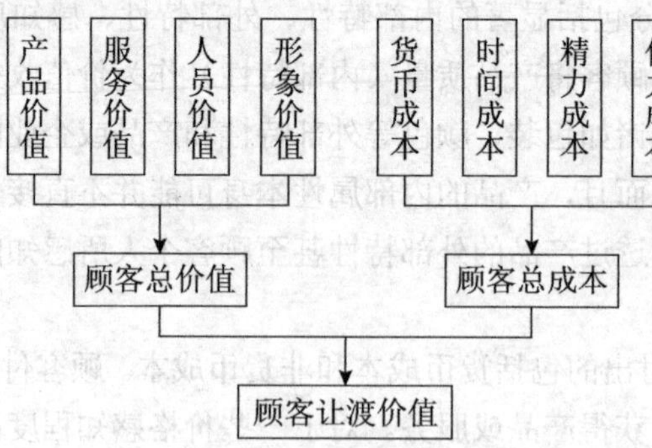

图 1-3　顾客让渡价值理论模型

顾客让渡价值理论全面地分析了顾客的购买利益和购买成本，给企业的市场经营活动提供了以下几方面的启示。

（1）顾客支付的不仅仅是货币成本。顾客让渡价值理论从另一侧面提醒厂商，顾客购买产品的总成本不仅包括其支付的货币成本，还包括购买产品或劳务时所消耗的时间成本、精神成本和体力成本。从这些成本概念出发，厂商应该明白，当厂商通过服务营销，既完善了售后服务，又方便了顾客购买，这时即使不降低购买的货币成本（价格），但由于购买的非货币成本已下降，消费者仍能从中获得较大的价值和满足，产品销售量仍能增加。显然，真正将顾客作为企业的上帝，以顾客的需求作为企业出发点，完善各项服务措施，企业就能走出产品普遍降价的怪圈。但在现实生活中，企业面对有限的市场需求，并没将着眼点放在消费者需求的调查分析上，并没有考虑如何改进服务，方便顾客购买，降低顾客购买的总成本，而是纷纷采用降价的方式作为竞争的主要策略，结果是企业经济效益严重下降、顾客对企业仍不满意。提高顾客的满意程度，增加顾客对本厂商的好感和信任，销售量就可增加，厂商竞争并不一定靠价格的下降，价格只是影响购买商品和劳务的决策因素之一。因此，厂家之间的竞争应是全方位的，不应只集中于价格竞争上。

（2）产品创新可增加顾客总价值。顾客让渡价值理论指出，顾客购买产品或劳务不仅要考虑其购买成本，还要考虑所购买产品或劳务所带来的总价值。顾客总价值由产品价值、服务价值、人员价值和形象价值构成，其中每一项价值因素的变化均对总价值产生影响。

产品价值是由产品的功能、特性、品质、品种等所产生的价值构成，它是顾客需求的中心内容，也是顾客选购产品的首要因素，因而，一般情况下，它是决定顾客购买总价值的关键和主要因素。但在经济发展的不同时期，顾客对产品有不同的需求，构成产品价值的要素不同，各要素对总价值的重要程度也不同；在同一经济发展时期，不同类型的顾客对产品价值也会有不同的要求。这就告诫厂商的营销工作，必须认真分析不同经济发展时期顾客的需求共性，以及同一经济发展时期，不同消费群体的需要个性，据此进行市场细分和市场定位，确定目标市场和目标公众，进行产品的设计与开发，从而为顾客创造更大的价值。美国宝洁公司进入市场时，针对当时中国市场多数的牙膏只考虑牙病治疗的特点，开发了以预防牙病为主，能给牙齿穿防护衣的"佳洁士"牙膏。由于宝洁公司提高了牙膏的功能与特性，迎合了较多消费者的需求，从而在较短的时间内，用高价格成功地开拓了中国市场。因此，在市场竞争日益激烈的条件下，企业更要在产品功能的提高上下工夫。企业应在市场需求调研的基础上，通过增加科技投入，注重产品创新工作，通过新产品开发及增加新产品的内在效用等途径来引导消费者的购买。

（3）提供服务能增加顾客总价值。产品的服务价值是指伴随产品的出售，企业向顾客提供的各种附加服务，它包括产品介绍、产品保证等所产生的价值。服务价值是构成顾客总价值的重要因素之一，随着收入水平的提高和消费观念的改变，消费者在选购产品时，不仅注意产品本身价值的高低，而且更看重产品附加价值。企业向顾客提供的附加价值越大，顾客从中获取的实际利益就越大，从而购买的总价值也就越大。松下幸之助认为：售后服务制造永久的顾客。无论产品多么完善，价格多么合理，当它们投放市场时，都必须依赖于服务，缺乏服务的保障，所有努力都将功亏一篑。ISO 90004.2 对服务的定义是"为满足顾客的需要，供方与顾客接触的活动和供方内部活动所产生的结果"。例如小天鹅洗衣机正是用其优质的售后服务赢得了市场，而有些洗衣机厂家之所以在市场竞争中失败，除科技投入少、产品更新换代慢外，其售后服务差也是失败的重要原因。目前不少国有企业经济效益差，总是将其原因归结到体制问题，管理者只会抱怨生意难做，却很少考虑如何利用消费者对国有企业的信任，通过增加服务项目，增加产品的服务价值，误以为只要价格便宜，企业就可生存发展。另外，管理者还有观念意识上的障碍，传统的服务不能创造价值的旧观念，还在影响着企业的生产经营指导思想。"顾客让渡价值"理论应使厂商意识到：企业如果多从用服务满足顾客的需求方面动动脑筋，也许企业就有更为广阔的市场空间。

（4）提高人员价值能增加顾客总价值。人员价值是指企业员工的经营思想、知识水平、业务能力、工作效率与质量、经营作风及应变能力等产生的价值。企业员工的素质直接决定着企业为顾客提供的产品与服务的质量，决定着顾客购买总价值的大小。一个综合素质较高，又具有顾客导向经营思想的员工，会比知识水平低、业务能力差、经营思想不端正的员工创造更高的价值，从而创造更多的满意的顾客，进而创造出更大的市场。希尔顿饭店集团的创始人唐纳·希尔顿有句名言："今天你对顾客微笑了没有？"为什么要对顾客微笑？因为顾客能从中得到一种满足感、一种尊重感、一种精神的愉悦感。员工能否提供这种超常的、高于一般标准的劳动，取决于他是否具有丰富的知识和娴熟的服务技巧。松下幸之助曾说过："创造名牌产品，首先必须创造名牌人"，这形象地说明了人员价值对提高产品价值的重要性。世界上许多成功的企业就是依靠高素质的员工，才使企业在激烈的竞争中得以生存和发展，这对服务性企业来说尤其重要。

因此，企业要提高顾客购买的总价值，还应从提高员工的综合素质和工作能力着手，不仅是培养员工的劳动技能，更要培养员工积极的劳动态度和对企业的忠诚。这虽然需要支付一定的教育费用，但通过提高人员的价值可增加顾客购买的总价值，企业可获得更大的收益。

（5）提高形象价值能增加顾客总价值。形象价值是指企业及其企业产品在社会大众中形成的总体形象所产生的价值。它包括产品、商标、工作场所等所构成的有形形象所产生的价值，企业员工的职业道德行为、经营行为、服务态度、工作作风等行为形象所产生的价值，以及企业的价值观念、管理哲学等理论形象所产生的价值。形象价值与产品价值、服务价值、人员价值密切相关，在很大程度上是上述三方面价值综合作用的反映和结果。形象是企业的无形资产，良好的形象会对产品产生巨大的正面影响，会赋予产品较高的价值，会给顾客带来精神上和心理上的满足感和信任感，使顾客的需要获得更高层次和更大限度的满足，正是在形象价值的激励下，创名牌才成为现代企业的时尚。以"真诚到永远"作为企业信条的青岛海尔集团，销售前本着"参与化"的原则，通过情感交流和沟通，了解消费者潜在的需求，销售中本着"方便化"的原则，通过全方位的咨询引导，提供符合用户期望值的全新产品，销售后本着"及时化"原则，通过国际星级服务，消除一切烦恼，使完美的企业形象深植于顾客心中。海尔并未参与价格战，但其生产的产品却十分畅销，海尔的成功依靠的就是良好的企业形象，靠的就是最大限度的提高顾客的让渡价值。

顾客是企业生存、发展的资源和财富。根据美国调查表明，只要有一位顾客投诉对企业不满意，就会导致326人的不满意，可见顾客满意对企业的重要意义。成功的企业必然是创造顾客满意的企业，而要使顾客满意，并不仅仅是靠降低价格就可以达到的。只有在企业的发展战略上，充分重视和理解"顾客让渡价值"理论，通过尽可能大地提高顾客让渡价值，企业才有竞争的实力和持续发展的潜力。

顾客让渡价值理论从顾客的角度，为企业认识"影响顾客购买决策的要素组合及其作用机理"提供了一个定性的衡量手段。但同时不可避免地存在缺陷：首先，它忽视了市场营销活动主、客体之间的共生关系；其次，既然市场营销追求的是厂商盈利基础上的顾客满意，而市场经济条件下企业生产以利润最大化为目标，这就难以解释为什么在很多情况下，企业放弃高利润而代之以微利，甚至以低于成本的价格出售商品。在经济人假设前提下，企业的活动应视为理性选择，那么，低价策略究竟能为企业带来什么呢？既然存在顾客满意度最大化与厂商利润最大化之间的矛盾，那么这一矛盾体是在何种营销机制中得以解决的呢？基于此，有人对顾客让渡价值理论模型进行了修正，如图1-4所示。

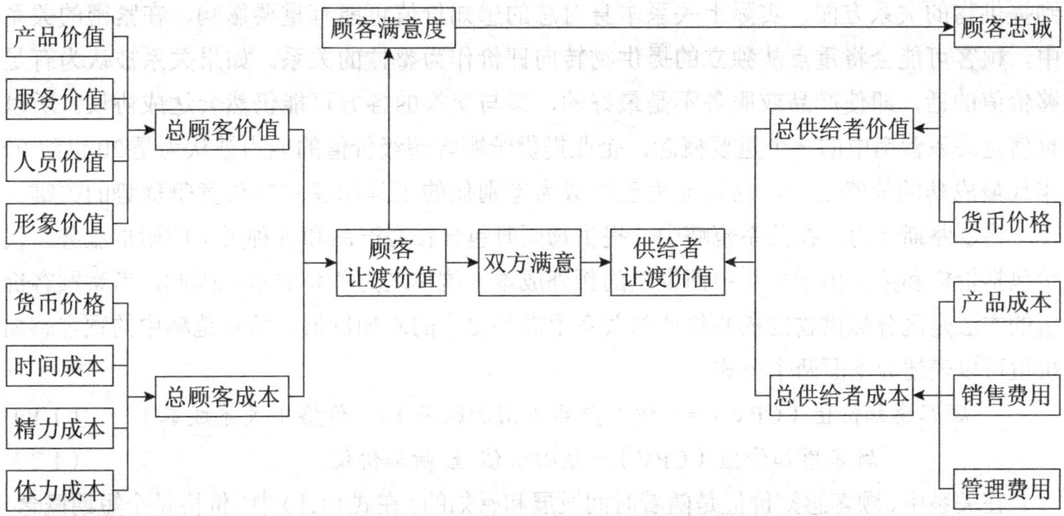

图 1-4　顾客让渡价值理论修正模型

这一修正模型的核心在于：顾客让渡价值与供给者让渡价值之间的长期动态均衡，即在总体上看来就是要在顾客利益与供给者利益之间形成一种长期动态均衡，亦即双方满意，交易继续下去，最终形成稳固的交换关系。需要说明的是：为什么顾客忠诚与货币价格（也就是产品售价）共同构成了总供给价值。对顾客而言，在缺乏情感维系的情况下，他们的选择天然具有不确定性。对他们来说，每一次消费行为的心理满足是最重要的，所以消费者行为总是倾向于短期化；而供给者不同，他们的生产活动具有刚性的特点，其投入存在沉没成本，所以与顾客相比，他们必须更加注重自身的长期发展，与顾客之间保持良好的交换关系，能有效地减少交易成本，增加顾客价值。在此观念下，顾客忠诚作为企业的一笔无形资产而被纳入到总供给者价值中来。

只要顾客让渡价值与供给者让渡价值均大于零，就有可能达到双方满意的结果，当双方满意均达到一定程度时，交换活动就有可能持续下去，交易关系就可能得到不断的巩固。在消费者本位主义条件下，顾客满意依然是这一理论的核心，只有顾客满意度最大化，才会产生最佳的顾客忠诚，而忠诚的顾客会形成企业最重要的资产并构成总供给者价值。由此，顾客满意度最大化与厂商利润最大化并不矛盾，后者的产生是以前者的达成为前提的。另外，市场营销的终极目标是为了达到交换双方的共同满意，而非顾客满意本身。

综上所述，修正后的顾客让渡价值理论站在企业发展的长期视角。以塑造忠诚顾客资源为重点，以交换双方的共同满意为归宿，拓宽了营销理论研究的范围。

4. 顾客价值过程理论

格隆罗斯是从关系营销的角度阐述顾客价值的。他认为，价值过程关系营销起点和结果。关系营销应该为顾客和其他各方创造出比单纯交易营销更大的价值。顾客必须感知和欣赏持续关系中所创造的价值。由于关系是一个长期的过程，因此顾客价值在一个较长的时间内出现。格罗路斯将此称之为价值过程。他认为，将顾客感知价值定义为顾客根据付出了什么和得到了什么的感知而对产品的效用做出总的评价，这种看法没有考虑到提供物的关系方面，实际上关系本身对总的感知价值可能有重要影响。在紧密的关系中，顾客可能会将重点从独立的提供物转向评价作为整体的关系。如果关系被认为有足够价值的话，即使产品或服务不是最好的，参与交换的各方可能仍然会达成协议。所以价值是关系营销中的一个重要概念，企业提供给顾客超级价值的能力被认为是20世纪90年代最成功的战略之一。这种能力已经成为差别化的工具和建立持久竞争优势的关键。

格罗路斯认为，在关系范畴中，提供物同时包含核心产品和各种类型的附加服务。代价包括价格和某方出于关系中而发生的额外成本，这称之为关系成本。因此，考察顾客价值的方法是区分提供物的核心价值与关系中额外要素的附加价值。关系范畴中的顾客感知价值可以表述为下面两个公式：

$$\text{顾客感知价值（CPV）}=（\text{核心产品}+\text{附加服务}）/（\text{价格}+\text{关系成本}） \quad (1.1)$$

$$\text{顾客感知价值（CPV）}=\text{核心价值} \pm \text{附加价值} \quad (1.2)$$

在关系中，顾客感知价值是随着时间发展和感知的。在式（1.1）中，价格是个短期概念，原则上在核心产品送货时交付。但关系成本则是随着关系的发展发生的，而且边际成本呈递减趋势。核心产品和附加服务的效用也是在关系的发展过程中体现出来的。式（1.2）中也包含了一个长期概念。附加价值也是随着关系的发展而显现出来的。

与此同时，他谈到了作为关系营销核心的交互过程和支持关系建立和发展的对话过程对顾客价值实现所发挥的不可或缺的作用。所以他总结说，成功的关系营销战略要求在关系营销计划过程中同时考虑这三个过程。交互过程是关系营销的核心，对话过程是关系营销的沟通侧面，价值过程则是关系营销的结果。如果顾客的价值过程没有得到仔细分析，在交互过程中就很容易出现错误和不正当的行动。如果对话过程与交互过程冲突，价值过程很容易产生消极的后果，因为顾客可能得到冲突的信号和不能兑现的承诺。所以，交互、对话和价值构成关系营销的三极，如图1-5所示。其中任何一个环节不加以仔细分析和计划，关系营销的实施就会受到影响。

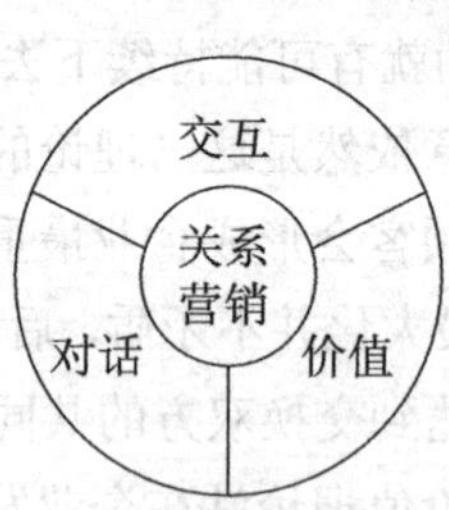

图1-5 关系营销三要素

从上述西方营销学者的阐述中我们可以看出顾客价值理论的发展与深化过程，但关于这一理论核心认识上——这也是该理论的最大创新之处——是一致的，即企业应该真正站在顾客的角度来看待产品和服务的价值，这种价值不是由企业决定的，而是由顾客决定的。当然，对顾客价值理论的研究仍处于起步阶段，还有许多问题需要进一步探索，例如顾客价值究竟来源于何处，顾客对企业提供的价值认识、评价和取舍过程是怎样的，顾客价值如何随着经济社会的发展而发生变化等，特别是如何通过建立一个模型，对顾客价值进行有效的量化分析，这在很大程度上要依赖于经济学、心理学、组织行为学等一系列相关学科的发展。

二、营销组合理论

营销组合指的是企业在选定的目标市场上，综合考虑环境、能力、竞争状况对企业自身可以控制的因素，加以最佳组合和运用，以完成企业的目的与任务。营销组合这一概念是由美国哈佛大学教授尼尔·鲍顿（N. H. Bor den）于 1948 年最早采用的，并确定了营销组合的 12 个要素。随后，理查德·克莱维持教授把营销组合要素归纳为产品、订价、渠道、推广。市场营销组合是制定企业营销战略的基础，做好市场营销组合工作可以保证企业从整体上满足消费者的需求。市场营销组合是企业对付竞争者强有力的手段，是合理分配企业营销预算费用的依据。

1. 4P 理论

1960 年，麦卡锡提出了著名的 4P 组合。麦卡锡认为，企业从事市场营销活动，一方面要考虑企业的各种外部环境，另一方面要制定市场营销组合策略，通过策略的实施、适应环境，满足目标市场的需要，实现企业的目标。麦卡锡绘制了一幅市场营销组合模式图，图的中心是某个消费群，即目标市场，中间一圈是四个可控要素：产品（product）、渠道（place）、价格（price）、促销（promotion），即 4P 组合，如图 1-6 所示。

图的外圈表示企业外部环境，它包括各种不可控因素，包括经济环境、社会文化环境、政治法律环境等。麦卡锡指出，4P 组合的各要素将要受到这些外部环境的响和制约。

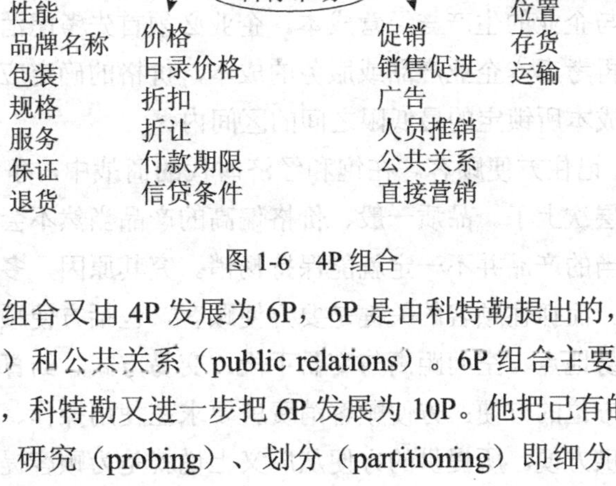

图 1-6 4P 组合

之后，市场营销组合又由 4P 发展为 6P，6P 是由科特勒提出的，它是在原 4P 的基础上再加政治（politics）和公共关系（public relations）。6P 组合主要应用实行贸易保护主义的特定市场。随后，科特勒又进一步把 6P 发展为 10P。他把已有的 6P 称为战术性营销组合：新提出的 4P：研究（probing）、划分（partitioning）即细分（segmentation）、优先（prioritizing），即目标选定（targeting）、定位（positioning），称为战略营销，他认为，战略营销计划过程必须先于战术性营销组合的制订，只有在搞好战略营销计划过程的基础上，战术性营销组合的制订才能顺利进行。菲利普·科特勒在讲到战略营销与战术营销的区别时指出："从市场营销角度看，战略的定义是企业为实现某一产品市场上特定目标所采用的竞争方法，而战术则是实施战略所必须研究的课题和采取的行动。"现在，战略营销与战术营销的界限已日趋明朗化，通用汽车公司等已按这两个概念分设了不同的营销部门。

20 世纪 90 年代，又有人认为，包括产品、价格、销售渠道、促销、政治力量和公共关系的 6P 组合是战术性组合，企业要有效地开展营销活动，首先要有为人们（people）服务的正确的指导思想，又要有正确的战略性营销组合：（市场调研（probing）、市场细分（partitioning）、市场择优（prioritizing）、市场定位（positioning）的指导。这种战略的 4P 营销组合与正确的指导思想（people）和战术性的 6P 组合就形成了市场营销的 11P 组合。

2. 4C 理论

第二次世界大战后，随着工业的飞速发展和工业黄金时代的到来，世界开始由短缺经济时代进入到过剩经济时代。尤其是发达的资本主义国家，市场出现供过于求，买方市场取代卖方市场。企业开始把顾客的需要作为企业活动的轴心和企业计划的出发点，世界进入到"需求中心论"时代。企业营销的目标和重点定位于消费者所需要又能发挥自己优势的产品。在此背景下，以舒尔茨教授为首的营销学者从顾客的角度提出了新的营销观念与理论，即 4C 组合理论，包括 customer（顾客的需求和期望）、cost（顾客的费用）、convenience（顾客购买的方便性）以及 communication（顾客与企业的沟通）。4C 包括以下具体内涵。

（1）忘掉产品，记住顾客的需求与期望。由于顾客是有着彼此差别的消费需求的群体，因而，A、B、C、D 是不同的消费者群体，其分别有不同的消费需求 A′、B′、C′ 与 D′。企业记住顾客的需求与期望表现为从 A、B、C、D 群体对 A′、B′、C′、D′ 的需求与期望出发，通过对生产或服务要素的有效配置提供产品或服务 A′、B′、C′ 与 D′。

（2）忘掉价格，记住成本与顾客的费用。这是一个双向成本的概念，即顾客的交易成本（含消费成本）与企业的生产与经营成本。企业必须首先考虑消费者或顾客的有效购买力（支付能力），再考虑本企业产品或服务的成本，价格的确定应在顾客的承受力所锁定的最高限与企业的成本所锁定的最低限之间的区间内。

（3）忘掉地点，记住方便顾客。在饱和经济时代的商战中，争夺顾客已不能仅仅停留在产品品质和价格层次上了。品质一般、价格偏高的产品当然不会得到消费者的青睐，但品质优良、价格适当的产品并不一定就能保持畅销。究其原因，多数是因为不能从心理上和时空上抓住顾客。而抓住顾客的关键是要方便顾客，包括方便顾客交易与消费。方便顾客交易就要求在交易地点、空间距离与交易手段、交易方式、结算方式、送货上门、服务手册等方面提供全方位的方便：方便顾客消费就要求在使用操作、服务修理、产品及互补产品配套等方面提供方便。所提供的方便从广义上说就是为顾客提供尽可能多、尽可能优质的服务。

（4）忘掉促销，记住与顾客沟通。改变促销时将顾客看成是被动接受者的观念与做法，加强资讯和情感上的沟通。顾客与企业都是平等的主体，而大多数消费者是理智的，也是有感情的。企业与那些主要消费者加强沟通，提供资讯，建立感情，是保持老顾客开拓新顾主的有效手段。

4C 营销现从其出现的那一天起就普遍受到企业的关注，此后的整个 20 世纪 50 ～ 70 年代，许多企业运用 4C 营销理论创造了一个又一个奇迹。但是 4C 营销理论过于强调顾客的地位，而顾客需求的多变性与个性化发展，导致企业不断调整产品结构、工艺流程，不断采购和增加设备，其中的许多设备专属性强，从而使专属成本不断上升，利润空间大幅缩小。另外，企业的宗旨是“生产能卖的东西”，在市场制度尚不健全的国家或地区，就极易产生假、冒、伪、劣的恶性竞争以及“造势大于造实”的推销型企业，从而严重损害消费者的利益。当然这并不是由 4C 营销理论本身所引发的。

3. 4R 理论

美国的 Done Schuhz 提出了关于 4R 策略的营销新理论，阐述了一个全新的营销四要素：与顾客建立关联（relevance）、反应（react）、关系（relation）、回报（return）。

与顾客建立关联是指在竞争性市场中，企业通过某些有效的方式在业务、需求等方面与顾客建立关联，形成一种互助、互求、互需的关系，把顾客与企业联系在一起。顾客是具有动态性的，顾客忠诚度也是变化的，要提高顾客的忠诚度，赢得长期而稳定的市场，避免其忠诚度转移到其他的企业，必须要与他们建立起牢固的关联，这样才可以大大减少了顾客流失的可能性。

反应是指的企业市场反应，在相互影响的市场中，对经营者来说最现实的问题不在于如何控制、制订和实施计划，而在于如何站在顾客的角度及时地倾听顾客的希望、渴望和需求，并及时答复和迅速做出反应，满足顾客的需求。对于企业来说应该建立快速反应机制，了解顾客与竞争对手的一举一动，从而迅速做出反应。

而对于关系来说，则要求通过不断改进企业与消费者的关系，实现顾客固定化。同时企业要注意的是尽量对每一位不同的顾客的不同关系加以辨别，这其中包括从一次性顾客到终身顾客之间的每一种顾客类型，分清楚不同的关系在进行企业市场营销时才不至于分散营销力量。与顾客建立起良好的关系，从而获得顾客的满意和忠诚感，才能保有顾客，还能进一步把满意的顾客变成亲密的顾客。

回报对企业来说，是指市场营销为企业带来短期或长期的收入和利润的能力。一方面，追求回报是市场营销发展的动力；另一方面，回报是维持市场关系的必要条件。企业要满足客户需求，为客户提供价值，同时也要获取利润，因此，市场营销目标必须注重产出，注重企业在营销活动中的回报，一切市场营销活动都必须以为顾客及股东创造价值为目的。

4. 4S 理论

市场营销策略则主要强调从消费者需求出发，建立起一种“消费者占有”的导向。它要求企业针对消费者的满意程度对产品、服务、品牌不断进行改进，从而达到企业服务品质最优化，使消费者满意度最大化，进而使消费者达到对企业产品产生一种忠诚。

4S 是指满意（satisfaction）、服务（service）、速度（speed）和诚意（sincerity）。

满意是指的顾客满意，强调企业要以顾客需求为导向，以顾客满意为中心，企业要站在顾客立场上考虑和解决问题，要把顾客的需要和满意放在一切考虑因素之首。

服务包括几个方面的内容：其一，精通业务工作的企业营销人员要为顾客提供尽可能多的商品信息，经常与顾客联络，询问他们的要求；其二，要对顾客态度亲切友善，用体贴入微的服务来感动用户；其三，要将每位顾客都视为特殊和重要的人物，也就是那句顾客是上帝；另外在每次服务结束后要邀请每一位顾客下次再度光临，作为企业，要以最好的服务、优质的产品、适中的价格来吸引顾客多次光临；其四，要为顾客营造一个温馨的服务环境，这要求企业对文化建设加大力度；当然在整个服务过程中最重要的是服务人员用眼神表达对顾客的关心，用眼睛去观察，用头脑去分析，真正做到对顾客体贴入微关怀的服务。

速度是指不让顾客久等，而能迅速地接待、办理，有最快的速度才能迎来最多的顾客。

诚意指要以他人利益为重的真诚来服务客人。要想赢得顾客的人，必先投之以情，用真情服务感化顾客，以有情服务赢得无情的竞争。

5. 4V 理论

进入 20 世纪 90 年代以来，高科技产业迅速崛起，高科技企业、高技术产品与服务不断涌现，互联网、移动通信工具、发达交通工具和先进的信息技术，使整个世界面貌焕然一新，俨然成为人类的“地球村”。原来那种企业和消费者之间信息不对称的状态得到了改善，沟通的渠道日益多元化，越来越多的跨国公司开始在全球范围进行资源整合。在这种背景下，营销观念、方式也不断丰富与发展，并形成独具风格的 4V 营销理论。

4V 是指差异化（variation）、功能化（versatility）、附加价值（value）、共鸣（vibration）的营销组合理论。4V 营销理论，首先，强调企业要实施差异化营销，一方面使自己与竞争对手区别开来，树立自己独特形象；另一方面也使消费者相互区别，满足消费者个性化的需求。其次，4V 理论要求产品或服务有更大的柔性，能够针对消费者具体需求进行组合。最后，4V 理论更加重视产品或服务中无形要素，通过品牌、文化等以满足消费者的情感需求。

这一理论缺点也是明显的——操作性不强，实际中只能作为企业大的指导方向。

本章提要

- 市场是现代市场经济的运行基础和基本形式，了解市场、研究市场是企业开展市场营销活动的前提。有某种需要的人、为满足这种需要的购买力和购买欲望是构成微观市场的要素。
- 市场营销是通过市场交换满足人们现实或潜在需求和欲望的综合性活动过程。其核心是交换，基本目标是满足需求和欲望。市场营销是企业最重要的职能，它对经济的繁荣和企业的发展有着重要意义。
- 市场营销学是一门以经济学、行为学、管理学和现代科学技术为基础，主要研究以满足消费者需求和欲望为中心的市场营销活动过程及其规律性，经过发展和创新，形成了完整的内容体系。学习、研究和实践市场营销学越来越受到重视。

- 市场营销理念是企业对其营销活动及其管理的基本指导思想，其核心是正确处理企业、顾客和社会三者之间的利益关系，它对企业经营成败意义重大。
- 追求顾客价值和满意是现代市场营销的基本观念，企业为了让顾客满意和为顾客创造更多价值，就必须系统协调企业价值链上的各个部分，加强核心业务流程管理，提高企业的核心竞争力。
- 顾客价值理论主要包括价值链、顾客感知价值、顾客让渡价值、顾客价值过程等理论。这是市场营销的思想理论基础。
- 营销组合理论主要包括 4P、4C、4S、4V 等相关理论。

关 键 词

市场（market） 欲望（desire）
需要（needs） 需求（demands）
市场营销（marketing） 市场营销者（marketer）
顾客价值（customer value） 顾客让渡价值（customer delivered value）
顾客满意（customer satisfaction） 顾客忠诚 （ customer equity）
市场营销观念（maketing concept） 营销组合（marketing mix）
顾客感知价值（customer perceived value） 价值链（value chain）

复习与思考

1. 什么是市场营销？
2. 为什么说市场营销是企业的基本职能？
3. 如何正确认识市场营销对经济发展和企业成长的重要意义？
4. 市场营销学的内容体系和研究方法是怎样的？
5. 试述市场营销理念及其演变过程。
6. 市场营销的基础理论有哪些？

研究与讨论

1. 企业未能全面贯彻市场营销职能的主要原因是什么？
2. 如何看待市场营销在企业管理中所处的地位？
3. 企业树立现代市场营销观念的主要困难是什么？
4. 试述顾客让渡价值理论与顾客满意理论及其意义。
5. 市场营销组合的变化说明了什么？

实 践 演 练

1. 请访问 3 ～ 5 个营销人员，听听他们对市场营销的理解。
2. 调查两家公司，了解它们拥有的市场营销观念，并作出评价。
3. 假如你是公司的老板，你如何将“顾客是上帝”这句话落到实处？

营销模拟

1. 请你为你所在的单位和城市设计营销理念。
2. 为你所熟悉的企业设计一张顾客满意评价表，并提出让顾客满意的具体思路。
3. 为你所在的单位设计一套营销组合方案。

本章案例

营销百年，思想创新之光

扫描此码 案例学习

案例讨论题：

1. 为什么说营销的百年是思想创新的百年？
2. 你认为市场营销的发展对整个社会、经济、科技等方面的进步和繁荣有何重大意义？
3. 进入 21 世纪的市场营销会呈现哪些大趋势？

第二章　市场营销管理

市场营销是通过交换过程对需求的预测、管理和满足。

——乔尔·埃文斯

营销管理作为一种艺术和科学，它需要选择目标市场，通过创造、传递和沟通优质的顾客价值，获得、保持和增加顾客。

——菲利普·科特勒

学习目标

知识目标

1. 市场营销管理的概念及过程；
2. 市场营销的计划理论；
3. 市场营销的组织理论；
4. 市场营销的执行与控制。

能力目标

1. 熟悉不同需求水平下的营销管理；
2. 掌握市场营销计划的编制程序和方法；
3. 学会市场导向的营销组织设计；
4. 培养营销计划的执行和控制的能力。

营销故事

去过庙的人都知道，一进庙门，首先是弥勒佛，笑脸迎客，而在他的北面，则是黑嘴黑脸的韦陀。但相传在很久以前，他们并不在同一个庙里，而是分别掌管不同的庙。

弥勒佛热情快乐，所以来的人非常多，但他什么都不在乎，丢三落四，没有好好地管理账务，所以依然入不敷出。而韦陀虽然管账是一把好手，但成天阴着个脸，太过严肃，搞得人越来越少，最后香火断绝。

佛祖在查香火的时候发现了这个问题，就将他们俩放在同一个庙里，由弥勒佛负责公关，笑迎八方客，于是香火大旺。而韦陀铁面无私，锱铢必较，则让他负责财务，严格把关。在两人的分工合作中，庙里一派欣欣向荣的景象。

引例

玛丽·凯化妆品公司

玛丽·凯化妆品（Mary Kay Cosmetics）公司是一个具有强文化的非常成功的公司。

文化的塑造者同该公司的创始人是同一个人——玛丽·凯·阿什（Mary Kay Ash）。

玛丽·凯的故事对每一个有创业抱负的人来说，都是一个鼓舞。在她50岁出头时，用5 000美元的积蓄，开始在达拉斯的一家小商店出售护肤产品。20年后，她的公司成为一家跨国企业，年销售额达3亿美元，并拥有一支20万人的销售队伍。今天，玛丽·凯化妆品公司的平均净资产利润率达到40%以上，这是美国产业中最高的净资产利润率。

玛丽·凯将她的成功归功于培育了一种鼓励和奖赏员工的公司文化——尤其是鼓励和奖赏那些推销公司化妆品的独立销售人员。正像她所说的："我们公司只是同我们的员工一样出色。"尽管她承诺提供可靠的最优质的产品，但她并不打算垄断同类产品。玛丽·凯公司与其竞争者的区别在于公司对销售人员、教导员及管理者的责任。玛丽·凯挑选那些能够找到的最优秀的人员，并付给他们最高的报酬，尽一切努力去鼓励公司的人员，以巩固所有积极的销售成果。她建立了一套报酬和奖金方案，使公司成千位销售代表的年收入实实在在地超过5万美元。

如果说有哪一项活动最能代表玛丽·凯公司文化的话，那么它就是公司每一年都要举行的3天年度会议。这是一场壮观的、有如"竞技场般的"盛大活动，融入了鼓舞与纵情欢乐，并教育和加深了雇员之间的了解。盛会的主要目的之一是让尽可能多的公司销售人员抛头露面。销售成绩斐然的人员会获得金钱、珠宝及闻名的玛丽·凯"粉红色凯迪拉克车"的奖励。按照玛丽·凯·阿什的观点，重要的是在他们脱颖而出之前，他们就得到了大家的认同。因此，公司文化造就出一个具有无限热情及团队精神的销售组织。

资料来源：[美]斯蒂芬.P. 罗宾斯. 管理学[M]. 北京：中国人民大学出版社，2008.

第一节　市场营销管理及其过程

一、市场营销管理的任务

市场营销管理是指企业为实现其目标，创造、建立并保持与目标市场之间的互利交换关系而进行的分析、计划、执行和控制过程。市场营销管理的任务就是为实现企业的营销目标，通过调研、计划、执行和控制，来管理目标市场的需求水平、时机和构成。市场营销管理的实质是需求管理。

根据需求水平、时间和性质的不同，可归纳出8种不同的需求状况。在不同的需求状况下，营销管理的任务有所不同。

1. 负需求

负需求是指全部或大部分顾客对某种产品或劳务不仅不喜欢，没有需求，甚至有厌恶情绪。在此情况下，市场营销的任务是分析市场为何不喜欢这种产品，研究如何经由产品再设计、改变产品的性能或功能、降低价格和正面促销的市场营销方案来改变市场的看法和态度，即扭转人们的抵制态度，实行扭转性营销措施，使负需求变为正需求。

2. 无需求

无需求是指市场对某种产品或劳务既无负需求亦无正需求，只是漠不关心，没有兴趣。无需求通常是针对新产品和新的服务项目，人们因不了解而没有需求；或者是非生活必需的装饰品、赏玩品等，消费者在没有见到它们以前也不会产生需求。因此，市场营销的任务就是要设法把产品能带来的利益和价值同人们的自然需要和兴趣结合起来，以引起消费者的关注和兴趣，刺激需求，使无需求变为正需求，即实行刺激性营销。

3. 潜在需求

潜在需求是指多数消费者对市场上现实不存在的某种产品或劳动的强烈需求。在这种情况下，市场营销的任务就是估量潜在市场的大小和发展前景，努力开发新产品，设法提供能满足潜在需求的产品和劳务，变潜在需求为现实需求，实行开发性营销。

4. 下降需求

人们对一切产品和劳务的兴趣和需求，总会有发生动摇或下降的时候，在这种情况下，市场营销者必须分析市场衰退的原因，决定是否通过建筑新的目标市场，改变产品特色，或者采取更有效的营销组合再刺激需求。市场营销的任务是设法使已下降的需求重新回升，使人们已经冷淡下去的兴趣得以恢复，即实行恢复性营销。

5. 不规则需求

许多产品和劳务的需求是不规则的，即在不同时间、不同季节需求量不同，如运输业、旅游业、娱乐业都有这种情况。因此，市场营销的任务是设法调节需求与供给的矛盾，通过灵活定价、促销和其他激励措施，寻找改变需求时间模式的方法，使供求趋于协调同步，即实行同步性营销。

6. 饱和需求

饱和需求是指当前市场对企业产品或劳务的需求在数量上和时间上同预期的最大需求已达到一致。但是，饱和需求状态不会静止不变，而是动态的，它常常由于两种因素的影响而变化：一是消费者偏好和兴趣的改变，二是同行业者的竞争。因此，营销任务是设法保持现有的需求水平和销售水平，防止出现下降趋势。这就要求企业必须保持或改进产品质量、不断估计消费者需求的满足程度与企业生产经营之间的关系，努力做好营销工作，即实行维护性营销。主要策略是保持合理售价，稳定推销人员和代理商，严格控制成本费用，进一步搞好售后服务等。

7. 过度需求

过度需求是指市场对某种产品或劳务的需求量超过了卖方所能供给和所愿供给的水平，这可能是暂时性缺货，也可能是价格太低，还可能是由于产品长期过分受欢迎所致，如收费过低的电力供应，免费范围过宽的公费医疗，使得电力部门和医院超负荷，甚至浪费很大。在这种情况下，应当实行限制性营销。限制性营销就是长期或暂时地限制市场对某种产品或劳务的需求，通常可采取提高价格、减少服务项目和供应网点、劝导节约等措施。实行这些措施是难免要受到反对的，营销人员要有充分的思想准备和应变措施。

8. 有害需求

有些产品或劳务对消费者、社会公众或供应者有害无益，对这种产品或劳务的需求，就是有害需求。有害的产品或劳务常引起有组织的力量反对其消费，如毒品、黄色书刊、色情服务等，都受到社会公众的反对和抵制。在这种情况下，市场营销的任务是否定这类需求，抵制和清除这类需求，实行抵制性营销或禁售。抵制性营销与限制性营销不同，限制性营销是限制过度的需求，而不是否定产品或劳务本身；抵制性营销则是强调产品或劳务本身的有害性，从而抵制这种产品和劳务的生产和经营。

二、市场营销管理过程

管理层必须对市场机会、目标市场、产品定位、品牌策略、定价、分销渠道、沟通与促销等作出系统的决策，以保证营销管理任务的实现。市场营销管理过程包括以下几个步骤。

1. 分析市场机会

市场营销认为，寻找和分析、评价市场机会，是市场营销管理人员的主要任务，也是市场营销管理过程的首要步骤。在现代市场经济条件下，由于市场需要不断变化，任何产品都有其生命周期，因此，任何企业都不能永远依靠其现有产品过日子。正因为这样，所以每一个企业都必须通过收集市场信息、分析产品、市场矩阵、进行市场细分等寻找、发现新的市场机会。

市场营销管理人员不仅要善于寻找、发现有吸引力的市场机会，而且要善于对所发现的各种市场机会加以评价，决定哪些市场机会能成为本企业有利可图的企业机会。这是因为某种有吸引力的市场机会也许不能成为某些企业的企业机会。某种市场机会能否成为某企业的企业机会，不仅要看利用这种市场机会是否与该企业的使命和目标相一致，而且取决于该企业是否具备利用这种市场机会、经营这种业务的条件，也取决于该企业是否在利用这种市场机会、经营这种业务上比其潜在的竞争者有更大的优势，因而才能享有更大的“差别利益”。

总之，市场营销管理人员要善于对所发现的某种市场机会加以评价。市场营销管理人员评价各种市场机会时，要看这些市场机会与本企业的任务、目标、资源条件等是否相一致，选择那些比其潜在竞争者有更大的优势，因而能享有更大的差别利益的市场机会作为本企业的市场机会。

2. 选择目标市场

市场营销管理人员在发现和评价市场机会以及选择目标市场的过程中，除了要广泛地分析研究市场营销环境和大体了解消费者市场、生产者市场、转卖者市场和政府市场之外，还要进行市场营销研究和信息收集工作、市场测量和市场预测工作，据此决定企业应当生产经营哪些产品，决定企业应当以哪个或哪些市场为目标市场。具体包括四个步骤：测量和预测市场需求，进行市场细分，选择目标市场，以及市场定位。

对所选定的市场机会，首先要仔细衡量其现有的和未来的市场容量。如对有前景的市场还要进一步了解其结构，并且按需求的不同特征进行市场细分。因为一个企业不可能为所有市场提供最佳服务，而应该根据自己的目标和资源集中力量为一个或几个市场服务，这就需要选择目标市场。最后还要进行市场定位，以确立本企业产品的市场形象和竞争地位。

3. 设计营销组合

市场营销组合指的是企业在选定的目标市场上，综合考虑环境、能力、竞争状况对企业自身可以控制的因素，加以最佳组合和运用，以完成企业的目的与任务。这些因素之间存在着相互依存、相互影响和相互制约的关系，对它们的具体运用则形成企业不同的市场营销战略与策略。概括起来主要是4P组合、4C组合和4R组合。

市场营销的主要目的是满足消费者的需要，而消费者的需要很多，要满足消费者需要所应采取的措施也很多。因此，企业在开展市场营销活动时，就必须把握住那些基本性措施，合理组合，并充分发挥整体优势和效果。市场营销组合是制定企业营销战略的基础，做好市场营销组合工作可以保证企业从整体上满足消费者的需求。市场营销组合是企业对付竞争者强有力的手段，也是合理分配企业营销预算费用的依据。

4. 管理市场营销活动

市场营销战略计划的制订只是营销管理的开始，还要设计出市场导向的、能够有效实施营销计划的营销组织，通过市场营销执行和控制系统将计划变为行动。这在整个市场营销管理过程中是非常重要的一步。市场营销管理过程可归纳如图2-1所示。

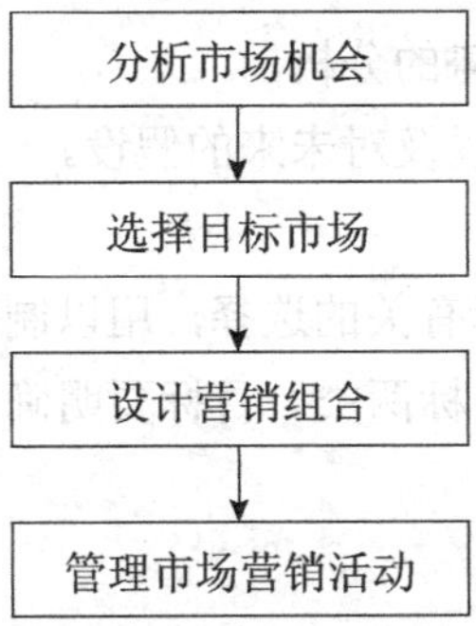

图2-1 市场营销管理过程

第二节 市场营销计划

一、市场营销计划的含义

市场营销计划是指市场营销组织对市场营销未来行动的安排，市场营销计划是企业指导、协调市场营销活动的主要依据，是企业部门计划中最重要的计划之一。企业要为每一次的市场营销活动精心准备计划，并分析、预见实施中可能遇到的各种问题，思考防范措施。

二、市场营销计划的作用

（1）有助于全面认识环境，协调企业各项工作，实现经营目标。

（2）促使营销者以系统的方式应对未来的变化。

（3）能够在各种营销机会之间平衡企业的资源。

（4）增加可能的市场开发机会。

（5）促进内部交流和减少各职能部门、各层次之间的冲突。

（6）能够提供一个调控运营状况的框架。

三、市场营销计划的内容

一份科学、可行的市场营销计划通常包括以下内容。

1. 计划概要

计划概要是对营销计划的简要概括，是整个营销计划的精髓所在。

2. 背景或现状及其分析

（1）背景与现状的描述。提供与市场、产品、竞争、分销、价格、促销以及现实环境有关的背景资料。

（2）机会和威胁、优势和劣势的分析。

（3）企业所面临的主要问题以及对未来的假设。

3. 设定营销目标

明确问题后，需要作出与目标有关的选择，用以制定战略、策略和行动方案。营销计划的目标主要有营销目标和财务目标两类。目标要明确具体，如任务的数量和完成的时间等，便于衡量。

4. 选择战略

目标可以通过多种途径实现。企业必须选择利于实现计划目标的战略。

（1）目标市场选择，企业要善于识别主要目标市场、次要目标市场以及更为次要的目标。

（2）进行核心定位，企业必须与其优势相匹配，要与对手形成差异，找准自己的位置。

（3）制定营销组合政策，对选定的目标市场，根据定位的要求，分别制定运用各种营销手段并加以整合。

（4）财务预算，说明实施营销战略所需的费用、用途及其合理性。

5. 制定战术或活动

战略必须具体化，形成整套的战术或活动。 企业必须把具体的战术或活动用图表等形式反映出来，回答应该做什么、谁来做、何时做、成本多少等问题，使整个战术行动方案一目了然，便于执行和控制。

6. 调控措施

市场营销计划必须包括检查行动是否达成目标的机制，主要说明如何对计划的执行、进度进行管理和调控。有些市场营销计划的控制部分还包括针对意外事件的应急方案。

新视角

判断一份市场营销计划是否稳健的六个问题

1. 该计划是否列出了企业面临的重要的新机会，考虑到了主要的威胁，认识到了企业自身条件中的优势和弱点？

2. 该计划是否清楚地定义了有关的目标细分市场和它们的相对潜力？

3. 该计划中的目标市场的绝大多数，都认为我们的产品或服务比竞争者的更优秀（更值得信任和购买）吗？

4. 该计划拟用的战略、战术和行动之间，是否具有一致性、连贯性？运用的市场营销手段和工具恰当吗？

5. 该计划达成预定目标的可能性（概率）多大？

6. 假如我们只同意该计划 80% 的经费，市场营销部门会减少哪些项目？假如我们给予该计划 120% 的经费，他们又会增加哪些项目？

第三节　市场营销组织

一、市场营销组织的演变

市场营销组织是制订和实施市场营销计划的职能部门。现代企业的市场营销部门是随着营销观念的发展长期演变而来的。在市场经济发达的西方国家，企业的市场营销组织随着经营思想的发展和企业自身的成长，大体经历了五种典型形式。

1. 单纯的推销部门

当企业规模很小时，销售职能多由企业主本人或雇用一两位推销员承担，还谈不上什么职能部门。因为此时的销售是否顺畅关系企业能否生存，加之客户关系往往是企业除技术诀窍之外最重要的资源(甚至是头号资源)，所以企业主通常会亲自主持或从事销售工作。

2. 具有辅助性职能的推销部门

20 世纪 30 年代以后市场竞争日趋激烈，大多数企业开始以推销观念为指导思想，需要一些经常性的市场调研、广告和其他促销活动。这些工作逐渐演变成为推销部门的专门职能。当这些工作在量上达到一定程度时，许多企业开始设立市场营销主管的职位，全盘负责这些工作。

3. 独立的市场营销部门

企业规模和业务范围进一步扩大，作为辅助性职能的市场营销工作诸如市场营销调研、新产品开发、促销和顾客服务等的重要性日益增强。市场营销成为一个相对独立的职能。

作为市场营销主管的市场营销副总经理，同负责摊销工作的副总经理一样，直接由总经理领导。这一时期，市场营销的主要职能立于市场营销的其他职能之外，推销和市场营销成为平行的职能。在具体的工作上，两个职能及其部门之间，需要密切地配合。

4. 现代市场营销部门

为了统一管理、协调营销和推销活动，企业成立市场营销与销售部门，由市场营销副总经理全面负责。按市场分工，营销部门以长期目标为导向，计划和制定营销战略，设计营销组合，满足顾客对产品和服务的长期需要。销售部门则以短期目标为导向，完成每年的销售任务。

5. 现代市场营销企业

仅仅有了现代市场营销部门的企业，还不是现代市场营销企业。现代市场营销企业要建立市场导向型的组织，应使企业所有的员工对待营销职能都有积极的态度，所有的工作都围绕“为顾客服务”来开展，使市场营销成为整个企业的经营哲学。

二、市场营销部门的组织形式

现代企业的市场营销部门，有各种组织形式。不同的企业或同一个企业在不同发展时期所建立的市场营销组织不尽相同。一般来说，市场营销部门可以分为职能管理型、区域管理型、产品管理型、市场管理型、产品或市场管理型组织和事业部组织等几种类型。

1. 职能管理型组织

职能管理型组织是最常见的市场营销组织形式。它在市场营销副总经理的领导下，集合各种市场营销专业人员，如广告和促销人员、营销人员、推销人员、市场营销调研人员、新产品开发人员、顾客服务人员、市场营销策划人员、储运管理人员等组成。市场营销副总经理负责协调各个市场管理职能部门、人员之间的关系。

2. 区域管理型组织

企业的业务涉及全国甚至更大范围时，可以按照地理区域组织、管理销售人员。比如在销售部门设有中国市场经理，下有华东、华南、华北、西北、西南、东北等大区市场经理。每个大区市场经理的下面，按省、市、自治区设置区域市场经理，再往下，还可以设置若干地区市场经理和销售代表，从全国市场经理到地区市场经理，所管辖的下属人员的数目即“管理幅度”逐级增加。当然，如果销售任务艰巨复杂，销售人员的工资成本太高，他们的工作成效又对利润影响重大，管理幅度可以适当缩小。

3. 产品管理型组织

一个企业生产多种产品或拥有多个品牌，往往按产品或品牌建立市场营销组织。通常是在一名总产品（品牌）经理的领导下，按每类产品（品牌）分设一名经理，再按每个具体品种设一名经理，分层适宜工作，在一个企业内，如果经营的各种产品差别很大，产品的数量又很多，超过了职能管理型组织所能控制的范围，就适合于建立产品（品牌）管理型组织。产品经理的作用就在于制订产品（品牌）计划，监督计划实施，检查执行结果，并采取必要的调整措施，为自己负责的产品（品牌）制定长期的竞争战略和政策。

4. 市场管理型组织

如果市场能够按照顾客特有的购买习惯和偏好细分，也可以建立市场管理形组织，它同产品（品牌）管理形组织相似，由一个总市场经理管理若干细分市场经理。各个市场经理负责自己所辖市场的年度销售利润计划和长期销售利润计划。

5. 产品或市场管理型组织（又称为混合型市场营销组织）

面向不同市场，生产多种产品的企业，在确定市场营销组织结构时经常面临的两难选择是，采用产品管理型还是市场管理型？能否吸收两种组织形式的优点，抛弃它们的不足之处呢？因此，产品或市场管理型组织（混合型市场营销组织）便产生了，即在一个企业既按产品建立营销组织又按市场建立营销组织。

在混合形组织中，市场部门注重于巩固、扩展已占领的市场，并发现本企业产品可能进入的其他潜在市场，因而比较关心长期的市场需求。产品部门则着重于将部门负责的产品销售出去并实现该产品应达到的利润目标，因而较关心短期的效益。两者协调配合好可能取得相辅相成的效果。但如果协调不好，可能在责权划分上有重叠、交叉和含混不清，可能带来许多矛盾和冲突。

6. 事业部组织

从事多元化经营的大公司发展到一定规模后，有时将较大的产品类改为独立的事业部，这些事业部各设自己独立的职能部门，由此产生了营销职能如何在公司总部与各事业部之间分工的问题。企业通常从以下几种模式中选取一种。

（1）公司总部不设营销部门，营销职能完全由事业部自己负责。

（2）公司总部设一个规模很小的营销部门，只负责极少的营销职能，如为最高管理部门进行总体市场机会评估，应事业部之邀提供咨询帮助等。

（3）公司总部设一个较大规模的营销部门，为事业部提供各种营销服务，如组织全公司的广告、公关活动，提供市场研究、推广、政策咨询、人员培训等服务。

（4）公司一级设有强大的营销部门，直接参与各事业部的营销规划及实际业务工作，甚至部分地控制它们的销售经营活动。

三、市场营销组织的建立

在市场竞争越来越激烈的情况下，在企业规模不断扩张的过程中，在消费者需求差异化越来越突出的前提下，企业为了能根据外部环境的特点，最有效、最经济、最科学地组织和利用企业的各种资源，满足市场的需要，实现产品和服务的最大价值，通常需要建立并加强市场营销组织。

1. 建立营销组织的一般原则

企业应该在以顾客为中心的经营思想指导下，建立相应的营销组织。建立营销组织般应遵循以下原则。

（1）整体协调和主导性原则：①设置的市场营销机构能够对企业与外部环境，尤其是市场、顾客之间关系的协调发挥积极作用；②设置的市场营销机构能够与企业内部的其他机构相互协调，并能协调各个部门之间的关系；③市场营销部门的人员机构以及层次设置，也要相互协调，以充分发挥市场营销机构自身的整体效应。

（2）精简以及适当的管理跨度与层次原则："精简"包含两方面意思：一是因事设职，因职设人；二是内部层次不宜太多，管理跨度与管理层次要协调。

（3）有效性原则：效率是指一个组织在一定时间内可以完成的工作量。市场营销部门要有与完成自身任务相一致的权力，市场营销组织要有畅通的内部沟通和外部信息渠道，善于用人，各司其职。

2. 影响营销组织建立的因素

（1）企业规模。企业规模越大，组织越复杂，企业就越需要较多的各类市场营销专职人员、专职部门以及较多的管理层次。

（2）市场。市场由几个较大的细分市场组成，企业需要为每个细分市场任命一位市场经理。市场地理位置分散，需按地区设置营销组织。市场规模大、范围广，就需要庞大的营销组织、众多的专职人员和部门。

（3）经营的产品。产业市场推销部门庞大，而广告部门却较小，产品类型多的企业相应地就需要设置产品经理。直接面对消费者市场的企业，广告部门较庞大，推销部门则较简单。

（4）企业类型。服务行业、银行、商业的营销重点之一是顾客调查；原材料行业的营销重点之一则在于产品的储存和运输。

四、市场营销组织设计

设计和发展市场营销组织是每一个市场营销者的根本任务之一。

1. 分析组织环境

任何一个市场营销组织都是在不断变化着的社会经济环境中运行的，要受这些环境因素的制约。由于外部环境是企业的不可控因素。因此，市场营销组织必须随着外部环境的变化而不断地调整，适应外部环境等很多复杂因素，如政治、经济、社会、文化、科技等，而对市场营销组织影响最为明显的主要是市场和竞争者状况。此外，市场营销组织作为企业的一部分，也受整个企业特征的影响。

2. 确定组织活动

市场营销组织内部的活动主要有两种类型：一是职能性活动，它涉及市场营销组织的各个部门，范围相当宽泛。企业在制定战略时要确立各个职能在市场营销组织中的地位，以便开展有效的竞争；二是管理性活动，涉及管理任务中的计划、协调和控制等方面。企业通常是在分析市场机会的基础上，制定市场营销战略，然后再确定相应的市场营销活动和组织的专业化类型。

3. 建立组织职位

企业在确定了市场营销组织活动之后，还要建立组织职位，使这些组织活动有所归附。为了弄清楚各个职位的权力、责任及其在组织中的相互关系，需考虑三个要求：一是职位类型，每个职位的设立都必须与市场营销组织的需求及其内部条件相吻合；二是职位层次，职位层次是指每个职位在组织中地位的高低，这主要取决于职位所体现的市场营销活动与职能在企业整个市场营销战略中的重要程度；三是职位数量，职位数量是指企业建立组织职位的合理数量。它同职位层次密切相关。一般地，职位层次越高，辅助性职位数量也就越多。

4. 设计组织结构

组织结构的设计和职位类型密切相关。企业如果采用矩阵型组织，就要建立大量的协调性职位；如果采用金字塔形组织，则又要求有相应的职能性职位。因此，设计组织结构的首要问题是使各个职位与所要建立的组织结构相适应。从这个意义上来讲，对组织结构的分析要注重外部环境因素（包括市场和竞争状况），它强调组织的有效性。通常，组织的效率表现为以较少的人员和上下隶属关系以及较高的专业化程度来实现组织的目标。这取决于两个因素：即分权化程度和管理宽度。 此外，市场营销组织总是随着市场和企业目标的变化而变化，所以设计组织结构要立足于将来，为未来组织结构调整留下更多余地。

5. 配备组织人员

在分析市场营销组织人员配备时，必须考虑两种组织情况，即新组织和再造组织。相比较而言，再造组织的人员配备要比新组织的人员配更为复杂和困难。这是因为，人们总是不愿意让原组织发生变化，往往把再造组织所提供的职位和工作看作一种威胁。企业配各组织人员时必须为每个职位制定详细的工作说明书，从受教育程度、工作经验、个性特征及身体状况等方面进行全面考察。而对再造组织来讲，还必须重新考核现有员工的水平，以确定他们在再造组织中的职位。此外，在市场营销组织中，小组的人员配备也应引起重视。

第四节 市场营销执行

一、市场营销执行的含义

市场营销执行是将市场营销计划转化为行动方案的过程，并保证计划的完成，以实现计划的既定目标。分析市场营销环境，制定市场营销销战略和市场营销计划是解决企业市场营销活动应该“做什么”和“为什么做”的问题；而市场营销执行则是要解决“由谁去做”“在什么时候做”和“怎样做”的问题。

市场营销执行是一个艰巨而复杂的过程。美国的一项研究表明， 90% 的被调查计划人员认为，他们制定的战略和战术之所以没有成功，是因为没有得到有效的执行。管理人员常常难以诊断市场营销工作执行中的问题，市场营销失败的原因可能是由于战略战术本身有问题；也可能是由于正确的战略战术没有得到有效的执行。

二、市场营销执行中的问题及其原因

在市场营销计划的实施过程中，会出现一些这样或那样的问题，以至于好的市场营销战略、战术不能带来好的业绩。原因主要在于以下几点。

1. 计划脱离实际

企业的市场营销战略和市场营销计划通常是由上层的专业计划人员制定的，而执行则要依靠市场营销管理人，由于这两类人员往往缺乏必要的沟通和协调，所以容易导致计划与实际脱节。

2. 长期目标和短期目标相矛盾

市场营销战略通常着眼于企业的长期目标，涉及今后 3 ～ 5 年的经管活动。但具体执行这些战略的市场营销人员通常是根据他们的短期工作绩效，如销售量、市场占有率或利润率等指标来评估和奖励的。因此，市场营销人员常选择短期行为。

3. 因循守旧的惰性

一般来说，企业当前的经营活动往往是为了实现既定的目标，新的战略、新的计划如果不符合传统和习惯，就容易遭受抵制。新旧战略、计划之间的差异越大，实施中可能遇到的阻力也就越大。要想实施与旧战略截然不同的新计划，常常需要打碎传统的组织结构和运行流程。

4. 缺乏明确、具体的行动方案

有些计划之所以失败，是因为没有制订明确、具体的行动方案，缺乏一个能使企业内部各有关部门、环节协调一致、共同努力的依据。

三、市场营销执行过程

市场营销执行过程包括如下主要步骤。

1. 制订行动方案

为了有效地实施市场营销战略，必须制订详细的行动方案。这个方案应该明确市场营销战略实施的关键性决策和任务，并将执行这些决策和任务的责任落实到个人或小组。另外，还应包含具体的时间表，定出行动的确切时间。

2. 建立组织结构

企业的正式组织在市场营销执行过程中起着决定性的作用。组织将战略实施的任务分配给具体部门和人员，规定明确的界限和信息沟通渠道，协调企业内部的各项决策和行动。企业的战略不同，相应建立的组织结构也应有所不同。

3. 设计决策和报酬制度

为实现市场营销战略，还必须设计相应的决策和报酬制度。这些制度直接关系战略实施的成败。就企业对管理人员工作的评估和报酬制度而言，如果以短期的经营利润为标准，则管理人员的行为必定趋于短期化，他们就不会有为实现长期战略目标而努力的积极性。

4. 开发人力资源

市场营销战略最终是由企业内部的工作人员来执行的，所有人力资源的开发至关重要。这涉及人员的考核、选拔、安置、培训和激励等问题。应当指出的是，不同的战略要求具有不同性格和能力的管理者。

5. 建设企业文化和管理风格

企业文化指一个企业内部全体人员共同持有和遵循的价值标准、基本信念和行为准则。企业文化对企业经营思想和领导风格、对职工的工作态度和作风均起着决定性的作用。与企业文化相关联的是企业的管理风格，不同的战略要求不同的管理风格，这主要取决于企业的战略任务、组织结构、人员和环境。企业文化和管理风格一旦形成，就具有相对稳定性和连续性，不易改变。

6. 市场营销战略实施系统各要素间的关系

为了有效地实施营销战略，企业的行动方案、组织结构、决策和报酬制度、人力资源、企业文化和管理职能五大要素必须协调一致、相互配合，才能使营销战略得以成功地执行。

四、市场营销执行技能

为了有效地执行市场营销计划，企业的每一层次（即职能、方案、政策等）都必须善于运用四种技能。

1. 配置技能

配置技能指市场营销经理在职能、政策和方案三个层次上配置时间、资金和人员的能力。

2. 调控技能

调控技能包括建立和管理一个对市场营销活动效果进行追踪的控制系统。

3. 组织技能

组织技能常用于发展有效工作的组织中，理解正式和非正式的市场营销组织对于开展有效的市场营销执行活动是非常重要的。

4. 互动技能

互动技能指影响他人把事情办好的能力。市场营销人员不仅必须有能力推动本企业的人员有效地执行理想的战略，还必须推动企业外的人来实施理想的战略，即使他们的目标与本企业的目标有所不同。

小链接

营销计划有效执行的保障

1. 制度保障

制定绩效考核制度，将营销计划要达到的目标与营销人员的绩效考核联系起来，由此来规范营销人员的行为围绕营销的目标展开，促进计划落到实处。建立部门的协作关系，在部门间建立合同关系，明确责、权、利。另外，可采取项目小组的形式，提高计划的运行效率。完善职能管理制度，加强营销计划实施效率的管理。

2. 流程保障

围绕营销计划的关键业务优化运作流程。关键业务流程优化甚至重组对有效实施计划有重要作用。通过重组业务流程（一些关键业务流程，如研发流程、计划流程、订单处理流程等），调整部门结构，使其运作效率更高，使整个组织结构和部门职能更合理。

3. 权限保障

首先要明确各部门的业务职能，营销计划的有效执行在很大程度上取决于各部门能否充分发挥各自的职能，否则将影响执行效率。然后明确各部门之间的权限分配，以及各项业务活动的权限分配，即对计划的业务内容进行合理分配，使各职能部门明确对应的工作内容，解决业务开展过程中决策权限的问题。

4. 资源保障

为达到计划目标必须合理配置各种资源，特别是加强对关键项目的资源保障。否则，计划目标无法实现。

资料来源：金镝，周小红. 市场总监操作实务 [M]. 广州：广东经济出版社，2003. 略有改动。

第五节 市场营销控制

市场营销控制，是指市场营销管理者经常检查市场营销计划的执行情况，比较计划与实际是否一致，如果不一致或没有完成计划，就要找出原因所在，并采取适当措施和正确行动，以保证市场营销计划的完成。其主要包括年度计划控制、盈利控制、效率控制和战略控制四种类型。

一、年度计划控制

年度计划控制，是指对销售额、市场占有率、费用率等进行控制。年度计划控制的目的，是确保年度计划规定的销售、利润和其他目标的实现。年度计划控制过程分为四个步骤：确定年度计划中的月份目标或季度目标；监督市场营销计划的实施情况；如果市场营销计划在执行过程中有较大偏差，要找出其中的原因；采取必要的补救或调整措施，缩小计划与实际之间的差距。具体可通过对销售、市场占有率、营销费用、顾客态度及意见等的分析来完成。

二、盈利能力控制

企业要从产品、地区、顾客群、分销渠道和订单规模等方向，分别衡量它们的获利能力。获利能力大，对市场营销组合决策有着重要和直接的影响。具体可以考察营销成本（促销费、仓储费、运输费等）和盈利能力指标（销售利润率、资产收益率、存货周转率等），分析的目的在于找出妨碍获利的因素，以增强企业获利的能力。

三、营销效率控制

假如盈利能力分析显示出企业某一产品、地区、市场所得利润很少，那么紧接着下一个问题便是有没有高效率的方式来管理销售人员、广告来促进销售。营销效率控制包括销售人员效率控制、广告效率控制、 促销效率控制、分销效率控制。效率控制的目的在于提高人员推销、广告、促销和分销等市场营销活动的效率，市场营销经理必须关注若干关键比率，这些比率表明上述市场营销职能执行的有效性，显示出应该如何采取措施以改进执行情况。

四、战略控制

由于市场营销环境变化很快，往往会使企业制定的目标、战略、方案失去作用。因此，在企业市场营销战略实施过程中， 必然会出现战略控制问题。战略控制是指市场营销管理者采取一系列行动，使实际市场营销工作与原计划尽可能一致，在控制中通过不断评审和信息反馈，对战略不断修正。企业在进行战略控制时，可以运用营销审计这一工具，对营销环境、目标、战略、战术、营销活动等，独立、系统、综合地进行定期审计，以发现机会，找出问题，提出改进工作和计划的建议。

本章提要

- 市场营销管理是指企业为实现其目标，创造、建立并保持与目标市场之间的互利交换关系而进行的分析、计划、执行和控制过程，其实质是需求管理。市场营销管理过程就是企业为实现其任务和目标而发现、分析、选择和利用市场机会的过程，包括分析市场机会、选择目标市场、设计营销组合和管理营销活动四个步骤。
- 市场营销计划是指市场营销组织对市场营销未来行动的安排，是指导、协调市场营销活动的依据。基本内容是：计划概要；背景或现状及其分析；设定营销目标；选择战略；制定战术或活动；提出调控措施。
- 市场营销组织是制订和实施市场营销计划的职能部门。一般来说，市场营销部门可以分为职能管理型、区域管理型、产品管理型、市场管理型、产品或市场管理型组织和事业部组织等几种类型。设计和发展市场营销组织是每一个市场营销者的根本任务之一。
- 市场营销执行是将市场营销计划转化为行动方案的过程，并保证计划的完成，以实现计划的既定目标。市场营销执行是要解决“由谁去做”“在什么时候做”和“怎样做”的问题。
- 市场营销控制包括年度计划控制、盈利控制、效率控制和战略控制等内容，营销审计是进行市场营销控制的有效工具。

关　键　词

市场营销管理（marketing management）　市场营销计划（marketing program）
市场营销组织（marketing organization）　市场营销执行（marketing implementation）
市场营销控制（marketing control）

复习与思考

1. 市场营销管理的基本过程是什么？
2. 市场营销计划的主要内容是什么？
3. 市场营销执行的步骤是什么？
4. 市场营销控制的四种类型是什么？

研究与讨论

1. 营销者如何才能有效地管理好需求？
2. 市场营销组合的变化说明了什么？
3. 如何设置市场营销组织？
4. 营销计划在执行中经常会遇到什么问题？为什么？
5. 为什么说加强营销控制是营销管理的重要工作？

实践演练

1. 实地调查 3 家企业，了解其采取的市场营销组合方式。
2. 通过调查，对伊利和蒙牛的市场营销管理现状作出评述。
3. 网上调查几家大型零售企业，了解营销控制的情况。

营销模拟

1. 模拟一种类型的企业，为其编制市场营销计划草案。
2. 为该企业设计市场营销组织。

本章案例

长城计算机市场营销计划书

扫描此码 案例学习

案例讨论题：

1. 试分析该计划存在的主要缺陷。该如何纠正？
2. 如果你是该公司的营销总监，你将如何实施此项计划？
3. 在实施该计划过程中如何实现有效监控？

第三章　市场营销的发展与创新

市场营销的目的是建立、维持、强化客户关系并使之商品化，以便各方面都实现各自的目标。其办法就是彼此交换并实现自己的承诺。

——格罗路斯

任何改变现存物质财富创造潜力的方式都可以称为创新，创新是创造一种资源。

——彼得·德鲁克

学习目标

知识目标

1. 认识全球营销、绿色营销和知识营销；
2. 熟悉和掌握网络营销、关系营销和体验营销；
3. 了解市场营销的新趋势；
4. 市场营销创新的概念及其意义；
5. 市场营销创新的过程。

能力目标

1. 掌握网络营销的方法；
2. 学会应用关系营销和体验营销；
3. 培养营销创新的意识和能力；
4. 掌握营销创新的路径。

营销故事

有一个餐厅生意好，门庭若市，老板年纪大了，想要退休，就找了3位经理过来。老板问第一位经理："先有鸡还是先有蛋？"第一位经理想了想，答道："先有鸡。"

老板接着问第二位经理："先有鸡还是先有蛋？"第二位经理胸有成竹地答道："先有蛋。"

老板又叫来第三位经理，问："先有鸡还是先有蛋？"第三位经理镇定地说："客人先点鸡，就先有鸡；客人先点蛋，就先有蛋。"

老板笑了，于是擢升第三位经理为总经理。

引例

给广告加上一个完美的创意

2011年3月8日晚，玻利维亚的奥鲁罗市电视台播出了一则广告招商启示：3月18

日晚19时，农产品展销会将在我市隆重开幕，我台将准时进行实况转播，开幕式前的一分钟将作为黄金时段向外转让广告发布权，费用10万美元，请有意的商家企业与我台广告部联系。消息一出，立即引起了人们的关注。

此后一连7天，这则招商广告天天在同一时段播出，到了第八天，即3月14日，电视台在同一时段打出：本时段广告已被商家买下，请不要再与广告部联系了。消息播出后，再次引起了人们的关注。

3月18日晚，这则广告闪亮登场，原来是一家名叫绿色农产品销售公司（GAP公司），广告内容是该公司的总经理向广大观众和农产品展销会致以祝贺。此广告一出，GAP公司立即家喻户晓。

其实，这一系列活动，都是GAP公司策划部的一个精心策划。作为一家新成立的公司，首先要提高公司的知名度。按照常规的做法，应该是拿出10万美元的广告费，到全国各地的新闻媒体打广告，但该公司的企业策划部没有这么做，而是选择与电视台合作，用10万美元买下农产品展销会开幕前一分钟的广告，要求电视台在8日至14日这7天，每天打招商广告，目的是引起广泛关注；从15日到17日3天，告知此广告已卖出，目的是吊大家的胃口；18日晚，GAP公司闪亮登场，瞬间万众瞩目。

同样是花钱打广告，只是给广告加了一个完美的创意，就起到了事半功倍的效果，使自己顷刻间成为了焦点。

第一节　市场营销的新发展

21世纪以来，市场营销学更加关注新的营销领域和营销概念，从不同的角度来研究市场营销并指导市场营销实践活动，取得了很大的进展。

一、全球营销

1. 全球营销的产生和发展

全球营销指企业通过全球性布局与协调，使其在世界各地的营销活动一体化，以便获取全球性竞争优势。全球营销有三个重要特征：全球运作、全球协调和全球竞争。因此，开展全球营销的企业在评估市场机会和制定营销战略时，不能以国界为限，而应该放眼于全球，是一种在全球采用统一标准化的营销策略，应用前提是各国市场的相似性，具有规模经济性等优点。

1983年，莱维特明确提出了全球营销这一概念。他认为，过于强调对各个当地市场的适应性，将导致生产、分销和广告方面规模经济的损失，呼吁多国公司向全世界提供一种统一的产品，并采用统一的沟通手段。这一观点引起了激烈的争论。

全球营销是针对不同国家的国情，把营销目标、选择目标市场、营销定位和营销组合等原则灵活地加以运用。科特勒认为："国际营销人员必须很好地了解外国的营销环境和营销机构，并且随时修正其关于当地人们对营销活动的反应方式及其所做的最基本的假设。”日本是开展全球营销最好的国家，其在汽车、摩托车、手表、照相机、电视机、录像机、光学仪器、钢铁、造船、计算器等许多产业领域，已经取得了全球性的市场领先地位。日本的成功在于他们在全球营销中懂得如何选择市场，如何以最恰当的方式打入市场，如何占领市场、扩大市场份额，如何维护自己的领先地位不受竞争对手的威胁。

近二十年来，世界经济环境发生了深刻的变化，产业、市场、顾客、竞争日趋全球化，这些作为外因促成了全球营销的产生与发展。与此同时，大型国际公司为了主动适应和利用环境的变化，为了加强竞争力以主宰全球市场，在观念、行为上也一步步走向全球化。随着科技的进步，交通通信的发展，各国之间交往日益频繁，世界经济社会一体化趋势进一步加强，全球在众多方面具有越来越多的共同性，各国市场之间的需求也越来越具有相似性。就某些产品而言，各国市场之间的差异性甚至将完全消失。企业要想在激烈的优胜劣汰竞争中赢得生存发展，就必须以世界市场为导向，采取全球营销战略。

2. 全球营销的阶段

全球营销可细分为初级阶段和高级阶段。初级阶段的全球营销往往只在个别职能，如采购或生产等方面实现了全球化；而高级阶段的全球营销则几乎在所有可能产生竞争优势的环节都实现了全球化，建立了全球网络，在全世界范围内进行采购、生产、研发、信息扫描、人力资源等重要职能的分工，各自相对专业化，但彼此之间又高度依赖。

从细分全球市场的角度，可以把典型的全球营销与多国营销看成一个连续系统的两个极端，区别在于多大程度上以国界作为细分全球市场的首要变量。多国营销把国界当作细分全球市场的首要变量，在各国市场内再根据其他变量进一步细分并选定目标市场，专门开发一项业务来满足目标顾客的需求。而典型的全球营销则完全不把国界作为细分市场的首要指标，取而代之的是某种人口统计、心理、行为等方面的非国界变量，而后针对不同国家中相似的目标市场统一开发一项业务来满足其共同要求。

但是在实践中，很难找到哪家公司属于上述两种极端情形之一。事实上，一方面对于倾向于多国营销的公司来说，有些国家市场太小，以至于单独为其开发一项业务并不合算，因此公司往往把一些特征相似的小国联合起来，用一套标准化的营销组合来满足这些国家市场上的共同需求；另一方面，对于典型的全球营销公司来说，一些国家市场非常大，而且对公司整体业绩有举足轻重的影响，这使得公司往往单独对其加以特别的关注。也就是说，实践中极少有纯粹意义上的多国公司或全球公司，他们只是在一定程度上倾向于其中一种，并且在细分全球市场时，事实上采取的都是混合的全球市场细分战略。

3. 全球营销面临的问题

全球营销中最常面对的问题之一是在多大程度上选择标准化和差异化政策。毕竟，各国消费者需求之间虽有很多共同点，但也存在着不小的差异。全球营销者通常都更重视各国消费者需求的共性，而非差异性。他们尽管也会根据市场的差异将针对全球的标准化营销组合做一些调整，但却不会为了适应而适应，只有在能够切实增加顾客利益的地方才进行修改。而且，全球营销公司总会要求在部分营销组合要素上保持绝对统一。例如麦当劳的金色拱门标识和服务标准，可口可乐的配方、商标图案和颜色等。这些标准和环节都由公司总部设计并控制实施。

全球营销者在看待本国市场机会与外国市场机会时同样持“等距视角”。但全球营销与多国营销相比最大的区别在于：全球营销公司在世界各个角落的营销活动都要服务于公司的整体战略目标，每一个外国市场机会的取舍并不只是根据它自身的盈利潜力，而更多的是考虑其在实现公司整体目标过程中所起的作用和所处的地位来决定。

例如，有些公司可能在某个外国市场上并不赚钱，但在该市场的少许投入却可能起到牵制其主要全球竞争者的作用；再如有些外国市场本身对某种产品需求不大，但公司却在该国投资建厂，这可能是因为公司要把该国作为供应周边国家市场的生产基地。

二、网络营销

1. 网络营销的概念及其产生

网络营销是以互联网为核心平台，以网络用户为中心，以市场需求和认知为导向，利用各种网络应用手段去实现企业营销目的一系列营销行为，是21世纪最有代表性的一种低成本、高效率的全新商业形式。

网络营销的产生，是科学技术的发展、消费者价值观的变革和商业竞争等综合因素所促成的。网络营销具有传统市场营销方式无可比拟的优越性，客观上也决定了网络营销必然具有强大的生命力，其也必将成为21世纪企业营销的主流，全球企业竞争的锐利武器。

网络营销的技术基础主要是以计算机网络技术为代表的信息技术。计算机网络是现代通信技术与计算机技术相结合的产物，它把分布在不同地理区域的计算机与专门的外部设备用通信线路互联成一个规模大、功能强的网络，从而使众多的计算机可以方便地互相传递信息，共享硬件、软件、数据信息等资源。

2. 网络营销的基本职能

（1）网络品牌。网络营销的重要任务之一就是在互联网上建立并推广企业的品牌，知名企业的线下品牌可以在线上得以延伸，一般企业则可以通过互联网快速树立品牌形象，提升企业整体形象。网络品牌建设是以企业网站建设为基础，通过一系列的推广措施，达到顾客和公众对企业的认知和认可。在一定程度上说，网络品牌的价值甚至高于通过网络获得的直接收益。

（2）网址推广。这是网络营销最基本的职能之一，甚至有人认为网络营销就是网址推广。相对于其他功能来说，网址推广显得更为迫切和重要，网站所有功能的发挥都要以一定的访问量为基础，所以，网址推广是网络营销的核心工作。

（3）信息发布。网站是一种信息载体，通过网站发布信息是网络营销的主要方法之一，同时，信息发布也是网络营销的基本职能，所以也可以这样理解，无论哪种网络营销方式，结果都是将一定的信息传递给目标人群，包括顾客或潜在顾客、媒体、合作伙伴、竞争者等。

（4）销售促进。营销的基本目的是为增加销售提供帮助，网络营销也不例外，大部分网络营销方法都与直接或间接促进销售有关，但促进销售并不限于促进网上销售，事实上，网络营销在很多情况下对于促进线下销售十分有价值。

（5）销售渠道。一个具备网上交易功能的企业网站本身就是一个网上交易场所，网上销售是企业销售渠道在网上的延伸，网上销售渠道建设也不限于网站本身，还包括建立在综合电子商务平台上的网上商店及与其他电子商务网站不同形式的合作等。

（6）顾客服务。互联网提供了更加方便的在线顾客服务手段，从形式最简单的FAQ（常见问题解答），到邮件列表，以及BBS、MSN、聊天室等各种即时通信服务，顾客服务质量对于网络营销效果具有重要影响。

（7）顾客关系。良好的顾客关系是网络营销取得成效的必要条件，通过网站的交互性、顾客参与等方式在开展顾客服务的同时，也增进了顾客关系。

（8）网上调研。通过在线调查表或者电子邮件等方式，可以完成网上市场调研，相对传统市场调研，网上调研具有高效率、低成本的特点，因此，网上调研成为网络营销的主要职能之一。开展网络营销的意义就在于充分发挥各种职能，让网上经营的整体效益最大化，因此，仅仅由于某些方面效果欠佳就否认网络营销的作用是不合适的。网络营销的职能是通过各种网络营销方法来实现的，网络营销的各个职能之间并非是相互独立的，同一个职能可能需要多种网络营销方法的共同作用，而同一种网络营销方法也可能适用于多个网络营销职能。

3. 网络营销的方法体系

（1）交换链接。交换链接或称互惠链接，是具有一定互补优势的网站之间的简单合作形式，即分别在自己的网站上放置对方网站的LOGO或网站名称并设置对方网站的超级链接，使得用户可以从合作网站中发现自己的网站，达到互相推广的目的。

交换链接的作用主要表现在几个方面：获得访问量、增加用户浏览时的印象、在搜索引擎排名中增加优势、通过合作网站的推荐增加访问者的可信度等。更重要的是，交换链接的意义已经超出了是否可以增加访问量，比直接效果更重要的在于业内的认知和认可。交换链接要注重对方网站的质量度，交换链接主要是通过工具查看对方网站的PR、快照、收录数量、关键词排名等信息。

（2）网络广告。几乎所有的网络营销活动都与品牌形象有关，在所有与品牌推广有关的网络营销手段中，网络广告的作用最为直接。标准标志广告（BANNER）曾经是网上广告的主流（虽然不是唯一形式），2001年之后，网络广告领域发起了一场轰轰烈烈的创新运动，新的广告形式不断出现，新型广告由于克服了标准条幅广告条承载信息量有限、交互性差等弱点，因此获得了相对比较高一些的点击率。

（3）信息发布。信息发布既是网络营销的基本职能，又是一种实用的操作手段，通过互联网，不仅可以浏览到大量商业信息，同时还可以自己发布信息。最重要的是将有价值的信息及时发布在自己的网站上，以充分发挥网站的功能，比如新产品信息、优惠促销信息等有优势的功能。

（4）邮件营销。基于用户许可的E-mail营销比传统的推广方式或未经许可的E-mail营销具有明显的优势，比如可以减少广告对用户的滋扰、增加潜在客户定位的准确度、增强与客户的关系、提高品牌忠诚度等。开展E-mail营销的前提是拥有潜在用户的E-mail地址，这些地址可以是企业从用户、潜在用户资料中自行收集整理，也可以利用第三方的潜在用户资源。

（5）邮件列表。邮件列表实际上也是一种 E-mail 营销形式，邮件列表也是基于用户许可的原则，用户自愿加入、自由退出，稍微不同的是，E-mail 营销直接向用户发送促销信息，而邮件列表是通过为用户提供有价值的信息，在邮件内容中加入适量促销信息，从而实现营销的目的。邮件列表的主要价值表现在四个方面：作为公司产品或服务的促销工具、方便和用户交流、获得赞助或者出售广告空间、收费信息服务。邮件列表的表现形式很多，常见的有新闻邮件、各种电子刊物、新产品通知、优惠促销信息、重要事件提醒服务等。

（6）个性化营销。个性化营销的主要内容包括：用户定制自己感兴趣的信息内容、选择自己喜欢的网页设计形式、根据自己的需要设置信息的接收方式和接受时间等。个性化服务在改善顾客关系、培养顾客忠诚以及增加网上销售方面具有明显的效果，据研究，为了获得某些个性化服务，在个人信息可以得到保护的情况下，用户才愿意提供有限的个人信息，这正是开展个性化营销的前提保证。

（7）会员制营销。会员制营销已经被证实为电子商务网站的有效营销手段，国外许多网上零售型网站都实施了会员制计划，几乎已经覆盖了所有行业。总的来讲，国内的会员制营销还处在发展初期，不过已经看出电子商务企业对此表现出的浓厚兴趣和旺盛的发展势头。

（8）网上商店。建立在第三方提供的电子商务平台上、由商家自行经营的网上商店，如同在大型商场中租用场地开设商家的专卖店一样，是一种比较简单的电子商务形式。网上商店除了通过网络直接销售产品这一基本功能之外，还是一种有效的网络营销手段。

从企业整体营销策略和顾客的角度考虑，网上商店的作用主要表现在两个方面：一方面，网上商店为企业扩展网上销售渠道提供了便利的条件；另一方面，建立在知名电子商务平台上的网上商店增加了顾客的信任度，从功能上来说，对不具备电子商务功能的企业网站也是一种有效的补充，对提升企业形象并直接增加销售具有良好效果，尤其是将企业网站与网上商店相结合，效果更为明显。

（9）病毒性营销。病毒性营销并非真的以传播病毒的方式开展营销，而是通过用户的口碑宣传网络，信息像病毒一样传播和扩散，利用快速复制的方式传向数以千计、数以百万计的受众。几乎所有的免费电子邮件提供商都采取类似的推广方法。

（10）来电付费营销。按接到客户有效电话的数量进行付费，英文“PayPerCall”是在欧美国家出现的一种新的广告推广计费新模式，实现策划不收费，展示不收费，点击不收费，只有广告主接到客户有效电话后才收取相应费用。也就是说，按来电付费，是一种真正意义上的按效果付费的模式。

（11）网络视频营销。通过数码技术将产品营销现场实时视频图像信号和企业形象视频信号传输至互联网上。客户只需上网登录公司网站就能看到对公司产品和企业形象进行展示的电视现场直播。在此之前，所有的网站建设和网站推广方式所能起的作用只是让网民从浩瀚的互联网世界中找到企业；而“网络电视营销”使找到企业的网民相信企业。

（12）论坛营销。其实人们早就开始利用论坛进行各种各样的企业营销活动了，当论坛作为新媒体的论坛出现时就有企业在论坛里发布企业产品的一些信息了，这也是论坛营销的一种简单的方法。在这里结合网络策划的实践经验简要地说一下什么是论坛营销，论坛营销就是“企业利用论坛这种网络交流的平台，通过文字、图片、视频等方式发布企业的产品和服务的信息，从而让目标客户更加深刻了解企业的产品和服务，最终达到宣传企业的品牌、加深市场认知度的网络营销活动”。

（13）网络图片营销。网络图片营销其实已经成为人们常用的网络营销方式之一，我们时常会在QQ上接收到朋友发过来的创意图片，在各大论坛上看到以图片为主线索的帖子，这些图片中多少也会有一些广告信息，比如图片右下角带有网址等。这其实就是图片营销的一种方式，国内的图片营销方式多种多样，如果你很有创意，你就可以很好地掌握图片营销。

（14）博客营销。博客营销是通过博客网站或博客论坛接触博客作者和浏览者，利用博客作者个人的知识、兴趣和生活体验等传播商品信息的营销活动。与传统营销相比，博客营销具有目标更为精确、营销成本较低、交互性强等特点。

（15）网络品牌营销。网络品牌营销就是企业或个人或组织机构利用互联网为媒介，利用各种网络营销推广手段进行产品或者服务的推广，在消费者心目中树立良好的品牌形象，最终把企业的产品或服务推广出去满足消费的需求，同时实现企业自身的价值。

（16）电子杂志营销。电子杂志营销是利用电子杂志为载体的一种营销方式。电子杂志是一种非常好的媒体表现形式，它兼具了平面与互联网两种特点，且融入了图像、文字、声音等，以动态结合的方式来呈现给读者，是一种很享受的阅读方式。

（17）数据库营销。所谓数据库营销就是企业通过收集和积累会员“用户或消费者”信息，经过分析筛选后有针对性的使用电子邮件、短信、电话、信件等方式进行客户深度挖掘与关系维护的营销方式。数据库营销就是以与顾客建立一对一的互动沟通关系为目标，并依赖庞大的顾客信息库进行长期促销活动的一种全新的销售手段，是一套内容涵盖现有顾客和潜在顾客，可以随时更新的动态数据库管理系统。数据库营销的核心是数据挖掘，而网络营销中的数据库营销更多的是以互联网为平台进行营销活动。

（18）IM营销。IM营销又叫即时通信营销，是企业通过即时工具IM帮助企业推广产品和品牌的一种手段，常用的主要有两种情况：第一种是网络在线交流，中小企业建立了网店或者企业网站时一般会有即时通信在线，这样潜在的客户如果对产品或者服务感兴趣自然会主动和在线的商家联系；第二种是广告，中小企业可以通过IM营销通信工具，发布一些产品信息、促销信息，或者可以通过发布一些网友喜闻乐见的图片表情来宣传企业的标志。

（19）SNS营销。SNS营销就是利用SNS网站的分享和共享功能，在六维理论的基础上实现的一种营销。通过病毒式传播的手段，让产品被更多的人知道。

（20）视频营销。视频营销指的是企业将各种视频短片以各种形式放到互联网上，达到一定宣传目的的营销手段。网络视频广告的形式类似于电视视频短片，平台却在互联网上。“视频”与“互联网”的结合，让这种创新营销形式具备了两者的优点。

（21）RSS营销。RSS营销是指利用RSS这一互联网工具传递营销信息的网络营销模式，RSS营销的特点决定了其比其他邮件列表营销具有更多的优势，是对邮件列表的替代和补充，RSS 营销的送达率接近 100%，可完全杜绝未经许可发送垃圾邮件。

（22）搜索引擎营销。搜索引擎营销是英文“Search Engine Marketing”的翻译，简称为 SEM。以搜索引擎为平台，以调整网页在搜索结果页上的排名给网站带来访问量为手段，针对搜索引擎用户展开的营销活动，利用用户检索信息的机会尽可能将营销信息传递给目标用户。简单来说，搜索引擎营销就是基于搜索引擎平台的网络营销，利用人们对搜索引擎的依赖和使用习惯，在人们检索信息的时候尽可能将营销信息传递给目标客户。搜索引擎营销主要分为两类：一是有价的被称为竞价排名；二是无价的被称为 SEO（搜索引擎优化）。

（23）微博营销。微博营销是刚刚推出的一个网络营销方式，因为随着微博的火热，即催生了有关的营销方式，就是微博营销。每一个人都可以在新浪、网易等注册一个微博，然后利用更新自己的微型博客内容来跟大家交流。利用大家所感兴趣的话题，在微博中达到营销的目的，这样的方式就是微博营销。

（24）微信营销。微信营销主要体现在以安卓系统、苹果系统的手机或者平板电脑中的移动客户端进行的区域定位营销，商家通过微信公众平台，结合转介率微信会员卡管理系统展示商家微官网、微会员、微推送、微支付、微活动，已经形成了一种主流的线上线下微信互动营销方式。微信营销具有立体化、高速度、便捷性、广泛性的特点及高到达率、高曝光率、高接受率、高精准度、高便利性的优势。微信一对一的互动交流方式具有良好的互动性，精准推送信息的同时更能形成一种朋友关系。

（25）网络事件营销。网络事件营销是指策划某一个跟企业有关的可热议的话题或事件，通过网络预先发布出去产生网络热议，从而把企业品牌推销出去。不管这类事件是否真的是有组织有预谋的团队策划，但是它们在网络上传播火的惊人，引起了网友极高的关注度，在网络上制造了相当规模的舆论。网络氛围在变，网络热点在变，网络营销也会随之改变话题宣传热点和方式。若有热点则跟进，没热点就自己制造，这就是网络事件营销的厉害之处。

三、绿色营销

绿色营销是指企业以环境保护为经营指导思想，以绿色文化为价值观念，以消费者的绿色消费为中心和出发点的营销观念、营销方式和营销策略。它要求企业在经营中贯彻自身利益、消费者利益和环境利益相结合的原则。绿色营销的核心是按照环保与生态原则来选择和确定营销组合的策略，是建立在绿色技术、绿色市场和绿色经济基础上的、对人类的生态关注给予回应的一种经营方式。

绿色营销包括以下五个方面的内容。

1. 树立绿色营销观念

绿色营销观念是在绿色营销环境条件下企业生产经营的指导思想。传统营销观念认为，企业在市场经济条件下生产经营，应当时刻关注与研究的中心问题是消费者需求、企业自身条件和竞争者状况，并且认为满足消费需求、改善企业条件、创造比竞争者更有利的优势，便能取得市场营销的成效。而绿色营销观念却在传统营销观念的基础上增添了新的思想内容。

企业生产经营研究的首要问题不是在传统营销因素条件下，通过协调三方面关系使自身取得利益，而是研究与绿色营销环境的关系。企业营销决策的制定必须首先建立在有利于节约能源、资源和保护自然环境的基点上，促使企业市场营销的立足点发生新的转移。对市场消费者需求的研究，是在传统需求理论基础上，着眼于绿色需求的研究，并且认为这种绿色需求不仅要考虑现实需求，更要放眼于潜在需求。

企业与同行竞争的焦点，不在于传统营销要素的较量、争夺传统目标市场的份额，而在于最佳保护生态环境的营销措施，并且认为这些措施的不断建立和完善，是企业实现长远经营目标的需要，它能形成和创造新的目标市场，是竞争制胜的法宝。

与传统的社会营销观念相比，绿色营销观念注重的社会利益更明确，定位于节能与环保，立足于可持续发展，放眼于社会经济的长远利益与全球利益。

2. 设计绿色产品

产品策略是市场营销的首要策略，企业实施绿色营销必须以绿色产品为载体，为社会和消费者提供满足绿色需求的绿色产品。所谓绿色产品是指对社会、对环境改善有利的产品，或称为无公害产品。这种绿色产品与传统同类产品相比，至少具有下列特征：①产品的核心功能既要能满足消费者的传统需要，符合相应的技术和质量标准，更要满足对社会、自然环境和人类身心健康有利的绿色需求，符合有关环保和安全卫生的标准；②产品的实体部分应减少资源的消耗，尽可能利用再生资源。产品实体中不应添加有害环境和人体健康的原料、辅料。在产品制造过程中应消除或减少“三废”对环境的污染；③产品的包装应减少对资源的消耗，包装的和产品报废后的残物应尽可能成为新的资源；④产品生产和销售的着眼点，不在于引导消费者大量消费而大量生产，而是指导消费者正确消费而适量生产，建立全新的生产美学观念。

3. 制定绿色产品的价格

价格是市场的敏感因素，定价是市场营销的重要策略，实施绿色营销不能不研究绿色产品价格的制定。一般来说，绿色产品在市场的投入期，生产成本会高于同类传统产品，因为绿色产品成本中应计入产品环保的成本，主要包括以下几方面：①在产品开发中，因增加或改善环保功能而支付的研制经费；②在产品制造中，因研制对环境和人体无污染、无伤害而增加的工艺成本；③使用新的绿色原料、辅料而可能增加的资源成本；④由于实施绿色营销而可能增加的管理成本、销售费用。

企业制定绿色产品价格，一方面当然应考虑上述因素，另一方面应注意到，随着人们环保意识的增强，消费者经济收入的增加，消费者对商品可接受的价格观念会逐步与消费观念相协调。所以，企业营销绿色产品不仅能使企业盈利，更能在同行竞争中取得优势。

4. 绿色营销的渠道策略

绿色营销渠道是绿色产品从生产者转移到消费者所经过的通道。企业实施绿色营销必须建立稳定的绿色营销渠道，在策略上可从以下几方面努力。

（1）启发和引导中间商的绿色意识，建立与中间商恰当的利益关系，不断发现和选择热心的营销伙伴，逐步建立稳定的营销网络。

（2）注重营销渠道有关环节的工作。为了真正实施绿色营销，从绿色交通工具的选择，绿色仓库的建立，到绿色装卸、运输、储存、管理办法的制定与实施，认真做好绿色营销渠道的一系列基础工作。

（3）尽可能建立短渠道、宽渠道，减少渠道资源消耗，降低渠道费用。

5. 搞好绿色营销的促销活动

绿色促销是通过绿色促销媒体，传递绿色信息，指导绿色消费，启发引导消费者的绿色需求，最终促成购买行为。绿色促销的主要手段有以下几方面。

（1）绿色广告。通过广告对产品的绿色功能定位，引导消费者理解并接受广告诉求。在绿色产品的市场投入期和成长期，通过量大、面广的绿色广告，营造市场营销的绿色氛围，激发消费者的购买欲望。

（2）绿色推广。通过绿色营销人员的绿色推销和营业推广，从销售现场到推销实地，直接向消费者宣传、推广产品绿色信息，讲解、示范产品的绿色功能，回答消费者绿色咨询，宣讲绿色营销的各种环境现状和发展趋势，激励消费者的消费欲望。同时，通过试用、馈赠、竞赛、优惠等策略，引导消费兴趣，促成购买行为。

（3）绿色公关。通过企业的公关人员参与一系列公关活动，诸如发表文章、演讲、影视资料的播放，社交联谊、环保公益活动的参与、赞助等，广泛与社会公众进行接触，增强公众的绿色意识，树立企业的绿色形象，为绿色营销建立广泛的社会基础，促进绿色营销业的发展。

四、关系营销

1. 关系营销的概念及其产生

关系营销是把营销活动看成是一个企业与消费者、供应商、分销商、竞争者、政府机构及其他公众发生互动作用的过程。关系营销的核心是留住顾客，提供产品和服务，在与顾客保持长期的关系基础上开展营销活动，实现企业的营销目标。实施关系营销并不以损害企业利益为代价，关系营销提倡的是企业与顾客策略。

广义的关系营销：指企业通过识别、获得、建立、维护和增进与客户及其利益相关人员的关系，通过诚实的交换和服务，与包括客户、供应商、分销商、竞争对手、银行、政府及内部员工的各种部门和组织建立一种长期稳定的、相互信任的、互惠互利的关系，以使各方的目标在关系营销过程中得以实现。

狭义的关系营销：指企业与客户之间的关系营销，其本质特征是企业与顾客、企业与企业间的双向的信息交流，是以企业与顾客、企业与企业间的合作协同为基础的战略过程，是关系双方以互惠互利为目标的营销活动，是利用控制反馈的手段不断完善产品和服务的管理系统。

2. 关系营销的特征

（1）双向沟通：在关系营销中，沟通应该是双向而非单向的。只有广泛的信息交流和信息共享，才可能使企业赢得各个利益相关者的支持与合作。

（2）合作：一般而言，关系有两种基本状态，即对立和合作。只有通过合作才能实现协同，因此合作是“双赢”的基础。

（3）双赢：关系营销旨在通过合作增加关系各方的利益，而不是通过损害其中一方或多方的利益来增加其他各方的利益。

（4）亲密：关系能否得到稳定和发展，情感因素也起着重要作用。因此，关系营销不只是要实现物质利益的互惠，还必须让参与各方能从关系中获得情感需求的满足。

（5）控制：关系营销要求建立专门的部门，用以跟踪顾客、分销商、供应商及营销系统中其他参与者的态度，由此了解关系的动态变化，及时采取措施消除关系中的不稳定因素和不利于关系各方利益共同增长的因素。

此外，通过有效的信息反馈，也有利于企业及时改进产品和服务，更好地满足市场的需求。

3. 关系营销的基本模式

（1）关系营销的中心——顾客忠诚。在关系营销中，怎样才能获得顾客忠诚呢？发现正当需求——满足需求并保证顾客满意——营造顾客忠诚，构成了关系营销中的三部曲：①企业要分析顾客需求，顾客需求满足与否的衡量标准是顾客满意的程度：满意的顾客会对企业带来有形的好处（如重复购买该企业产品）和无形产品（如宣传企业形象）。有营销学者提出了导致顾客全面满意的七个因素及其相互间的关系：欲望、感知绩效、期望、欲望一致、期望一致、属性满意、信息满意；欲望和感知绩效生成欲望一致，期望和感知绩效生成期望一致，然后生成属性满意和信息满意，最后导致全面满意；②从模式中可以看出，期望和欲望与感知绩效的差异程度是产生满意感的来源，所以，企业可采取下面的方法来取得顾客满意：提供满意的产品和服务；提供附加利益；提供信息通道；③顾客维系。市场竞争的实质是争夺顾客资源，维系原有顾客，减少顾客的叛离，要比争取新顾客更为有效。维系顾客不仅仅需要维持顾客的满意程度，还必须分析顾客产生满意程感的最终原因，从而有针对性地采取措施来维系顾客。

（2）关系营销的构成——梯度推进。贝瑞和帕拉苏拉曼归纳了三种建立顾客价值的方法：一级关系营销（频繁市场营销或频率营销），维持关系的重要手段是利用价格刺激对目标公众增加财务利益；二级关系营销，在建立关系方面优于价格刺激，增加社会利益，同时也附加财务利益，主要形式是建立顾客组织，包括顾客档案和正式的、非正式的俱乐部以及顾客协会等；三级关系营销，增加结构纽带，同时附加财务利益和社会利益。与客户建立结构性关系，它对关系客户有价值，但不能通过其他来源得到，可以提高客户转向竞争者的机会成本，同时也将增加客户脱离竞争者而转向本企业的收益。

（3）关系营销的模式——作用方程。企业不仅面临着同行业竞争对手的威胁，而且在外部环境中还有潜在进入者和替代品的威胁，以及供应商和顾客的讨价还价的较量。企业营销的最终目标是使本企业在产业内部处于最佳状态，能够抗击或改变这五种作用力。作用力是指决策的权利和行为的力量。双方的影响能力可用下列三个作用方程表示：“营销方的作用力”小于“被营销方的作用力”；“营销方的作用力”等于“被营销方的作用力”；“营销方的作用力”大于“被营销方的作用力”。引起作用力不等的原因是市场结构状态的不同和占有信息量的不对称。在竞争中，营销作用力强的一方起着主导作用，当双方力量势均力敌时，往往采取谈判方式来影响、改变关系双方作用力的大小，从而使交易得以顺利进行。

五、体验营销

1. 体验营销的概念

体验营销（experiential marketing）就是通过看（see）、听（hear）、用（use）、参与（participate）的手段，充分刺激和调动消费者的感官（sense）、情感（feel）、思考（think）、行动（act）、互联（relate）等感性因素和理性因素，重新定义、设计的一种思考方式的营销方法。这种思考方式突破传统上“理性消费者”的假设，认为消费者消费时是理性与感性兼具的，消费者在消费前、消费中和消费后的体验才是购买行为与品牌经营的关键。比如当咖啡被当成“货物”贩卖时，一磅卖300元；当咖啡被包装为商品时，一杯就可以卖25元；当其加入了服务，在咖啡店中贩卖，一杯最少要35～100元；但如能让顾客体验咖啡的香醇与生活方式，一杯就可以卖到150元甚至更多。星巴克真正的利润所在就是“体验”。

体验营销是1998年美国战略地平线LLP公司的两位创始人提出的。其对体验营销的定义是：“从消费者的感官、情感、思考、行动、关联五个方面重新定义，设计营销理念。”他们认为，消费者消费时是理性和感性兼具的，消费者在消费前，消费中和消费后的体验，是研究消费者行为与企业品牌经营的关键。

2. 体验形式

由于体验的复杂化和多样化，所以《体验式营销》一书的作者伯恩德•H. 施密特将不同的体验形式称为战略体验模块，并将其分为五种类型。

（1）知觉体验：知觉体验即感官体验，将视觉、听觉、触觉、味觉与嗅觉等知觉器官应用在体验营销上。感官体验可区分为公司与产品（识别）、引发消费者购买动机和增加产品的附加价值等。

（2）思维体验：思维体验即以创意的方式引起消费者的惊奇、兴趣、对问题进行集中或分散的思考，为消费者创造认知和解决问题的体验。

（3）行为体验：行为体验指通过增加消费者的身体体验，指出他们做事的替代方法、替代的生活形态与互动，丰富消费者的生活，从而使消费者被激发或自发地改变生活形态。

（4）情感体验：情感体验即体现消费者内在的感情与情绪，使消费者在消费中感受到各种情感，如亲情、友情和爱情等。

（5）相关体验：相关体验即以通过实践自我改进的个人渴望，使别人对自己产生好感。它使消费者和一个较广泛的社会系统产生关联，从而建立对某种品牌的偏好。

3. 体验营销的主要策略

（1）感官式营销策略。感官式营销是通过视觉、听觉、触觉与嗅觉建立感官上的体验。它的主要目的是创造知觉体验的体验。感官式营销可以区分公司和产品的识别，引发消费者购买动机和增加产品的附加值等。以宝洁公司的汰渍洗衣粉为例，其广告突出“山野清新”的感觉：新型山泉汰渍带给你野外的清爽幽香。公司为创造这种清新的感觉做了大量工作，后来取得了很好的效果。

（2）情感式营销策略。情感式营销是在营销过程中，要触动消费者的内心情感，创造情感体验，其范围可以是一个温和、柔情的正面心情，如欢乐、自豪，甚至是强烈的激动情绪。情感式营销需要真正了解什么刺激可以引起某种情绪，以及能使消费者自然地受到感染，并融入这种情景中来。在“水晶之恋”果冻广告中，我们可以看到一位清纯、可爱、脸上写满幸福的女孩，依靠在男朋友的肩膀上，品尝着他送给她的“水晶之恋”果冻，就连旁观者也会感觉到这种“甜蜜爱情”的体验。

（3）思考式营销策略。思考式营销是启发人们的智力，创造性地让消费者获得认识和解决问题的体验。它运用惊奇的计谋和诱惑，引发消费者产生统一或各异的想法。在高科技产品宣传中，思考式营销被广泛使用。

（4）行动式营销策略。行动式营销是通过偶像，如影视歌星或著名运动明星来激发消费者，使其生活形态予以改变，从而实现产品的销售。在这一方面耐克可谓经典。该公司的成功主要原因之一是有出色的“JUSTDOIT”广告，通过描述运动中的著名篮球运动员迈克尔·乔丹，从而升华身体运动的体验。

（5）关联式营销策略。关联式营销包含感官、情感、思考和行动或营销的综合。关联式营销战略特别适用于化妆品 、日常用品、私人交通工具等领域。美国市场上的“哈雷牌”摩托车，车主们经常把它的标志文在自己的胳膊上，乃至全身。他们每个周末去全国参加各种竞赛，可见哈雷品牌的影响力不凡。

4. 操作流程

（1）识别客户。识别目标客户就是要针对目标顾客提供购前体验，明确顾客范围，降低成本。同时还要对目标顾客进行细分，对不同类型的顾客提供不同方式、不同水平的体验。在运作方法上要注意信息由内向外传递的拓展性。

（2）认识顾客。认识目标顾客就要深入了解目标顾客的特点、需求，知道他们担心、顾虑什么。企业必须通过市场调查来获取有关信息，并对信息进行筛选、分析，真正了解顾客的需求与顾虑，以便有针对性地提供相应的体验手段，来满足他们的需求，打消他们的顾虑。

（3）顾客角度。要清楚顾客的利益点和顾虑点在什么地方，根据其利益点和顾虑点决定在体验式销售过程中重点展示哪些部分。

（4）体验参数。要确定产品的卖点在哪里，顾客从中体验并进行评价。如理发时，可以把后面的头发修得是否整齐，发型与脸型是否相符等作为体验的参数，这样在顾客体验后，就容易从这几个方面对产品（或服务）的好坏形成一个判断。

（5）对行体验。在这个阶段，企业应该预先准备好让顾客体验的产品或设计好让顾客体验的服务，并确定好便于达到目标对象的渠道，以便目标对象进行体验活动。

（6）评价控制。企业在实行体验式营销后，还要对前期的运作进行评估。评估总结要从以下几方面入手：效果如何；顾客是否满意；是否让顾客的风险得到了提前释放；风险释放后是否转移到了企业自身，转移了多少；企业能否承受。通过这些方面的审查和判断，企业可以了解前期的执行情况，并可重新修正运作的方式与流程，以便进入下一轮的运作。

5. 实施模式

体验营销的目的在于促进产品销售，通过研究消费者状况，利用传统文化、现代科技、艺术和大自然等手段来增加产品的体验内涵，在给消费者心灵带来强烈震撼的同时促成销售。

体验营销主要有以下八种实施模式。

（1）节日模式。每个民族都有自己的传统节日，传统的节日观念对人们的消费行为起着无形的影响。这些节日在丰富人们精神生活的同时，也深刻影响着消费行为的变化。随着我国的节假日不断增多，出现了新的消费现象——“假日消费”，企业如能把握好商机便可大大增加产品的销售量。

（2）感情模式。感情模式是通过寻找消费活动中导致消费者情感变化的因素，掌握消费态度形成的规律以及有效的营销心理方法，以激发消费者积极的情感，促进营销活动顺利进行。

（3）文化模式。利用一种传统文化或一种现代文化，使企业的商品及服务与消费者的消费心理形成一种社会文化气氛，从而有效地影响消费者的消费观念，进而促使消费者自觉地接近与文化相关的商品或服务，促进消费行为的发生，甚至形成一种消费习惯和传统。

（4）美化模式。由于每个消费者的生活环境与背景不同，对于美的要求也不同，这种不同的要求也反映在消费行为中。人们在消费行为中求美的动机主要有两种表现：一是商品能为消费者创造出美和美感；二是商品本身存在客观的美的价值。这类商品能给消费者带来美的享受和愉悦，使消费者体验到了美感，满足了其对美的需要。

（5）服务模式。对企业来说，优越的服务模式，可以征服广大消费者的心，取得他们的信任，同样也可以使产品的销售量大增。

（6）环境模式。消费者在良好的听觉、视觉、嗅觉过程中，容易产生喜欢的特殊感觉。因此，良好的购物环境，不但迎合了现代人文化消费的需求，也提高了商品与服务的外在质量和主观质量，还使商品与服务的形象更加完美。

（7）个性模式。为了满足消费者个性化需求，企业应开辟出一条富有创意的双向沟通的销售渠道。在掌握消费者忠诚度之余，也满足了消费大众参与的成就感，同时也促进了产品的销售。

（8）多元化。现代销售场所不仅装饰豪华，环境舒适典雅，设有现代化设备，而且集购物、娱乐、休闲为一体，使消费者在购物过程中也可娱乐休息，同时也使消费者自然而然地进行了心理调节，从而还能创造更多的销售机会。

六、5E 营销

美国人马歇尔·科恩（Marshal Cohen）在《5E 营销：世界级消费品品牌已广为采用的最新营销方法》中提出了教育（educate）、探索（explore）、提高（elevate）、取悦（entertain）

和评估（evaluate）营销方法。

第一个“E”是教育，是指与所有需要了解你的产品、品牌或服务的人进行沟通。因而，你必须为你的客户、经销商和内部的产品团队做这件事。

第二个“E”是探索，是指你必须清楚你的客户是谁，他们为什么要购买那些东西，他们为什么想要那些东西，以及你怎样利用这种行为并由此取得成功。

第三个“E”是提高，是指大多数客户想要为自己的生活方式做些什么。如果他们知道你的产品，在帮助他们实现愿望方面能做些什么。

第四个“E”是取悦，是指怎样促使客户喜欢了解你的产品，在你的店里购物，使用你的服务。

第五个“E”是评估，是指在开展上述行动的同时还必须做什么：评估其他四个E的执行情况，根据评估结果开展下一步行动。

当5E同时派上用场时，它们将为现在还在黑暗中摸索的你带来一线光明，帮你提炼自己的品牌、产品或服务，精益求精，直到达成最佳效果，取得最佳收益。

5E营销将帮助营销人员更好地预测市场方方面面的变化，帮助营销人员与客户紧密联系在一起，了解客户的去向以及驱动这些去向的原因，从而促使企业开发出比现行产品和战略更为有效的新产品和新战略。

七、知识营销

1. 知识营销的含义

知识营销是通过有效的知识传播方法和途径，将企业所拥有的对用户有价值的知识（包括产品知识、专业研究成果、经营理念、管理思想以及优秀的企业文化等）传递给潜在用户，并逐渐形成对企业品牌和产品的认知，为将潜在用户最终转化为用户的过程和各种营销行为。

随着知识经济时代的到来，知识成为发展经济的资本，知识的积累和创新，成为促进经济增长的主要动力源，因此，作为一个企业，在搞科研开发的同时，就要想到知识的推广，使一项新产品研制成功的市场风险降到最小，而要做到这一点，就必须运作知识营销。

2. 知识营销的特点

（1）用知识来推动营销是知识营销的本质要求。首先，知识营销是创造、使用、储存、提升并转化知识智力的一种全新营销理念，它把信息技术、市场预测、营销决策等体现人素质智力资源的主要环节统一起来，共同为企业服务，以取得最好经济效益。知识营销是营销理念深化与知识经济发展相碰撞的结果。

其次，知识经济发展促使企业进行知识营销。一方面技术发展变化快，产品生命周期缩短，新型企业不断崛起，使市场竞争更为激烈复杂；另一方面人们的知识增长速度，特别是对高新技术产品的认识水平，远远没有技术发展迅速。消费者这种对高新技术产品认识“滞后性”，就成为企业营销一大障碍，因此，知识营销应运而生。例如，微软公司为低收入地区图书馆配备电脑、培训人员、捐赠软件，不惜耗费巨资，这种行为正体现了“先教电脑，再买电脑”的知识营销观念。

（2）将现代信息技术运用到营销是知识经济时代营销工作的又一特色。信息市场先导，生产前提。企业若想在激烈竞争中使自己的产品占领市场，就要从了解市场需求动向入手，分析市场，研究市场，在掌握大量市场信息的基础上进行经营决策。随着知识经济的到来，信息产业飞速发展。信息基础设施快速发展，电子交易与支付手段日益成熟，传统市场营销，无论是在观念、战略还是在手段上都面临挑战，迫切需要革新。对于制造商来讲，利用交互网络可以最少资本投入将市场拓展到最大空间，并以较低成本提高获取信息处理信息的能力，对于消费者来讲，利用电子交易网上购物可以节约购买时间，降低购买成本，最大限度地满足消费需求。由此可见，由于现代信息技术在营销中的应用，将使市场营销目标的选择、市场调研、营销组合策略等各个环节发生重大变化，形成新的营销模式。

（3）创新知识经济也是知识营销最重要的特征之一。知识经济时代创新主攻点在于基础性研究突破，以形成新的支柱产业，实现产业结构升级。它不同于工业经济时代把新设想转变为新产品、新工艺、新市场。鉴于此，营销工作也必须创新。例如，营销观念的创新，要求企业树立社会营销观念，即通过对营销方案设计、分析、实施及评估，从而影响目标公众行为，改善目标公众及他们所在地群众的福利，以实现企业、消费者利益的和谐统一。从总体上来讲，中国已经成为买方市场，大多数产品出现了供过于求的现象，许多企业为此不知所措，只好进行广告投入、在降低价格上下功夫。然而海尔公司却以新一代高清晰、数字化电视抢先进入彩电市场，在已饱和的彩电市场取得巨大成功。

3. 知识营销的内容

（1）挖掘产品文化内涵，增加营销活动知识含量，并注重与消费者形成共鸣价值观。知识经济时代，知识成为一种重要的消费资料，企业个人都把学习知识作为一项必不可少的活动内容。知识营销活动应努力使消费者学到更多知识。同时，随着经济发展与人民生活水平的提高，消费者购买商品时已不仅仅考虑其使用价值，而且关注其所带来的观念价值，即日益注重商品与服务背后文化的内涵，购买与之有共鸣价值取向的产品。如“李宁”服装倡导青春、健康、活泼的精神生活，这与许多青少年的价值追求相吻合，因此备受青年人青睐。

（2）注重与消费者建立结构层次上的营销关系，使消费者成为自己产品的忠实顾客。营销关系一般可分为三个层次：一是财务层次，即以价格折扣、回扣、奖励等形式来回报顾客，这是最低层竞争手段，也最易仿效；二是社交层次，即与客户建立友谊或各种社交关系，这是较流行的一种方式，但过度使用会带来拉关系甚至腐败的现象；三是结构层次，即在产品与顾客之间的技术结构、知识结构、习惯结构上建立起稳固关系，从而使顾客成为企业产品长期而忠实的顾客。随着产品技术含量的不断提高，建立这种结构关系更为重要。

（3）加强营销队伍建设，使营销更适合产品高技术含量、智能化、个性化的要求。知识经济时代，企业必须用知识赢得顾客，首先要让顾客了解并懂得如何使用产品，以及使用后能带来的好处，才能激发顾客的购买欲望，从而扩大销售。同时营销策略要针对不同类型顾客进行特定设计，使产品或服务适应顾客消费特点、文化品位价值观念。而要做到这些，必须加强营销队伍的建设，提高营销人员素质。

4. 实施策略

知识营销过程并不是从产品的销售才开始的，而是贯穿整个产品的生产过程，只有产品注入了知识含量，知识营销才有实现的基础。知识营销的实现方法是将市场营销过程和知识管理过程有机结合，将市场营销中获取、产生、需要的各种形式的知识进行对接、整合、共享、创新、利用、发布，最终实现知识的价值转化。知识营销过程是一个复杂的过程，是以市场为导向，以技术为基础，以文化为动力的多方参与和交互作用的过程，涉及生产的各个环节与管理的各个层面，是考验企业综合生产能力、目标集聚和实现能力的大营销理念。

知识营销的实现需要企业硬件资源和软件资源的通力合作与交叉融合。硬件资源包括企业的营销队伍、技术平台、资金支持、产品服务、市场位势等；软件资源则包括企业的组织结构与组织制度、企业文化、营销人员素质与技巧、企业形象与产品品牌、知识管理能力、组织执行能力等。在这些资源中，硬件资源以技术平台与营销队伍建设最为重要，软件资源以组织结构和组织制度最为关键。

八、整合营销

1. 整合营销的概念

整合营销是以消费者为核心重组企业行为和市场行为，综合协调地使用各种形式的传播方式，以统一的目标和统一的传播形象，传递一致的产品信息，实现与消费者的双向沟通，迅速树立产品品牌在消费者心目中的地位，建立产品品牌与消费者长期密切的关系，更有效地达到广告传播和产品行销的目的。整合营销是一种对各种营销工具和手段的系统化结合，根据环境进行即时性的动态修正，以使交换双方在交互中实现价值增值的营销理念与方法。

整合营销概念最初是以整合营销传播（integrated marketing communication，IMC）形式出现的。1991 年，美国市场营销学教授唐·舒尔茨（Don Schultz）提出了"整合营销"传播的新概念，认为整合营销传播是一个"管理与提供给顾客或者潜在顾客的产品或服务有关的所有来源的信息的流程，以驱动顾客购买企业的产品或服务并保持顾客对企业产品、服务的忠诚度"。

舒尔茨认为，传统的以 4P（产品、价格、渠道、促销）为核心的营销框架，重视的是产品导向而非真正的消费者导向，制造商的经营哲学是"消费者请注意"。面对 20 世纪 90 年代市场环境的新变化，企业应在营销观念上逐渐淡化 4P、突出 4C。制造商的经营哲学更加"注意消费者"。

2. 整合营销的特点

舒尔茨认为，整合营销传播的核心思想是：以整合企业内外部所有资源为手段，再造企业的生产行为与市场行为，充分调动一切积极因素以实现企业统一的传播目标。IMC 强调与顾客进行多方面的接触，并通过接触点向消费者传播一致清晰的企业形象。具有如下特征：

（1）在整合营销传播中，消费者处于核心地位；

（2）对消费者深刻全面地了解，是以建立资料库为基础的；

（3）整合营销传播的核心工作是培养真正的消费者价值观，与那些最有价值的消费者保持长期的紧密联系；

（4）以本质上一致的信息为支撑点进行传播。企业不管利用什么媒体，其产品或服务的信息一定得清楚一致；

（5）以各种传播媒介的整合运用作手段进行传播。凡是能够将品牌、产品类别和任何与市场相关的信息传递给消费者或潜在消费者的过程与经验，均被视为可以利用的传播媒介。

3. 整合营销的内容

整合营销的基本想法很类似于现代战争，它围绕基本促销目标，将一切促销工具与活动一体化，打一场总体战，如同现代战争中将空军（广告）、战略导弹（有冲击力的社会公关活动）、地面部队（现场促销与直销）、基本武器（产品与包装）等一切消费者能够感受到的"武器"整合为一体，使企业的价值形象与信息以最短的时间传达给消费者。整合营销思想，是欧美20世纪90年代以消费者为导向的营销思想在传播宣传领域的具体体现。

一般来说，整合营销包含两个层次的整合：一是水平整合；二是垂直整合。

（1）水平整合包括三个方面。第一，信息内容的整合。企业的所有与消费者有接触的活动，无论其方式是媒体传播还是其他的营销活动，都是在向消费者传播一定的信息。企业必须对所有这些信息内容进行整合，根据企业所想要的传播目标，对消费者传播一致的信息。第二，传播工具的整合。为达到信息传播效果的最大化，节省企业的传播成本，企业有必要对各种传播工具进行整合。所以企业要根据不同类型顾客接受信息的途径，衡量各个传播工具的传播成本和传播效果，找出最有效的传播组合。第三，传播要素资源的整合。企业的一举一动、一言一行都是在向消费者传播信息，应该说传播不仅仅是营销部门的任务，也是整个企业所要担负的责任。所以有必要对企业的所有与传播有关联的资源（人力、物力、财力）进行整合，这种整合也可以说是对接触管理的整合。

（2）垂直整合包括四个方面：①市场定位整合，任何一个产品都有自己的市场定位，这种定位是在市场细分和企业的产品特征的基础上制定的，企业营销的任何活动都不能有损企业的市场定位；②传播目标的整合，有了确定的市场定位以后，就应该确定传播目标了，考虑好"想要达到什么样的效果？""多高的知名度？""传播什么样的信息？"等问题，有了确定的目标才能更好地开展后面的工作；③4P整合，其主要任务是根据产品的市场定位设计统一的产品形象，各个P之间要协调一致，避免互相冲突、矛盾；④品牌形象整合，主要是品牌识别的整合和传播媒体的整合。名称、标志、基本色是品牌识别的三大要素，它们是形成品牌形象与资产的中心要素。品牌识别的整合就是对品牌名称、标志和基本色的整合，以建立统一的品牌形象。传播媒体的整合主要是对传播信息内容的整合和对传播途径的整合，以最小的成本获得最好的效果。

4. 操作思路与方法

1）整合营销思路

（1）以整合为中心：着重以消费者为中心并把企业所有资源综合利用，实现企业的高度一体化营销。整合既包括企业营销过程、营销方式以及营销管理等方面的整合，也包括对企业内外的商流、物流及信息流的整合。

（2）讲求系统化管理：整体配置企业所有资源，企业中各层次、各部门和各岗位，以及总公司、子公司，产品供应商，与经销商及相关合作伙伴协调行动，形成竞争优势。

（3）强调协调与统一：企业营销活动的协调性，不仅仅是企业内部各环节、各部门的协调一致，而且也强调企业与外部环境协调一致，共同努力以实现整合营销。

（4）注重规模化与现代化：整合营销十分注重企业的规模化与现代化经营。规模化不仅能使企业获得规模经济效益，还为企业有效地实施整合营销提供了客观基础。整合营销同样也依赖于现代科学技术、现代化的管理手段，现代化可为企业实施整合营销提供有效保障。

2）整合营销方法

（1）建立消费者资料库：这个方法的起点是建立消费者和潜在消费者的资料库，资料库的内容至少应包括人员统计资料心理统计消费者态度的信息和以往购买记录等。整合营销传播和传播营销沟通的最大不同在于整合营销传播是将整个焦点置于消费者、潜在消费者身上，因为所有的厂商、营销组织，在销售量或利润上的成果，最终都依赖于消费者的购买行为。

（2）研究消费者：这是第二个重要的步骤，就是要尽可能使用消费者及潜在消费者的行为方面的资料作为市场划分的依据，相信消费者"行为"资讯比起其他资料如"态度与意想"测量结果更能够清楚地显现消费者在未来将会采取什么行动，因为用过去的行为推论未来的行为更为直接有效。在整合营销传播中，可以将消费者分为三类：对该品牌的忠诚消费者；其他品牌的忠诚消费者和游离不定的消费者。很明显这三类消费者有着各自不同的品牌忠诚，而想要了解消费者的品牌忠诚就必须借助消费者行为资讯才行。

（3）接触管理：所谓接触管理就是企业可以在某一时间、某一地点或某一场合与消费者进行沟通，这是20世纪90年代市场营销中一个非常重要的课题，在以往消费者自己会主动找寻产品信息的年代里，决定"说什么"要比"什么时候与消费者接触"重要。然而，现在的市场由于资讯超载、媒体繁多，干扰的"噪声"大为增大。目前最重的是决定如何、何时与消费者接触，以及采用什么样的方式与消费者接触。

（4）发展传播沟通策略：这意味着在什么样的接触管理之下，该传播什么样的信息，而后，为整合营销传播计划制订明确的营销目标，对大多数的企业来说，营销目标必须非常明确，同时在本质上也必须是数字化的目标。例如对一个擅长竞争的品牌来说，营销目标就可能是以下三个方面：激发消费者试用该品牌产品；消费者试用过后积极鼓励继续使用并增加用量；促使其他品牌的忠诚者转换品牌并建立起该品牌的忠诚度。

（5）营销工具的创新：营销目标一旦确定之后，下一步就是决定要用什么营销工具来完成此目标，显而易见，如果我们将产品、价格、渠道都视为是和消费者沟通的要素，整合营销传播企划人将拥有更多样、广泛的营销工具来完成企划，其关键在于哪些工具，哪种结合最能够协助企业达成传播目标。

（6）传播手段的组合：最后一步就是选择有助于达成营销目标的传播手段，这里所用的传播手段可以无限宽广，除了广告、直销、公关及事件营销以外。事实上产品包装、商品展示、店面促销活动等，只要能协助达成营销及传播目标的方法，都是整合营销传播中的有力手段。

九、市场营销发展的新趋势

1. 共生营销

共生营销是指两个或两个以上企业通过分享市场营销资源，达到降低成本、提高效率、增强市场竞争力目的的一种营销策略。它主要包括以下内容。

（1）共享资源，包括设施、营销渠道、品牌及其他资源。如“小天鹅”公司和美国“宝洁”公司达成协议，在国内一些大专院校开办“小天鹅洗衣房”。在“小天鹅”销售时，分发宝洁公司洗衣粉试用，并在包装盒上为其作宣传。与此同时，宝洁公司在其包装袋上全部打上“推销一流产品小天鹅洗衣机”字样。

（2）共同促销。共生伙伴各方把单个企业的产品优势、营销技能和营销网络结合起来，发挥单个企业促销无法达到的规模效应，联合开拓目标市场，如格兰仕与深圳时达表业进行捆绑销售，从而达到互利目的。

（3）共同提供产品和服务。在旅游业中，客运公司、旅馆、饭店、娱乐业等联合提供“一揽子”服务，既降低了价格，又方便了顾客，使各方竞争实力大大增强。

（4）共同销售，如美国运通公司和MCI电讯公司达成协议，运通卡用户在使用MCI长途电话时，可享受一定折扣；而MCI凭借运通公司掌握的1 000万名用户信息资料，大大增强了客户开发能力。

（5）共同开发新产品，如IBM、西门子、日本东芝达成协议，联手开发256兆位超微芯片。

（6）共同创办新企业。这在国内外化工产业、新材料产业、计算机产业中已屡见不鲜。

2. 虚拟营销

信息社会的到来将改变传统市场营销的运作模式，以互联网技术为基础的虚拟营销不仅将取代传统的交易方式，而且还将市场竞争从物理空间转化到虚拟空间。在知识经济时代，市场营销因素的组合是信息与互联网技术的组合，以互联网技术为基础的高新技术与市场营销资源融合在一起，将生成新的市场营销模式——营销虚拟化，消费者的消费行为将通过互联网而转变为数字化行为。工业时代创造的市场营销4P要素与互联网技术资源重新整合，将建立一个全球性的统一而又抽象的市场，它不受空间限制，全天候网上营销，可以将产品或服务实时传递到世界任何一个角落，商品或服务的推广不再是面对面地与客户直接交易，而是借助电脑与互联网在网上与客户直接见面，客户不再是被动地去接受商品或服务，而是主动地与企业建立互动式的商业关系。具体讲，它具有以下特点：一是全天候服务和简便易行的全球性贸易，为企业创造了巨大的发展时空；二是及时、全面、广泛的市场信息服务，可以随时为企业经营提供决策依据；三是电子交易和结算方式，有助于加快资金周转和提高资金利用率；四是网络销售方式，将大大降低销售人员、场地的成本；五是利用网络发布企业、产品或服务信息，促成交易行为的有效实现。

3. 个性化营销

市场进一步细分化和个性化是未来市场发展的总趋势。21 世纪的消费者将具有良好的教育背景和日益个性化的价值观念，他们期望在送货、付款、功能和售后服务等方面满足其特别的需求。这是导致市场营销个性化的基础。在个性消费阶段，消费者购买商品不只是满足对物质的需求，而主要是看重商品的个性特征，希望通过购物来展示自我，达到精神上的满足。21 世纪市场营销细分化的发展趋势，完全不同于传统工业社会将消费群体相近的需求等同看待，而是根据单个消费者的个性化需求进行产品的设计开发。美国服装设计师可通过电脑为单个顾客设计生产不同款式花色的服装；日本自行车制造商松下公司能提供 199 种颜色、18 种型号、并有 1 000 多万种变化，顾客在两周内就可骑上定制的独一无二的自行车。目前，个性化的市场营销在发达国家已蔚然成风。

4. 精简、反应快速的营销组织

21 世纪信息社会的最大特征就是网络化，互联网带来了速度、效率，同时也带来了不确定性，而正是这种不确定性，从本质上改变了传统市场营销的组织设计思路，适应网络时代变化的营销组织，必须反应迅速、沟通畅通、内外协调和互动。传统的产品、销售、广告等部门将被逐一淘汰；未来企业营销构架的特征是不设中层管理机构，层级组织体系将由网状组织体系取代。因为，信息化社会的市场竞争强调的是速度，产品更新换代快，消费者行为变化快，竞争对手反应快，信息技术发展快，这些“快”都影响着市场营销组织的模式构建。因此，精简、富有弹性和互动、极具效率、高度自动化、网络化等，将是构建未来营销组织的基本原则。

5. 数字化分销渠道

21 世纪人类迅速进入数字化时代，商业过程的高度自动化和网络化，将市场营销中的分销移植到互联网，实现了真正的虚拟营销。电子商务改变了工业时代传统的、物化的分销体制，企业必须为适应 B2B 或 B2C 业务开展网上分销活动。数字化分销渠道缩短了生产与消费间的距离，节省了商品在流通中的诸多环节，消费者或用户通过互联网在电脑屏幕前就可完成购买行为，网上购物不仅可以节省时间，方便快捷，而且还省钱省力。互联网对于传统市场营销最具革命性的影响就在于此。

第二节　市场营销的创新

市场营销从它诞生之日起，就充满着不断探索、变革、创新的色彩，营销活动与创新密不可分。

一、市场营销创新及其意义

市场营销创新是企业为了自身发展，根据营销环境的变化，对营销要素和营销活动进行积极调整，建立更强大的营销系统，从而提高市场竞争能力的活动与过程。市场营销环境变化和对企业发展的强烈追求成为企业进行市场营销创新的两个最基本的驱动因素，而需求则是企业持续进行营销创新的源泉。

企业的市场营销创新具有如下 4 个方面的意义：

（1）市场营销创新可以使企业能够领先一步并形成自己的核心竞争能力；

（2）市场营销创新有利于企业创造新的生产组织方式，提高资源配置效率，降低成本，提高效益；

（3）市场营销创新能够增强企业的竞争优势，为企业的发展创造有利条件；

（4）市场营销创新能为企业带来出奇制胜的机会。

二、市场营销创新的主体

1. 营销管理者

所谓营销管理者，是指管理各项市场营销活动，对市场营销活动的计划、实施、组织与控制负责的人，如营销经理、广告促销经理、推销经理、营销调研经理、新产品经理等。创意的产生可以来自于营销理论的推动，却也离不开创新者的实践活动。这些营销管理人员由于专业条件和职责要求，从事营销状况，环境情况，市场情况，产品情况，竞争情况的分析和研究，根据组织的营销目标制订营销计划和选择营销策略。因此，如果其有创意并能够有效地实施，他们就可以成为营销创新的主体。

2. 企业家

这里的企业家不是指已退出企业经营管理领域的企业资产的终极所有者，而是指在企业中从事最高领导的管理者。企业家是营销创新的主体，原因如下。

（1）企业家拥有的企业家才能和企业家精神本身具有创新的含义。熊彼特认为企业家是从事“创造性破坏”的创新者。企业家对市场的洞察与把握使得创意产生，其对企业的市场营销活动拥有的最终决定权和控制力为其进行营销创新提供了有力的支持。

（2）企业家作为企业的高层管理者，拥有企业资源的最大支配权和最终决策权，他们对创意的提出、评估与实施有着最重大的影响和推动作用：提出具体的营销创新目标，对营销创新活动进行规划和引导，推进营销创新成果的实施等。

3. 企业

首先，企业是市场活动的主体，是市场营销的“营销者”一方。从人群集合系统的角度，企业可以成为营销创新行为的主体。在当代技术创新的研究中，也突出强调了企业是创新的主体。其次，营销创新是一个可能涉及研发、生产、销售等多个环节和领域的综合性创新活动，企业应该成为营销创新行为的主体。除了以上的营销创新行为的主体，还有一些人或集团也参与了营销创新的活动并可能起到较为重要的影响和作用，尽管他们并不在主体的范畴：企业中的其他职能人员在工作过程中会可能产生某些初始的或不连续的创新想法，他们为营销创新的主体的创意形成起到了帮助作用，而他们的工作配合也为营销创新的创意实施起到了辅助的作用；营销理论家提出的科学的创新见解和理论对主体的创新行为起到了指导作用；企业外部的市场营销咨询、策划机构为营销创新活动的创意提出和创新的初步实施起到了促进作用；顾客作为营销的对象不断"拉动"着营销创新并为营销创新的创意评估与筛选提供了检验条件。

三、市场营销创新的驱动因素

市场营销创新实际上是企业为了追求自身的发展，根据所处市场营销环境的变化，对自身的营销活动进行积极调整，从而提高自己市场竞争能力的过程，所以，企业经营环境的变化和企业对自身发展的强烈追求成为企业进行市场营销创新的两个最基本的驱动因素。企业经营环境的变化构成了企业营销创新的外部压力，而企业自身的生存和发展则是企业营销创新的内在动力。

1. 企业经营环境的变化

随着知识经济时代的来临，企业的经营环境正在发生着日新月异的变化。在这场变化的大潮中，袖手旁观无异于坐以待毙。只有认真地分析环境带来的机会与威胁，权衡自己的优势与劣势，通过一系列的企业创新活动，才能在下一轮市场竞争中获胜。企业经营环境的变化主要有以下几个方面。

（1）经济成长知识化。在这个新时代，知识和知识产品成为财富的主要源泉，也是物质资料转变为价值的主要决定因素。经济实现了从依赖生产力硬要素向依赖于生产力软要素的转变。在经济成长知识化的环境中，企业必须拥有高度的知识管理能力，能够对知识进行迅速的学习、运用、共享、传播和创新，使之推动企业的发展。

（2）市场竞争多维化和动态化。随着知识在经济增长中的重要性的增强，增加经济效益的途径越来越多样化。通过产品品种或种类的增加来降低单位产品成本的规模经济，通过产品或服务差异性的增加来降低成本增加利润的差异经济，通过拓展企业内外部的成长空间来获取利润的成长经济，通过抢先利用机遇扩大市场份额来获得竞争优势的时效经济，这些正在成为提升经济效益的新途径。竞争的手段也已由过去偏重于价格竞争转向价格、质量、速度、服务、环境等多维度的竞争。市场竞争日益呈现出多维化的格局，使企业超越竞争对手的途径更加多样化，因而，竞争环境更为复杂，企业之间的竞争也更加激烈。在这种新的竞争环境条件下，企业的经营策略首要考虑的不是如何击败竞争对手，而是如何经营顾客，更好地满足顾客的本质需求，为顾客创造价值。

与此同时，经济的全球化、技术创新的加速化以及竞争手段的现代化等因素正在使竞争进一步动态化。由于竞争对手具有学习、模仿和创新的能力，因而任何企业的先动优势都是暂时的，随时都有可能被竞争对手的反击行为所击败。另外，新技术的迅速发展使企业所受到的竞争威胁不仅来自本行业之内，而且来自其他行业。

（3）市场和交易环境虚拟化。在知识经济时代，由于信息网络技术的发展和世界经济一体化的推动，企业所服务的顾客范围正在突破传统的地理性限制。企业可以为分散在全球各地的顾客提供产品和服务，交易方式因电子商务的出现而发生了革命性的变化。

利用市场和交易环境虚拟化，我们能够实现经营过程的高速互动，可以提高效率、降低成本和创造顾客，但在信息量极其丰富的网络时代，消费者的注意力正在变成一种极其重要的稀缺资源，因此，我们必须迎接由此带来的新挑战。

（4）产品和服务的高度顾客化。顾客由于知识素质的提高、收入水平的增加以及选择范围的扩大，其主要消费也将越来越转向知识密度较高的产品和服务，而且顾客要求越来越多样化，期望也越来越高。顾客需要的不仅仅是单纯的产品，而且还需要与产品形影不离的信息和服务，也就是说，顾客需要的是产品、服务、信息的一体化。

随着顾客需求的多样化和个性化，产品的种类将越来越多，而产品的生命周期也越来越短。在过去的市场中，客户和企业是界限分明的消费者和生产者的关系，可是今天，这种关系发生了变化，客户和企业双方的角色不断延伸，双方在互动中共同创造价值。于是，产品和服务正在逐步顾客化。企业正按照顾客高度个性化的需求来提供相应的产品和服务。

（5）企业管理人性化。随着文明的发展和人类的进步，人的主体性逐渐得到了确认，人的价值观、人的尊严在社会理念中获得了前所未有的位置。因而企业发展到今天，已不再仅仅是一个工作场所，而且是一个文化体系，企业能够取得卓越成功的唯一途径就是以人为本的价值取向重新塑造企业文化和企业行为。

在知识经济时代，员工的创造力成为企业生死存亡的决定因素。企业如果能在为人们提高收入的同时，充分展示出一种人性化的企业氛围，例如，优雅舒适的工作环境，对人的才能的充分尊重，对人的价值的充分尊重，就能够不断激发员工的创造力，进而在竞争中立于不败之地。

2. 企业自身实现可持续发展的需要

可持续发展是指：在可预见的未来中，企业能在更大规模上支配资源，谋求更大的市场份额，战胜自我，从而取得更大的发展。可持续发展的定义应该包含 5 个要素。

（1）可持续发展是以可预见的未来作为时间跨度的。“可预见”说明可持续发展所预见的时间是有期限的。这一时间的跨度在企业的经营中是可控的。不可预见的未来对企业的可持续发展而言是没有意义的。因为，不可预见的未来难以被了解、认识，更不可能对其发展做出规划。

（2）企业的可持续发展要求企业能够更大规模的支配资源。这里的资源不仅包括企业自身所拥有的资源，还包括可以被企业所利用的为其他人所拥有的资源，对后一种资源可以通过资产运作的手段加以运用。

（3）企业的可持续发展应以更大的市场份额为目标。企业的发展需要市场空间的支持，企业可持续发展和市场份额的扩大是一种彼此促进的良性循环。

（4）企业的可持续发展要求企业不断超越自我。发展和可持续性要求企业不满足于一次自我超越后的成果，而是要求企业能够不断保持进取，不断超越。

（5）企业的可持续发展是一种良性发展。这种发展不仅体现在生产效率的提高上，而且这种生产效率的提高要以不损害日后的发展潜力为前提。发展的全面性和均衡性不容忽视。

市场是企业的生命，企业的价值必须通过市场才能得到承认和体现，市场的衰退或老化往往导致关联企业的衰退。企业的使命在于研究市场需求，适应市场需求，满足市场需求，创造市场需求。

四、市场营销创新过程

企业只有把创新这一指导思想提上日程，才能使企业在变化中成长，在竞争中生存。总结众多成功企业的经验，成功地创新要经历：寻找机会—提出构想—迅速行动—坚持不懈，这四个阶段。

1. 寻找机会

创新是对原有秩序的破坏。原有秩序之所以要打破，是因为其内部存在着或出现了某些不协调的现象。这些不协调对系统的发展造成了某种不利的影响。创新活动正是从发现和利用旧秩序内部的冲突开始的，可以说冲突为创新提供了契机。

旧秩序中的不协调既存在于企业的内部，又可产生于企业的外部。就外部而言，有可能成为创新契机的变化主要有：①技术的变化，技术变化可能影响相关资源的获取、生产设备及产品的技术水平；②人口的变化，人口的变化可能影响劳动市场的供给和产品销售市场的需求；③宏观经济环境的变化，迅速增长的经济背景可能给企业带来不断扩大的市场，而整个国民经济的萧条则可能降低企业产品需求者的购买能力；④文化与价值观念的转变，文化与价值观念的转变可能改变消费者的消费偏好或劳动者对工作及报酬的态度。

就内部来说，引发创新的不协调现象主要有以下几点。

（1）生产经营中的瓶颈。生产经营中的瓶颈可能影响劳动生产率的提高和劳动积极性的发挥，因而始终困扰着管理人员。这种不协调环节的产生，既可能是某种材料的质地不够理想，且始终找不到替代品，也可能是某种工艺加工方法的不完善，或是某种分配政策的不合理。

（2）意外的成功和失败。如派生产品的利润贡献不声不响地、出人意料地超过了主营产品；老产品经过精心整顿、改进后，结构更加合理，性能更加完美，质量更加优异，但并未得到预期数量的订单等。这些出乎意料的成功和失败，往往可以把企业从原先的思维模式中解放出来，从而成为创新的一个重要源泉。

2. 提出构想

敏锐地观察到了不协调的现象以后，还要透过现象研究原因，并据此分析和预测不协调的未来变化趋势，估计它们可能带来的积极或消极的后果，并在此基础上，运用积极的营销思维，努力利用各种方法，消除不协调，使企业在更高层次上实现平衡的创新构想。

3. 迅速行动

创新成功的秘密主要在于迅速行动。提出的构想可能还不很完善，甚至可能很不完善，但这种并非十全十美的设想必须立即付诸实施才有意义。“没有行动的思想会自生自灭”，这句话对于创新思想的实践尤为重要。一味追求完美，以减少受讥讽、被攻击的机会，就可能坐失良机，把创新的机会白白地送给自己的竞争对手。创新的构想只有在不断的尝试中才能逐渐完善，企业只有迅速地行动才能有效地利用不协调提供的机会。

4. 坚持不懈

构想经过尝试才能成熟，而尝试是有风险的，不可能一击即中。创新过程是不断尝试、不断失败、不断提高的过程。因此，创新者在开始行动以后，为取得最终的成功，必须坚定地走下去，决不能半途而废，否则便会前功尽弃。而事实上这种坚忍不拔的精神也源自自身的性格和生活的磨炼，作为营销人应该具备这种意志。

五、市场营销创新的路径

市场营销创新的内容十分广泛，涉及企业市场营销活动的方方面面，从市场到技术、从营销观念到市场营销组合等诸要素，其中任何一个方面都蕴含着企业市场营销新的契机。不同企业应根据市场环境的变化，结合本企业的具体条件，因时、因地、因产品、因顾客的不同选择：具有自己特色的创新道路，真正通过有效的市场营销创新更好地满足市场需求，提升企业的核心竞争能力，从而实现企业健康、快速和可持续的发展。

1. 营销观念的创新

营销观念的创新是企业市场营销创新的先导，只有观念领先，企业才能在市场竞争中处于领先地位。知识经济的兴起，全球经济一体化进程的加快，极大地改变了企业的市场营销环境，客观上要求企业解放思想、更新观念，用不断创新的现代营销观念指导企业的市场营销活动。企业在市场营销实践中，不仅要深入把握、正确运用以市场营销、社会市场营销等为代表的现代营销观念，更要认真关注和积极导入整合营销、关系营销、直复营销、绿色营销、知识营销、网络营销和文化营销等营销新概念和竞争新观念，以不断更新企业的战略思维，并从宏观上指导企业的全部营销活动。

2. 营销组织的创新

从全球范围看，现代企业的营销组织正在经历一场革命性的演变，呈现出联合化、扁平化和概念化的趋势。所谓联合化，是指随着跨国经营的普及和市场竞争的加剧，许多企业为减少风险、增强竞争实力和节约成本，纷纷采取联盟战略，与自己的合作者或竞争者开展“共生营销”、交叉销售或追加销售，以求优势互补。所谓扁平化，是指营销组织逐渐减少层级，使营销决策更加直接、迅速、灵活，尤其是借助计算机网络等现代技术，努力使营销渠道缩短，营销人员减少，营销效率提高。所谓概念化，是指企业借助国际互联网设立虚拟橱窗、虚拟展销会、虚拟经销商等，使管销组织由实体化走向概念化。面对国际市场形势的新变化，企业必需着手建立战略联盟，调整营销机构，开展网络营销和电子商务，实现营销组织的不断创新。

3. 营销技术创新

市场营销理论认为，每一种需要都有其“生命周期”。任何满足需要新兴方式的产生，都会导致旧有方式的衰落。面对科技发展日新月异的知识经济新时代，我国企业要更有效地满足不断变换的市场需求，就必须重视营销技术的创新，借助代理制、连锁经营、特许经营、物流配送等现代分销方式，运用柔性营销、事件营销、知识营销、零库存营销、无缺陷营销等最新营销方法，加强客户关系管理，提高市场营销的技术含量和创新力度。

4. 营销组合创新

在市场营销过程中，企业必须采取合适的市场营销组合，有效管理目标市场及其需求。营销组合是企业为了进占目标市场、满足顾客需要，加以整合和协调使用的市场营销手段。产品、价格、渠道、促销是市场营销组合最基本的要素，也是企业进行营销创新的重要切入点，企业可根据环境的状况和战略的要求，合理选择、整合、协调使用这些营销要素和组合，或者创新这些营销要素和组合，以便更好地实现营销目标。

六、营销创新应注意的问题

1. 要注意在营销创新中必须创造价值

这是营销创新是否有价值的最重要的评估标准，当然，这里的价值不仅包括经济价值，还包括顾客价值。不创造经济价值对企业没有任何意义，而不创造顾客价值的营销创新，就无法获得经济价值。因此创造顾客价值是营销创新的关键。顾客价值不仅表现在产品功能上，顾客为购买而付的精力、体力、时间及货币都属于顾客价值的范畴，甚至包括情感。所以在营销创新中，必须创造顾客价值，否则，难以提高企业的核心竞争力。

2. 要注意营销创新的切实可行性

创新是在分析宏观、微观环境的基础上创造出来的，而非凭主观想象创造出来，要切实可行、易操作，尤其是要注意文化的影响。营销创新是就对某时某地情况而进行的营销要素排列的最佳组合，要注意文化的可控和不可控制性，还可能存在着入乡随俗和入乡不随俗的问题。最后，还要注意营销创新活动对社会的影响是否有负面影响。

3. 要注意营销创新组合

企业营销创新往往是一个营销环节的成功，这是令人欣慰的，但要注意营销组合。一个方面或一个环节的创新要有其他营销组合要素的配合，否则这种营销成功就要大打折扣。营销创新的实质是创新的组合，企业的创新工作应与营销组合相互配合。

4. 要注意运用合力

在营销创新时要求运用团队的力量。日本企业就特别强调团队精神，因为团队的合力总要大于个体的力量。在营销创新方面，团队的力量就显得更为重要了，因为，团队的创新较个人创新多些完整性和可行性，而且在执行过程中，对于整体的沟通与理解要强于个体，效果也自然出人预料。另外，这种合力还需要有知识的整合。营销本身就与许多学科休戚相关，如经济学、哲学、数学、行为学和心理学等。没有这些学科的基础，营销创新就不能够尽善尽美。因此，营销创新不仅要有人员组合，还要求有知识的整合。

本章提要

- 21 世纪市场营销有了更大的发展，理论界和企业界就许多新概念、新思想、新方法一直在研究和探索。
- 市场营销创新是企业获得营销成功和可持续发展的力量源泉，不创新即死亡。

关键词

全球营销（global marketing）
网络营销（on-line marketing）
关系营销（relationship marketing）
绿色营销（green marketing）
数据库营销（database marketing）
知识营销（knowledge marketing）
整合营销（integrated marketing）
虚拟营销（virtual marketing ）
共生营销（symbiotic marketing）
个性化营销（personalized marketing）
营销创新（marketing invention）

复习与思考

1. 网络营销的基本职能和方法体系是什么？
2. 关系营销的特征与模式是怎样的？
3. 体验营销的形式及主要策略是什么？
4. 市场营销创新的驱动因素有哪些？
5. 市场营销创新的过程和路径是什么？

研究与讨论

1. 绿色营销是理念还是做法？
2. 知识营销的发展说明了什么？
3. 整合营销重在整合什么？
4. 市场营销的发展趋势是什么？
5. 企业为什么要进行市场营销创新？

实践演练

1. 实地调查 3 家企业，了解其应用的新营销策略。

2. 通过调查，找出实施绿色营销、关系营销、体验营销、整合营销成功的企业，并进行评述。

3. 编写一份市场营销创新成功企业的案例。

营销模拟

1. 为你想要开的网店或微店设计出完整的路线图。
2. 找一家营销创新不足的企业，帮它构思创新的主意。

本章案例

凡客诚品："凡客体"风靡网络

扫描此码　案例学习

案例讨论题：

1. 你认为凡客诚品应用了哪些营销手段？成功之处在哪里？
2. 试分析该方案存在的主要缺陷。如何将其进行纠正呢？
3. 如果你是该公司的营销总监，下一步该怎么做？

第二篇　市场营销分析

第四章　市场营销环境分析

成功的公司能认识环境中尚未满足的需要和趋势，并能作出反应以盈利。

——菲利普·科特勒

生产创造形态效用，营销则是创造时间、场所和占有效用。

——L.D.H. 韦尔达

学习目标

知识目标

1. 市场营销环境的含义和特征。
2. 微观市场营销环境的构成及其变化。
3. 宏观市场营销环境的构成及其变化。
4. 环境给企业带来的机会和威胁。

能力目标

1. 弄清市场营销活动与市场营销环境的关系。
2. 掌握环境分析的方法，把握市场环境发展变化趋势，培养挖掘新的市场机会的能力。
3. 学会正确分析和评价环境带来的机会和威胁，提高营销决策的能力和水平。

营销故事

迷宫里住着两只小老鼠和两个小矮人，他们在迷宫里历尽风险寻找到奶酪C站，于是就在附近安居，建立起他们的生活模式。一天，两只小老鼠突然发现原来它们赖以生存的奶酪不见了，它们立刻穿起跑鞋去迷宫深处寻找新奶酪，并找到了一些奶酪。两个小矮人却没有这样做。起先，他们以为是谁和他们开玩笑，就在奶酪C站周围四处寻找，但没有找到。他们陷入了迷茫，是谁动了我的奶酪？其中一个小矮人说："我们失去的一定会有人给我们补偿的。"但是，过去了很多天，他们一无所获。另一个小矮人认为，与其这样盲目寻找下去还不如到迷宫深处寻找新的奶酪。他克服了心理的压力和同伴的劝阻，终于找到了新的奶酪。由此他悟出一个道理："要随着奶酪的变化而变化。"

引例

迪士尼乐园：销售娱乐赚大钱

随着精神享受、娱乐休闲方面的需求越来越大，商家已经开始注重娱乐市场和文化市场，而其创始者，则是美国的迪士尼。它最早发现，现代化生产已使商品购买变得十分容易，然而，去哪里能买到娱乐呢？于是迪士尼想到了销售欢乐，并建立起全球最大的娱乐帝国。迪士尼的成功启示我们，深入的挖掘消费者的潜在需求是成功营销的起点。

迪士尼是一位令人想到家庭娱乐、想到“米老鼠”的人。他本人不仅是个画家，更重要的是，他把艺术产业化，他更是一个企业家，他以企业家的开拓精神从事自己的艺术创作。他以艺术家的丰富想象力建造了自己的企业，从而创立了世界闻名的迪士尼乐园。人们进入迪士尼就如同进入梦幻世界，从中可以看出我们这个星球的过去和未来，得到假日的欢乐。从前的艺术是少部分人的“特权”，大众难以介入；靠着迪士尼“在娱乐之中学习知识”的诀窍，迪士尼成了名垂青史的企业巨头，开创并主宰了一个全新的卡通世界。

迪士尼的营销创新之一在于，其在“产品”上不断求变。其不以创作卡通为限，希望可以朝着全方向的家庭娱乐组合发展，包括电视、主题公园以及都市规划。1954 年，其率先以完全彩色呈现电视节目；1955 年，迪士尼乐园诞生；1971 年，迪士尼世界揭幕；迪士尼真是一步步地改变这个世界。

迪士尼的另一营销创举在于，其注重培训，以此提高服务素质。其差不多是第一个认定团队及伙伴关系的威力。其是将“人”（PEOPLE）引入为第五个 P 的典范，其坚信首先向员工工作“内部营销”，然后才是对顾客的“外部营销”，甚至，迪士尼把员工也当顾客对待。其向员工营销的是“对顾客的积极态度”。于是，迪士尼公司的人员在使顾客满意方面得到如此巨大成功，管理部门对员工的关心使员工感到自己是重要的，并且对“演出的节目”极为负责。员工们身上洋溢着的那种“拥有这个组织”的感觉，感染了他们所接待的顾客。虽然有部分人质疑迪士尼的设计是否太过粉饰，但在许多人心目中，迪士尼仍然充满魅力。

第一节 市场营销环境的含义和特征

任何企业都生存于一定的环境之中，其市场营销行为既受内部条件的制约，又受外部环境的影响。

一、市场营销环境的含义

市场营销环境是指影响企业市场营销活动及其目标实现的各种不可控的因素和力量。这些因素和力量是与企业营销活动有关的、影响企业生存和发展的外部条件。

市场营销环境包括微观环境和宏观环境。微观环境是指与企业紧密相连、直接影响企业营销能力的各种参与者，包括企业本身、市场营销渠道企业、顾客、竞争者以及社会公众。宏观环境指影响微观环境的一系列巨大的社会力量，主要是人口、经济、政治法律、科学技术、社会文化及自然生态等因素。微观环境直接影响与制约企业的营销活动，多半与企业具有或多或少的经济联系，也称直接营销环境。宏观环境一般以微观环境为媒介去影响和制约企业的营销活动，在特定的场合，也可直接影响企业的营销活动，也称间接营销环境，如图 4-1 所示。

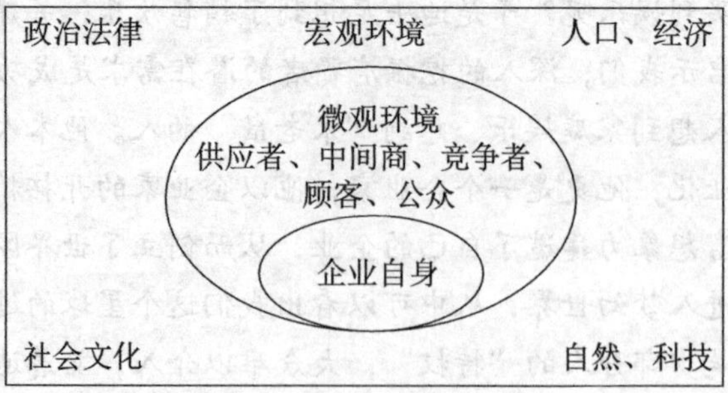

图 4-1 企业市场营销环境

二、市场营销环境的特点

1. 客观性

环境作为营销部门以外的不以营销者意志为转移的因素，对企业营销活动影响具有强制性和不可控性的特点。一般来说，营销部门无法摆脱和控制营销环境，特别是宏观环境，企业难以按自身的要求和愿望来改变它。但企业营销活动绝非只能被动地接受环境的影响，可以主动、积极地适应环境的变化和要求。

2. 差异性

不同的国家或地区之间，宏观环境存在着广泛的差异，不同的企业，微观环境也千差万别。正因为营销环境的差异，企业为适应不同的环境及其变化，必须采取各有特色和针对性的营销策略。

3. 多变性

市场营销环境是一个动态系统，构成营销环境的诸因素都受多种因素的影响，每一环境的变化，既会给企业提供机会，也会给企业带来威胁，虽然企业难以准确地把握环境的变化，但可以设立预警系统，追踪环境的变化，及时调整营销策略。

4. 相关性

营销环境诸因素相互影响、相互制约，某一个因素的变化，会带动其他因素的相互变化，形成新营销环境。例如，宏观环境中的经济政策或政治法律因素的变动，均会影响一个行业或众多竞争者。

三、营销活动与营销环境

市场营销环境分析是企业开展市场营销管理的出发点和依据，有利于企业发现营销机会和避免环境威胁。企业的营销活动与营销环境之间的关系可概括如下：

（1）市场营销环境通过其内容的不断扩大及其自身因素的变化，对市场营销活动发生影响。

（2）市场营销环境是企业市场营销活动的制约因素，市场营销活动依赖于这些环境才得以正常进行。

（3）市场营销活动虽必须与其所处的环境相适应，但也绝非被动地接受环境的影响，可主动积极地去适应环境。

第二节　微观市场营销环境

企业的微观营销环境包括企业本身、市场营销渠道企业、顾客、竞争者和社会公众。营销活动能否成功，除营销部门本身的因素外，还要受这些因素的直接影响。

一、企业内部

企业为开展营销活动，必须设立某种形式的营销部门，而且营销部门不是孤立存在的，它还面对着其他职能部门以及高层管理部门。营销部门在制订和实施营销目标与计划时，不仅要考虑企业外部环境力量，而且要充分考虑企业内部环境力量，要与其他部门保持协调的关系，争取高层管理部门和其他职能部门的理解和支持。

二、营销渠道企业

1. 供应商

供应商是向企业及其竞争者供生产经营所需资源的企业或个人，包括提供原材料、零配件、设备、能源、劳务及其他用品等。供应商对企业营销业务有实质性的影响，其所供应的原材料数量和质量将直接影响产品的数量和质量；所提供的资源价格会直接影响产品成本、价格和利润。企业在选择供应商时，一是要确定供应商资格标准，如技术水平、信用程度、财务状况等；二是积极争取优质供应商，与他们建立长期伙伴关系。

2. 营销中间商

营销中间商主要指协助企业促销、销售和经销其产品给最终购买者的机构，包括中间商、物流公司、营销服务机构和财务中介机构。

（1）中间商，包括商人中间商和代理中间商。商人中间商，即从事商品购销活动，并对所经营的商品拥有所有权的批发商、零售商等。代理中间商，即专门介绍客户或协助商订合同但不取得商品所有权的中间商，主要职能在于促成商品的交易，借此取得佣金收入。

（2）物流公司。主要职能是协助厂商储存并把货物运送至目的地的仓储公司。

（3）营销服务机构，即协助厂商推出并促销其产品到恰当的市场的机构，如营销研究公司、广告公司、传播公司等。

（4）财务中介机构，即协助厂商融资或保障货物购销储运风险的机构，如银行、保险公司等。

在市场经济日益发展的今天，企业通过各种中间商来进行营销活动，是社会分工的要求，也是社会发展的标志之一。

三、顾客

顾客就是企业的目标市场，是企业服务的对象，也是营销活动的出发点和归宿。企业的一切营销活动都应以满足顾客的需要为中心，谁赢得顾客，谁就赢得市场。因此，顾客是企业最重要的环境因素。

为便于深入研究各类市场的特点，国内顾客市场按购买动机可分为四种类型，连同国际市场，企业面对的市场类型如下。

（1）消费者市场：购买商品和服务供自己消费的个人和家庭。

（2）生产者市场：购买商品及劳务投入生产经营活动过程以赚取利润的组织。

（3）中间商市场：为转售牟利而购买商品和劳务的组织。

（4）非营利组织市场：为提供公共服务或转赠需要者而购买商品和服务的政府机构和非营利组织。

（5）国际市场：国外购买者包括消费者、生产者、中间商和非营利组织所构成的市场。

四、竞争者

企业不能独占市场，都会面对形形色色的竞争对手。企业要成功，必须在满足消费者需要和欲望方面比竞争对手做得更好。从顾客作出购买决策的过程分析，企业在市场上所面对的竞争者大体上可分为以下四种类型。

（1）愿望竞争者：指提供不同产品以满足不同需求的竞争者。

（2）属类竞争者：指提供不同产品以满足同一需求的竞争者。

（3）产品形式竞争者：指满足同一需要的产品的各种形式间的竞争。

（4）品牌竞争者：指满足同一需要的同种形式产品不同品牌之间的竞争。

五、公众

公众指对企业实现营销目标的能力有实际或潜在利害关系和影响力的团体或个人。企业面对的广大公众的态度，会协助或妨碍企业营销活动的正常开展。所有的企业都必须采取积极措施，树立良好的企业形象，力求保持和主要公众之间的良好关系。

企业所面临的公众主要有以下几种。

（1）融资公众：指影响企业融资能力的金融机构，如银行、投资公司、证券经纪公司、保险公司等。

（2）媒介公众：主要是报纸、杂志、广播电台和电视台等大众传播媒体。

（3）政府公众：指负责管理企业营销业务的有关政府机构。

（4）社团公众：包括保护消费者权益的组织、环保组织及其他群众团体等。

（5）社区公众：指企业所在地邻近的居民和社区组织。

（6）一般公众：指上述各种关系公众之外的社会公众。

（7）内部公众：企业的员工，包括高层管理人员和一般职工，都属于内部公众。

第三节　宏观市场营销环境

宏观营销环境是指对企业营销活动造成市场机会和环境威胁的主要社会力量，包括人口、经济、自然、技术、文化等因素。企业及其微观环境的参与者，无不处于宏观环境之中。

一、人口环境

人口是构成市场的第一位因素。市场是由有购买欲望同时又有支付能力的人构成的，人口的多少直接影响市场的潜在容量。从影响消费者需求的角度，对人口因素可作如下重点分析。

（1）人口总量。一个国家或地区人口总量的多少，是衡量市场潜在容量的重要因素。人多，需求就多，市场营销机会业多。

（2）人口结构。包括年龄结构、性别结构、家庭结构、地理结构、民族结构等，直接或间接地影响消费需求的内容、结构、数量、质量等。

二、经济环境

经济环境一般指影响企业市场营销方式与规模的经济因素，如消费者收入与支出状况、经济发展状况等。国民经济发展状况如何、各产业发展是否协调、公共设施健全与否对企业营销活动都有着不同程度的影响，尤其是社会购买力更直接地影响到消费市场的大小。

1. 收入与支出状况

主要包括人均国内生产总值、消费者个人收入（个人可支配收入和可任意支配收入）与支出（主要指消费者支出模式和消费结构）、消费者的储蓄与信贷。

2. 经济发展状况

主要有经济发展阶段、经济发展形势。企业的市场营销活动要受到一个国家或地区经济发展状况的制约，在经济全球化的条件下，国际经济形式也是企业营销活动的重要影响因素。

三、自然环境

自然环境主要指营销者所需要或者说受营销活动所影响的自然资源。营销活动要受自然环境的影响，也对自然环境的变化负有责任。营销管理者当前应注意自然环境面临的难题和趋势，如资源短缺、环境污染严重、能源成本上升等，因此，从长期的观点来看，自然环境应包括资源状况、生态环境和环境保护等方面，许多国家政府对自然资源管理的干预也日益加强。人类只有一个地球，自然环境的破坏往往是不可弥补的，企业营销战略中实行生态营销、绿色营销等，都是维护全社会的长期福利所必然要求的。

四、政治法律环境

政治环境指企业市场营销的外部政治形势。国内、国际的政治形势会影响经济的发展和消费需求的变化，对企业的营销既会带来机会，也会造成威胁。

法律环境指国家或地方政府颁布的各项法规、法令和条例等。法律环境对市场消费需求的形式和实现，具有一定的调节作用。企业研究并熟悉法律环境，既可保证自身严格依法管理和经营，也可运用法律手段保障自身的权益。

五、科学技术环境

科学技术是第一生产力，科技的发展对经济发展有巨大的影响，不仅直接影响企业内部的生产和经营，还同时与其他环境因互相依赖、互相作用，给企业营销活动带来有利与不利的影响。例如，一种新技术的作用，可以为企业创造一个明星产品，产生巨大的经济效益；也可以迫使企业的一种成功的传统产品，不得不退出市场。新技术应用，会引起企业市场营销策略的变化，也会引起企业经营管理的变化，还会改变零售商业业态结构和消费者购买习惯。

六、社会文化环境

社会文化主要指一个国家、地区的民族特征、价值观念、生活方式、风俗习惯、宗教信仰、伦理道德、教育水平、语言文字等的总和。文化对企业营销的影响是多层次、全方位、渗透性的。文化对市场营销的影响是多方面的，对所有营销的参与者都有着重大影响。它不仅影响企业营销组合，而且影响消费心理、消费习惯与思潮等，这些影响多半是通过间接的、潜移默化的方式来进行的。企业的营销人员应了解、分析和研究社会文化，针对不同的社会文化制定不同的营销策略。

小链接

养生堂和娃哈哈之间的“恩怨情仇”

娃哈哈，以分销联合体名扬天下，其网络的庞大和对渠道的控制力有口皆碑，其广告投放量也相当惊人。早些年，娃哈哈的新品策略曾号称是“模仿式创新”，其实就是在“山寨”的基础上添加些新元素，但作为行业巨头，“吃相不能太难看”，美其名曰“模仿式创新”。

娃哈哈同城兄弟——养生堂是个“吃相比较优雅”的主，擅做产品创新，极富创意，长于造势。从“以内养外”的朵而胶囊、“有点甜”的农夫山泉、“喝前摇一摇”的农夫果园，到如今的东方树叶、打奶茶、高端矿泉水，几乎每个产品都创意十足、概念十足。头些年，作为同城老大哥娃哈哈，经常利用其渠道优势“欺负”一下养生堂。你创新一个，我就后面跟进一个，你有三种水果，我有四种水果，你有水溶 C100，我有 HELLOC。

到了21世纪的第二个十年，有心的人们突然发现：“咦，这个江湖变了”，“东方树叶”和“打奶茶”成功之后，娃哈哈没什么动静，它不再跟在养生堂后面打了，农夫山泉的高端水成功了，娃哈哈还是没动静。难道两位江湖大佬言归于好、“相逢一笑泯恩仇”了？

其实哪有什么恩怨情仇，只是媒体和宣传的噱头而已。作为中国最高瞻远瞩的企业家之一，宗庆后老板对于市场趋势的把握自有常人难及之处。在“渠道说了算”的年代，娃哈哈渠道强传播力度大，身边有养生堂这么好的“产品研发部”，不跟白不跟。而现在是“内容为王”的年代，就不能刻舟求剑了，跟不好反倒会惹一身骚，康师傅就是明证。不是它们现在变得友好了，而是世易时移，竞争状况发生了根本性改变。

内容为王时代的根本特征是：①信息泛滥，产品众多，注意力是最为稀缺的资源；②如果你有好的内容，各种大大小小的渠道都会依附到你的身边，形成富集效应；③不同内容偏好形成不同社群，这是社群经济和粉丝营销的基础；④面对产品和品牌信息，消费者具有畅通的反馈和与其他用户交流的渠道。

时代大潮的力量是摧枯拉朽的，哪怕你拥有最强大的渠道，在互联网时代，在内容为王的时代，都显得不堪一击。

掌握“内容为王”的根本特征，学会跟消费者沟通，掌握消费行为模式；找到专属自己产品的社群，打造属于目标群体的内容，才是这个年代营销成功的不二法门。

资料来源：苗庆显 . 养生堂和娃哈哈之间的“恩怨情仇”[P/OL]. 中国营销传播网，2016-10-07。

第四节　环境评价与对策

一、环境威胁与市场机会

市场营销环境通过对企业构成威胁或提供机会而影响营销活动。

环境威胁是指环境中不利于企业营销的因素的发展趋势，对企业形成挑战，对企业的市场地位构成威胁。这种挑战可能来自于国际经形势的变化，如 1997 年爆发的东南亚金融危机，给世界多数国家的经济和贸易带来负面影响。挑战也可能来自于社会文化环境的变化，如国内外对环境保护要求的提高，某些国家实施“绿色壁垒”，对某些生产不完全符合环保要求的产品企业，无疑也是一种严峻的挑战。

市场机会指对企业营销活动富有吸引力的领域，在这些领域，企业拥有竞争优势。环境机会对不同企业有不同的影响力，企业在每一特定的市场机会中成功的概率，取决于其业务实力是否与该行业所需要的成功条件相符合，如企业是否具备实现营销目标所必需的资源，企业是否能比竞争者利用同一市场机会获得较大的“差别利益”。

二、营销环境的评价方法

任何企业往往都面临着若干环境威胁和市场机会。然而，并不是所有的环境威胁都有一样的严重性，也不是所有的市场机会都有同样的吸引力。企业可以利用“环境威胁矩阵”和“营销机会矩阵”来加以分析、评价。

“环境威胁矩阵”的横轴代表“出现威胁的可能性”，纵轴代表“潜在的严重性”，表示企业面临的困境，如图 4-2 所示。

威胁的潜在严重性 \ 环境威胁的可能性	高	低
高	反抗/减轻/转移	关注
低	关注	不予理会

图 4-2 环境威胁矩阵

“营销机会矩阵”的横轴代表“成功的可能性”，纵轴代表“潜在的吸引力”，表示拓展市场的潜力，如图 4-3 所示。

机会的潜在吸引力 \ 机会成功的可能性	高	低
高	适当投资和发展	关注
低	关注	不予考虑

图 4-3 营销机会矩阵

将威胁分析和机会分析综合起来，横轴代表“威胁水平”，纵轴代表“机会水平”，就得到“环境分析综合评价矩阵”，如图 4-4 所示。

营销机会水平 \ 环境威胁的水平	高	低
高	冒险业务	理想业务
低	困难业务	成熟业务

图 4-4 环境分析综合评价矩阵

用上述的方法来分析和评价，可能会出现四种不同结果：

（1）理想企业，即企业处于理想的经营状况，高机会低威胁，企业应抓住机会，迅速行动，形成优势；

（2）冒险企业，既处于高机会高威胁，企业应分析利弊，扬长避短，寻求突破；

（3）成熟企业，企业处于成熟状态，低机会低威胁，企业应维持正常运转，为开展理想业务和冒险业务创造条件；

（4）困难企业，处于低机会和高威胁，企业应努力改变环境，减轻威胁，走出困境。

三、利用机会

当企业面临最好的市场机会时，应当利用机会。

（1）抢先。市场机会的均等性和实效性决定了企业在利用机会的过程中必须抢先一步，争取主动。在市场营销活动中，抢先利用机会包含两个方面：一是先；二是快。

所谓“先”，是指对市场营销环境各个因素变化的情报信息的预先洞察，并分其变化趋势，以便先声夺人。所谓“快”，则强调速度、效率，争取时间。“抢先”意味着对市场机会一定程度的垄断，因此，企业在利用市场机会的过程中，谁能抢先一步，谁就赢得了时间和空间，谁就赢得了胜利。

（2）创新。市场机会的均等性决定了企业利用市场机会的均等，当某一企业发现市场机会时，其他企业也同时要大胆“创新”。

（3）应变。企业的营销环境是在不断变化和发展的，市场机会的可变性使企业在利用市场机会时要主动地思考各种可能的变化及应变对策。

四、化解威胁

（1）反抗、减轻威胁。威胁总是存在的，实在无法对抗的可以设法减轻，减轻环境威胁的严重性，即努力设法限制或扭转不利因素的发展。

（2）避开、转移威胁，即“避实击虚”，躲开环境威胁，针对对手的空子和薄弱环节。

（3）转化、利用威胁，所谓“因势利导”，以便“化害为利”，因为在市场营销的大环境中，“威胁”与“机会”是相对的，没有绝对的利，也没有绝对的害，关键是看企业如何去努力设法驾驭它们，使“威胁”转化为“机会”。

企业要想在经营过程中化“害”为“利”，必须注意以下几点：

第一，要有防范意识，事前有所准备，对环境威胁有所预测，对机会和威胁的特征、种类、性质、范围有一个正确深刻的认识，并密切关注机会和威胁相互转化的条件和原因，提高企业的应变能力；

第二，提高企业素质，使企业领导人具备足够的胆略和乘机借势的能力；

第三，“化害为利”的重要方法是开发新产品，设计有效的产品组合。

（4）事先防备威胁。企业平时就要努力提高自身素质和应变能力，加强企业自身竞争能力，这样才能防患于未然。

首先，理想企业应当抓住机会，同时不能忽视威胁的存在和变化。

其次，冒险企业应当看准机会，勇于冒险，面对高威胁，要冷静分析。

再次，成熟企业应认识到低机会限制了企业的发展，低机会带来的成熟并不表示企业的经营状况良好，企业应该勇于进取，创造新机会。

最后，对于困难企业，因为低机会限制了它的发展，高威胁又使企业陷入困境，企业既要减轻、摆脱威胁，又要发现机会，确实麻烦很大。

本章提要

- 企业的市场营销活动离不开市场营销环境，关注并研究内外环境的变化及其趋势，识别由于环境变动而造成的机会和威胁，是营销管理的重要工作。
- 微观市场营销环境对企业的市场营销活动有着直接影响，宏观市场营销环境对企业的市场营销活动有着间接的影响。
- 营销环境是不断变化的，影响也是双重的，既会带来机会，又会形成威胁，企业必须发现和利用机会，规避威胁，及时调整营销战略和策略，从而使企业在竞争中立于不败之地。

关键词

市场营销环境（marketing environment） 微观环境（micro-environment）
宏观环境（macro-environment） 公众（public）
机会（opportunity） 威胁（threat）
营销中间（marketing intermediaries） 竞争者（contender）
供应商（suppliers）

复习与思考

1. 市场营销环境有哪些特点？
2. 微观市场营销环境由哪些因素构成？它们对企业营销活动有何影响？
3. 宏观市场营销环境主要有哪些因素？各有何特点？
4. 市场机会有何特征？
5. 如何分析和评价市场机会和环境威胁？

研究与讨论

1. 企业为什么要研究市场营销环境？
2. 顾客和竞争者对企业的影响是怎样的？
3. 如何分析经济环境对企业营销活动的影响？
4. 企业怎样才能有效利用市场机会、避开环境威胁？

实践演练

1. 实地调查一家企业，试对其市场机会和环境威胁进行评价和分析，并指明营销工作的方向。

2. 网上调查一家企业，对其所处的环境进行全方位扫描。

营销模拟

1. 以某一行业（如房地产、汽车、家电等）的某个企业为例，运用SWOT分析法，对其微观环境方面的优势和劣势及宏观环境方面的机会和威胁作出评价。

2. 如果你是中国电信的营销者，你将如何对竞争者进行分析？

本章案例

与顾客一起创造价值

扫描此码　案例学习

案例讨论题：

1. 宜家公司的营销为什么能够取得成功？它的成功对中国的家具企业有哪些启示？
2. 中国家具业应采取什么样的对策才能与宜家这样的大企业竞争？
3. 请你谈谈对“与顾客一起创造价值”的理解。

第五章　消费者市场分析

营销的目的在于深刻地认识和了解顾客，从而使产品和服务完全适合顾客的需要而形成自我销售。

——菲利普·科特勒

过去的座右铭是“消费者请注意”，现在则是“请注意消费者”。

——唐·舒尔茨

学习目标

知识目标

1. 消费者市场的特点和分类；
2. 消费者的需要及其购买行为模式；
3. 影响消费者购买的主要因素；
4. 消费者的购买决策过程。

能力目标

1. 掌握消费者需要的发展趋势，为制定营销战略提供依据；
2. 能针对消费者的不同购买行为类型作出相应的营销决策；
3. 能根据影响消费者行为的因素采取相应的营销策略。

营销故事

从前，有个秀才去京城应试。途中，在一小店投宿，将马套在门口的木桩上，天亮准备上路时，马却不知去向。从此，秀才开始四处找马。

他找了一整天，没见着马的踪影；第二天，他远远看见前面好像有一匹马，但走近一看，却是一头驴，他失望地摇了摇头，继续往前走。

第三天，他又见到前面有匹马，心中暗喜：这回该是我的那匹马了吧，但走近一看，还是一头驴。他又走了，仍是每天都能看到一头驴，但他一直没有理睬这些驴，只是在寻找自己的马。考试时间一天天迫近，而这位秀才终因精疲力竭而死在找马的路上。

营销启示：寻找客户是每个营销者每天所做的首要工作。但是每天我们在做这项工作的时候，首先应思考这个问题：顾客可以为我们带来什么？我们需要的是什么顾客？怎样找到顾客？因循守旧、缺乏权变思维的营销者是不会找到自己的顾客的。

引例

适应日本消费者需要的雀巢公司

生产雀巢咖啡的雀巢公司，因为能够顺应消费者的迫切需要，企业规模不断扩大，这一做法使得雀巢产品在日本家喻户晓。

在现代社会，消费者需要一些使头脑兴奋及消除紧张的食品，咖啡就是其中一项。因此，巧克力也是办公自动化机器旁的白领族不可缺少的食品。可惜的是，这一类能使头脑消除疲劳的巧克力产品相当少。而且，一般人还认为巧克力是小孩的食品，根本没有注意到它的营养性和药效性。

遗憾的是，日本大企业对这些市场机会不屑一顾，因为这些迫切需要并不是一下子急剧增长的。但雀巢公司却在不知不觉中掌握了消费者的需求变化，实现了以日本家庭主妇为买方的丰田式“样板方式”生产，最终使雀巢深入日本各个家庭。

雀巢即溶咖啡使家庭主妇省去了研磨咖啡豆的操作程序，这一点满足了家庭主妇省时、省力、方便的迫切需要，深受她们的欢迎。

日本的家庭主妇常为夏季家中没有适当的冰凉饮料而烦恼，为此，雀巢公司精心推出在炎热的夏季一种最好喝的饮料——冰咖啡用的雀巢即溶咖啡，结果受欢迎程度超过了可乐。

易于溶解是雀巢即溶咖啡的一大特性，它解决了可乐储存、囤积方面的麻烦。其成功的原因就是雀巢公司现代化速简食品的特性——使家庭免于“烦琐的库存管理”。

雀巢公司以消费者的迫切需要和卫生学、生理学为蓝本来决定其经营方向，公司在真正了解消费者需要基础上，不断推出满足消费者需要的新产品，从而使自己成为世界性企业。

第一节　消费者市场及其特点

一、消费者市场的含义

市场是指有购买力和购买欲望的顾客群体。按照顾客购买目的或用途的不同，市场可分为组织市场和消费者市场两大类。消费者市场是个人或家庭为了生活消费而购买产品和劳务的市场。生活消费是产品和劳务流通的终点，因而消费者市场是最终产品市场。

二、消费者市场的购买对象

消费者进入市场，其购买对象是多种多样的。如果以消费者的购买习惯来划分，其购买对象一般分为以下 3 类。

1. 便利品

又称日用品，是指消费者日常生活所需、需重复购买的商品，诸如食品、饮料、清洁用品等。消费者在购买这类商品时，一般不愿花很多的时间比较价格和质量，愿意接受其他代用品，多数选择就近购。因此，便利品的生产者，应注意分销的广泛性和经销网点的合理分布，以便消费者就近购买。不过，随着越来越多的企业注重执行品牌战略，消费者也愈加青睐一些特定品牌的日用消费品。

2. 选购品

指价格比便利品要贵，消费者购买时愿花较多时间对许多同类产品进行比较之后才决定购买的商品，如服装、家电等。消费者在购买前，对这类商品了解不多，因而在决定购买前总是要对同一类型的产品从价格、款式、质量等方面进行比较。生产经营选购品的企业应将销售网点设在商业网点较多的商业区，并将此类产品销售点相对集中，以便顾客进行比较和选择。

3. 特殊品

指消费者对其有特殊偏好并愿意花较多时间和精力去购买的消费品，如汽车、高档家具、奢侈品等。消费者在购买前对这些商品已经具有了一定的认识，偏爱特定的品牌，不愿接受代用品。为此，企业应注意争创名牌产品，扩大本企业产品的知名度。

如按商品的耐用程度和使用频率分类，消费者的购买对象可分为耐用品和非耐用品。非耐用品是指使用次数较少、消费者需经常购买的商品，如食品、化妆品等。生产这类产品的企业，要特别注意销售点的设置，以方便消费者的购买。耐用品指能多次使用、寿命较长的商品，如电视机、电冰箱及电脑等。消费者购买这类商品时，决策较为慎重。生产这类商品的企业，要注重技术创新，在提高产品质量的同时要做好售后服务，满足消费者的购后需求。

三、消费者市场的特点

（1）广泛性。生活中的每一个人都不可避免地发生消费行为或消费品购买行为，成为消费者市场的一员，因此，消费者市场人数众多，范围广泛。

（2）分散性。消费者的购买单位是个人或家庭，每次购买数量零星，购买次数频繁，易耗的非耐用消费品更是如此。

（3）复杂性。消费者受到年龄、性别、身体状况、性格、习惯、文化、职业、收入、教育程度和市场环境等多种因素的影响而具有不同的消费需求和消费行为，所购商品的品种、规格、质量、花色和价格千差万别。

（4）易变性。消费需求具有求新求异的特性，要求商品的品种、款式不断翻新，有新奇感。随着市场商品供应的丰富和企业竞争的加剧，消费风潮的变化速度加快，往往令人难以把握。

（5）发展性。人类社会的生产力和科学技术总是在不断进步，消费者收入水平不断提高，消费需求也就呈现出由低级到高级的发展趋势。

（6）情感性。消费者对所购买的商品大多缺乏专门的甚至必要的知识，多属非专家购买，受情感因素影响大，受企业宣传和推销活动的影响大。

（7）伸缩性。消费需求受消费者收入、生活方式、商品价格和储蓄利率影响较大，在购买数量和品种选择上表现出较大的需求弹性或伸缩性。

（8）替代性。消费品种类繁多，不同品牌甚至不同品种之间往往可以互相替代。消费者在有限购买力的约束下，对满足哪些需要以及选择哪些品牌来满足需要必然慎重地决策且经常变换，导致购买力在不同产品、品牌和企业之间流动。

（9）地区性。同一地区的消费者在生活习惯、收入水平、购买特点和商品需求等方面有较大的相似之处，而不同地区消费者的消费行为则表现出较大的差异性。

（10）季节性。有三种情况：一是季节性气候变化引起的季节性消费；二是季节性生产而引起的季节性消费；三是风俗习惯和传统节日引起的季节性消费。

第二节　消费者需要及其购买行为模式

一、消费者的需要

任何购买行为总是源于某种需要。因此，研究消费者需要是探索消费者行为的一把钥匙。需要是没有得到满足的感受状态，可分为主观需要和客观需要两种。后者是指生物有机体处于某种缺乏状态而出现的自动平衡倾向，这是由种种原因造成的客观趋势；前者是指主体要求解除某种缺乏状态以实现平衡的主观愿望。

消费者的需要是多种多样的，按需要的起源可划分为生理需要和社会需要两大类；按需要的对象可划分为物质需要和精神需要；按需要的时间可划分为现时需要和未来需要；按需要的显现程度可划分为显在需要和潜在需要；按需要的层次可划分为生理需要、安全需要、社交需要、尊重需要和自我实现需要。

小链接

美林证券：让华尔街深入大众

今天，全球证券市场已经和寻常百姓密切相关，这要归功于美林证券，是它改变了早期只有大资本才能进入证券市场的格局，开创了金融的大众化市场。其创始人 Charles E. Merrill 在近一个世纪前，就制定了“让华尔街深入大众”的方针，把“贵族化”的股票证券变成了大众可以接受的服务。并且，美林也是运用信息网络技术的先行者，它很早就开始依据客户需求的变化，不断改善其代理顾客金融市场操作的技巧。美林证券已成为《财富》500 强中非制造业的少数公司之一。

美林证券是美国最大的证券公司，是小额投资者的主要拥有者。美林证券在传统的金融服务业中，为它的顾客指导投资已近一个世纪。到 1997 年为止，该公司已有 1 兆多美元的客户资产。该公司的传统业务是收集大量的金融数据，分析这些数据，然后据此制订长期的金融计划。

在1929年股市崩溃后，大众对华尔街顾虑重重。而美林证券认为，资产不多的美国大众是很有潜力的顾客群，只要能够让公众了解证券，他们就会投资。大众不愿意投资股票的原因在于证券商们不愿意树立股票市场的形象，不愿意向大众传播股票和证券资讯。经过不懈的广告宣传和促销，以及精湛的服务技巧，美国大众开始相信美林，并购买美林的股票，到1947年美林公司已是全美最大的证券商，年收入6 200万美元。在美林证券的努力下，越来越多的美国人把资产由低利率的储蓄存款转向股票和证券，到1956年时，全美持股人口数升为860万，比1952年增加33%，美林"让华尔街深入大众"的愿望终于实现。为了在信息时代更好地为大众服务，美林公司还在1998年完成了投资8.5亿美元TGA全球信誉顾问系统平台的建设，并投资2.5亿美元用于软件开发。目的是让公司的财务顾问现在有更充裕的时间来跟客户建立更牢固的联系。公司希望在第一年内能和20万顾客签约，实际上，仅用7个月就达到了目标。可见，美林公司在金融服务领域，在为大众服务方面再领风骚。

二、消费者的购买动机

消费者的任何购买行为也总是受购买动机的支配。购买动机就是直接驱使消费者实行某种购买活动的一种内在动力，它指引购买行为向着某一目标展开，也是维持、增加或减弱购买行为的力量。

购买动机可分为三大类：生理性购买动机、心理性购买动机和社会性购买动机。

生理性购买动机是由于生理上的需要而产生的，具有普遍性和主导性。又可分为维持生命的动机、保护生命的动机、延续生命的动机和发展生命的动机等。

心理性购买动机是由于心理上的需要而引起的，它比生理性购买动机更具复杂多样。又可分为以下几类：感情动机（如求新、求美）、理智动机（如求廉）和惠顾动机（如偏好）。

社会性购买动机是由社会性因素引起的，可分为基本的社会性动机和高级的社会性动机。

三、消费者的购买行为模式

消费者在受到各种因素刺激后，会按照自己的特性对这些刺激作出各种反应，从而导致某些购买行为的发生，这就是购买行为模式。

消费者的购买行为不外乎围绕以下7个方面的问题展开，简称"7O"：购买者（occupants）、购买对象（objects）、购买目的（objectives）、购买组织（organizations）、购买方式（operations）、购买时间（occasions）、购买地点（outlets）。

消费者购买行为理论中最有代表性的是科特勒提出的刺激—反应模式，如图5-1所示。

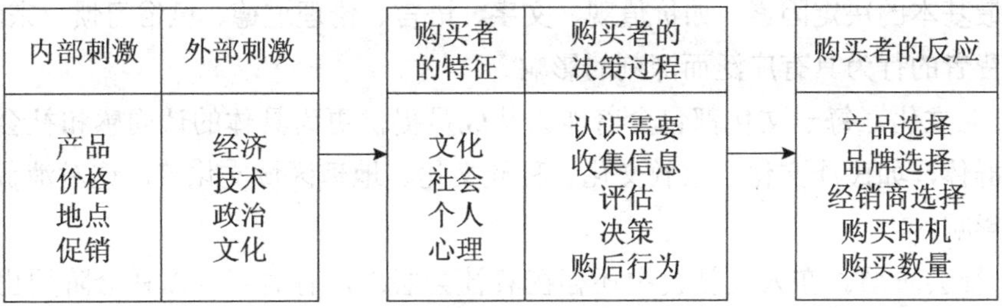

图 5-1　消费者购买行为模式

消费者的行为模式有以下三种。

（1）一般行为模式：即一般的、正常的行为模式，是指消费者对刺激因素和其他影响因素的处理要经过心理活动的全部过程才会作出行为反应的模式。

（2）常规行为模式：是指消费者遇到某种刺激时几乎不进行处理，就按习惯或常规作出行为反应。

（3）冲动性行为模式：是指消费者受某些较强烈的刺激，同时由于自身观念和性格上的特点（一般可以认为是弱点），使之没有进行认真决策（即使是较大的消费问题），而是受在短期内涌起的激情所支配就产生行为反应。

另外，需求的变化对企业营销有重要影响，如需求目标影响产品决策，需求总量、需求结构等会影响产品供应总量和产品结构变化。

第三节　影响消费者购买行为的主要因素

人们的消费行为、购买决策在很大程度上受到文化、社会、个人和心理等因素的影响，如图 5-2 所示。

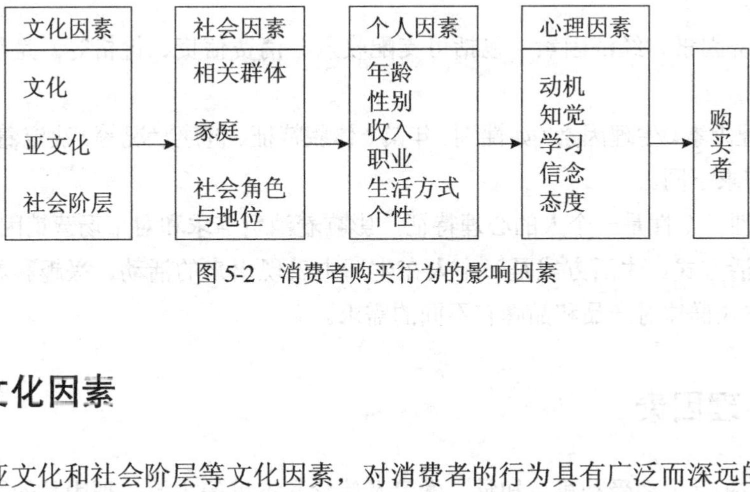

图 5-2　消费者购买行为的影响因素

一、文化因素

文化、亚文化和社会阶层等文化因素，对消费者的行为具有广泛而深远的影响。

（1）文化。文化是人们通过学习获得的区别于其他群体行为特征的集合，是人类欲望和行为最基本的决定因素，如价值观、文字、语言、伦理道德、风俗习惯、宗教信仰等，这些对消费者的行为具有广泛而深刻的影响。

（2）亚文化。每一文化都包含着能为其成员提供更为具体的认同感和社会化的较小的亚文化群体，如民族文化、宗教文化、种族文化、地理区域文化等，这对消费者的行为也有重要影响。

（3）社会阶层。在人类社会中还存在着社会层次，有时层次以社会阶层出现，每一阶层的成员具有类似的价值观、兴趣爱好和行为方式。社会阶层对消费者的影响主要体现在购物地点的选择、商品品位、消费方式、消费习惯等方面。

二、社会因素

消费者购买行为也受到诸如相关群体、家庭、社会角色与地位等一系列社会因素的影响。

（1）相关群体是指那些直接或间接影响人的看法和行为的群体。相关群体又分为直接相关群体（又称成员群体）和间接相关群体（又称非成员群体）。相关群体对消费者行为的影响主要有三方面：即示范性、模仿性和趋同性。

（2）家庭是社会组织的一个基本单位，也是消费者的首要参照群体之一，对消费者和购买行为有重要影响。

（3）角色和地位。一个人可能会参加许多群体，其在群体中所扮演的角色和地位也会有所不同，这些都会影响其购买行为。

三、个人因素

消费者购买行为也受其个人因素的影响，如个人的经济状况、年龄、职业、性别、个性生活方式等。

（1）经济因素。经济因素（包括可支配收入、消费信贷、价格等）是决定购买行为的首要因素。

（2）生理因素。生理因素（如性别、年龄、体貌特征、健康状况等）决定着对产品款式、构造功能的需求不同。

（3）个性。个性是一个人的心理特征，影响着消费需求和对市场营销因素的反应。

（4）生活方式。生活方式是一个人在生活中表现出来的活动、兴趣和看法的模式，不同的生活方式群体对产品和品牌有不同的需求。

四、心理因素

消费者购买行为要受动机、知觉、学习及信念和态度等主要心理因素的影响。

（1）动机。动机是一种升华到足够强度的需要，它能够及时引导人们去探求满足需要的目标。

（2）知觉。知觉是指个人选择、组织并解释信息的投入，以便创造一个有意义的外界事物图像的过程。不同的人对同一刺激物会产生不同的知觉，是因为知觉会经历三种过程，即选择性注意、选择性扭曲和选择性保留。

（3）学习。学习是指由于经验而引起的个人行为的改变，人们要行动就要学习。营销过程也是一个学习过程。

（4）态度。态度是人对某因素（人、物、事）的全面而稳定的评价。通过行为和学习，人们获得了自己的信念和态度，而信念和态度又反过来影响人们的购买行为。

小链接

自揭其短

瑞士一家钟表店里手表积压太多，使店里资金周转不灵，面临可能破产的危险。新上任的经理，冥思苦想，灵机一动，他登了一则别具一格的广告：

本店现存一批手表，走时不太准确，一天会慢 20 秒，望购买者三思而后行。

广告登出后，表店突然门庭若市，积压的手表一售而空，解决了钟表店的危机。

第四节　消费者购买决策过程

消费者购买过程是消费者购买动机转化为购买活动的过程。不同消费者的购买过程有特殊性，也有一般性，对此加以研究可以更有针对性地开展营销活动，满足需求。

一、消费者购买决策过程的参与者

购买决策过程的参与者，是指参与和影响购买决策的有关人员构成的群体。这些群体可能充当着某个或某些角色，发挥着特定的作用。消费者在购买活动中可能扮演下列 5 种角色中的一种或几种。

（1）发起者：第一个提议或想到去购买某种产品的人。

（2）影响者：有形或无形地影响最后购买决策的人。

（3）决定者：最后决定购买意向的人。

（4）购买者：实际执行购买决策的人。

（5）使用者：实际使用或消费商品的人。

二、消费者的购买行为类型

消费者在购买商品时，会因商品价格、购买频率的不同，而产生投入购买程度的不同。

西方学者根据购买者在购买过程中参与者的介入程度和品牌间的差异程度，将消费者的购买行为分为四种类型。

1. 复杂的购买行为

当消费者初次选购价格昂贵、购买次数较少的、冒风险的和高度自我表现的商品时，则属于高度介入购买。由于对这些产品的性能缺乏了解，为慎重起见，他们往往需要广泛地收集有关信息，并经过认真地学习，产生对这一产品的信念，形成对品牌的态度，并慎重地作出购买决策。对这种类型的购买行为，企业应设法帮助消费者了解与该产品有关的知识，并设法让他们知道和确信本产品在比较重要的性能方面的特征及优势，使他们树立对本产品的信任感。这期间，企业要特别注意针对购买决定者做介绍本产品特性的多种形式的广告。

2. 减少不协调感的购买行为

当消费者高度介入某项产品的购买，但又看不出各厂牌有何差异时，对所购产品往往产生失调感。因为消费者购买一些品牌差异不大的商品时，虽然他们对购买行为持谨慎的态度，但他们的注意力更多的是集中在品牌价格是否优惠、购买时间、地点是否便利，而不是花很多精力去收集不同品牌间的信息并进行比较，而且从产生购买动机到决定购买之间的时间较短。因而这种购买行为容易产生购后的不协调感：即消费者购买某一产品后，或因产品自身的某些方面不称心，或得到了其他产品更好的信息，从而产生不该购买这一产品的后悔心理或心理不平衡。为了改变这样的心理，追求心理的平衡，消费者广泛地收集各种对已购产品的有利信息，以证明自己购买决定的正确性。为此，企业应通过调整价格和售货网点的选择，并向消费者提供有利的信息，帮助消费者消除不平衡心理，坚定其对所购产品的信心。

3. 广泛选择的购买行为

又叫作寻求多样化购买行为。如果一个消费者购买的商品品牌间差异虽大，但可供选择的品牌很多时，他们并不花太多的时间选择品牌，而且也不专注于某一产品，而是经常变换品种。比如购买饼干，他们上次买的是巧克力夹心，而这次想购买奶油夹心。这种品种的更换并非对上次购买饼干的不满意，而是想换换口味。面对这种广泛选择的购买行为，当企业处于市场优势地位时，应注意以充足的货源占据货架的有利位置，并通过提醒性的广告促成消费者建立习惯性购买行为；而当企业处于非市场优势地位时，则应以降低产品价格、免费试用、介绍新产品的独特优势等方式，鼓励消费者进行多种品种的选择和新产品的试用。

4. 习惯性的购买行为

消费者有时购买某一商品，并不是因为特别偏爱某一品牌，而是出于习惯。比如醋，这是一种价格低廉、品牌间差异不大的商品，消费者购买它时，大多不会关心品牌，而是靠多次购买和多次使用而形成的习惯去选定某一品牌。针对这种购买行为，企业要特别注意给消费者留下深刻印象，企业的广告要强调本产品的主要特点，要以鲜明的视觉标志、巧妙的形象构思赢得消费者对本企业产品的青睐。为此，企业的广告要加强重复性、反复性，以加深消费者对产品的熟悉程度。

三、消费者的购买决策过程

消费者的购买决策过程一般经过五个阶段，如图 5-3 所示。

认识需要 → 收集信息 → 评价方案 → 购买决策 → 购后反应

图 5-3　消费者购买决策过程

1. 认识需要

这是指消费者确认自己的需要是什么。需要是购买活动的起点，需要可由内在刺激或外在刺激唤起，需要被唤起后可能逐渐加强，最终促使人们采取购买行动，也可能逐渐减弱以至消失。营销人员要了解各种现实的和潜在的需要，设计诱因，增强刺激，唤起需要，以便最终采取购买行动。

2. 收集信息

需要被唤起后，消费者就会注意与满足需要相关的信息。消费者的信息来源主要有：个人来源（家庭、朋友、熟人等）、商业来源（广告、推销员、经销商）、公共来源（大众传播媒体、消费者权益组织等）、经验来源（处理、检查和使用产品等）。营销人员应对消费者使用的信息的来源认真加以识别，并评价和通过这些渠道传递信息，从而影响消费者的选择。

3. 比较评价

消费者在获得全面的信息后就会根据这些信息和一定的评价方法对同类产品的不同品牌加以评价。一般而言，消费者的评价行为涉及三个方面：一是产品属性；二是品牌信念；三是效用要求。评价行为会使消费者对可供选择的品牌形成某种偏好，从而形成购买意图。因此，营销人员应采取措施影响消费者的评价过程。

4. 作出决策

消费者经过比较评价后会形成一种购买意向，但不一定导致实际购买，从购买意向到实际购买还有一些因素要介入其中，如他人态度、意外因素等。消费者一旦决定实现购买意向，还必须做出有关产品种类、产品属性、品牌、时间、经销商、购买数量及付款方式等方面的决策。

5. 购后行为

消费者在购买产品后会产生某种程度的满意感，这将直接决定着以后的行为。如果感到满意，会重复购买或带动他人购买。如果感到不满意，则会尽量减少或消除失调感。企业应当采取有效措施减少或消除消费者的购后失调感，尽可能做到让顾客满意。

新视角

营销核心：与消费者共创价值

如今消费者是一个更加自主、更有力度、更愿彰显的形象个体，早已不是被动地等待着被满足的个体。当今营销实践表明：企业不能再像以往那样进行单边思考和采取单边行动，因为品牌价值不再只是由企业创造然后与消费者进行交换的东西，而是消费者与企业共同创造的产物。现代营销理论中所谓“共创价值”其核心思想就是如何平等地看消费者，使其与企业作为一个整体共同去创造价值、获取价值、分享价值。也就是说，消费者在与企业共同创造价值的同时，也为自己谋求利益。

记住：基于“共创价值”的经营理念，企业营销战略必须以消费者利益为中心，与消费者共创价值。无论市场环境如何变化，消费者既是营销的起点，也是营销的终点，企业对消费者洞察与把握是营销原点。

为了实现企业与消费者共创价值的营销目标，企业要经常思考自身的主流消费群是什么人，他们有什么特点，特别是他们有什么需求，因为这些决定着营销的趋势。多年来经营者一直在探讨营销的价值究竟是由谁创造的、如何创造等问题，可是以往都认为是由企业提供价值据此主导产品、渠道甚至价格等。如今企业以消费者需求为导向，由消费者与企业共创价值决定市场、决定价值的最高点，企业所有的产品、所有的营销活动都必须围绕消费者和消费者需求进行。如消费者希望拥有高档汽车，那么在他们的周围就出现了汽车制造商和经销商，出现了购车金融信贷和保险机构，出现了加油站和维修站，出现了汽车信息服务提供商和广告代理商等。这些活动都是围绕消费者的购买汽车需要进行的，通过企业与消费者互动共同创造价值，实现共赢。

随着主流消费群体消费行为的变化，消费者和企业共同创造价值的时代已经来临。以前人们采取的是以企业为核心的价值观，现在则要以体验为核心的共创价值观来经营管理。以前人们把消费者定位为目标，如今要把消费者视为价值的共创者。共创价值完全不同于以消费者为导向的价值模式，它是一种全新的价值创造模式，而且价值的概念也发生了变化，价值不再是产品或服务与生俱来的特质，也无法由产品的生产者或服务者直接提供，必须有消费者参与，双方共同创造，通过消费者的亲身体验实现价值。

在共创价值的过程中，消费者之间的互动以及消费者群体与企业之间的互动有着举足轻重的作用，消费者成为企业无形资产中最重要的一部分。在消费者至上的时代，优秀的企业主要是依赖巨大的客户数量而生存，且据此作为自身的竞争力，消费者数量以及企业与消费者关系的紧密度可以让企业变得更优秀。而消费者与企业共同创造价值的模式已经超越了过去企业单一创造价值的时代，也超越了单一考虑消费者价值的时代。在价值共创时代，价值来自于共创，参与价值创造的消费者，应被企业视为价值创造过程中一个不可或缺的环节，没有消费者参与，双方共同创造，就不可能价值实现。

在互联网时代，消费者与企业之间、消费者与消费者之间、企业与企业之间，变得更加“接近”。有调查数据表明，在社交网络下每一个人可以轻而易举地平均接触 180 个人，由于人们的“距离越来越近”，也就出现了比原来提出的地球村更加激动人心的虚拟社区概念，人们可以在网上跟地球另一边的人直接交谈、交朋友甚至谈恋爱，由此形成所谓的圈子，它是在互联网、手机上所形成的，对未来营销有着重要的影响。

近年来随着移动互联下新媒体的不断涌现，SNS、微博、微信等不断刷新人们的观念，也不断的刷新企业的营销体系。从本质上看，这不是一场由互联网产生新媒体主导的变化，而是思维模式的转变诱发了新工具、新媒体不断的推陈出新。

未来互联网营销传播强调企业营销要从“由内到外”的产品中心思维向“由外到内”的用户中心思维转型。企业之所以要转变思维，是因为市场营销领域主导权力的转移。互联网时代，由于信息透明、选择过剩，客户掌握了主导权，假如企业无法满足客户的需求就将失去客户，因为有更多的企业愿意服务你的客户。在客户主导的时代，首先不是产品，而是要理解和满足客户需求。

如今我们提到价值不再仅仅关乎产品，还更关乎消费者体验，所以产品已成为一种用来创造体验的“人工制品”，仅有分享是无法达到营销的最高境界，因此体验成为营销中更重要的一个元素。通俗地说体验就是人们闭上眼睛也不会忘记的感受，它渗透到人们的感官和心灵中，让人们深刻记住。企业只有创造更有价值的体验，才能超越传统的营销。以往中国企业的营销创新有了很大的进步，但从总体上看，战术创新比较多，营销战略创新比较少。消费者与企业共同创造价值的时代已经来临，我们希望企业能够在与消费者互动的深度和体验上创造出更好的战略，从而取得更大的成绩。

本章提要

- 消费者市场有其自身的特点，在市场体系中具有特殊的地位，既是其他市场的基础，又是其他市场的终极市场。
- 研究消费者市场必须重点研究消费者的需要、动机及行为模式。
- 影响消费者购买行为的主要因素是：文化、社会、个人和心理等因素，这些因素相互作用、相互联系，共同构成复杂的因素体系。
- 消费者购买过程是一个动机转化为行为的过程，也是一个由认识需要、收集信息、评价产品、作出购买决策和购后行为所构成的决策过程，营销人员在各个阶段的任务是不同的。

关键词

消费者市场（consumer market）　　相关群体（reference groups）
动机（motive）　　态度（attitude）
消费者行为（consumer behavior）　　复杂的购买行为（complex buying behavior）
减少失调感的购买行为（dissonance-reducing buying behavior）
多样性购买行为（variety-seeking buying behavior）
习惯性购买行为（habitual buying behavior）

复习与思考

1. 消费者市场有哪些特点？
2. 消费品如何进行分类？
3. 消费者的需要、动机和行为之间的有何关系？
4. 影响消费者购买行为的主要因素有哪些？

5. 消费者购买决策过程是怎样的？

研究与讨论

1. 试述消费者购买决策过程中对备选产品评估的主要内容。
2. 简析习惯性购买行为的营销策略。
3. 试分析、讨论各专业消费市场（如汽车、化妆品、房地产、保健品等）的现状与特点。

实践演练

1. 试对中国或某一地区的消费者行为类型作出分析。
2. 请选择两家超市，调查分析影响消费者购买的主要因素。

营销模拟

1. 如果你是一家儿童用品商店的经理，你将采取怎样的营销策略以增加营业额？
2. 针对女性消费的特点，设计一款产品，并提出经营的思路。

本章案例

小坚果如何闯出大市场?

扫描此码　案例学习

案例讨论题：

1. 试分析小坚果与大市场的关系。
2. 小坚果是如何开拓大市场的？

第六章　组织市场分析

消费是生产唯一的终端和目的，生产者的利益只有成为促进客户利益的必需时才受到重视。

——亚当·斯密

最理想的顾客是那些有高回报并能终身与我们合作的客户，而最佳的营销策略就是要去吸引这样的客户，并保持住他们的忠诚度。

—阿瑟·休斯

学习目标

知识目标

1. 组织市场的含义和基本特征；
2. 生产者购买决策过程；
3. 中间商和非营利组织的购买行为。

能力目标

1. 学会分析影响生产者购买决策的主要因素；
2. 学会分析中间商的购买类型对购买决策过程的影响；
3. 分析政府市场的购买行为及其对营销的影响。

营销故事

有两家卖粥的小店。左边这个和右边那个每天的顾客相差不多，都是川流不息，人进人出的。然而晚上结算的时候，左边这个总是比右边那个多出了百十元来，天天如此。

于是，我走进了右边那个粥店。服务小姐微笑着把我迎进去，给我盛好一碗粥。问我："加不加鸡蛋？"我说加。于是她给我加了一个鸡蛋。

每进来一个顾客，服务员都要问一句："加不加鸡蛋？"也有说加的，也有说不加的，大概各占一半。

我又走进左边那个小店。服务小姐同样微笑着把我迎进去，给我盛好一碗粥。问我："加一个鸡蛋，还是加两个鸡蛋？"我笑了，说："加一个。"

再进来一个顾客，服务员又问一句："加一个鸡蛋还是加两个鸡蛋？"爱吃鸡蛋的就要求加两个，不爱吃的就要求加一个。也有要求不加的，但是很少。

一天下来，左边这个小店就要比右边那个多卖出很多个鸡蛋。

引例

戴尔公司定制化营销的神话

美国戴尔公司1990年股票正式上市，不到10年时间，其股票增值3万倍，而戴尔本人也成为全球《财富》500强中最年轻的总裁。戴尔的营销创新在于他把新型零售方式融入高科技产品电脑中来，即将电脑“大规模定制化”。

戴尔公司每年生产数百万台个人计算机，每台都是根据客户的具体要求组装的。以戴尔为其大客户福特汽车提供的服务为例，戴尔公司为福特不同部门的员工设计了各种不同的配置，当通过福特公司内联网接到订货时，戴尔公司马上就知道订货的是哪个工种的员工，他需要哪种计算机。戴尔公司便组装合适的硬件，甚至安装了适当的软件，其中有一些还包括福特汽车公司储存在戴尔公司的专有密码。此外，戴尔公司的后勤服务软件非常全面与先进，因此它能够以较低的成本开展大规模定制服务。

没有互联网，戴尔的定制化服务只能是一句空话。互联网使制造者与销售者的联系变得非常容易。互联网也使公司很容易地把在线订货单上的数据传送到工厂车间。最重要的是，互联网使公司容易同每一位顾客进行持续的“一对一”对话，确切了解到他们的爱好并作出反应。

如此，定制化思维与定制化营销方式正席卷全球。作为一种全新的营销理念与营销方式，其对“满足顾客需求”观念进行了最新的诠释，也是充分利用现代先进技术的经典之作。

第一节　组织市场的类型和特点

一、组织市场的概念和类型

组织市场是以某种组织为购买单位的购买者所构成的市场。主要包括：生产者市场、中间商市场、非营利组织市场、政府市场。

（1）生产者市场也称产业市场，指购买产品或服务用于制造其他产品或服务，然后销售或租赁给他人以获取利润的单位和个人。组成生产者市场的主要产业有：工业、农业、林业、渔业、采矿业、建筑业、运输业、通信业、公共事业、金融业、保险业和服务业等。

（2）中间商市场也称为转卖者市场，指购买产品用于转售或租赁以获取利润的单位和个人，包括批发商和零售商。

（3）非营利组织市场，泛指具有稳定的组织形式和固定的成员，不属于政府机构和私人企业而独立运作，发挥特定社会功能，不以获取利润为目的，而以推进社会公益为宗旨的事业单位与民间团体。

（4）政府市场是指为了执行政府职能而购买或租用产品的各级政府部门。政府是特殊的非营利组织。政府过税收、财政预算掌握相当部分的国民收入，形成了潜力极大的政府采购市场。

二、组织市场的特点

组织市场与消费者市场在构成主体方面有着根本区别，相应地，二者的购买行为也就不尽相同。组织市场购买行为是指各类正规组织机构确定其对产品和服务的需求，并在可供选择的品牌与供位商之间进行识别、评价和挑选的决策过程。

与消费者市场购行为相比，组织市场购行为具有以下几个特点。

（1）购买者比较少而购买数量较大。组织市场上的购买者，购买的目的是为了满足其一定规模生产经营活动的需要，因而，购买者的数量较少。由于生产集中和规模经济，要达到一定的生产批量，一次的购买数额必然很大。

（2）供需双方关系密切。组织市场的购买者需要有源源不断的货源，供应商需要有长期稳定的销路，每一方对另一方都具有重要的意义，因此，供需双方互相保持着密切的关系。

（3）购买者的地理位置相对集中。这是指组织市场的购买者往往集中在某些区域，以至于这些区域的业务用品购买量占据全国市场的很大比重。

（4）派生需求。派生需求也称为引申需求或衍生需求。组织市场的顾客购买商品或服务是为了给自己的服务对象提供所需的商品或服务，因此，业务用品需求由消费品需求派生出来，并且随着消费品需求的变化而变化。

（5）需求波动大。与消费者市场需求相比，组织市场需求的波动幅度较大，变动更快。消费品需求的小波动可能会引起生产者市场对相关设备和原材料需求的很大变化。

（6）需求弹性小。组织市场对产品和服务的需求总量受价格变动的影响较小。一般规律是：在需求链条上距离消费者越远的产品，价格的波动越大，需求弹性却越小。

（7）专业人员采购。组织市场的采购大都由经过专业训练、具有丰富的专业知识和采购经验的人员来执行，他们了解产品的性能、质量、规格和有关技术要求，而且，在购买决策的制定中处于主动地位。

（8）影响购买人多。组织市场参与购买决策和购买过程的人更多。大多数组织设立了专门的采购中心，重要的购买决策往往由技术专家和高级管理人员共同作出，其他人也可以直接或间接地参与。

（9）中间环节少。组织市场的购买者往往向供应方直接采购，而不经过中间商环节，价格昂贵或技术复杂的项目更是如此。

（10）购买过程复杂。组织市场交易常常会涉及大笔资金、复杂的技术和准确的效益评估，以及购买者组织中不同层次人士之间的人际关系，因此购买过程更加复杂，组织市场的购买者往往会花更多的时间来制定购买决策，使购买更加规范。组织市场大宗业务购买通常需要准备详细的产品说明、书面订单、供应商调查和签订正式的书面合同。

第二节 生产者市场和购买行为分析

一、生产者购买行为的主要类型

生产者购买行为复杂，主要有 3 种类型，即直接重购、修正重购和新购。其特点如表 6-1 所示。

表 6-1 生产者购买行为类型的特点

特征	新购	修正重购	直接重构
决策参与者	多	较多	少
决策过程	复杂	中等	简单
决策内容	多	较少	少
决策时间	长	中等	短
信息需要量	大	较大	较少
信任度	低	较高	高
风险	高	较低	低
频率	低	中等	高

1. 直接重购

直接重购指生产者用户的采购部门按照过去的订货目录和基本要求继续向原先的供应商购买产品。直接重购的产品主要是原材料、零配件等，当库存量低于规定水平时，就要续购。这是最简单的购买类型。

2. 修正重购

修正重购指生产者用户改变原先所购产品或服务的交易条件后再行购买。用户会与原供应商进行协商。这种购买行为较为复杂，买卖双方有较多人参与。

3. 新购

新购指第一次购买某种产品或服务。新购的成本和风险较大，是最复杂的购买类型。

二、生产者购买决策的参与者

购买类型不同，购买决策的参与者也不同。在多数情况下，买方的采购决策受到许多人直接或间接的影响，这些人分别扮演着以下 7 种角色中的一种或几种：

（1）发起者；

（2）使用者；

（3）影响者；

（4）决策者；

（5）批准者；

（6）采购者；

（7）信息控制者。

三、影响生产者购买决策的主要因素

影响生产者购买决策的基础性因素是经济因素，主要因素可分为4大类，如图6-1所示。

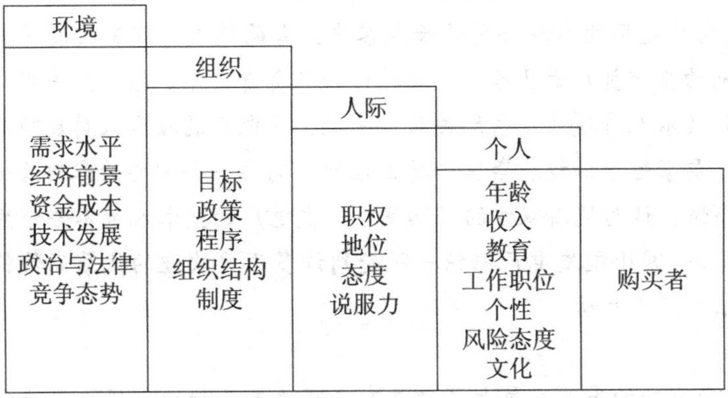

图6-1 影响生产者市场购买行为的主要因素

1. 环境因素

环境因素指生产者无法控制的宏观环境因素，包括国家的经济前景、市场需求、技术发展、竞争态势、政治法状况等。例如在经济景气时，生产者就会增加投资，扩大生产。

2. 组织因素

组织因素指生产者自身的有关因素，包括经营目标、战略、政策、组织结构和制度体系等。这些因素在某种各程度上也会影响生产者的购买决策和购买行为。

3. 人际因素

人际因素指生产者内部参与购买过程的各种角色（使用者、影响者、决策者、批准者、采购者和信息控制者）的职务、地位、态度和相互关系对购买行为的影响。供应商应该了解每个人在购买决策中的角色及相互关系如何，利用这些因素促成交易。

4. 个人因素

个人因素指生产者内部参与购买过程的有关人员的年龄、教育、个性、爱好、风险意识等因素对购买行为的影响。

小链接

对生产者市场推销失败的原因

李宾大学毕业后来到“宏大”公司工作，推销发电设备用的仪表。因为业务发展快，急需用人，李宾接受短期培训后就独立工作，他热情很高，不辞劳苦地四处奔波，但收效甚微。您能从他的推销过程中找出原因吗？

（1）李宾去外地联系业务后回到公司，领导先告诉他，公司最近开发了一种多功能的先进仪表，是近期主推的产品。刚巧有熟人介绍了一位潜在客户，李宾就匆匆赶去介绍产品。对方技术人员请他提供详细技术资料并与现有同类产品作一个对比，可是李宾对这种产品还没有详细了解，所带资料也不全，对现有同类产品和竞争者的情况也不太清楚。

（2）李宾向发电厂的采购部经理介绍现有的各种仪表，采购部经理认为都不大适合本厂使用，他说如果能在性能方面做些小的改进就有可能购买。但是李宾反复强调本厂的仪表性能优异，认为对方提出的问题无关紧要，劝说对方立刻购买。

（3）某发电厂是李宾所在公司的长期客户，需购仪表时就直接发传真通知送货。该发电厂原先由别的推销员负责业务，后来转由李宾负责。李宾接手后采用许多办法与该公司的采购人员和技术人员建立了密切关系。一次，发电厂的技术人员反映有一台新购的仪表有质量问题，要求给予调换。李宾当时正在忙于同另一个重要的客户洽谈业务，拖了几天才处理这件事情，认为凭着双方的密切关系，发电厂的技术人员不会介意。

（4）李宾去一家小型发电厂推销一种受到许多用户欢迎的优质高价仪表，可是说破了嘴皮，对方依然不为所动。

原因分析：

（1）生产者市场的采购人员大多都具有丰富的专业知识，供应方应当提供详细的技术资料，说明本企业产品优于同类产品之处。

（2）推销员应当经常与客户沟通，重视客户对产品的品种规格、性能、质量等方面的要求，及时向公司反馈，在可能的情况下按照客户的要求予以改进。

（3）被列入直接重购名单的供应商应当保持产品质量和服务质量，提高购买方的满意程度，否则，买方将重新选择供应商。

（4）该厂资金有限，经营目标是总成本降低，只购买低价实用的仪表。李宾因为没有事先了解该厂的经营目标而碰了壁。

资料来源：吴健安. 市场营销学 [M]. 北京：高等教育出版社，2004:130-131.

四、生产者购买决策过程

生产者购买决策过程可分为 8 个阶段，但具体过程依不同的购买类型而定，如表 6-2 所示。

表 6-2 生产者购买决策过程

购买步骤	新购	修正重购	直接重购
认识需要	需要	可能需要	不需要
确认需要	需要	可能需要	不需要
说明需要	需要	需要	需要
物色供应商	需要	可能需要	不需要
选择供应商	需要	可能需要	不需要
签订合约	需要	可能需要	不需要
实施购买	需要	需要	需要
绩效评价	需要	需要	需要

新购的过程最为完整，主要经历以下步骤：

（1）认识需要，指生产者用户认识自己的需要，明确所要解决的问题；

（2）确定需要，指通过价值分析确定所需产品的品种、性能、特征、数量和服务；

（3）说明需要，指说明所购产品的品种、性能、特征、数量和服务，写出详细的技术说明书，作为采购人员的采购依据；

（4）物色供应商，指采购人员根据产品技术说明书的要求寻找最佳供应商；

（5）选择供应商，指生产者用户对供应建议书加以分析评价，确定供应商，评价内容包括供应商的产品质量、性能、产量、技术、价格、信誉、服务、交货能力等；

（6）签订合约，指生产者用户根据所购买产品的技术说明书、需要量、交货时间、退货条件、担保书等内容与供应商签订最后的订单；

（7）实施购买，指采购人员按照合约规定进行采购，验收入库；

（8）绩效评价，指生产者用户对各个供应商的绩效加以评价，以决定维持、修正或中止供货关系。

第三节　中间商市场和购买行为分析

一、中间商的购买类型

（1）新产品采购，指中间商购买以前未经营过的新产品。

（2）最佳供应商选择，指中间商要寻找最合适的供应商。

（3）改善交易条件的采购，指中间商希望供应商在原交易条件上再做些让步。

（4）直接重购，指中间商按原订货目录和交易条件，继续向原供应商购买产品。

二、中间商购买过程的参与者

中间商购买过程参与者的多少与店的规模和类型有关。在小型商店，店主亲自进行商品选择和采购。在大公司里，有专人或专门的组织从事采购工作，参与的人数很多。

以连锁超市为例，参与购买过程的人员和组织有：①商品经理；②采购委员会；③分店经理。

三、中间商购买决策过程

如同生产者用户一样，中间商完整的购买过程也分为8个阶段，即认识需要、确定需要、说明需要、物色供应商、征求供应商建议书、选择供应商、签订合约和绩效评价。改善交易条件的采购和最佳供应商选择可能会跳过某些阶段，新产品采购则完全经历各个阶段。

四、影响中间商购买行为的主要因素

中间商的购买行为同生产者市场一样，也受环境、组织、人际、个人等因素影响。此外，采购者的采购风格也有不可忽视的影响。美国学者狄克森将采购者个人的采购风格分为7类：①忠实型的采购者；②随机型的采购者；③理想型的采购者；④创造型的采购者；⑤追求广告支持型的采购者；⑥价格敏感型的采购者；⑦琐碎型的采购者。

小链接

对中间商推销失败的原因分析

推销员王军销售一种家庭用的食品加工机，努力工作却经常遭受失败。以下是他的一些推销经历，我们来分析他失败的原因。

（1）王军连续数次去一家百货商场推销，采购经理每次都详细了解产品的性能、质量、价格、维修和各项保证，但是拖了一个多月还不表态是否购买，总是说："等等，再等等。"王军认为采购经理无采购诚意，就放弃了努力。

（2）某大型商场采购部经理张先生是一位大学毕业生，从事采购工作多年，业务精通，擅长计算，反应敏锐，总是从公司利益出发去考虑问题，多次受到商场领导的表扬，有望升为商场副经理。王军通过耐心地介绍产品和交易条件，终于使他成为客户，并保持了数年的关系。这数年间，王军在征得公司同意的情况下满足了张先生提出的许多要求，如保证交货时间、次品退换、延长保修期、指导营业员掌握产品使用方法和销售技巧、开展合作广告等；还注意加强感情投资，经常与张先生交流沟通，并在张先生和妻子、孩子生日时送上鲜花和纪念品，双方的关系日益密切。可是有一天，张先生突然通知王军，停止购进他的产品，因为另一家企业提供了价格相同，但是性能质量略有改进的同类产品。

原因分析：

（1）该商场以前未经营过这种产品，要对该产品的价格、服务、市场需求和市场风险等因素作全面分析和预测后才作决定。王军不了解中间商对新产品的采购过程较为复杂，操之过急而丧失了机会。

（2）推销员应当注意分析采购人员的购买风格以制定有针对性的推销策略。加强感情投资最适用于"忠实的采购者"或"情感型的采购者"，一旦发现产品或交易条件更佳的供应商就立刻转换购买，理智性强，不太受感情因素支配。对这类采购者，供应商仅仅依靠感情投资难以奏效，必须密切关注竞争者的动向和市场需求变化，随时调整营销策略和交易条件，提供比竞争者更多的利益。王军片面地以为感情投资可以解决一切问题，忽视分析不同购买者的购买风格，忽视提高产品、服务和交易条件的竞争力，最终导致了这个结果。正确的做法是继续与张先生保持良好的关系并及时向本公司反映竞争者的动向，改进产品后再重新进入该商场。

资料来源：吴健安 . 市场营销学 [M]. 北京：高等教育出版社，2004：135-136.

第四节　非营利组织市场和购买行为分析

一、非营利组织市场的类型

按照不同的职能，非营利组织可分为 3 类。

（1）履行国家职能的非营利组织，指服务国家和社会，以实现社会整体利益为目标的有关组织，包括各级政府及下属部门、军队、警察等组织。

（2）促进群体交流的非营利组织，指促进某群体内成员之间的交流，沟通思想和情感，宣传普及某种知识和观念，推动某项事业的发展，维护群体利益的各种组织，如各类专业学会、行业协会、宗教组织和各类团体等。

（3）提供社会服务的非营利组织，为某些公众的特定需要提供服务的非营利组织，包括学校、医院、新闻机构、文艺团体、图书馆等组织。

二、非营利组织的购买特点和方式

（1）非营利组织的购买特点：一般要求限定总额、价格低廉、保证质量，同时受到较多控制且程序复杂。

（2）非营利组织的购买方式：主要有公开招标选购、议价合约选购和日常性采购等方式。

三、政府市场及购买行为

（1）政府市场的购买目的。政府采购的范围极为广泛，目的是为了维护国家安全和社会公众的利益。具体的购买目的有：加强国防与军事力量；维持政府的正常运转；稳定市场；对外国的商业性、政治性或人道性的援助等。

（2）政府市场购买过程的参与者。各个国家、各级政府都设有采购组织，一般分为两大类：一是行政部门的购买组织；二是军事部门的购买组织。

（3）影响政府购买行为的主要因素。政府市场也要受到环境因素、组织因素、人际因素和个人因素的影响，但是在四方面有所不同：一是受到社会公众的监督；二是受到国际国内政治形势的影响；三是受到国际国内经济形势的影响；四是要受到自然因素的影响。

本章提要

- 组织市场包括生产者市场、中间商市场、非营利组织市场。与消费者市场相比有其自身的特点。不同市场的购买行为存在差异性。

- 生产者购买行为主要有三种类型，影响生产者购买决策的主要因素有环境、组织、人际和个人四类因素，营销者分析这些因素是要利用这些因素促成交易。生产者购买决策是一个过程，企业研究它是寻找促进购买决策的线索。
- 中间商处于生产者与消费者之间，营销人员要根据中间商的购买类型、参与者，分析其购买决策过程及其影响因素，把中间商视为顾客的采购代理人，帮助他们为顾客做好服务工作。
- 非营利组织市场具有自身的购买特点和购买方式，政府购买行为也具有特殊性，也要予以重视。

关 键 词

组织市场（organization market）　生产者市场（producer market）
中间商市场（middleman market）　非营利市场（no-profit market）
政府市场（government market）

复习与思考

1. 组织市场有哪些特点？
2. 影响生产者用户购买行为的因素是什么？
3. 中间商的购买决策过程是怎样的？
4. 非营利组织的购买特点有哪些？
5. 影响政府购买行为的主要因素有哪些？

研究与讨论

1. 如何对生产者用户开展有效的营销活动？
2. 生产商如何应对中间商的种种挑战？
3. 政府购买行为的发展方向在哪里？

实 践 演 练

1. 请调查 2 家生产用户，了解它们的购买行为和购买决策过程，并写出调查报告。
2. 访问当地政府或学校，了解其购买特点和购买方式。

营 销 模 拟

1. 扮演一家企业的销售代表，与 3 家中间商进行接洽和谈判，以了解中间商的购买行为。

2. 如果你是一家医疗器械或药品生产企业的销售代表，你将如何向医院推销产品？

本章案例

独辟蹊径的格力电器

扫描此码　案例学习

案例讨论题：

1. 格力电器面对中间商的重压，是如何变被动为主动的？其成功经验能否被其他企业所效仿？

2. 在商品运动的链条中，零售商越来越扮演重要的角色，甚至在一定程度上主宰着生产商的行为。试分析不同行业的零售商对生产商的影响程度。

第七章　市场营销调研与预测

最重要的事情是预测顾客的行踪，并且能走在他们前面。

——菲利普·科特勒

在一个以顾客为导向的企业中，所有的职能都必须为了了解、服务和满足顾客。

——乔治·道宁

学习目标

知识目标

1. 市场营销信息系统的基本框架；
2. 市场营销调研的内容、程序；
3. 市场需求预测的相关概念。

能力目标

1. 能够掌握市场营销调研的方法，开展调研工作；
2. 能够学习市场需求测量和预测的方法，对市场未来的发展变化趋势进行分析。

营销故事

这是营销界人尽皆知的一个寓言故事：两家鞋业制造公司分别派出了一个业务员去开拓市场，一个叫杰克逊，一个叫板井。在同一天，他们两个人来到了南太平洋的一个岛国，到达当日，他们就发现当地人全都赤足，不穿鞋！从国王到平民、从僧侣到贵妇，竟然无人穿鞋子。当晚，杰克逊向国内总部老板发了一封电报："上帝呀，这里的人从不穿鞋子，有谁还会买鞋子？我明天就回去。"板井也向国内公司总部发了一封电报："太好了！这里的人都不穿鞋。我决定把家搬来，在此长期驻扎下去！"

两年后，这里的人都穿上了鞋子……

引例

中国凉茶向左向右，路在何方？

2016年的中国凉茶真的有点"凉"，年初还很热闹的中国凉茶市场，因为有同仁堂这个百年企业加入，变得异常热闹和充满生机。但是一轮下来之后，发现整个凉茶市场的"坑"太大了，并不是一般人能够玩得转的。不仅新进者有点"凉"，作为凉茶领军品牌的加多宝，近期也被传出停产风波的新闻，再次把凉茶行业推到了舆论的焦点。关于凉茶的斗争，已经从一场场官司走到了一篇篇你死我活的新闻稿中了。

我们不禁要问，中国凉茶的路在何方？在见证了中国凉茶起起伏伏、生生死死的众多品牌之后，面对中国凉茶当前的尴尬局面，未来中国凉茶要想走出当前的迷局，还需要当局者清晰地认识到，当前的市场环境已经容不得彼此相杀下去，要想保持行业的高速发展，就要让王老吉和加多宝相爱下去吧，这样才能够形成中国凉茶的“可口可乐”与“百事可乐”的二元格局，稳定整个市场并推动行业更好地发展。任何一方的退场，都在意味着另一方的消亡。

目前凉茶行业处于成熟期向衰退期的过渡，今年同仁堂凉茶虽然声势浩大，但是市场表现不佳，被行业诟病市场销售额没有达到预期目标，另外凉茶领导者加多宝也爆出了裁员和代工厂停止代工的传闻，也从侧面印证了这一点。另外2014年，凉茶行业整体市场规模达到420亿元，2015年凉茶市场规模达到483亿元。凉茶销量已经达不到过去的几何增长，进入了平缓期。数据显示，2009—2012年，凉茶品类保持了16%~18%的高速增长，而2015年上半年凉茶市场的增速为零。

总的来说，中国凉茶行业格局中若加多宝不出现问题，并且成功登陆香港股市，那么加多宝将继续坐稳中国凉茶第一把交椅的宝座。否则随着王老吉品牌的不断蚕食及王老吉新品的推广拉升，凉茶市场的头把交椅位置将在未来两年发生变化，而和其正等其他品牌作为第二梯队出现，不会给凉茶市场带来什么冲击。

当前中国凉茶行业发展虽然进入了500亿销售规模，但是市场进入了低谷期，市场要想有更高的发展和进步，会比较难。因为市场的品牌格局已经形成，市场的高度覆盖也已经完成，人群的高度对接也已经完成，很难找到新的市场增长机会和市场增长点，行业只能通过产品创新和情感营销，维持凉茶在中国饮料中的影响力。

凉茶行业因为步入衰退期，产品正在老化，内斗严重，市场处于混战阶段，经过了加多宝、王老吉的斗争，将很多小企业和潜在竞争对手排挤了出去，市场的秩序比较稳定。未来凉茶行业要想获得大的发展，需要进行产品创新与市场创新，把产品的差异化做足，比如加多宝改金罐，王老吉出无糖凉茶，这都是在做尝试。市场方面中点应该将凉茶文化输出到国外，在国外建立起中国饮料的市场，把凉茶打造成承载中国文化输出的饮品，像可口可乐百事可乐走出美国，代表美国文化一样，这样中国凉茶的品类的生命周期，就可以得到更好的延长，市场将从衰退期走向新的导入期，整个凉茶行业能够继续获得高速增长。

在这种环境下，未来凉茶行业应该在国内稳定行业的品牌形象和品牌价值，稳定市场的格局和市场的舆论，对外开拓崭新的国际市场，谋求凉茶的高速发展，通过凉茶这个产品，带动中国文化的输出，而现在最大的瓶颈在于领导品牌之间的内斗和内耗，消耗了凉茶品类走向世界的中国文化符号属性，市场的竞争并没有因为行业处于成熟期向衰退期过渡而成熟，相反所有的运作还比较低级，因此无法将行业带到更高的层次。

中国凉茶不管向左还是向右，只有当相杀的对手变得相爱，才能拯救整个凉茶市场的颓势，否则加速任何一方的消亡，都是在对另一方宣判死刑。与其用这么多的媒体资源在国内内耗，不如将更多的营销资源将战火引到他国，这样在开疆拓土的发展中，才能让两个品牌得到新的涅槃，也能够让凉茶品类得到新的市场。

资料来源：中国营销传播网，2016. 11. 29.

第一节　市场营销信息系统

一、信息及其功能

从认识论的角度说，信息是事物运动状态以及运动方式的表现。信息按照内容可分为三类：即消息、资料和知识。

信息对人类社会有三个功能：一是信息的中介功能；二是信息的联结功能；三是信息的放大功能。

信息的一般特征有：①可扩散性；②可共享性；③可存储性；④可扩充性；⑤可转换性。

二、市场营销信息系统的内涵与特点

菲利普·科特勒曾将市场营销信息系统定义为：由人、设备和程序组成，为营销决策者收集、挑选、分析、评估和分配所需要的、适时的和准确的信息。营销信息系统处于环境与营销管理人员（即信息使用者）之间。各种营销数据由环境流向企业营销信息系统。营销信息系统则将数据加以转换，并通过营销信息流程传导给管理人员。管理人员依据这些数据制定各种计划、方案，由此形成的各种数据又通过营销沟通流程回到环境，如图 7-1 所示。

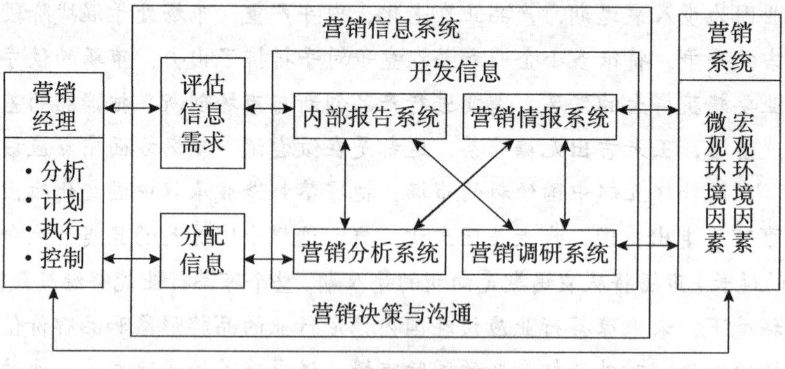

图 7-1　市场营销信息系统

市场营销信息除具有一般信息的特征外，在以下几方面，更具有营销的特殊性：①目的性；②及时性；③准确性；④系统性；⑤社会性。

市场营销信息是企业进行营销决策的基础，也是编制营销计划、实施和控制营销活动的依据。因此，市场营销信息系统关系到企业市场营销的顺利开展乃至整个社会营销系统的形成。

理想的市场营销信息系统应能解决以下问题：

（1）它能向各级管理人员提供从事其工作所必需的一切信息；

（2）它能够对信息进行选择，以便各级管理员获得与他们能够且必须采取的行为有关的信息；

（3）它提供信息的时间限于管理人员能够且应当采取行动的时间；

（4）它提供所要求的任何形式的分析、数据与信息；

（5）它所提供的信息一定是最新的，并且所提供的信息形式都是有关管理人员最易了解和消化的。

三、市场营销信息系统的构成

营销经理所需的信息一般来源于企业内部报告系统、营销情报系统和营销研究系统，再经过营销分析系统，即经过营销决策支持系统对获得的信息进行处理，使之对营销决策更为适用和有效。

1. 内部报告系统

内部报告系统指提供企业内部信息，以内部会计系统为主，同时辅之以销售报告系统，集中反映订货、销售、存货、现金流量、应收及应付账款等数据资料。通过该系统，营销人员可以发现一些新的问题和机会，及时比较实绩与计划，寻找偏差，采取对策。

2. 营销情报系统

营销情报系统指市场营销管理人员用以了解有关外部环境发展趋势的信息的各种来源与程序。通过该系统，营销人员可以了解外部环境的状况，依此判断环境为企业提供的机会和可能造成的威胁。

3. 营销调研系统

营销调研系统指系统地设计、搜集、分析和报告与特定营销环境有关的资料和研究结果的活动。通过该系统，营销人员可以系统、客观地搜集和传递有关市场营销活动的信息，提出调研报告，以帮助管理者正确地进行营销决策。

4. 营销分析系统

营销分析系统指企业以一些先进技术分析市场营销数据和问题的营销信息子系统。完善的营销分析系统通常由资料库、统计库和模型库三部分组成。

第二节　市场营销调研

一、市场营销调研的含义和作用

市场营销调研就是运用科学的方法，有目的、有计划、系统地收集、整理和分析研究有关市场营销方面的信息，提出解决问题的建议，供营销管理人员了解营销环境，发现机会与问题，作为市场预测和营销决策的依据。

市场营销调研是企业营销活动的出发点，其作用如下。

1. 有利于制定科学的营销规划

通过营销调研和分析市场、了解市场，才能根据市场需求及其变化、市场规模和竞争格局、消费者意见与购买行为、营销环境的基本特征，科学地制订和调整企业管销规划。

2. 有利于优化营销组合

企业根据营销调研的结果，分析研究产品的生命周期，开发新产品，制定产品生命周期各阶段的营销策略组合。如根据消费者对现有产品的接受程度、对产品及包装的偏好改进现有产品，开发新用途，研究新产品的创意、开发和设计；测量消费者对产品价格变动的反应，分析竞争者的价格策略，确定合适的价格；综合运用各种营销手段，加强促销活动和售后服务，增进产品知名度和顾客满意度；尽量减少不必要的中间环节，节约储运费用，降低销售成本，提高竞争力。

3. 有利于开拓新的市场

通过市场调研，企业可发现消费者尚未满足的需求，测量市场上现有产品及营销策略满足消费需求的程度，从而不断开拓新的市场。营销环境的变化，往往会影响和改变消费者的购买动机和购买行为，给企业带来新的机会和挑战，企业可据此确定和调整发展方向。

二、市场营销调研的类型及内容

1. 市场营销调研的类型

按调研时间分为一次性调研、定期性调研、经常性调研、临时性调研。

按调研目的可分为探测性调研、描述性调研、因果关系调研和预测性调研。

探测性调研是企业在情况不明时为找出问题的症结，明确进一步调研的内容与重点，需进行非正式的初步调研，收集一些有关资料进行分析。

描述性调研是在已明确所要研究问题的内容与重点后，通过详细的调查和分析，对市场营销活动的某个方面进行客观的描述，是对已经找出的问题作如实地反映和具体的回答。

因果关系调研则要在描述性调研的基础上进一步分析问题发生的因果关系，说明某个变量是否影响或决定着其他变量的变化，解释和鉴别某种变量的变化究竟受哪些因素的影响，以及各种影响因素的变化对变量产生影响的程度。

预测性调研就是企业为了推断和测量市场的未来变化而进行的研究，它对企业的生存与发展具有重要的意义。市场营销所面临的最大的问题就是市场需求的预测问题，这是企业制定市场营销方案和市场营销决策的基础和前提。

2. 市场营销调研的内容

营销调研涉及营销活动过程的各个方面，其主要内容如图 7-2 所示。

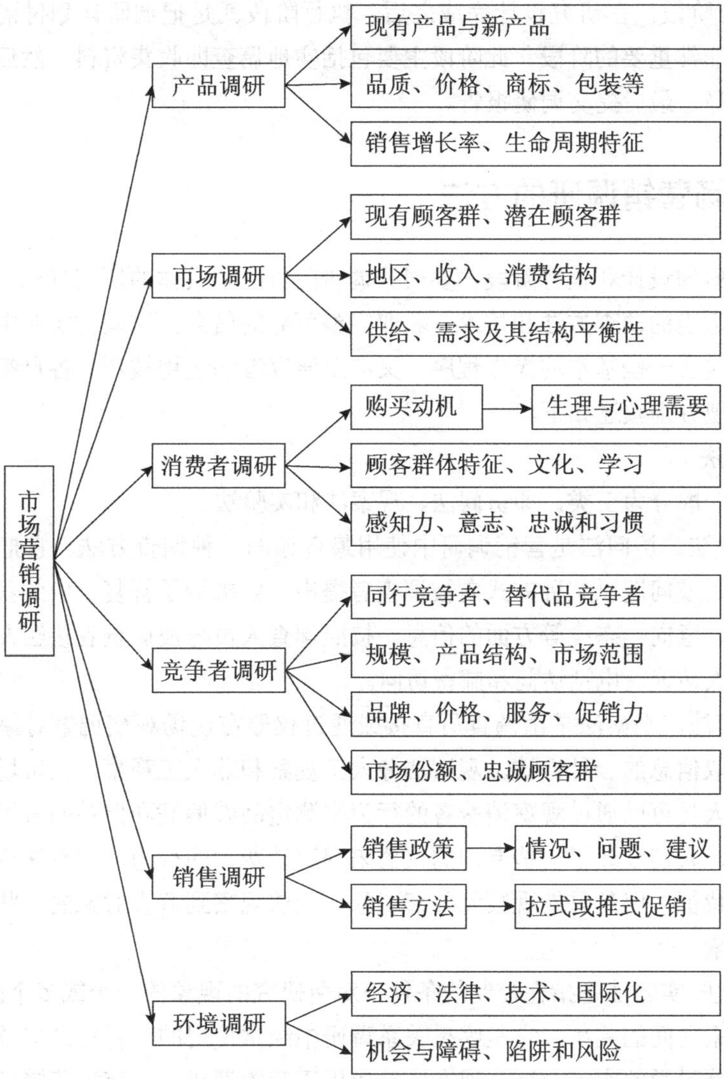

图 7-2　市场营销调研的内容

三、市场营销调研的步骤

市场营销调研是一项十分复杂的工作，要顺利地完成调研任务，必须有计划、有组织、有步骤地进行。但是，市场营销调研并没有一个固定的程序可遵循。一般而言，根据调研活动中各项工作的自然顺序和逻辑关系，市场营销调研可分为以下三个阶段。

（1）准备阶段：营销调研的准备阶段的主要任务就是界定研究主题、选择研究目标、形成研究假设并确定需要获得的信息。

（2）设计阶段：研究设计是指导调研工作顺利执行的详细蓝图，主要内容包括确定资料的来源和收集方法、设计收集资料的工具、决定样本计划以及调研经费预算和时间进度安排等。

（3）执行阶段：在研究设计完成之后，执行阶段就是把调研计划付诸实施，这是调研工作的一个非常重要的阶段。此阶段主要包括实地调查即收集资料，然后对资料进行处理、分析和解释，最后提交调研报告。

四、市场营销调研的方法

在营销调研的设计和执行阶段，要根据调研的目的和具体的研究目标，选择合适的调查对象，采用适当的调查方法和技术，获取完整可靠的信息。这些在实践中发展起来的方法和技术，既包含一些基本的操作程序，又涉及研究者的运用技巧，各自都有其适用的范围和优缺点。现分别叙述如下。

1. 调查方法

调查方法一般分为三类，即访问法、观察法和实验法。

（1）访问法。访问法是营销调研中使用最普遍的一种调查方法。它把研究人员事先拟订的调查项目或问题以某种方式向被调查者提出，要求给予答复，由此获取被调查者或消费者的动机、意向、态度等方面的信息。按照调查人员与被调查者接触方式的不同，访问法又分为个人访谈、电话访问和邮寄访问。

（2）观察法。观察法是由调查员直接或通过仪器在现场观察调查对象的行为动态并加以记录而获取信息的一种方法。观察法分人工观察和非人工观察，在市场调研中用途很广。比如研究人员可以通过观察消费者的行为来测定品牌偏好和促销的效果。随着现代科学技术的发展，人们设计了一些专门的仪器来观察消费者的行为。观察法可以观察到消费者的真实行为特征，但是只能观察到外部现象，无法观察到调查对象的一些动机、意向及态度等内在因素。

（3）实验法。实验法是指在控制的条件下对所研究的现象的一个或多个因素进行操纵，以测定这些因素之间的关系，它是因果关系调研中经常使用的一种行之有效的方法。实验方法来源于自然科学的实验求证，现在广泛应用于营销调研，是市场营销学走向科学化的标志。现场实验法的优点是方法科学，能够获得较真实的资料。但是，大规模的现场实验往往很难控制市场变量，影响实验结果的内部有效性。实验法实验正好相反，内部效度易于保持但难于维持外部有效度。此外，实验法实验周期较长，研究费用昂贵，严重影响了实验方法的广泛使用。

2. 问卷设计

调查问卷是市场营销调研的重要工具之一。在大多数市场调查中，研究者都要依据研究的目的设计某种形式的问卷。问卷设计没有统一的固定的格式和程序，一般说来有以下几个步骤。

（1）确定需要的信息。在问卷设计之初，研究者首先要考虑的就是要达到研究目的、检验研究假设所需要的信息，从而在问卷中提出一些必要的问题以获取这些信息。

（2）确定问题的内容。确定了需要的信息之后，就要确定在问卷中要提出哪些问题或包含哪些调查项目。在保证能够获取所需信息的前提下，要尽量减少问题的数量，降低回答问题的难度。

（3）确定问题的类型。问题的类型一般分为以下三类：一是自由问题，这种回答问题的方式可以获得较多的较真实的信息。但是被调查人因受不同因素的影响，各抒己见，使资料难以整理；二是多项选择问题，这种问题应答者回答简单，资料和结果也便于整理。需要注意的问题是选择题要包含所有可能的答案，又要避免过多和重复；三是二分问题，其回答简单也易于整理，但有时可能不能完全表达出应答者的意见。

（4）确定问题的词句。问题的词句或字眼对应答者的影响很大，有些表面上看差异不大的问题，由于字眼不同应答者就会做出不同的反应。因此，问题的字眼或词句必须斟酌使用，以免引起不正确的回答。

（5）确定问题的顺序。问题的顺序会对应答者产生影响，因此，在问卷设计时问题的顺序也必须加以考虑。原则上开始的问题应该容易回答并具有趣味性，以提高应答者的兴趣。涉及应答者个人的资料应则最后提出。

（6）问卷的试答。一般在正式调查之前，设计好的问卷应该选择小样本进行预试，其目的是发现问卷的缺点，改善提高问卷的质量。

3. 抽样方法

大多数的市场调查是抽样调查，即从调查对象总体中选取具有代表性的部分个体或样本进行调查，并根据样本的调查结果去推断总体。抽样方法按照是否遵循随机原则分为随机抽样和非随机抽样。

（1）随机抽样方法。随机抽样就是按照随机原则进行抽样，即调查总体中每一个个体被抽到的可能性都是一样的，是一种客观的抽样方法。随机抽样方法主要有：简单随机抽样、等距抽样、分层抽样和分群抽样。

（2）非随机抽样方法。常用的非随机抽样主要有以下几种。

①任意抽样。任意抽样也称便利抽样，这是纯粹以便利为基础的一种抽样方法。街头访问是这种抽样最普遍的应用。这种方法抽样偏差很大，结果极不可靠。一般用于准备性调查，在正式调查阶段很少采用。

②判断抽样。判断抽样是根据要求样本设计者的判断进行抽样的一种方法，它要求设计者对母体有关特征有相当的了解。在利用判断抽样选取样本时，应避免抽取“极端”类型，而应选择“普通型”或“平均型”的个体作为样本，以增加样本的代表性。

③配额抽样。配额抽样与分层抽样法类似，要先把总体按特征分类，根据每一类的大小规定样本的配额，然后由调查人员在每一类中进行非随机的抽样。这种方法比较简单，又可以保证各类样本的比例，比任意抽样和判断抽样样本的代表性都强，因此实际上应用较多。

新视角

良好营销调研的七个特征

（1）科学方法。有效的营销调研使用科学方法的原则有：仔细观察、假设、预测和试验。

（2）调研的创造性。营销调研最好能发展出创新方法，以解决某个问题。一家服装公司挑选出几个男孩，给他们每人一架摄像机，请他们用它记录下他们的生活。然后借用这些题材，在餐馆和其他场合采用焦点小组访谈讨论青少年经常的态度。

（3）采用多种方法。好的营销调研人员避免过分依赖一种方法。他们还认识到需要两三种收集方法来确认调查结果。

（4）模型和数据的互赖性。好的营销调研人员懂得从问题的模式中导出事实的意义。这些模式对要收集的信息类型起指导作用。

（5）信息的价值和成本。好的营销调研人员应该关心衡量信息的价值与成本之比。研究成本容易计算，而价值却很难预料。价值由研究结果的可靠性和准确性以及管理层对调研结果的接受和行动的程度而定。

（6）有益的怀疑论。好的调研者对经理轻率作出的市场运作方式表示出有益的怀疑。他们对“营销神话”的问题很警觉。

（7）道德营销。好的营销调研能给公司和消费者带来好处。然而，对营销调研的滥用不仅有害并会激怒消费者。

资料来源：菲利普·科特勒．营销管理[M]．北京：中国人民大学出版社，2001：142.

第三节　市场需求的测量与预测

一、市场需求测量

1. 市场的界定

市场主要涉及两个方面的问题：市场数量和市场特性，前者是关于市场的量的研究，后者是关于市场的性质的研究。消费者行为与组织购买行为研究属后者。这里讨论的重点是市场量的问题。

需求测量的每种类型都为一个特定的目的服务。一个企业可对一个特定产品在全国范围内进行目前市场需求测量，也可以进行一个区域需求的测量。对营销者而言，市场是某一产品的全体现实的和潜在的购买者的集合。所谓现实市场是指那些对某个商品具有某种程度的欲望并具有购买力的消费者群体。潜在市场是指那些对某个商品具有某种程度欲望但没有购买力或具有购买力但没有购买欲望的消费者群体。营销者要实现潜在市场向现实市场的转化，必须满足需求的两个条件：即欲望和购买力。通常企业会根据自身资源条件，在现实市场中选取一部分消费者群体作为服务对象，这是所谓的目标市场。企业及其竞争者都在其目标市场上售出一定数量的产品。渗透市场就是指目标市场中真正购买了该企业产品的消费者群体。

2. 市场需求

有需要，有欲望，但没有适合的标的（产品）或支付能力也不能形成需求。但应注意的是，现在没有需求，并不等于将来没有需求。在市场营销中，我们把暂时没有购买力或购买欲望的情况，称为潜在需求。随着购买力和购买欲望的提高，潜在需求会逐渐转变为（有效）需求。对市场营销者而言，当前的需求固然重要，但更重要的是能发现潜在需求，并能创造性的将其开发出来，使之成为有效需求。影响需求的因素很多，有些因素主要影响需求欲望（如消费者对未来的预期等），有些则主要影响需求能力（如价格、消费者收入水平等）。

某一产品的市场总需求，是指在一定的营销努力水平下，一定时期内在特定地区、特定营销环境中、特定顾客群体能购买的该种产品总量。

对需求的测量，可从八个方面考察。

（1）产品，首先确定所要测量的产品类别及范围。

（2）总量，可用数量和金额的绝对数值表述，也可用相对数值表述。

（3）购买，指订购量、装运量、收货量、付款数量或消费数量。

（4）顾客群，要明确总市场的顾客群、某一层次市场的顾客群、目标市场或某一细分市场的顾客群。

（5）地理区域，根据非常明确的地理界线测量一定的地理区域内的需求。

（6）时期，市场需求测量具有时间性，如 1 年、5 年、10 年的市场需求。

（7）营销环境，测量市场需求必须确切掌握宏观环境人口、经济、政治、法律、技术、文化诸因素的变化及其对需求的影响。

（8）营销努力，市场需求变化还受可控因素的影响，特别是受销售者制定的市场营销努力的影响。这就是说，市场需求对产品价格、产品改进、促销和分销等一般都表现出某种程度的弹性。

3. 企业需求

企业需求指在市场需求总量中企业所占的份额，即市场总需求与企业市场占有率的乘积。企业需求表示不同水平的企业营销力量刺激产生企业的估计销售额。在市场竞争中，企业的市场占有率与其营销努力成正比，也与营销费用支出的效果有关。这也就是说，营销力量的高低决定了销售额的大小。

4. 公司预测

公司预测指公司销售预测，是与企业选定的营销计划和假定的营销环境相对应的销售额，即预期的企业销售水平。

5. 企业潜量

企业潜量即公司销售潜量，指公司的营销努力相对于竞争者不断增大时，企业需求所达到的极限。很明显，企业需求的绝对极限是市场潜量。在大多数情况下，企业销售量小于市场潜量。

二、估计目前市场需求

1. 总市场潜量

总市场潜量指一定时期内，一定环境条件和一定行业营销努力水平下，一个行业中所

有企业可能达到的最大销售量。用公式可表示为

$$Q = nqp$$

式中：Q——总市场潜量；

n——既定条件下，特定产品的购买者数量；

q——平均每个购买者的购买数量；

p——产品价格。

用上述方法估量总市场潜量，其中较难的是把握 n 因素。一般的做法是先从总人口出发，从中排除那些显然不会进行购买的人数，然后再进一步对余下的“可能购买者”加以分析。对总市场潜量的估计，还可使用“上加法”，即先估量每个细分市场的需求潜量，然后将其汇总，得出总市场潜量。

2. 地区市场潜量

企业在测量市场潜量后，为选择拟进入的最佳区域，合理分配营销资源，还应测量各地区的市场测量。通常有以下两种方法。

（1）市场累加法。所谓市场累加法，是指先确定某产品在每一个市场的可能购买者，之后将每一个市场的估计购买潜量加总合计。当企业掌握所有潜在买主的名单及每个人可能购买产品的估计量时，则可直接应用市场累加法。

（2）购买力指数法。所谓购买力指数法，是指借助与区域购买力有关的各种指数（如区域购买力占全国总购买力的百分比，该区域个人可支配收入占全国的百分比，该区域零售额占全国的百分比，以及居住在该区域的人口占全国的百分比等）来估计其市场潜量的方法。例如，在某地区，可利用下述相对购买力指数公式计算其区域市场潜量：

$$B_i = 0.5Y_i+0.3R_i+0.2P_i$$

式中：B_i——i 区域购买力占全国总购买力的百分比；

Y_i——i 区域个人可支配收入占全国的百分比；

R_i——i 区域零售额占全国的百分比；

P_i——i 区域的人口占全国的百分比。

3. 行业销售额和市场占有率

企业不仅要估计总市场潜量和区域潜量，还要了解本行业的实际销售额。这就是说，企业还要识别竞争者并估计它们的销售额，了解本企业的市场占有率状况，以利于在竞争中知己知彼，正确制定营销战略。

三、市场需求预测方法

科学的营销决策，不仅要以市场营销调研为出发点，而且要以市场需求预测为依据。市场需求预测是在营销调研的基础上，运用科学的理论和方法，对未来一定时期的市场需求量及影响需求诸多因素进行分析研究，寻找市场需求发展变化的规律，为营销管理人员提供未来市场需求的预测性信息，作为营销决策的依据。

1. 市场需求预测的步骤

为了使预测结果准确可靠，市场需求预测必须有计划、有步骤地进行。

第一步：确定市场需求预测目标。进行市场需求预测，首先应当确定主体和项目，规定预测的具体目标，限定完成预测的时间，并提出预测结果的精确度要求。

第二步：调查收集资料。任何预测都必须从已有的资料出发，因此，调查收集资料是市场预测的基础。

第三步：选定预测方法。除了资料的可靠性之外，选用的预测方法和预测模型是否科学合理，也极大地影响着市场需求预测的准确性。

第四步：分析修订预测结果。市场需求预测是为市场决策服务的，它是对市场未来的不确定情况进行的预计和推测。

2. 市场需求预测的方法

（1）购买者意向调查法。市场总是由潜在购买者构成的，预测就是预估在给定条件下潜在购买者的可能行为，即要调查购买者。这种调查的结果是比较准确可靠的，因为只有购买者自己才知道将来会购买什么和购买多少。在满足下面三个条件的情况下，购买者意向调查法比较有效：一是购买者的购买意向是明确清晰的；二是这种意向会转化为顾客购买行动；三是购买者愿意把其意向告诉调查者。

（2）销售人员综合意见法。在不能直接与顾客见面时，企业可以通过销售人员的意见估计市场需求。例如，企业让销售人员甲、乙、丙三人就最高销售额、可能销售额、最低销售额作出估计，如表 7-1 所示。

表 7-1 推销人员销售预测意见综合表

销售人员	预测项目	销售量	频率	销售量 × 概率
甲	最高销售	1 000	0.3	300
	可能销售	700	0.5	350
	最低销售	400	0.2	80
	预测值			730
乙	最高销售	1 200	0.2	240
	可能销售	900	0.6	540
	最低销售	460	0.2	92
	预测值			372
丙	最高销售	900	0.2	180
	可能销售	600	0.5	300
	最低销售	300	0.3	90
	预测值			570

根据以往三人预测的准确程度，分别赋予甲、乙、丙三人的预测值以 0.5、0.3、0.2 的权数，则下年度销售量的加权平均预测值为：730×0.5 ＋ 872×0.3 ＋ 570×0.2 ＝ 844（单位）。

销售人员综合意见法的主要优点如下：

①销售人员经常接近购买者，对购买者意向有较全面深刻的了解，比其他人有更充分的知识和更敏锐的洞察力，尤其是对受技术发展变化影响较大的产品则更是这样；

②由于销售人员参与企业预测，因而他们对上级下达的销售配额有较大的信心完成；

③通过这种方法，也可以获得按产品、区域、顾客或销售人员划分的各种销售预测。

一般情况下，销售人员所做的需求预测必须经过进一步修正才能利用，这是因为：

①销售人员的判断总会有些偏差，受其最近销售成败的影响，他们的判断可能会过于悲观，即常常走极端；

②销售人员可能对经济发展形势预测没有足够的知识、能力或兴趣；

③为使其下一年度的销售大大超过配额指标，以获得升迁或奖励的机会，销售人员可能会故意压低其预测数字。

（3）专家意见法。企业也可以利用诸如经销商、分销商、供应商及其他一些专家的意见进行预测。由于这种方法是以专家为索取信息的对象，用这种方法进行预测的准确性，主要取决于专家的专业知识和与此相关的科学知识基础以及专家对市场变化情况的洞悉程度，因此依靠的专家必须具有较高的水平。

利用专家意见有多种方式，如组织一个专家小组进行某项预测，这些专家提出各自的估计，然后变换意见，最后经过综合，提出小组的预测。这种方式的缺点是小组成员容易屈从于某个权威或者大多数人的意见（即使这些意见并不正确），不愿意提出不同的看法；或者虽认识到自己的意见错了，但碍于情面不愿意当众承认。

专家意见法的主要优点是：预测过程迅速，成本较低；在预测过程中，各种不同的观点都可以表达并加以调和；如果缺乏基本数据，可以运用这种方法加以弥补。

专家意见法的主要缺点是：专家意见未必能反映客观现实；责任较为分散，估计值的权数相同；一般仅适用于总额的预测，而用于区域、顾客群、产品大类等的预测时，可靠性较差。

（4）市场试验法。企业收集到的各种意见的价值，不管是购买者、销售人员的意见，还是专家的意见，都取决于获得各种意见的成本、意见可得性和可靠性。如果购买者对其购买并没有认真细致的计划，或其意向变化不定，或专家的意见并不十分可靠，在这些情况下，就需要采用市场试验这种预测方法，特别是在预测一种新产品的销售情况和现有产品在新的地区或通过新的分销渠道的销售情况时，采用这种方法效果最好。

（5）时间序列分析法。很多企业以过去的资料为基础，利用统计分析和数学分析预测未来需求。这种方法的根据是：过去的统计数据之间存在着一定的关系，而且这种关系利用统计方法可以揭示出来；过去的销售状况对未来的销售趋势有决定性影响，销售额只是时间的函数。因此，企业可以利用这种方法预测未来的销售趋势。

产品销售的时间序列，可以分成四个组成部分。

①趋势，它是人口、资本积累、技术发展等方面共同作用的结果。利用过去有关的销售资料描绘出销售曲线，就可以看出某种趋势。

②周期，企业销售额往往呈现出某种波状运动，因为企业销售一般都受到宏观经济活动的影响，而宏观经济活动总呈现出某种周期性波动的特点。周期因素在中期预测中尤其

重要。

③季节，即一年内销售量变动的形式。季节一词在这里可以指任何按小时、月份或季度周期发生的销售量变动形式。这个组成部分一般同气候条件、假日、商业习惯等有关。季节形式为预测短期销售提供了基础。

④不确定事件，其包括自然灾害、战争恐慌、一时的社会流行风尚和其他一些干扰因素。这些因素属不正常因素，一般无法预测。应当从过去的数据中剔除这些因素的影响，考察较为正常的销售活动。

时间序列分析就是把过去的销售序列 Y 分解成为趋势（T）、周期（C）、季节（S）和不确定因素（E）等组成部分，通过对未来这几个因素综合考虑，进行销售预测。这些因素可构成线性模型，即：

$$Y = T+C+S+E$$

也可构成乘数模型，即

$$Y = T \cdot C \cdot S \cdot E$$

还可以是混合模型，如：

$$Y = T \cdot (C+S+E)$$

（6）领先指标法。许多企业想要找到一种或数种领先指标，作为预测自己未来销售变化的晴雨表。这种指标随时间推移与企业销售按同一方向变化，并且其变化往往发生在企业销售的变化之前。例如，管道供应公司可能发现，它的销售变化总是在房屋开工指标变化大约 4 个月之后发生，于是，房屋开工指标就成为管道供应公司预测其市场需求的一个非常有用的领先指标。此外平均每周工作时数、新企业开设的数目等，都可作为领先指标。

（7）直线趋势法。直线趋势法是运用最小平方法，以直线斜率表示增长趋势的外推预测方法。公式为

$$Y = a+bX$$

式中：a——直线在 Y 轴上的截距；

b——直线斜率，反映年平均增长率；

Y——销售预测趋势值；

X——时间。

$$\sum Y = na+b\sum X$$

式中：n——年份数。

再计算 XY 的总和，即：

$$\sum XY = a\sum X+b\sum X^2$$

为简化计算，将 $\sum X$ 取 0。若 n 为奇数，则取 X 的间隔为 1，将 X=0 置于资料期的中央一期；若 n 为偶数，则取 X 的间隔为 2，将 $X = -1$ 与 $X = 1$ 置于资料中央的上下两期。

则上述二式分别变为

$$\sum Y = na$$

$$\sum XY = b\sum X^2$$

由此推算出 a、b 值为

$$a=\frac{\sum Y}{n}$$

$$b=\frac{\sum XY}{\sum X^2}$$

所以，

$$Y=\frac{\sum Y}{n}+\frac{\sum XY}{\sum X^2}\cdot X$$

[例] 假设某企业 2005—2009 年销售额分别为 480 万、530 万、540 万、570 万、580 万元，运用直线趋势法预测 2010 年的销售额。由于 $n=5$ 为奇数，且间隔为 1，故 $X=0$ 置于中央一期限 2007 年，X 的取值依次为 −2、−1、0、1、2，XY 的值依次为 −960、−530、0、570、1 160，X^2 的值依次为 4、1、0、1、4，所以

$$\sum Y=2\ 700$$

$$\sum X=210$$

$$\sum X^2=10$$

将有关数据代入公式，测得

$$Y=\frac{2\ 700}{5}+\frac{210}{10}\cdot X=540+21X$$

预测 2010 年的销售额，则 $X=3$，代入上式得

$$Y=540+21\times 3=603\text{（万元）}$$

（8）统计需求分析法。时间序列分析法把过去和未来的销售都看作是时间的函数，即仅随时间的推移而变化，不受其他任何现实因素的影响。然而，任何产品的销售都要受到很多现实因素的影响。统计需求分析就是运用一整套统计学方法发现影响企业销售最重要的因素，以及这些因素影响的相对大小。企业经常分析的因素，主要有价格、收入、人口和促销等。

统计需求分析将销售量 Q 视为一系列独立需求变量 X_1，X_2，…，X_n 的函数，即

$$Q=f(X_1,\ X_2,\ \cdots,\ X_n)$$

但是，这些变量同销售量之间的关系一般并不能用严格的数学公式表示出来，而只能用统计分析来揭示和说明，即这些变量同销售量之间的关系是统计相关。多元回归技术就是这样一种数理统计方法。它运用数理统计工具在寻找最佳预测因素和方程的过程中，可以找到多个方程，这些方程均能在统计学意义上符合已知数据。例如，某软饮料公司运用统计分析方法，发现影响城市软饮料需求量的最主要因素是年均温度和人均收入，它的表达方程式是

$$Q=-145.5+6.46X_1-2.37X_2$$

式中：X_1——该城市平均温度（华氏）；

X_2——该城市人均收入（百元）。

例如，N 城市年均温度为 54℃，年人均收入为 24，利用上述公式可得出 N 市人均软

饮料需求量

$$Q = -145.5+6.46\times 54-2.37\times 24 = 146.6$$

而实际的人均购买额为143。如果将此方程式用于其他城市的软饮料销售预测也比较准确，那么，就可作为一个有效的预测工具。公司可预测下一年各城市的年平均温度和年均收入，据此推断下一年的销售情况。

在运用统计需求分析法时，应充分注意影响其有效性的问题：观察值过少；各变量之间高度相关；变量与销售量之间的因果关系不清；未考虑到新变量的出现。

阅读资料

2016年中国快消品行业发展10大趋势

随着中国经济整体转型步入深水期，2015年，中国经济增长从高速转为中低速，从规模速度型粗放增长转向利润稳健型集约增长，从单一营销驱动转向整合创新驱动。随之而来，中国快消品市场也呈现出相应的变化与趋势。这些变化与趋势对于中国的快消品企业提出了新的挑战，也带来了新的机遇。如何应对这些变化，将挑战转化为机会，实现更大的发展，都是所有快消品企业亟须解决的问题。

2015年中国快消品行业给我们留下了四点记忆：

（1）行业增长率低于所有人的预期，利润率更是惨不忍睹，50%的企业遭遇“双降”；

（2）行业内并购及重组出手频繁，揭示行业竞争环境已进入肉搏阶段；

（3）行业“寡头”现象加速，像乳业、啤酒、洗手液等行业尤为凸显；

（4）各行各业都在积极拥抱“互联网+”，消费移动端从2014年的35%上升到2015年的65%，电商渠道正在蚕食传统渠道的市场份额。

2016年中国快消品行业发展趋势的十个判断：

1. 企业2016年的主旋律

2016年整个快消品行业还会出现持续低迷。消费的欲望不高，消费层次更加细分，消费结构的重新构建，这都给大型企业的增长带来了诸多不利的因素，对中小型企业的生存与发展更带来了前所未有的危机。以利润为主，规模为辅，慎重多元化将是2016年中国消费品行业的“主旋律”。

2. 2016年行业集中度进一步加大，行业品牌格局呈现哑铃形

2016年，随着宏观经济的持续走低，企业业绩天花板效应的不断增强，迫使行业间的并购及重组的个案及速度都在加快。要么是特大型企业，要么是微小型企业，中型企业受利润、规模、成本等因素的影响下，已基本面临被并购或者重组的命运。

这种现象在乳业及啤酒行业尤为突出。

3. 2016年投资型资金继续热衷于快消品行业，行业内并购热持续升温

在整体经济增速放缓的背景下，国内快速消费品行业不断呈现调整的态势。最直接的表现就是行业内的资本并购事件增多。据业内人士分析，2015年快消品行业的并购现象最突出的是，出资的活跃度主要集中在一些国外投资机构、跨国企业和国企巨头身上；雄厚的集团势力在并购中正成为主导力量。由于消费市场增速放缓、经营成本增加，部分快消品企业在今年前期和中期选择了退出或改行。

4. 2016 年快消品产业结构在多重因素影响下，产业结构被动式优化加速

早在2014年8月16日，国家发改委产业协调司副司长贺燕丽称，“十二五”及“十三五”期间，将大力鼓励快消品企业通过联合、兼并、收购，着力培育和组建一批快消品龙头企业，提高产业集中度，完善食品工业产业体系。因此，在国家宏观政策、行业发展的双重需求下，2016 年快消品行业将出现大面积的升级换挡现象。硬件及软件都较好的中型企业将迎来被并购及重组的机遇，小微型则难逃淘汰的命运。

5. 2016 年进口快消品进一步抢占中国快消品市场

根据海关的相关数据，2013—2015 年中国进口快消品的增长率同比增长 47%。世界性的经济低迷，特别是传统欧美市场的不景气让越来越多的国外品牌到中国“淘金”。中国巨大的人口红利及发展速度是进口快消品抢滩中国的核心原因，中国消费者消费分化加速也是为进口消费品逐年增长抢占提供了软环境。

2016 年，进口消费品抢占中国市场的规模及速度还将会继续提速，特别是在啤酒，红酒及个人护理等行业。

6. 2016 年快消品行业消费群体两极分化的趋势日益明显

随着中国经济改革步入深水期，中国消费群体的贫富差别在进一步拉大。这直接导致不同收入消费人群的消费能力及消费观念也在进一步拉大。从而进一步拉大了各快消品企业之间的价格差异、品质差异、功能差异、服务差异和消费群体定位的差异。

2016 年消费群体的二元分化现象将持续扩大到不同的行业，快消品行业及汽车行业尤为突出。

7. 2016 年快消品行业食品的安全问题是消费者最为关注的热点

近几年以来，中国消费者对食品的属性已发生了质的变化，食品已经从温饱的属性升级为健康、享受的层次，这对国家相关部门及企业对食品的安全性提出了更高的要求！

食品安全问题不仅是经济问题、政治问题，也是技术、管理问题。需要全社会的参与，用有效的方法来改善食品安全状况。

8. 2016 年快消品企业重新构建产品金字塔，精准对接重度消费群

随着中国消费群体进入细分年代后，各个企业都在大力重构产品的金字塔以应对日益层次化的消费群。企业不断推出高、中、低各个档次的产品，从而形成产品金字塔，在塔的底部，是低价位、大批量的产品，靠薄利多销赚取利润；在塔的顶部，是高价位、小批量的产品，靠精益求精获取超额利润。

9. 2016 年快消品行业将全员拥抱互联网，实施销量最大化

对于快速消费品行业而言，要想实现企业移动互联网模式转型，精准对接重度消费群，就必须做到以消费者为中心的互联网营销模式。网民人群和快消品消费人群高度匹配，移动互联网的普及和各种社会化网络媒体的涌现，使得中国网民数量暴涨。而在快速消费品行业，其受众主要集中在 15 ～ 45 岁年龄段，这与互联网的“深度用户”更是不谋而合。所以，在 2016 年，快消品行业必须加速企业与网络营销的联姻。

10. 2016 年快消品粉丝型体验式营销传播将取代传统型硬广传播

在移动互联网横行的时代，快消品行业的传播手段可谓千变万化、新招迭出，但万变不离其宗。快消品企业只有更加注重消费者的体验，提升消费者对产品的黏性，才能在未来的竞争中立于不败之地。

资料来源：良谋在线，2015-12-28.

本章提要

- 市场营销离不开系统、准确、及时的信息。市场营销信息系统是进行营销决策的依据，也是监督、调控企业营销活动的依据。一般由内部报告系统、营销情报系统、营销调研系统和营销分析系统所构成。
- 企业开展市场营销调研十分重要。开展营销调研主要是围绕产品、顾客、销售、促销等环节来进行，运用适当的方法，并且按照一定的程序来进行。
- 需求包含了若干相关的概念，通过这些概念的把握才能进行一步认识市场需求。估计当前市场需求，就是要测量市场总潜量、地区市场总潜量、行业销售额和企业市场占有率。进行市场测量要运用科学的方法，即定性预测方法和定量预测方法。

关键词

市场营销信息系统（marketing information system）　营销调研（marketing research）
营销情报（marketing intelligence）　营销分析（marketing analysis）
市场预测（marketing forecast）　企业需求（company demand）
潜在市场（potential market）　总市场潜量（total market potential）

复习与思考

1. 市场营销信息系统是由哪几部分构成的？
2. 市场营销调研有何作用？
3. 市场营销调研的内容有哪些？其步骤是怎样的？
4. 如何进行市场需求的考察？

研究与讨论

1. 企业如何才能建立起有效的市场营销信息系统？
2. 加强营销调研工作对参与市场竞争有何重要意义？
3. 试评析各种预测方法的实用价值。

实践演练

1. 设计一份包含各种题型的市场调查问卷，并通过实地调查、整理、分析后写出调查报告。

2. 2007 年电视机在某地区实现销售总额为 20 亿元，甲公司在该地区的市场占有率为 25%，求甲公司在这一地区的市场需求量是多少？

3. 某企业 1998—2002 年实现销售为 560 万、620 万、685 万、747 万、808 万元，试用直线趋势法预测 2003 年可能的销售额。

营销模拟

1. 如果你想开一家餐厅，在选择地址和菜系时你将做哪些走访调查？

2. 若用德尔菲法预测 2008 年家用汽车的普及率，你准备如何挑选专家？如何设计咨询表？怎样处理专家意见？请分组进行模拟。

本章案例

IBM 与微软在 PC 发展前景判断上的异同

扫描此码　案例学习

案例讨论题：

1. 本案例说明了什么？对未来市场的判断主要靠什么？知识在这里是否重要？
2. 你认为市场调研和预测对企业的成功起到了怎样的作用？

第三篇　市场营销战略

第八章　企业战略与市场营销战略

人无远虑，必有近忧。

——孔子

战略营销是市场驱动战略实施的过程，它关注外部环境的变化，中心问题是如何为顾客提供优异价值。

——戴维·克雷文斯

学习目标

知识目标

1. 企业战略的特征与层次；
2. 战略管理及其过程；
3. 市场营销战略与企业战略的关系。

能力目标

1. 掌握市场营销战略规划的步骤；
2. 学会制定营销战略的方案。

营销故事

两个和尚分别住在相邻的两座山上的庙里，这两座山上有条河，两个和尚每天都在同一时间去溪边挑水，时间长了两个人便成了朋友。不知不觉5年过去了。突然有一天，左边这座山上的和尚没有下山挑水。一个星期过去了，右边那座山上的和尚心想："他大概睡过头了。"就没有太在意。哪知第二天，左边这座山上的和尚还是没有下山挑水，右边山上的和尚心想："我的朋友是不是生病了？我要过去看看他，看能不能帮上忙。"等他看到老友之后，大吃一惊，因为他的老朋友在庙前打太极拳，一点也不像一个星期没有喝水的样子。他好奇地问："你已经一个星期没有下山挑水了，难道你可以不用喝水吗？"朋友带他走到庙的后院，指着一口井说："这5年来我每天挑好水，做完功课后都会挖这口井，即使有时很忙，能挖多少就挖多少。如今终于让我挖出水了，我就不必再下山挑水了，可以有更多时间练我喜欢的太极了。"

引例

一个涂料企业的战略选择

一个生产涂料的小企业，在分析了涂料市场的前景之后，发现这个市场很有吸引力：

一方面，这个市场成长很快，规模不断扩大，令许多企业都跃跃欲试地想进入这个市场；另一方面，当时“立邦漆”在市场的份额已经接近50%，非常稳定。经过周密的策划，这家企业做了几件事情，发起了进攻：第一件事是对“立邦漆”的购买者进行分析，分析他们购买的动机和原因是什么？结果发现人们普遍欣赏“立邦漆”的质量和品牌，但对其价格是不太满意的；第二件事是统计分析“立邦漆”的销售情况，结果发现，最畅销的产品只有5种，其他产品销售量远低于这5种产品；第三件事是走访现有“立邦漆”的代理商和那些没有代理“立邦漆”的涂料经销商，了解他们的需要，听取意见，结果发现，由于“立邦漆”的种类多，对资金的需求大，库存确实是一个大问题；最后，走访那些没有买“立邦漆”的消费者，问他们为什么不买“立邦漆”，他们说他们更看重的是产品的内在质量，可能对品牌看得不是很重。

经过这些周密细致的市场调研后，这家公司作出了战略选择：第一，生产与“立邦漆”同样质量的产品，并通过权威机构和宣传手段使得消费者认同其质量；第二，只生产市场上5种最畅销的产品，从“立邦漆”的销售状况中得出结论，这样生产线上的管理措施就变得很容易了，品种少，产量大，库存也相应地下降，使得总成本大大降低；第三，价格上的定位是“立邦漆”的2/3，目的是吸引实惠型的消费者；第四，发起强大的市场共识，如果客户买的产品是本公司生产的5种产品中的一种，则想办法吸引客户以后继续购买本公司生产的其他种类产品。大多数消费者都认定一分价钱一分货，如果一个企业不能给消费者一个满意的说法，消费者是不会轻易相信的。我国目前比较流行的是让利销售，这家公司则考虑如何通过降低成本，而不是考虑如何让利。在市场经济比较发达的环境中，如果企业想通过提价来提高利润，会受到消费者的制约，而如果先通过降价来提高市场占有率，则会受到股东的制约，因为让利给消费者会损害股东的利益。

经过几年的不懈努力，这家公司占有了全国1/3的市场，一举成为涂料市场的三巨头之一。

资料来源：郑玉香．市场营销学新论 [M]. 北京：北京大学出版社，中国林业出版社，2007.

第一节 企业战略

一、企业战略的特征

企业要在不断变化的环境中生存和发展，必须用长远和系统的眼光看待经营管理问题，必须在目标、资源和市场机会三者之间找到最佳的配合方式，从而赢得竞争优势。

企业战略是企业根据外部环境及内部资源和能力状况，为获取竞争优势从而求得企业长期生存和不断发展所做出的总体谋划。

具体说来，企业战略是在符合和保证实现企业宗旨的前提下，在充分利用环境中存在的各种机会和创造新机会的基础上，确定企业同环境的关系，规定企业从事的经营范围、成长方向和竞争对策，合理地调整企业结构和配置资源，以获得某些竞争优势，从而使企业不断成长。

企业战略具有以下特征。

（1）全局性。企业战略要符合整个世界政治、经济、科技的发展趋势；符合所在国的政治、经济、科技的发展趋势；符合企业所在行业的发展趋势；符合本企业的发展趋势。

（2）长远性。企业战略是为企业的明天而进行抉择，要解决企业在未来几年甚至几十年的生存和可持续发展问题，而并非对外界的短期波动做出反应。

（3）系统性。企业战略从指导思想、方针、政策到措施，从总体战略、事业部战略到职能战略，从外部环境到内部条件，都要保持统一和协调。

（4）竞争性。企业战略就是在激烈的竞争中赢得竞争优势，发展和壮大自己。当然，有竞争就有风险，合作也是竞争的一种结果。

（5）复杂性。企业战略的制定是企业高层领导者价值观的反映，是一种高智慧、复杂脑力劳动及集体决策的结果，是非程序性决策；企业战略的实施也是非常复杂的，既涉及人、财、物，又涉及供、产、销以及客户等。

（6）创新性。创新源于变化，企业战略只有创新才能适应企业内外环境的变化，墨守成规的战略是无法适应时代要求的。因而，有人称战略就是革命。

（7）稳定性。企业战略必须在一定时期内保持相对的稳定性，否则就失去了指导意义。但也要根据环境的变化进行相应地调整，以保证战略目标的实现。

二、企业战略的构成要素

企业战略由以下四个要素构成。

（1）经营范围，指企业从事经营活动的领域。它反映出企业与外部环境相互作用的程度，企业应根据所处的行业、市场及产品来确定。

（2）资源配置，指企业对资源和技能进行配置、整合的能力与方式。资源配置的优劣极大地影响企业战略的实施能力。

（3）竞争优势，指企业通过经营范围的决策和资源配置模式，在市场上形成的竞争地位。它可以来自产品、品牌及特殊资源。

（4）协同作用，指在投资、作业、销售、管理等方面相互协调所取得的效果，也就是整合作用。

三、企业战略的层次

一个企业的战略可划分为以下三个层次，如图 8-1 所示。

（1）公司战略，它是企业总体的、最高层次的战略，主要从公司全局出发，选择经营领域和有效分配资源，以实现公司整体的战略意图。

（2）经营单位（事业部）战略，它是在公司战略范围内如何选择事业部的竞争战略，发挥其竞争优势。

（3）职能战略，它是为了贯彻、实施公司战略和经营单位战略而在特定的职能领域制定的战略，如产品、财务、营销等战略。

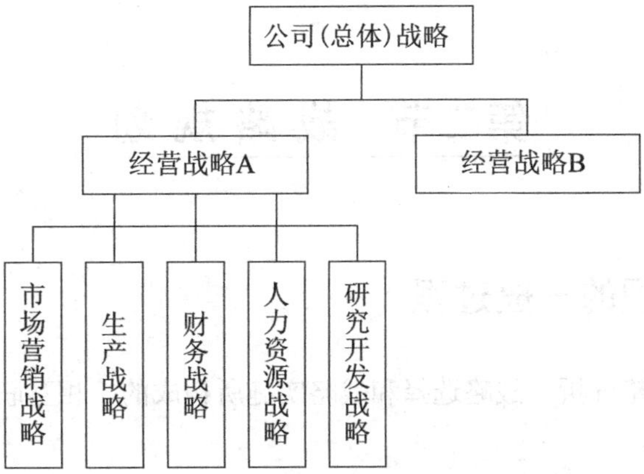

图 8-1　企业战略层次结构

小链接

战略经营单位通常具有这样一些特征：

（1）有自己的业务，可能是一项独立的业务，也可能是一组互相联系，但在性质上是可与企业其他业务分开的业务。因为它们有着共同的任务，所以有必要作为一个单位进行管理；

（2）有共同的性质和要求，不论是一项业务还是一组业务，都有它们共同的经营性质和要求，否则无法为其专门制定经营战略；

（3）掌握一定的资源，能够相对独立或有区别地开展业务活动；

（4）有竞争对手，这样的战略经营单位才有其存在的意义；

（5）有相应的管理班子从事经营战略的管理工作。否则，这样的战略经营单位形同虚设，没有实际作用。

四、战略管理的作用

战略管理是企业高层管理者为求得企业生存和可持续发展，在分析外部环境和内部条件的基础上，制定和选择达到企业目标的有效战略方案，并付诸实施和加以控制的动态管理过程。

战略管理在企业管理中起着十分重要的作用：

（1）战略管理能够有效地达成企业目标与外部环境和内部条件之间的动态平衡；

（2）战略管理通过战略分析、战略选择、战略实施与控制系统的不断完善，可以有效地指导管理实践；

（3）战略管理可以更有效地配置资源，提高各方面的协同效果，提升企业竞争力；

（4）战略管理更加重视创新和整体努力，可以使变化带来的不利因素和风险降到最低，增强企业的适应性。

第二节　战 略 规 划

一、战略管理的一般过程

战略管理是由战略分析、战略选择和战略实施所构成的、相互联系的动态管理过程。

1. 战略分析

战略分析指对企业的战略环境进行调研、分析、评价，并预测其未来走势，尤其是对外部环境中的机会和威胁、内部条件中的优势和劣势及使命、愿景、目标等进行深入细致的分析，为形成战略方案奠定基础。

2. 战略选择

在战略分析的基础上，要对战略方案进行探索、制订、评价和选择。主要解决两个基本的战略问题：一是确定企业的经营领域；二是确定企业的竞争优势。在出现多方案的情况下，就要对各方案进行评价和鉴别，以便选出适合企业的方案。

3. 战略实施

战略方案确定后，企业还要从资源规划与配置、组织结构调整、选择高层管理者等方面来推进战略的实施。在战略具体化和实施过程中，必须对战略的实施加以调控，以保证战略目标的实现。

二、企业战略规划

根据战略管理的一般过程，企业在进行战略规划时可遵循以下步骤，如图 8-2 所示。

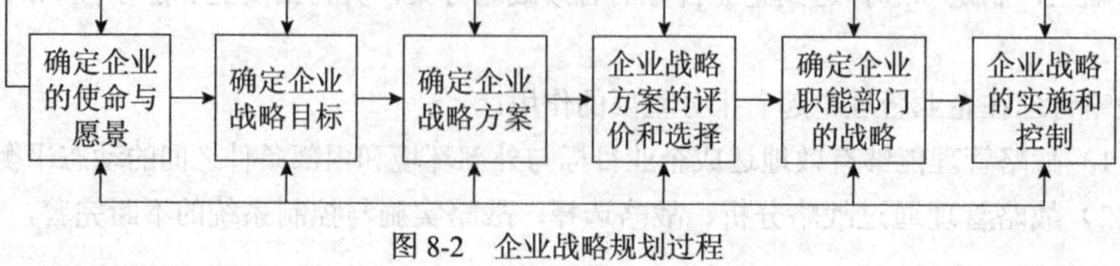

图 8-2　企业战略规划过程

1. 企业外部环境分析

（1）企业宏观环境分析：分析和预测宏观环境因素的变化，可以使企业战略管理者获得分析行业和企业的背景知识。宏观环境分析的目的是要确定影响行业和企业的关键因素，预测这些关键因素未来的变化，以及这些变化对企业影响的程度和性质、机遇与威胁。

（2）企业所处行业及其竞争对手分析：主要分析行业竞争结构的五种因素的变化，分析竞争对手实力、战略和行为模式，在此基础上确认企业所面临的直接竞争机会与威胁。

2. 企业内部条件分析

（1）企业价值链分析：主要分析企业内部在进货后期、生产作业、发货后期、营销及售后服务等物质流基本活动中存在的优势及劣势。同时还要分析采购、技术开发、人力资源管理及企业基础职能管理等辅助活动对价值链的支持活动，综合价值链的基本活动及辅助活动的分析，确认企业内部管理中存在的优势及劣势。

（2）企业资源、能力及核心竞争力分析：从与竞争对手的比较中，分析企业的竞争优势，从竞争优势的可保持性、独特性、延展性及其价值判断其核心竞争力，从核心竞争力与行业特点的匹配判断企业是否需要建立新的核心竞争力或者进入相关行业。

（3）将外部环境分析与企业内部条件分析两部分整合起来，与寻找有吸引力的行业相匹配，或者根据产业演化分析，重新进行产业创新，企业只有掌握了所在产业的命运，才能把握住企业自身的命运，而要掌握产业的命运，关键在于产业创新，创新内容如下。

①竞争规则创新：现有产业企业之间游戏规则是由该产业领先者决定的，产业挑战者及跟随者只有设法改变产业的竞争规则，才有可能打破现有的竞争格局，成为产业新的领先者。

②重划产业界限：新出现的产业其界限往往难以划分，如计算机通信业，很难确定它是属于计算机产业还是属于通信产业，只有重新设计产业界限，企业才能认识并发现其竞争对手和合作伙伴，从而找出新的竞争空间。

③创造全新产业：通过顾客前瞻式思考，依靠企业核心能力，为顾客提供全新的产品或服务，从而创造一个全新产业，如个人电脑业崛起、沃尔玛商业超市连锁的导入。企业如能创造一个全新的产业，该企业就能主导这个产业发展走向，决定该产业竞争规则，从而把握企业发展命运。

由于产业创新又往往需要建立新的核心能力，这就需要企业将事业部的核心能力重新整合，例如，夏普是以整个企业为一体的方式与东芝、卡西欧、索尼等公司开展竞争，才在平面显示器领域建立起世界领导地位。

3. 确定企业的使命与愿景

企业使命与愿景是对企业存在意义及未来发展远景的陈述，除表明企业长期存在的合法性及合理性外，还要与所有者和企业主要利益相关者的价值观或期望一致，还应富有想象，对企业员工有很强的感召力，并能得到社会公众认可。图 8-2 中从企业的使命与愿景出发有一条线反馈到企业外部环境及企业内部条件中去，这是指企业外部环境与内部条件分析不是盲目地对任何因素都去进行分析，而是从企业的业务性质及发展愿景出发，分析与之有关的外部环境与内部条件等因素。

4. 确定企业战略目标

企业战略目标通常是与企业使命和愿景相一致的、对企业发展方向的具体性陈述。一般情况下，它是定量的描述。

企业战略具体目标要尽量数量化，如某企业集团到 2010 年营业收入要达到 500 亿元人民币，这就是一个战略目标。企业数量化指标便于分解落实，便于检查，便于动员群众为实现目标而努力奋斗。

5. 企业战略方案的评价与选择

企业高层领导在作战略决策时，应要求战略制订人员尽可能多地列出可供选择的方案，不要只考虑那些比较明显的方案，因为战略涉及的因素非常多，有些因素的影响往往不那么明显，因此，在战略选择过程中形成多种战略方案是战略评价与选择的前提。

高层管理人员要对每个战略方案按一定标准逐一进行分析研究，以决定哪一种方案最有助于实现战略目标。战略评估过程要坚持三条基本原则，即适用性、可行性及可接受性。既要使企业资源和能力能够支持战略方案的实现，同时外界环境的限制条件是在可接受的限度内，也为企业内的干部、职工所接受。选择可行战略并不完全是理性推理的过程，更为重要的要取决于管理者对风险的态度、企业文化及价值观的影响、利益相关者的期望、企业内部的权利及政治关系，以及高层管理者的需要及欲望等，因此，战略选择的过程是对各种方案进行比较权衡，进而决定一个较为满意的方案的过程。

6. 企业职能部门战略

根据前述确定的企业战略，进一步具体化做出企业的组织机构战略、市场营销战略、人力资源开发与管理战略、财务管理战略等各职能部门战略，这样才能使企业总战略真正落实。要求各职能部门战略与企业战略保持一致。

7. 企业战略的控制与实施

企业战略实施遵循三个原则，即适度合理性的原则、统一领导与统一指挥的原则、权变的原则。为贯彻实施战略要建立起贯彻实施战略的组织机构，配置资源，建立内部支持系统，发挥好领导作用，使组织机构、企业文化均能与企业战略相匹配，处理好企业各方面的关系，动员全体员工投入到战略实施中来，以保证战略目标的实现。

新视角

企业战略目标与核心价值观的关系

从哲学上说，价值观是关于对象对主体有用性的一种观念，企业价值观是指企业在追求经营成功过程中所推崇的基本信念和奉行的目标，是企业全体或多数员工一致赞同的关于企业意义的终极判断。美国著名管理大师吉姆·柯林斯在长期的企业研究后得出了这样一个结论：真正让企业长盛不衰的，是深深根植于公司员工心中的核心价值观。

我们说有什么样的使命和战略目标，就有什么样的价值观。伟大的科学家爱因斯坦曾经说过："一个人的价值，不在于他取得了什么而是看他贡献了什么。"对于一个企业来说也同样如此。"全面创新、求真务实、以人为本、共创价值"这个核心价值观是中国电信企业使命和战略目标的必然结果，是中国电信在通信行业中追求光荣与梦想的唯一选择。企业使命和战略目标，决定了企业的核心价值观，而企业的核心价值观必须能支撑企业的使命和战略目标，由企业核心价值观的外化而产生企业服务理念和行为准则为企业使命和战略目标提供了强大的行为保证。

我们的使命是"共享与世界同步的信息文明"，我们的目标是把中国电信建设成为"世界级现代电信企业集团"。要完成这一使命，要实现这一目标，就必须全面创新、求真务实。在"非变革无以图生存，不创新无以谋发展"的情况下，我们必须全面创新。中国电信全面创新的目的，是加快建立"以市场为导向、以客户为中心、以效益为目标"的新型运营模式，逐步健全现代企业制度，从而增强企业核心竞争力，提升企业经营业绩。求真务实要求我们在经营实践中与时俱进，不断探索，严格按照企业的发展规律制定经营决策，并不折不扣地付诸行动。作为中华民族的优良传统与作风，求真务实既是党中央所大力倡导的基本作风，也是我们多年来的优良传统。全面创新、求真务实是我们中国电信企业文化的灵魂，不全面创新，不求真务实，我们"共享与世界同步的信息文明"的使命就无从谈起，而建成"世界级现代电信企业集团"的目标就必然成为无源之水，无本之木，永远只是一个梦想。

中国电信是服务型企业，这就要求我们必须牢固树立"以人为本"的理念：对外以客户为本，使我们的服务更贴近客户、更人性化，使我们全部的工作始于客户需求、止于客户满意；对内以员工为本，建立"以人为本"的企业管理方式和方法，关爱员工，从而形成企业员工"心齐、气顺、劲足"的良好氛围。在经济全球化和信息技术一日千里的时代背景下，以"对内讲求团队合作与员工共创、对外缔结共赢产业链与合作伙伴共创"为主要内容的共创价值是我们的必然选择和必由之路。全心全意依靠员工并以团队合作的方式追求整体最优，专注自身核心能力并广泛地与合作伙伴包括竞争对手等合作，是市场竞争的要求也是时代精神的要求，而沿用计划经济时代"大而全、小而全"的老思路、老做法，不但成不了"世界级"，甚至连"中国级"都会成问题！

全面创新和求真务实既是对中国电信过去成功经验的基本概括，更是中国电信未来可持续发展所必须坚持的根本；以人为本和共创价值是中国电信在市场经济和公司化运作的大背景下成长为令人尊重的世界级电信企业，进而与所有利益相关者共享信息文明成果的必然要求。

中国电信的核心价值观是履行企业使命、实现企业战略目标的必然选择，它承接着企业的使命和战略目标，支撑着企业的服务理念和行为准则，正是在价值观这个企业文化核心的支配下，使企业文化的各个方面发挥积极的作用，共同引导我们在服务社会、产业报国的进程中实现"世界级现代电信企业集团"的战略目标，完成"共享与世界同步的信息文明"的庄严使命。

资料来源：邹亚平．全球品牌网，2006-04-13.

第三节 市场营销战略

市场营销战略是在企业营销哲学思想指导下，在分析内外环境的基础上，对企业市场营销活动所作出的总体的、长远的谋划。

市场营销战略作为企业总体战略的重要组成部分，已成为企业营销工作的龙头，是服务于企业总体战略的职能战略，并引导其他职能战略。

市场营销战略规划是一种管理过程，即企业的最高管理层通过规划企业的基本任务、目标以及业务组合，使企业的资源和能力同不断变化着的营销环境之间保持着与战略适应的关系。战略规划的主要内容和过程，包括以下方面：①明确企业任务；②分析战略机会；③确定企业目标；④安排业务组合；⑤规划增长战略；⑥形成营销计划。

一、明确企业营销任务

企业的营销任务又称企业营销方向，是指在未来一个相当长的时期内，企业营销工作服务的对象、项目和预期达到的目的。营销任务规定企业市场营销的业务和发展方向，要符合企业战略使命的总体要求。它涉及企业的经营范围及企业在社会分工中的地位，并把本企业和其他类型的企业区别开来。营销任务是企业市场营销战略的首要内容。企业的任务随着内外诸因素的变化而相应变化。企业任务一般用任务书来表达。

1. 企业营销任务的内容

企业的营销任务通过规定企业的业务活动领域和经营范围表现出来，主要回答“本企业是干什么的？”“主要市场在哪里？”“顾客的主要追求是什么？”“企业应该怎样去满足这些需求？”等问题。这些问题具体表现为四个方面的内容：一是企业的服务方向，即企业是为哪些购买者服务的；二是产品结构，包括质量结构、品种结构、档次结构等，即企业拿什么样的产品来为购买者服务；三是服务项目，即企业为购买者提供哪些方面的服务，企业的战略任务会随着时间的推移和企业内部条件、外部环境的变化而改变，但其具体内容不变；四是市场范围，即企业服务的市场有多大。

企业的营销任务是随着时间的推移和企业内部条件、外部环境的变化而改变，但其具体内容不变。

2. 明确企业营销任务需考虑的因素

在确定企业任务时，企业需考虑以下 5 个方面的主要因素：

（1）企业过去历史的突出特征；

（2）企业周围环境的发展变化，企业周围环境的发展变化会给企业造成一些环境威胁或市场机会；

（3）企业决策层的意图；

（4）企业的资源情况，这个因素决定企业可能经营什么业务；

（5）企业的特有能力。

3. 一个有效的任务书应具备的条件

一个有效的任务书应具备以下条件：必须明确规定企业的经营范围；必须具有激励性；要强化企业的优良传统和共同价值观；必须具备可操作性。

二、分析企业战略机会

分析和判断企业的战略机会是进行企业战略规划的前提，企业发展战略的制定有赖于对企业战略机会的评估。最有效的评估手段就是 SWOT 分析法。

1. SWOT 分析法的含义

SWOT 是一种分析方法，用来确定企业本身的竞争优势（strength）、竞争劣势（weakness）、机会（opportunity）和威胁（threat），从而将公司的战略与公司内部资源、外部环境有机结合。因此，清楚地确定公司的资源优势和缺陷，了解公司所面临的机会和挑战，对于制定公司未来的发展战略有着至关重要的意义。

SWOT 分析法很有针对性，有利于领导者和管理者在企业的发展上做出较正确的决策和规划。因此 SWOT 分析是分析组织的优劣势、面临的机会和威胁的一种方法。其中，优劣势分析主要是着眼于企业自身的实力及其与竞争对手的比较，而机会和威胁分析将注意力放在外部环境的变化及对企业的可能影响上。

2. SWOT 分析的步骤

（1）罗列企业的优势和劣势，以及可能的机会与威胁。

（2）优势、劣势与机会、威胁相组合，形成 SO、ST、WO、WT 策略。

（3）对 SO、ST、WO、WT 策略进行甄别和选择，确定企业目前应该采取的具体战略与策略。

3. SWOT 分析的内容

（1）优势与劣势分析（SW）。当两个企业处在同一市场或者说它们都有能力向同一顾客群体提供产品和服务时，如果其中一个企业有更高的盈利率或盈利潜力，那么，我们就认为这个企业比另外一个企业更具有竞争优势。换句话说，所谓竞争优势（S）是指一个企业超越其竞争对手的能力，这种能力有助于实现企业的主要目标——盈利。但值得注意的是：竞争优势并不一定完全体现在较高的盈利率上，因为有时企业更希望增加市场份额，或者多奖励管理人员或雇员。

竞争优势可以是以下几个方面：①技术技能优势；②有形资产优势；③无形资产优势；④人力资源优势；⑤组织体系优势；⑥竞争能力优势。

竞争劣势（W）是指某种公司缺少或做得不好的东西，或指某种会使公司处于劣势的条件。

可能导致企业劣势的因素有：①缺乏具有竞争意义的技能技术；②缺乏有竞争力的有形资产、无形资产、人力资源、组织资产；③关键领域里的竞争能力正在丧失，等等。

（2）机会与威胁分析（OT）。公司面临的潜在机会（O）：市场机会是影响公司战略的重大因素。公司管理者应当确认每一个机会，评价每一个机会的成长和利润前景，选取那些可与公司财务和组织资源匹配、使公司获得的竞争优势的潜力最大的最佳机会。

潜在的发展机会可能是：①客户群的扩大趋势或产品细分市场；②技能技术向新产品新业务转移，为更大客户群服务；③前向或后向整合；④市场进入壁垒降低；⑤获得购并竞争对手的能力；⑥市场需求增长强劲，可快速扩张；⑦出现向其他地理区域扩张，扩大市场份额的机会，等等。

危及公司的外部威胁（T）：①出现将进入市场的强大的新竞争对手；②替代品抢占公司销售额；③主要产品市场增长率下降；④汇率和外贸政策的不利变动；⑤人口特征，社会消费方式的不利变动；⑥客户或供应商的谈判能力提高；⑦市场需求减少；⑧容易受到经济萧条和业务周期的冲击，等等。

当然，SWOT分析法不是仅仅列出四项清单，最重要的是通过评价公司的强势、弱势、机会、威胁，最终得出以下结论：一是在公司现有的内外部环境下，如何最优的运用自己的资源；二是如何建立公司的未来资源。

三、确定企业营销目标

企业营销任务确定以后，要将这些任务具体化为企业的营销目标。

1. 企业营销目标的内容

营销目标是企业营销活动的总目标，是企业在一定时期内追求和想要取得的成果。企业的营销目标是一个综合的或多元的目标体系，一般包括四个方面的内容：市场目标、发展目标、利益目标、贡献目标，从不同角度多侧面地反映战略追求及业务活动所要达到的状况。

（1）市场目标，即企业在市场上竞争能力的提高程度，包括企业内在力量的提高程度和信誉的提高程度。竞争能力的提高指标具体表现为传统市场的渗透和新市场的开拓，市场占有率、销售增长率的提高等。

（2）发展目标，即企业能力和规模的扩大程度。具体表现为商品和服务的创新能力、经营管理水平的提高程度以及企业的发展、专业化协作而使企业规模扩大的程度等。

（3）利益目标，即企业预定要取得的经济利益。具体表现为利润总额的扩大和资金利润率的提高程度、员工收入增长程度以及职工心理需要的满足程度。

（4）贡献目标，即企业的营销活动对社会作出的贡献状况。具体表现为向社会提供的商品或服务的数量和质量、上交国家税金的数量、自然资源的利用程度、环境保护的状况，以及为社会的政治安定和生活提高所作的其他贡献等。

2. 确定企业营销目标的具体要求

一个较大的目标通常又要分解为若干较小的、次一级的目标。因此，既要考虑目标体系的层次化，又要考虑目标之间的一致性。既要先进，又要合理。例如，产品品种、销售量、销售额、市场占有率等。

（1）层次化。企业的最高管理层规定了企业的任务之后，还要把企业的任务具体化为一系列的各级组织层次的目标。各级经理应当对其目标心中有数，并对其目标的实现完全负责，这种制度叫作目标管理。

（2）数量化。目标还应尽可能数量化。

（3）适用性。这就是说，企业的最高管理层不能根据其主观愿望来规定目标水平，而应当根据对市场机会和资源条件的调查研究和分析来规定适当的目标水平。这样规定的企业目标才能实现。

（4）协调一致性。有些企业的最高管理层提出的各种目标往往是互相矛盾的。

四、安排业务组合

在确定了企业任务和目标的基础上，企业的最高管理者还要对业务（或产品）组合进行分析和安排，即确定哪些业务或产品最能使企业扬长避短，发挥竞争优势，从而能最有效地满足市场需要并战胜竞争者。

1. 划分战略业务单位

企业的最高管理层在制订业务投资组合计划时，首先要把所有业务分成若干“战略业务单位”（stragetic business unit，SBU）。一个战略业务单位具有如下特征：它是单独的业务或一组有关的业务；它有不同的任务；它有其竞争者；它有认真负责的经理；它掌握一定的资源；它能从战略计划中得到好处；它可以独立计划其他业务。

2. 战略业务组合的分析评价

企业的最高管理层在制订业务投资组合计划的过程中还要对各个战略业务单位的经营效益加以分析、评价，以便确定哪些单位应当发展、维持，哪些单位应该减少或淘汰。那么如何进行分析和评估呢？其中最著名的分类和评价方法有两种：一是美国波士顿咨询集团的方法；二是通用电气公司的方法。

（1）波士顿咨询集团法（BCG）。波士顿咨询集团（Boston Cosulting Group）是美国一家著名管理咨询公司，该公司建议企业用“市场增长率—市场占有率矩阵”进行评估，简称 BCG 法。

通过分析，可将所有业务单位（或产品）分为四类：明星类、金牛类、幼童类、狗类，如图 8-3 所示。

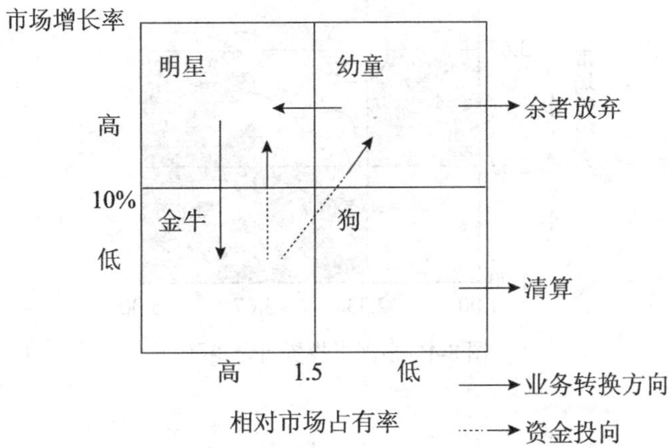

图 8-3　市场增长率—市场占有率矩阵

各业务单位在矩阵中的位置不是固定不变的，经过一定时间总要发生变化，这种变化有两种可能：一是对企业有利的变化趋势，即按下列顺序变动：幼童类—明星类—金牛类；二是对企业不利的变化趋势，即按明星类—幼童类—狗类顺序变化。企业决策者应力争有利的变化趋势，避免不利的变化趋势。

在对各业务单位进行分析之后，企业应着手制订业务组合计划，确定对各个业务单位的投资战略。可供选择的战略有以下几个：拓展战略；维持战略；收割战略；放弃战略。企业通过上述战略可以达到优化业务（或产品）组合的目的。但是，需要指出的是，上述四类战略业务单位在矩阵图中的位置不是固定不变的，任何产品都有其生命的周期，随着时间推移，这四类战略业务单位在矩阵图中的位置就会发生变化。

（2）通用电器公司法（GE 法）。通用电器公司（General Elecfic）分析业务或产品组合的方法称为“战略业务规划法”（stratigic business planning，GE 法）。这种方法认为，除市场增长率和相对市场占有率之外，还需要考虑更多的影响因素。这些因素可分为两大类：行业吸引力，其中包括的因素有市场大小、市场年增长率、历史的利润率、竞争强度、技术要求和由通货膨胀所引起的脆弱性、能源要求、环境影响及社会、政治、法律的因素等；企业的战略业务单位的业务力量，即战略业务单位在本行业中的竞争能力，其中包括的因素有市场占有率、市场占有增长率、产品质量、品牌信誉、商业网、促销力、生产能力、生产效率、单位成本、原料供应、研究与开发成绩以及管理人员等。

企业的最高管理层对上述两大变量中的各个因素都要给出分数，而且各个因素都要加权，就可求出各个变量的加权平均分数。

多因素投资组合矩阵图分为三个地带：左上角地带（又叫作“绿色地带”，这个地带的三个小格是“大强”“中强”“大中”）；从左下角到右上角的对角线地带（又叫作“黄色地带”，这个地带的三个小格是“大强”“中中”“大弱”）；右下角地带（又叫作“红色地带”，这个地带的三个小格是“小弱”“小中”“中弱”），如图 8-4 所示。

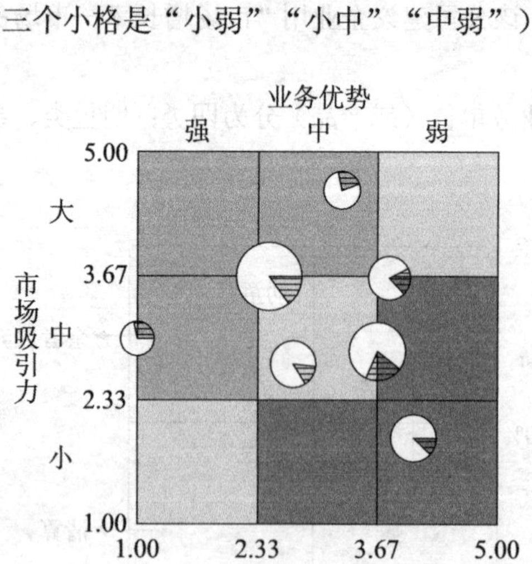

图 8-4　多因素投资组合矩阵

五、规划增长战略

企业的增长战略主要分为三类：密集化增长（intensive growth）、一体化增长（integrative growth）、多角化增长（diversification growth，又叫多元化增长）。每种各自又包括3种具体形式，共9种形式。

1. 密集化增长战略

密集化增长战略是指企业在现有的生产领域内集中力量改进现有产品以扩大市场范围的战略。这样，就形成了密集化发展战略的三种形式：市场渗透战略、市场开发战略和产品开发战略。

（1）市场渗透战略。市场渗透战略就是企业在原有产品和市场的基础上，通过改善产品、服务等营销手段方法，逐步扩大销售，以占领更大的市场的战略。市场渗透的基本方法有三种：通过增加产品新的用途、在某些地区增设商业网点、借助多渠道将同一产品送达同一市场等方式来增加顾客的购买量；通过创名牌、提高品牌知名度、树立良好企业形象的方法，吸引购买竞争者产品的顾客，转而购买本企业的产品；企业通过改进广告、宣传、展销、赠送样品、加强推销工作等方式来刺激潜在顾客购买，也可采取短期削价等措施，在现有市场上扩大现有产品的销售。

（2）市场开发战略。市场开发战略是指企业将现有产品投放到新的市场以扩大市场范围的战略。这是当老产品进入成熟期和衰退期后，已经无法在老市场上进一步渗透时所采取的战略。市场开发的方式主要有两种：一是市场面的开发，即开发新的细分市场；二是区域市场的开发，即努力使现有产品打入新的地区市场。

（3）产品开发战略。产品开发战略就是通过改进老产品或开发新产品的办法来扩大市场范围的战略。其基本方法是增加产品的花色品种，增加产品的新功能或新用途，以满足不同消费者的需求。具体做法是企业可通过增加产品的花色品种、规格、型号等，向现有市场提供新产品或改进产品。

2. 一体化增长战略

一体化增长战略是指企业利用自己在产品、技术、市场上的优势，向企业外部扩展的战略。这是一种利用现有能力向生产的深度和广度扩展的战略。采用这一战略有利于稳定企业的产销，从而使企业在竞争中获胜；也有利于企业扩大生产规模，提高经济效益。因此，它是那些有广阔发展前途的企业，或者是拥有名牌产品的企业，发展自身以扩大其市场占有率的一种增长战略。

根据商品从生产到销售的物资流向，形成了一个从后向前的营销系统，据此，一体化增长战略可分为三种类型：增加与物流方向相反的产品生产经营叫后向一体化；增加与物流方向相同的产品生产经营叫前向一体化；增加处在同一阶段的产品生产经营为水平一体化。

（1）后向一体化，生产企业通过建立、购买、联合那些原材料或初级产品的供应企业，向后控制供应商，使供应和生产一体化，实现供产结合。

（2）前向一体化，指生产企业通过建立、购买、联合那些使用或销售本企业产品的企业，向前控制分销系统，实行产销结合。一般来说，这是生产原材料或初级产品的企业实行深加工时采用的战略。如汽车制造商自设分销系统，或制造商通过一定形式控制批发商、代理商或零售商；或自己经营加工业，如木材公司附设家具厂自己生产家具等。采用这一战略，有利于企业扩大生产，增加销售。

（3）水平一体化，指生产企业通过建立、收买、合并或联合同行业的竞争者以扩大生产规模。

一体化增长战略在实际应用中有三条途径：第一条是企业利用自己的力量，在生产经营中把自己的产品扩大到前向或后向生产的产品中去。这条途径的优点是企业能够掌握扩大再生产的主动权，可以按本企业的要求发展新产品；第二条途径是兼并或购买其他企业，采用这种途径需要企业有畅销的产品和充足的资金；第三条途径是与其他相关的企业联合，共同开发新产品和扩大营销。这条途径的最大好处是可以冲破资金和技术的限制，不用增加投资，可以在较短的时间内形成更大的生产能力，或者生产出单个企业不能完成的产品项目。

在高度发达的市场经济的条件下，上述一体化战略都是在市场竞争中自然实现的。竞争具有一种择优机制，可实现资源的优化组合，达到产业结构的合理化，从而有利于整个社会经济效率的提高。因此，企业在运用一体化战略时，应注意以下几点：要讲求经济效益。讲求经济效益是企业一切经济工作的核心，也是企业选择市场发展战略的核心问题。否则，再好的战略也是无用的；要重视产品质量。在企业进行联合时，一定要注意保持产品质量。忽视产品质量，片面追求上规模，不仅不会使企业发展，反而有可能降低企业声誉，造成更大损失；要避免造成垄断。在实行水平一体化的过程中，不要联合的企业过多，过多就会出现独家垄断的现象。

3. 多角化增长

多角化也称“多样化”或“多元化”。多角化增长就是企业通过增加产品种类，跨行业生产经营多种产品和业务，扩大企业的生产范围和市场范围，使企业的特长充分发挥，使企业的人力、物力、财力等资源得到充分利用，从而扩大企业规模，提高经营效益。

（1）企业实现多角化增长的必要性：第一，原有产品或劳务需求规模与经营规模的有限性；第二，外界环境与市场需求的变化性；第三，单一经营的风险性与多种经营的安全性。

（2）多角化增长的主要方式：①同心多角化，即企业利用原有的技术、特长、经验等发展新产品，增加产品种类，从同一圆心向外扩大业务经营范围；②水平多角化，即企业利用原有市场，采用不同的技术来发展新产品，增加产品种类；③集团多角化，即大企业收购、兼并其他行业的企业，或者在其他行业投资，把业务扩展到其他行业中去，新产品、新业务与企业的现有产品、技术、市场毫无关系。也就是说，企业既不以原有技术也不以原有市场为依托，向技术和市场完全不同的产品或劳务项目发展。它是实力雄厚的大企业集团采用的一种经营战略。

（3）企业实行多角化增长战略是以企业的技术、市场为基础条件的，因而实现多角化的途径主要有两条：一条是通过企业内部扩展其技术基础实现；另一条是通过企业外部合并或联合别的企业来实现。前者是企业在原有技术基础上不断扩展，增添新的设备和技术力量，以适应跨行业经营的需要；后者则是把不同行业的企业进行合并或联合，因而它特别适合于集团多角化增长。

（4）运用多角化增长战略的注意事项。运用多角化增长战略，要求企业自身具有拓展经营项目的实力和管理更大规模企业的能力：具有足够的资金支持，具备相关专业人才作为技术保障，具备关系密切的分销渠道作为后盾或拥有迅速组建分销渠道的能力，企业的知名度高，企业综合管理能力强，等等。显然，并不是所有具备一定规模的企业都拥有上述优势。若企业运用多角化发展战略条件还不成熟，不如稳扎稳打。

具备足够实力和条件的企业在运用多角化增长战略时，也不可盲目追求经营范围的全面与经营规模的宏大。规模和收益的关系既对立又统一，没有规模固然没有好的收益，但也不是规模越大，收益就一定越大。随着规模的扩大，收益的变化一般有三个阶段：一是规模扩大，收益增加，收益增加的幅度大于规模扩大的幅度，这是规模收益递增的阶段；二是收益增加的幅度与规模扩大的幅度相等，这是一个短暂的过渡阶段；三是收益增加的幅度小于规模扩大的幅度，甚至收益绝对减少，这是规模收益递减阶段。因此，盲目追求规模是不可取的。

六、形成营销计划

市场营销战略规定了企业营销的任务、目标、业务组合和增长战略后，还要对各业务单位的营销工作如产品、品牌、细分市场、区域市场等制订具体的计划方案，以便更好地指导营销工作的实践。

阅读资料

海尔营销战略的演变

“海尔”无疑是当今我国企业界的一颗耀眼的明星，它的成功是由许多因素造成的，但其正确而超前营销战略则起到了决定性作用。海尔从创建之初到今天，营销战略在三个方面发生了根本变化，而且这种变化代表了市场经济走向成熟时企业营销战略的发展方向。

一、营销客体的演变：从“有形具体产品”到“无形企业整体形象”

海尔人最初对营销客体的认识很自然，也很简单，那就是根据消费者的需求把每一件产品做好，满足消费者对高质量产品的要求。这是因为海尔虽然是电冰箱行业的国家最后一个定点企业，但当时电冰箱既是奢侈品，又是紧俏商品，只要商品适销对路且质量好，根本不愁卖不掉。在这种客观社会经济环境下，海尔人很自然地以“市场导向”为核心内容的市场营销观念作为自己的经营管理指导思想，因此也便产生了海尔创建之初的一系列旨在提高产品质量的管理标准与措施。其中比较突出的有两个方面：一是制定严格的质量标准。当时他们对电冰箱的各项技术指标的规定均高于国家标准，其中重要的七项指标的实测值均优于发达国家水平。为了满足当时用户对高档家电的特殊需求，对外观、噪声等指标还作出特别要求。如冰箱外观，国家标准要求1.5米以内看不出划痕，而他们要求则是0.5米以内不得看出划痕。二是对少数不合格产品的处理措施严厉。如1985年，检查出76台电冰箱不合格，他们不是简单地降价销售，而是抡起大锤把它们砸碎，以显示海尔人生产一流产品的决心与信心。正因为有了这些严格的产品质量管理标准与措施，才有了20世纪80年代末的一系列质量优势与声誉，也才有了海尔立足市场、开拓市场、壮大企业的资本与基础。

但是，到了20世纪90年代，随着企业规模的扩张，产品的日趋多元化，消费者需求的变化和成熟，尤其是随着供过于求逐渐成为我国家电行业市场供求关系的主旋律，这种单纯依靠纯技术手段管理控制和提高产品质量的方法已越来越不适应市场的需求，海尔人开始逐步认识到“企业只有在经营观念（经营管理指导思想）上领先，才能在市场竞争中领先，即没有思路便没有出路”。海尔人对产品和产品质量问题认识发生了质的变化。他们着手从理念、制度、全员意识和生产全过程上采取措施，力争在经营观念上有所突破，主要从三方面着手解决产品问题。

一是根据自己几年来在产品管理上积累的经验总结提炼出日清日高管理理念（OEC）。所谓OEC理念，就是每天所有的事都有人管，做到控制不漏项，所有的人均有管理、控制内容，并依据工作标准对各自控制的事项，按规定的计划执行，每日把实施结果与计划指标对照、总结、纠偏，达到对事物发展过程日日、事事控制的目的，确保向预定的目标发展。具体来说它可以概括为三个基本框架：目标系统、日清控制系统和有效激励系统。而日清日高管理法理念则包括以下几方面内容：高起点，确立名牌战略；否定自己，创造市场；用户是衣食父母；管理借力论；企业如斜坡上的球，不进则退。

二是率先引进国际上最先进的全程质量管理标准ISO 9001系列标准管理法，并于1992年在我国电冰箱行业率先通过了国际认证，1994年又率先通过了ISO 9001-94E最新版国际认证，欧共体CE、德国GS等国际质量认证，从而把产品从设计、制造到使用全过程的产品管理与控制纳入规范化轨道，为产品质量管理提供了制度保障。

三是随着人类所面对的生存环境日益恶化，对企业社会责任增大认识的加深，承担起一个大型国有企业应负的责任，1996年又率先通过了ISO 14000系列认证。

此外，为了赋予品牌更丰富的内涵，塑造海尔企业整体形象，它们还采取了一系列策略和措施：服务上，在原来良好服务基础上推出一条龙六位一体星级服务：电话咨询上门设计、免费送货、免收材料费、24小时服务到位、用户跟踪回访，“你只需打个电话，其余的事我们来做”，继而又推出“红地毯”服务，即对因搬运与安装可能给现代家庭居室带来的不便全面承担责任；宣传上，在海尔总形象下，结合近几年海尔国际化趋势，推出海尔广告“国际篇”，打出“海尔，中国造”这一长民族志气、树品牌国际化形象的宣传口号，从而使承载海尔企业整体形象的企业品牌形象更加丰满，内涵更加丰富；在产品延伸上，根据市场需求不断推出满足不同层次消费者需要与更具个性化的新产品，例如其根据重庆一位吴先生来信，能否为其家有幼儿、年迈老人的家庭设计一种能超远距离控制的遥控器的要求，经过夜以继日的开发、设计、生产，仅用6个月时间，国内首创的大圆弧外形，具备国际一流水准的超级三段式蒸发器、全塑永不生锈室外机壳，具有人机对话智能的"小超人"变频空调就问世了；在多角化和资产重组方面，他们利用海尔品牌形象所代表的企业整体形象作为核心，通过激活"休克鱼"的方式，进军黑色家电市场，在不到一年的时间里海尔电视便在竞争激烈的彩电市场上独树一帜，所向披靡。

1997年海尔人明确提出了"卖信誉，不卖产品"的口号，那么，这里的"信誉"就是指"无形的企业整体形象"，是企业整体形象最简洁、最直观、最通俗的概括和表达。海尔人终于实现了营销客体从"有形的具体产品"向"无形的企业整体形象"的根本转变。

二、品牌策略的演变：从"名牌产品战略"走向"名牌企业战略"

虽然海尔人从一开始就把实施名牌战略作为自己在市场竞争中的立足点和重要策略，但是今天我们所认识、熟悉，并认同和信赖的驰名海尔企业品牌实际上是海尔人经过十几年痛苦的自我否定之否定，经过不断完善，并伴随着海尔人从"名牌产品战略"逐步走向"名牌企业战略"而逐步形成的企业品牌，并最终成为海尔企业整体形象的物质载体和象征。

海尔集团的前身是1984年由濒临倒闭的两个集团小厂合并成立的"青岛电冰箱总厂"。1985年引进德国"利勃海尔"公司先进技术和设备生产出亚洲第一代"四星级"电冰箱。当时，为体现这是双方合作的成果，也由于受"市场营销观念"的支配，将该产品定名为"琴岛——利勃海尔"，产品标志以德方标志为基础经简化而成，当时从电冰箱的装饰考虑，成功地设计了象征中德合作的儿童吉祥物。这些视觉识别标志及名称，构成了海尔集团产品的第一代识别标志，它们在广告中的良好运用，对推动企业的发展，开拓市场起到了积极的作用。

但是，随着企业规模的扩张，产品的多元化，产品的畅销，尤其是随着海尔逐步走向国际市场，原来以产品品牌为基础的标志和名牌与德方相似，严重影响了国际市场的开拓，而且，产品品牌的名称，标志与"青岛电冰箱总厂"的企业名称不统一，其弊端越来越多地显露出来。经过几次变更，1991年海尔人把企业名称简化为"青岛琴岛海尔集团公司"，产品品牌名称也同步简化为"琴岛海尔"牌，初步实现了企业品牌名称与产品品牌名称的统一。与此同时企业开始有意识地建立自己的企业整体形象识别系统，因此推出了以"大海上冉冉升起的太阳"为企业理念的新标志，以"海尔蓝"为企业标准色等，这样便逐步形成了海尔集团第二代识别名称与标志。这一次的自我否定过程表明海尔人在品牌策略上的一次飞跃。他们开始意识到确立企业品牌，并在企业品牌下建立产品品牌的重要意义与作用。

应该说，经过改进后，海尔人品牌策略更加明确。但是从技术上说这些标志与名称也存在着诸多不够凝练、整体感不强、技术特征不明显等弱点。伴随着企业的迅猛发展，多角化、国际化经营作为企业发展重点战略的确定与进一步实施，它们又表现出了明显的不适应性，企业需要更为超前的企业整体形象的物质载体。为此，1993年5月，经过深入调研和分析，决定对企业整体形象的物质载体——企业品牌识别系统作根本改造：第一，将企业名称简化为"海尔集团"；第二，将英文"Haier"作为企业品牌主识别文字标志；第三，使产品品牌商标标志与企业品牌简称和标志统一起来。经过这次改造，达到了以下目的：第一，企业品牌与产品品牌名称与标志统一起来了，达到了优化、简化的目标，便于人们对企业品牌的认识、记忆、熟悉；第二，由于品牌设计上简洁、稳重、大方、信息更加凝练，也便于社会公众的认识、记忆；第三，建立了自己独立的企业品牌，终于摆脱了当初“引进”的阴影；第四，企业整体形象的物质载体更加明确。现在，经过多次完善后的海尔，企业品牌已成为海尔集团的象征、海尔产品品质的象征、海尔文化的象征、海尔信誉的象征。至此，海尔终于从产品品牌走向了企业品牌，在名牌战略上也从名牌产品战略过渡到了名牌企业战略。

在从“名牌产品战略”到“名牌企业战略”过渡的过程中，海尔在电冰箱的基础上逐渐发展成电冰箱、空调器、微波炉、洗衣机、展示柜、小家电等七大类产品，65个系列，2 000多个品种，现在又进军黑色家电领域，从而逐步形成了一个大型的集团公司，半年销售收入便超百亿元。而对如此庞大的产品家族，海尔为了既给不同的产品以自己独特的个性，不给人单调乏味的感觉，又能充分利用“海尔”企业品牌这块金字招牌，他们在实施名牌企业战略过程中，采取了以下措施，即把企业品牌作为企业所有产品的总标志，然后根据不同的产品特征确定具体产品的类别名称和销售识别名（称副品牌），形成三个层次的主体品牌策略构架。这样做既最大限度地发挥了“Haier 海尔”企业品牌的影响力，可以在促销宣传上利用“海尔”连贯、一致的企业品牌形象，大大降低信息传播成本，提高信息传播效率，维护和完善企业品牌所代表的企业整体形象，为企业进行整合信息传播奠定了基础，又可以突显不同类别和不同规格产品的个性特征，并使二者相得益彰，强化了企业品牌的载体功能和作用。

围绕上述三个层次主体品牌策略构架，海尔集团的电视广告在海尔集团总形象篇下，相继完成了“服务篇”“技术篇”“国际篇”等具体形象的宣传，从不同角度和层次诠释、丰富海尔集团总体形象“真诚到永远”的内涵，避免了内容的空洞化。此外，海尔集团在三个层次的整体宣传推广上始终从企业整体形象的角度把握宣传风格，形成一个统一整体个性。

在这样的总体思想指导下，当新产品推出时，海尔集团不是孤立地宣传新产品质量与特性，而是给消费者（受众）一个信得过的依据。所以，在操作上他们以多年形成的“海尔——高质量”的集团整体形象作先导与支撑，使新产品具有一个消费者熟悉可信的背景，影响和引导消费者的购买决策行为。“青空牌”空调、“得贝”冰柜、“琴岛——夏普”洗衣机经质量认证后归为“海尔”总品牌后所形成的旺销，足以证明这一点。

今天，“海尔”已成为一种象征，已成为一面旗帜，成为海尔企业整体形象名副其实的物质载体。

三、营销对象的升级：“从目标市场”到“目标社会公众”

最初的海尔与许多企业一样，在“市场营销观念”指导下，以具体产品为营销客体，把营销对象主要定位于目标市场的消费者身上。但是随着海尔人因经营观念变化而导致营销客体变成无形的企业整体形象和名牌企业战略实施的深入发展。从20世纪90年代开始，海尔人开始把营销对象的选择从目标市场的消费者扩大到目标社会公众，在广泛且可能对企业的经营目标产生影响的目标社会公众中传播、维护和完善目标企业形象，这是海尔经营观念改变的必然结果。在此我们采撷其中两个精彩的片段。

从1996年8月起，青岛海尔冰箱股份有限公司陆续投入近千万元，为139个县的农民送映一万场电影。据报道，仅令人激动的23场电影首映式，就迎来了5万多农民兄弟，最多的一场挤满了5 000多名观众。海尔冰箱放映队在每场电影放映前总要放一段专题片。该专题中不仅有宣传“海尔”及其产品的有关内容，而且还集中宣传中国民族家电工业的发展道路及其在国际市场竞争中的地位，以教育农民支持民族工业的发展，为国争光。同时，“海尔”还充分利用这一个极好而又难得的机会在农民兄弟心目中传播、维护和完善“海尔”良好的企业形象。在电影场，他们把经特别设计、印刷精美的《农村手册》赠送给农民兄弟。手册中有许多农民熟悉而又陌生的并且是作为一个新时代农民所必须具备的知识。

1997年6月16—7月16日，海尔冰柜总公司在南京举行“海尔冷柜夏令营欢迎您”活动。全国其他地区也同时开展这一活动。过这项活动，推选出100名青少年参加当年7月中旬在青岛举办的“海尔冷柜夏令营”活动。在举国欢庆香港回归祖国怀抱的时刻对入营青少年开展以爱国主义为主题的旅游活动，以丰富广大青少年的暑期生活，激起青少年的爱国热情。

面对国内市场冰箱大战、空调大战、彩电大战愈演愈烈的情况，许多厂商都采取降价销售、买“一”送“一”、清仓大甩卖、特价销售等促销手段争取市场。这种促销手段有一个共同的特点，即眼睛只盯着某种具体商品的目标消费者，希望通过这些促销活动在某一特定期限内提高该商品销售额和市场占有率，从而达到增加盈利的目的。这些行为在很大程度上仍然停留在以目标市场中心的“市场营销观念”阶段。相反，海尔集团公司下属的三大公司所开展的宣传促销活动已不是针对某种具体产品而进行的，不是以短期内提高某种具体产品的销售额和市场占有率为唯一目标，而是集中于一个共同的目标——在“海尔”的目标社会公众中传播、维护和完善“海尔”良好的企业形象，树“海尔”这块牌子，更重要的是把营销对象扩展到更广泛的范围。

资料来源：潘成云，宋昌平．商业研究[J]. 2001（2）.

本章提要

- 企业为了更好地适应环境，求得成长，不仅要制定全面的发展战略，还要根据企业战略制定相应的市场营销战略。市场营销战略既是企业总体战略的重要组成部分和延续，又是实现企业战略的基本保证，而市场营销战略的制定和实施是通过市场营销管理过程来实现的。
- 企业市场营销战略规划过程主要包括：明确营销任务、分析战略机会、确定营销目标、安排业务组合、规划增长战略和形成营销计划。
- 市场营销管理的本质是对需求的管理，其过程就是企业为实现其任务和目标而发现、分析、选择和利用市场机会的过程，包括分析市场机会、选择目标市场、设计营销组合和管理市场营销活动四个步骤。
- 市场营销组合就是企业对其产品、价格、地点、成本、便利和沟通等可控因素进行整合、协调使用的活动过程，是市场营销管理的重要内容。

关 键 词

市场营销战略（mayketing strategy）　　战略经营单位（strategic business unit）

前向一体化（forward integration）　　后向一体化（backward integration）

水平一体化（horizontal integration）　　市场营销管理（marketing management）

复习与思考

1. 什么是“市场增长率或市场占有率”矩阵？
2. 什么是“多因素投资组合”矩阵？
3. 市场营销战略规划的过程是怎样的？
4. 市场营销管理过程包括哪些步骤？
5. 市场营销组合有哪些特点？

研究与讨论

1. 你认为企业营销战略与营销管理是什么关系？
2. 如何评价和识别市场机会？
3. 市场营销组合由 4C 逐渐取代 4P 意味着什么？
4. 试评析我国企业市场营销管理的现状。

实 践 演 练

1. 联系实际，谈谈多元化战略的利弊。
2. 网上调查，麦当劳和肯德基在中国的营销战略。
3. 通过学习，评价我国一家知名企业的营销战略。

营 销 模 拟

1. 如果你是一家家电企业的老总，你将制定怎样的营销战略来引领企业的成长？
2. 你认为中国电信的市场机会在哪里？存在的主要问题是什么？

本 章 案 例

家电营销模式大比拼

扫描此码　案例学习

案例讨论题：

1. 本案例中，国美和苏宁各采取什么营销战略？随着竞争的日益激励，尤其是国外零售连锁巨头的加入，你认为国美和苏宁的营销战略应做哪些改变？

2. 国美和苏宁作为目前中国两大家电连锁巨头，它们在总体布局、市场规模、厂商关系、融资能力、企业管理、产品销售结构、店面规模、服务体系、营销策略上有何不同？你是如何评价这两种不同模式的？

3. 在本案例中，中国家电连锁超市的目标市场是什么？其与国外零售连锁巨头的营销策略有何不同？

第九章　目标市场营销战略

并不是付出就能有回报，关键在于你选择了什么？选择什么，你就会得到什么，但是，如果你什么都想选择，那么，什么都不会选择你。

——约翰·艾勒斯

市场营销的根本要点是：创造一个你能成为“第一”的新领域。

——杰克·特劳特

学习目标

知识目标

1. 了解市场细分的原理，为选择目标市场奠定基础；
2. 市场选择战略及其条件；
3. 学习市场定位的方式、步骤和策略。

能力目标

1. 能够掌握市场细分的方法；
2. 能够正确地选择目标市场；
3. 能够有效地进行市场定位。

营销故事

森林里生活着一群猴子，每天太阳升起的时候它们外出觅食，太阳落山的时候回去休息，日子过得平淡而幸福。

一名游客穿越森林，把手表落在了树下的岩石上，被猴子“猛可”拾到了。聪明的“猛可”很快就搞清了手表的用途，于是，“猛可”成了整个猴群的明星，每只猴子都向“猛可”请教确切的时间，整个猴群的作息时间也由“猛可”来规划。“猛可”逐渐建立起威望，当上了猴王。做了猴王的“猛可”认为是手表给自己带来了好运，于是它每天在森林里巡查，希望能够拾到更多的表。功夫不负有心人，“猛可”又拥有了第二块、第三块表。

但“猛可”却有了新的麻烦：每只表的时间指示都不尽相同，哪一个才是确切的时间呢？“猛可”被这个问题难住了。当有下属来问时间时，“猛可”支支吾吾回答不上来，整个猴群的作息时间也因此变得混乱。过了一段时间，猴子们起来造反，把“猛可”推下了猴王的宝座，“猛可”的手表也被新任猴王据为己有。但很快，新任猴王同样面临着“猛可”的困惑：只有一只手表，可以知道时间：拥有两只或更多的表，却无法确定几点。更多钟表并不能告诉人们更准确的时间，反而会让看表的人失去对准确时间的信心。

引例

Lee 牌牛仔："贴"近目标市场

20 世纪 70 年代艾·里斯和杰克·屈特提出的定位论，改变了广告的游戏规则，给营销界带来了一种新的思维。在消费者的心智上下功夫，找准产品的独特位置，用"第一说法、第一事件"等不易混淆的记忆点达到"先入为主"的效果，这就是定位论的核心。应用这一理论而成功的例子举不胜举，如七喜的"非可乐"、艾飞斯汽车租赁的"我们是第二，但我们更加努力"等，这里则介绍"最贴身的牛仔"——Lee 牌牛仔的成功案例。

众所周知，牛仔裤的鼻祖是李维斯（Levi's），晚了它近 40 年的 Lee 牌牛仔在竞争激烈的牛仔裤市场中能够迅速成长为第二品牌，制胜的法宝之一就是正确的定位。

Lee 抓住的是长久以来一直被忽略的一个市场——女性市场。对这一市场的主体——25 ～ 44 岁的女性消费者的定性研究表明，这一群体对牛仔服装是情有独钟的（因为牛仔是她们青春的见证、成长的伴侣），而"贴身"是她们最关心的利益。大多数女性都需要一件在腰部和臀部都很合身而且活动自如的牛仔服，而她们平均要试穿 16 件牛仔才能找到一件称心如意的。于是，Lee 聪明地定位于此，在产品设计上一改传统的直线裁剪，突出女性的身材和线条；在广告表现中充分体现 Lee 恰到好处的贴身、穿脱自如。"最贴身的牛仔"，是 Lee 的经典广告文案，一个"贴"字将 Lee 与众不同的利益点表达得淋漓尽致。

但 Lee 的中间商和零售商不了解这一定位的绝妙之处，他们的错误坚持曾让 Lee 的广告走入误区，变得和其他品牌没什么两样。而后 Lee 的销售陷入困境，总结了教训 Lee 又重返"Fit"，贴近了目标市场，Lee 才重获生机并蓬勃发展起来。

"如果你和大多数美国女人一样，衣柜里放了 3 条或 4 条牛仔裤，有一条太小，有一条太大，有一条则不流行。然而有一条非常合身，每次你都会穿它。"这虽是 Lee 的又一条广告语，但决非夸张之词。在妇女们对买到合身的牛仔服已快失去信心的时候，是 Lee 让她们感到那是专为她们设计的最贴身的时装，而且 Lee 还是唯一一个能够适合所有场合的品牌。妇女们终于有了"精心、安全的选择"，"最贴身的牛仔" Lee 简直成了一种日常用品，与她们的生活息息相关。

第一节　市场细分

一、市场细分的含义

市场细分就是以消费需求的某些特征变量为依据，区分具有不同需求的顾客群体。市场细分后所形成的具有相同需求的顾客群体称为细分市场。在同类产品市场上，同一细分市场的顾客需求具较多的共同性，不同细分市场之间的需求具有较多的差异性，企业应明确有多少细分市场及各细分市场的主要特征。

市场细分是20世纪50年代中期美国市场营销学家温德尔·斯密（Wenden R·Smith）提出的，其产生与发展经历了以下几个主要阶段：大量营销阶段、产品差异化营销阶段、目标营销阶段。

二、市场细分的作用

市场细分被西方企业誉为具有创造性的新概念，它对企业营销具有以下利益：

（1）有利于发现市场机会，开拓新的市场；

（2）有利于掌握目标市场的特点，采取有效的营销活动；

（3）有利于制定市场营销组合策略；

（4）有利于提高企业的竞争能力；

（5）有利于实现企业的战略目标。

三、市场细分的原理与理论依据

1. 市场细分的原理

一种产品或劳务的市场可以有不同划分方法。未进行市场细分之前的顾客市场，若这些顾客对某种产品的需求与个体是完全一致的，即无差异需求时，市场无须进行细分。相反，当这些顾客的需求具有不同特点时，则每一种有特色的需求都又可以视为一个细分市场。企业的市场营销若能有针对性地满足顾客具有不同特色的需求是最为理想的。但这种情况对企业营销而言，是极其困难的，因为这要受到许多营销因素（特别是企业预期利润目标）的制约和影响。一般情况下，营销管理人员会按照“求大同、存小异”的原则，进一步归纳这些不同需求。

2. 市场细分的理论依据

产品属性是影响顾客购买行为的重要因素，根据顾客对不同属性的重视程度，可分为三种偏好模式，即同质偏好、分散偏好和集群偏好。这种需求偏好差异的存在是市场细分的客观依据。

四、市场细分的标准

1. 消费者市场细分的标准

随着市场细分化理论在企业营销中的普遍应用，消费者市场细分标准可归纳为四大类：地理环境因素、人口因素、消费心理和消费行为因素，如表9-1所示。这些因素有些相对稳定，多数则处于动态变化中。

表 9-1 消费者市场细分的细分变量

细分变量	划分标准
地理因素	
地区 城市大小 人口密度 气候	沿海、长江中上游、黄河中上游、西北、西南、东南 超大城市、特大城市、大城市、中等城市、小城市 都市区、城乡结合区域、乡村、山区 亚热带、热带、亚温带、温带、亚寒带
人文统计因素	
年龄 性别 家庭人数 收入 职业 教育程度	学龄前、7～11岁、12～18岁、18～26岁、26～45岁、45～60岁、60岁以上 男、女 单身贵族、丁克一族、三口之家、两代同堂、三代同堂 年收入低于1万元，1万～3万元，3万～5万元，5万～10万元，10万元以上 职业经理、专业技术人员、外企雇员、公司职员、公务员 博士、硕士、大学毕业生、职教专科、中学毕业
心理因素	
社会阶层	金领、白领、灰领、高干
生活方式	追求健康型、追求社交型、按部就班型、随大流型
个性	被动接受、命令型、野心家、随意型
行为因素	
时机 利益 使用者状况 使用率 忠诚程度 待购阶段 态度	普通时机、特殊时机 质量、服务、价格、声誉 从未用过、曾经用过、准备使用、初次使用、经常使用 非使用者、小量使用者、大量使用者 无、一般、强烈、绝对 无知晓、知晓、有兴趣、想得到、企图购买 热爱、肯定、冷淡、拒绝和敌意

2. 产业市场细分的依据

细分消费者市场的标准，有些同样适用于产业市场，如地理因素、追求的利益、使用者状况等因素，但还需要使用一些其他的变量，如行业、企业规模与地理位置变量、经营变量、采购方法与其他因素等，如表 9-2 所示。

表 9-2 产业市场细分的细分变量

人口变量
1. 行业：不同行业对产品的要求不同，我们应把重点放在购买这种产品的哪个行业或哪些行业 2. 用户规模：我们应把重点放在多大规模的公司 3. 地址：我们应把重点放在哪些地区
经营变量
1. 技术：顾客重视哪些技术 2. 使用者情况：我们的重点是大量、中度还是少量使用者 3. 顾客能力：顾客对我公司技术等服务的需求很多还是较少

续表

采购方法
1. 采购职能组织：我们的目标市场是采购组织高度集中的公司还是分散的公司 2. 权力结构：我们的目标市场是工程技术人员占据采购主导权还是财务人员占据采购主导权的公司 3. 现有关系的性质：我们应把重点放在现在与我们有牢固关系的公司。还是追求最理想的公司 4. 总采购政策：我们应把重点放在乐于采用租赁、服务合同、系统采购的公司，还是秘密投票等贸易方式的公司 5. 购买标准：我们应把重点放在追求质量的公司、重视服务的公司，还是注重价格的公司
情境因素
重点：我们应把着力点放在那些要求迅速和突然交货的公司，还是提供服务的公司
个性特征
忠诚度：我们是否应把重点放在那些对供应商非常忠诚的公司

五、市场细分的原则

从企业市场营销的角度看，无论是消费者市场还是产业市场，并非所有的细分市场都有意义。选择细分市场必须具备以下条件：可衡量性、可实现性、可盈利性、可区分性。

（1）可衡量性，指各个细分市场的购买力和规模能被衡量的程度。如果细分变数很难衡量的话，就无法界定市场。

（2）可盈利性，指企业新选定的细分市场容量足以使企业获利。

（3）可进入性，指所选定的细分市场必须与企业自身状况相匹配，企业有优势占领这一市场。可进入性具体表现在信息进入、产品进入和竞争进入。考虑市场的可进入性，实际上是研究其营销活动的可行性。

（4）差异性，指细分市场在观念上能被区别，并对不同的营销组合因素和方案有不同的反应。

六、市场细分的步骤

可见，市场细分包括以下步骤。

（1）选定产品市场范围。公司应明确自己在某行业中的产品市场范围，并以此作为制定市场开拓战略的依据。

（2）列举潜在顾客的需求。可从地理、人口、心理等方面列出影响产品市场需求和顾客购买行为的各项变数。

（3）分析潜在顾客的不同需求。公司应对不同的潜在顾客进行抽样调查，并对所列出的需求变数进行评价，了解顾客的共同需求。

（4）进一步认识各细分市场的特点，作进一步细分或合并。企业要对各细分市场的顾客作更深入细致的考查，明确各顾客群体的特点，已知哪些，还要了解哪些，以便决定各细分市场是否需要再度细分，或加以合并。

（5）测量各细分市场的大小，从而估算可能的获利水平。调查、分析、评估各细分市场，测算获利的大小，最终确定可进入的细分市场，并制定相应的营销策略。

七、市场细分的方法

市场细分的方法通常有以下三种。

（1）单一因素法，即选用一个细分标准，对市场进行细分。

（2）综合因素法，即运用两个或两个以上的标准对市场进行细分。

（3）系列因素法，也是运用两个或两个以上的标准来细分市场，但必须依据一定的顺序由粗到细依次细分，下一阶段的细分是在上一阶段选定的子市场中进行的，细分的过程也就是一个比较、选择子市场的过程。

例如，一家航空公司对从未乘过飞机的人很感兴趣（细分标准是顾客的体验）。而从未乘过飞机的人又可以细分为害怕飞机的人，对乘飞机无所谓的人以及对乘飞机持肯定态度的人（细分标准是态度）。在持肯定态度的人中，又包括高收入有能力乘飞机的人（细分标准是收入）。于是这家航空公司就把力量集中在开拓那些对乘飞机持肯定态度，只是还没有乘过飞机的高收入群体。

新视角

市场细分核对表——研究目标问题

1. 对你的产品或服务可能细分的子市场有哪些？
2. 这些细分的子市场与你当前的客户范围相比如何？
3. 这些潜在的目标市场有多大？
4. 进入二次市场预计效益率是多少？
5. 细分的这些子市场如何定义（名称、大小、关键变量）？
6. 各类不同群体的共性是什么？
7. 潜在客户在何处？
8. 当前各个不同的市场该分派多少产品？将来呢？
9. 细分的哪个子市场是竞争热点？
10. 与市场中的其他公司相比，你的公司具有哪些竞争优势？
11. 过去有哪些市场细分研究被使用过？
12. 过去的市场细分策略有怎样的好处？
13. 谁是你的产品或服务的主要用户？
14. 客户认为你的产品或服务有何特色或优点？
15. 还可选用什么市场营销策略和战术？

16. 你的产品或服务满足各子市场的需要吗（是否需要进行变化）？

17. 面对目标市场最好采用何种促销手段？

18. 市场对价格的敏感性如何？

19. 在市场上分配渠道担任什么角色？

20. 怎样监控消费者的购买行为以衡量市场效力？

第二节 市场选择

一、选择目标市场

目标市场是企业打算进入的细分市场，或打算满足的具有某一需求的顾客群体。它是企业所确定的营销服务对象。目标市场战略要求，一旦公司确定了市场细分机会，他们就必须评价各种细分市场和决定为多少个细分市场服务。

1. 目标市场应具备的条件

目标市场选择是否恰当，直接关系着企业的营销成果以及市场占有率。在评估各种不同的细分市场时，公司必须考虑两个因素，即细分市场结构的吸引力和公司的目标及资源。

（1）细分市场结构的吸引力。公司必须清楚潜在的细分市场是否对公司有吸引力，例如，它的大小、成长性、盈利率、规模经济、低风险等。

（2）公司的目标和资源。公司必须考虑对细分市场的投资与公司的目标和资源是否相一致。某些细分市场虽然有较大的吸引力，但不符合公司长远目标，因此不得不放弃。即使这个细分市场符合公司的目标，也必须考虑本公司是否具备在该细分市场获胜所必需的技术和资源，是否能够制造某些优势价值以压倒竞争者。

（3）附加条件。一个细分市场要能成为企业的目标市场，必须具备以下三个条件。

①拥有较理想的现实需求和潜在需求。只有具有足够的购买力和销售量，目标市场才具有实际意义，才具有开发的价值，使企业有利可图；也只有具有一定的尚未满足的潜在需求和充分发展的潜在购买力，目标市场的开发才能使企业获得发展。

②企业优势符合市场的特征。这样企业才能够充分发挥优势，营销适销对路的产品，提高企业经济效益，才能以巨大的优势去占领目标市场。

③竞争对手尚未控制市场，市场竞争还不激烈。这样的目标市场才是企业能够占领的，才有利于企业乘势进入并占领目标市场，在市场竞争中夺取优势。

2. 企业选择目标市场

企业通过评估细分市场，将决定进入哪些细分市场，即选择企业的目标市场。在选择目标市场时，可以有五种可供考虑的市场模式，如图 9-1 所示。

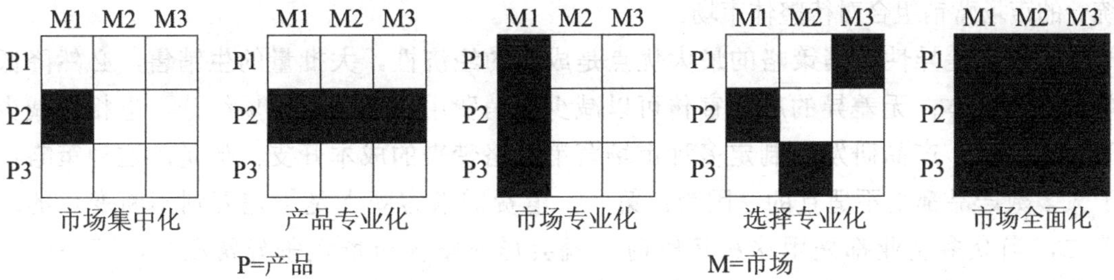

图 9-1　目标市场选择模式

（1）市场集中化。市场集中化是指企业只选取一个细分市场，只生产一类产品，供应给一类顾客群，进行集中营销。例如童鞋厂只生产儿童鞋，满足小孩穿鞋的需求。选择市场集中化模式一般基于以下考虑：企业具备在该细分市场从事专业化经营并能取胜的优势条件；限于资金能力，只能经营一个细分市场；该细分市场中没有竞争对手；准备以此为出发点，取得成功后向更多的细分市场扩展。

（2）产品专业化。产品专业化是指企业集中生产一类产品，并向各类顾客销售这类产品，如电脑生产商只生产电脑产品，可以同时向家庭、机关、学校、银行、企业等各类用户销售。优点是企业专注于某一种或某一类产品的生产，有利于形成和发展生产和技术上的优势，在该专业化产品领域树立形象。局限性是当该产品领域被一种全新的技术所代替时，该产品销售量有大幅度下降的危险。由于该市场的顾客类型较多，营销风险要小得多。

（3）市场专业化。市场专业化是指企业生产满足某一类顾客群体的需要，专门生产这类消费者需要的各类产品。比如某工程机械公司专门向建筑业用户供应推土机、打桩机、起重机、水泥搅拌机等建筑工程中所需要的机械设备。由于经营的产品类型众多，能有效地分散经营风险。但由于集中于某一类顾客，当这类顾客由于某种原因需求下降时，企业也会遇到收益下降的风险。

（4）选择专业化。选择专业化是指企业选取若干个具有良好的盈利潜力和结构吸引力，且符合企业的目标和资源的细分市场作为目标市场。该目标市场模式中的各个细分市场之间较少或基本不存在联系。优点是可以有效地分散经营风险，即使某个细分市场盈利不佳，企业仍可在其他细分市场取得盈利。选择专业化模式的企业应具有较强资源和营销实力。

（5）市场全面化。市场全面化是指企业生产的多种产品能够满足各类顾客群体的需要。只有实力雄厚的大型企业才能选用市场全面化模式，这种市场模式由于面广量大，能够收到良好的营销效果。例如，丰田汽车公司在全球汽车市场和索尼公司在全球电子产品市场上，均采取市场全面化的目标市场模式。

二、目标市场营销战略

1. 无差异性营销战略

实施这种策略的企业把整体市场看作一个大的目标市场，不进行细分，用一种产品、统一的市场营销组合对待整体市场。

采用无差异性营销策略的最大优点是成本的经济性。大批量的生销售，必然降低单位产品成本；无差异的广告宣传可以减少促销费用；不进行市场细分，也相应减少了市场调研、产品研发及制定多种市场营销策略带来的成本开支。但是，这种策略对于大多数产品都是不适宜的。因为：第一，消费需求客观上是千差万别不断变化的；第二，当众多企业都采用这种策略时，就会形成整体市场竞争异常激烈，而小的细分市场上的需求却得不到满足的局面；第三，易于受到其他企业发动的各种竞争努力的伤害。

2. 差异性营销战略

实施这种策略是把整体市场划分为若干需求与愿望大致相同的细分市场作为目标市场，并为各目标市场制定不同的市场营销组合策略。

采用差异性市场营销策略的最大优点是可以有针对性地满足具有不同特征的顾客群的需求，提高产品的竞争力。但是，由于产品品种、销售渠道、广告宣传的扩大与多样化，市场营销费用会大幅度增加。

3. 集中性营销战略

实施这种策略是将市场分割为若干细分市场后，只选择其中某一细分市场作为目标市场，把企业的人、财、物集中用于某一个或几个小型市场，不求在较多的细分市场上都获得较小的市场份额，而是要求在少数较小的市场上取得较大的市场份额。

集中性市场营销策略最适合资源弱的小企业。小企业在大企业未予注意或不愿顾及、自己又力所能及的某个细分市场上全力以赴，往往能够获得成功。

小链接

Swatch：差异化营销

差异化营销是20世纪90年代营销领域方兴未艾的新名词，引起了专家、学者和企业的极大关注。该理论强调对高获利的消费者进行适当的品牌忠诚度活动，构建品牌资产，以创造持续的竞争优势。瑞士手表品牌Swatch自20世纪80年代诞生以来，以差异化的设计与营销手法行销全球，不断给人们带来惊喜……

瑞士手表曾一度占据世界手表市场的绝大部分，但20世纪70年代美国铁达时、日本精工及香港廉价手表的崛起使瑞士表领地尽失（1983年其全球市场占有率不到15%），只能停踞在高价珠宝手表市场，以劳力士、浪琴等名表作为最后的骄傲。

Swatch本是瑞士手表收复失地的赌注。它是一种能防水防震的电子模拟表，制造成本很低，定价从40美元到100美元不等，但有多种鲜艳颜色可供选择。十多年来它不负众望，成功地帮助瑞士表重拾昔日辉煌，重新占领世界低档手表市场。1992年，瑞士手表全球市场份额达到53%，这巨大的变化背后，Swatch功不可没。

在设计上，Swatch极其讲究创意，新奇、怪异、有趣、时尚、前卫是它的风格，故而享有“潮流先锋”的美誉。

区别于其他手表，Swatch定位为时装表，以充满青春活力的年轻人为目标市场。它以“你的第二只手表”为广告诉求，强调它可以作为配饰不断换新而在潮流变迁中永不衰落。自1984年起，Swatch更为每一款手表设计了别出心裁的名字，个性化的色彩更浓，市场反应更加热烈，甚至每年还会有一两款成为收藏家追逐的目标。

促销方面，Swatch绝招更多。它不断推出新款，每款推出后5个月就停止生产；在里斯本博物馆设有Swatch陈列专柜，Swatch专卖店在人多的时候甚至要叫号入内！这种种刻意、非刻意的手法使得原来只是时尚品的Swatch也成为经典，为顾客期待，为收藏者瞩目。

在宣传推广上，Swatch承袭了其运动、活力的风格，偏爱新奇的、不平常的活动，每每伴有强烈的主题，甚至带点反传统、叛逆的色彩，让Swatch的品牌个性充分张扬。

“永远的创新，永远与别人不同”，Swatch差异化的营销给这个品牌创造了无穷的魅力，也为世界手表市场增添了一道变幻多姿、时尚亮丽的风景。

三、选择目标市场营销战略的条件

1. 企业能力

企业能力是企业生产、技术、销售、管理和资金等方面力量的总和，如果企业能力强，即可选择差异性或无差异性营销策略；如果企业能力有限，则宜选择集中性营销策略。

2. 产品的同质性

对满足消费者需要量无多大差异的同质产品，如电、石油、食盐等，比较适合于无差异性市场营销策略。对那些满足消费者需要存在差异的异质产品，如仪器服装等，则宜采用差异性市场营销策略或集中性市场营销策略。

3. 产品所处的生命周期阶段

产品在投入期可采取无差异性营销策略，当产品进入成长期和成熟期时，市场竞争加剧，应采取差异性营销策略，当产品进入衰退期时，为保存原有市场，延长产品的生命力周期，宜采取集中性营销策略。

4. 市场的类同性

如果顾客的需求、偏好较为接近，对市场营销刺激的反应不大，可采用无差异性营销策略；否则，可采用差异性或集中性营销策略。

5. 竞争者的战略

如果竞争对手采用无差异性营销策略时，企业应当采取差异性或集中性营销来开拓市场，提高产品的竞争力。如果竞争对手采用差异性营销策略，企业则不应以无差异营销策略与其竞争，可以选择对等的和更深层次的细分或集中化营销策略。

第三节　市场定位

一、市场定位的含义和方式

1. 市场定位的概念

市场定位也被称为产品定位或竞争性定位，是根据竞争者现有产品在细分市场上所处的地位和顾客对产品某些属性的重视程度，塑造出本企业产品与众不同的鲜明个性或形象并传递给目标顾客，使该产品在细分市场上占有强有力的竞争位置。市场定位的实质是塑造一种产品在细分市场上的位置。

2. 市场定位的目的

市场定位的目的在于吸引更多目标顾客。正如特劳特所说，定位就是令你的企业和产品与众不同，形成核心竞争力；对受众而言，即鲜明地建立品牌。企业要想在目标市场上取得竞争优势和更大效益，就必须在了解购买者和竞争者两方面情况的基础上，确定本企业的市场位置，进一步明确企业的服务对象。企业在市场定位的基础上，才能为企业确立形象，为产品赋予特色，以特色吸引目标消费者，这是当代企业的经营之道。

3. 市场定位的实质

市场定位的实质是设计和塑造产品的特色或个性。产品的特色和个性可有多种表现：（1）可以通过产品实体本身来表现，如功能、结构、成分、款式、颜色等；（2）可以从消费者对产品的心理感受来表现，如产品可能使顾客感到豪华、朴素、时髦、典雅、别致、通俗、活泼、庄重等；（3）可以通过价格、质量、服务、促销方式等形式来表现。

4. 市场定位的方式

市场定位作为一种竞争战略，显示了一种产品或一家企业同类似产品或企业之间的竞争关系。定位方式不同，竞争态势也不同，主要定位方式有三种。

（1）填补定位。填补定位是指企业为避开强有力的竞争对手，将产品定位在目标市场的空白部分或是“空隙”部分。市场的空白部分指的是市场上尚未被竞争者发觉或占领的那部分需求。企业把产品定位于目标市场上的空白处，可以避开竞争，迅速在市场上站稳脚跟，并能在消费者或用户心目中迅速树立一种形象。这种定位方式风险较小，成功率较高，常常为多数企业所采用。但采用这种方式必须考虑以下几个问题：

①研究市场的空白处是如何形成的？是因为没有潜在的需求，还是竞争对手无暇顾及？

②如果确定存在潜在需求，就要考虑这一市场部分是否有足够的需求规模，能否使企业有利可图？

③考虑企业的营销能力是否能胜任这部分市场的开发，是否有足够的技术开发能力去开发市场空白处的需求产品？

（2）并列定位。并列定位是指企业将产品定位在某一个竞争者的同一位置上，与现有竞争者和平共处。对于竞争者来说，如果有足够的市场份额，而且既得利益没有受到多大损失，它们一般不在乎身边多一个竞争对手，因为激烈的对抗常常会两败俱伤。很多实力不是太雄厚的企业经常采用这种定位战略。实行并列定位战略必须注意不要试图压垮对方，只要能够平分秋色已是巨大的成功。

（3）对抗定位。对抗定位是指企业要从市场上强大的竞争对手手中抢夺市场份额，改变消费者原有的认识，挤占对手原有的位置，自己取而代之。选择这一战略的条件是：①与企业条件相符合的市场已被竞争者占领，而且这个市场需求不够大，不存在与之并存的可能；②实力比竞争者雄厚，想成为市场的领先者，企业有把握赢得对方。采用这种定位方式的风险相对大，成功了，企业可以独占鳌头；但一旦失败，企业会陷入万劫不复之境或者是两败俱伤。因此，采用此战略的企业事先应做好充足的准备。

（4）重新定位。重新定位是指随着企业的发展、技术的进步、市场环境的变化，企业对过去的定位作修正，以使企业拥有比过去更多的适应性和竞争力。一般来说，主要有以下几种情况：①企业的经营战略和营销目标发生了变化；②企业面临激烈的市场竞争；③企业为适应目标顾客的新需求。企业的市场定位应该是一个动态战略过程，需要针对新的环境、新的需求、新的企业战略而不断调整。

二、市场定位的步骤

市场定位通过识别潜在竞争优势、确认企业核心竞争优势和制定发挥核心竞争优势的策略三个步骤来实现。

1. 识别本企业的竞争优势

这是市场定位的基础。通常，企业的竞争优势表现在成本和产品差别化两个方面。为了识别其优势所在，首先，要对市场进行研究，切实了解目标市场需求的特点以及这些特点被满足的程度；其次，要研究主要竞争者的优势和劣势，进而从中把握和确定自己的潜在竞争优势在何处。

2. 确认企业的核心竞争优势

核心竞争优势是与主要竞争对手相比，企业在产品开发、服务质量、销售渠道、品牌知名度、财务等方面所具有的可获取明显差别利益的优势。应把企业的全部营销活动加以分类，并将主要环节进行比较分析，以确认和形成企业的核心竞争优势。

3. 制定发挥核心竞争优势的策略

企业在市场营销方面的核心能力与优势，必须通过制定一系列的策略来加以体现，将其独特的竞争优势准确地传播给潜在顾客，并在顾客心目中留下深刻印象。

三、市场定位策略

企业在选择了目标市场以后，就要在目标市场上定位，而定位的最终目的是向市场提供有差异的产品或服务。一般有以下 4 个方面的可能。

1. 产品差别化策略

产品差别化策略是指从产品特色、产品款式、产品性能、产品质量、可靠性、维护性、耐用性以及风格等方面实现差别化。

2. 服务差别化策略

服务差别化策略是指向目标市场提供与竞争者不同的优质服务。服务差别化策略能够提高顾客总价值，与客户建立良好关系。

3. 人员差别化策略

人员差别化策略是指通过聘用和培训比竞争者更为优秀的人员以获得差别优势。

4. 形象差别化策略

形象差别化策略是指在产品的核心部分与竞争者相似的情况下塑造不同的产品形象以获取差别优势。例如，使用醒目的标志，营造特别气氛，通过各种事件等塑造产品和企业的形象。

四、市场定位方法

1. 根据具体的产品特色定位

产品特色定位是根据其本身特征，确定它在市场上的位置。构成产品内在特色的许多因素都可以作为市场定位所依据的原则，如产品构成成分、材料、质量、档次、价格等。“七喜”汽水的定位是“非可乐”，强调它是不含咖啡的饮料，与可乐饮料不同。“雀巢咖啡，味道好极了”“玉林机器，王牌动力”是从产品的质量上加以定位。“最贵的价格，最好的享受”“以最低的价格出售最好的产品”则是从产品的价格上加以定位。

2. 根据所提供的利益和解决问题的方法定位

产品本身的属性及由此衍生的利益、解决问题的方法也能使顾客感受到它的定位。例如，在我国沐浴露市场上，强生公司的强生沐浴露，强调其包含独用的“无泪配方”，纯净温和如水，绝不刺激宝宝还未发育完善的眼睛和泪腺，解决了妈妈们在给孩子洗澡时的难题。宝洁公司的舒肤佳健康沐浴露，突出其主要功能是去除和抑制可能引起皮肤感染和汗臭细菌，含有“迪保肤”抑菌成分，有助于皮肤健康，适合人们在生活水平提高后对健康的重视。

3. 根据使用者的类型定位

根据使用者的心理与行为特征，以及特定消费模式塑造出恰当的形象来展示其产品的定位。例如，美国米勒啤酒广告中展示石油工人钻井成功狂欢的镜头，年轻人在沙滩上冲刺后开怀畅饮的镜头，塑造一个“精力充沛的形象”。“金利来领带，男人的世界”“百事可乐，年青一代的选择”都是根据使用者的不同加以定位。

4. 根据竞争的需要定位

根据竞争者的特色与市场位置，结合企业自身发展需要，将本企业产品或定位于与其相似的另一类竞争者产品的档次，或定位于与竞争直接有关的不同属性或利益。例如，美国泰来诺止痛药的定位是“不含阿司匹林的止痛药”；美国阿维斯出租车公司将自己定位于出租汽车行业的第二位，强调“我们是老二，我们将更加努力”，暗示要比居市场第一位的企业提供更好的服务。

本章提要

- 市场细分是根据消费者的不同需求，把整体市场划分为不同消费者群的市场分割过程。实际上是一个聚集而不单纯分割的过程。它为企业选择目标市场和进行市场定位提供依据。
- 进行市场细分可以按照不同标准进行，消费者市场和产业市场的细分标准是不同的。但也应遵循以下原则：可衡量性、可进入性、可盈利性和差异性。
- 目标市场是企业决定要进入并为其服务的特定市场，也可根据企业能力、产品差异、产品生命周期、市场类同性和竞争者的战略等确定其无差异性战略、差异性战略和集中性战略。
- 市场定位就是企业为自己进入市场的产品创立鲜明的特色与个性，树立一定的形象。关键是确认优势并发挥这些优势。填补定位、并列定位、对抗定位和重新定位是反映不同的竞争心态、显示不同竞争态势的定位方式。产品差别化、服务差别化、人员差别化和形象差别化是企业进行市场上的战略选择。

关键词

市场细分（market segmentation） 目标市场（targeted market）
无差异性营销战略（undifferentiated targeting strategy）
差异性营销战略（multi-segment targeting strategy）
集中性营销战略（concentrated targeting strategy） 市场定位（market positioning）

复习与思考

1. 如何进行市场细分？
2. 企业怎样选择目标市场？
3. 企业目标市场战略有哪些？选择时应考虑哪些因素？
4. 企业如何进行市场定位？
5. 市场定位一般有哪些方式、方法可供企业选择？

研究与讨论

1. 企业开展市场营销为什么要细分市场？
2. 试分析各种目标市场营销战略的利弊。
3. 企业在市场竞争中究竟要不要进行市场定位？为什么？

实践演练

1. 请对我国保险产品进行市场细分。
2. 通过调查研究，对麦当劳和肯德基的目标市场营销战略作出评价。

3. 你认为格力电器推出“睡梦宝”的理由是什么？

营销模拟

1. 如果你是一家生产果蔬汁企业的营销总监，你将如何确定目标市场？
2. 你又将如何对准备上市的果蔬汁进行市场定位呢？

本章案例

朗圣洁：“昂贵”牙膏的市场之旅

扫描此码 案例学习

案例讨论题：

1. 朗圣洁为何要推出价格昂贵的牙膏？其市场定位的理由是什么？
2. 朗圣洁牙膏能满足什么样的顾客需求？其目标市场有何特点？
3. 你认为朗圣洁在发展过程中将会遇到什么问题？要不要改变其市场定位？

第十章　市场竞争战略

市场营销只不过是文明化了的战争，在这场战争中，绝大多数战役的胜利是依靠文字、创意和严谨的思维取得的。

——艾伯特·W. 埃默里

只有找出正确的客户，并且比竞争对手更能维系客户的公司，才能在21世纪生存。

——费雷德里克·纽威尔

学习目标

知识目标

1. 三种基本竞争战略；
2. 市场领导者的战略；
3. 市场挑战者的战略；
4. 市场追随者与市场利基者战略。

能力目标

1. 学会识别和分析竞争者；
2. 能够运用五力模型分析行业竞争结构；
3. 能够制定各种竞争性战略。

营销故事

有两个孩子，去森林玩。正在高兴之际，突然发现远处有一只大狗熊正向他们这儿冲来。其中一个孩子说，我们应该开始逃跑了。另一个孩子却不慌不忙地开始穿跑鞋。第一个孩子疑惑不解地问："你觉得你跑得比狗熊快吗？"穿鞋的孩子头也不抬地答道："我跑得比不上狗熊快，可我只要跑过你就行了。"这就是竞争。若想生存就必须竞争，若想发展就必须超越竞争。

引例

丝域养发：红海中寻找蓝海

早在2003年，在化工行业打拼了几十年的陈英燕，带领她的丝域团队，以"秀发之美在于养，丝域致力于改变您的发质"为己任，第一款丝域头皮头发护理系列产品面市，在美容美发的一片"红海"中寻找属于自己的"蓝海"。

丝域团队深信大自然中蕴藏着令人变得健康美丽的神奇力量，在澳大利亚、加拿大、保加利亚……他们发现有养发奇效的珍贵植物精华及萃取技术。把生物工程技术成果与中医本草理论精髓有机结合，帮助丝域成功研发出一系列适合东方人头皮和发质的专业养护产品及护理项目。

2005 年，丝域开创了“以养代疗”的先河，建立了国内第一家“丝域养发馆”。走进丝域养发馆，一切都是美好的，优雅的室内装饰，轻柔曼妙的音乐，舒适的躺椅，柔软洁白的毛巾，水晶幻彩的梳妆台，亲切贴心的服务，让你仿佛置身梦幻家园，无忧无虑、尽享来自丝域的柔美呵护……

历经 10 年，丝域团队克服各种困难，勇往直前，实现产品研发和市场开发的“两发两中”：形成具有自主知识产权的系列养发护发产品，如丝域铂金系列、草本疗液及至尊系列等。通过发展连锁加盟和建立培训体系，市场迅速扩大，统一店名、统一装修风格的丝域养发馆，遍布中国大中城市。

到 2016 年，丝域养发馆遍及全国 200 多个城市，门店已突破 1 500 家，从业人员超万人，拥有超过 50 万名会员，年营业额达 10 亿之多。

丝域团队的目标是：“让每个人的头发健康和美丽”，将丝域养发馆做成业内的“星巴克”，把丝域及其产品做成国际品牌。

第一节　竞争者分析

企业参与市场竞争，不仅要了解谁是自己的顾客，而且还要弄清谁是自己的竞争对手。企业必须密切关注竞争环境的变化，了解自己的竞争地位及彼此的优劣势，只有知己知彼，方能百战不殆。

对竞争者的分析大致要经过以下步骤。

一、识别竞争者

竞争者一般是指那些与本企业提供的产品或服务相类似，并有相似目标顾客和价格的企业。例如，可口可乐公司与百事可乐公司互为竞争者。竞争者既有潜在的，也有现实的，识别竞争者也并易事。我们可以从不同的角度来划分竞争者的类型。

从行业的角度来看，企业的竞争者可分为如下几类。

1. 现有厂商

现有厂商是指本行业内现有的与企业生产同样产品的其他厂家，这些厂家是企业的直接竞争者。

2. 潜在加入者

当某一行业前景乐观、有利可图时，会引来新的竞争企业，使该行业增加新的生产能力，并要求重新瓜分市场份额和主要资源。另外，某些多元化经营的大型企业还经常利用其资源优势从一个行业侵入另一个行业。新企业的加入，将可能导致产品价格下降，利润减少。

3. 替代品厂商

与某一产品具有相同功能、能满足同一需求的不同性质的其他产品，属于替代品。随着科学技术的发展，替代品将越来越多，某一行业的所有企业都将面临与生产替代品的其他行业的企业进行竞争。

从市场方面看，企业的竞争者有如下几种分类。

1. 品牌竞争者

企业把同一行业中以相似的价格向相同的顾客提供类似产品或服务的其他企业称为品牌竞争者。如家用空调市场中，生产格力空调、海尔空调、三菱空调等厂家之间的关系。品牌竞争者之间的产品相互替代性较高，因而竞争非常激烈，各企业均以培养顾客品牌忠诚度作为争夺顾客的重要手段。

2. 行业竞争者

企业把提供同种或同类产品，但规格、型号、款式不同的企业称为行业竞争者。所有同行业的企业之间存在彼此争夺市场的竞争关系。如家用空调与中央空调的厂家、生产高档汽车与生产中档汽车的厂家之间的关系。

3. 需要竞争者

提供不同种类的产品，但满足和实现消费者同种需要的企业称为需要竞争者，如航空公司、铁路客运、长途客运汽车公司都可以满足消费者外出旅行的需要，当火车票价上涨时，乘飞机、坐汽车的旅客就可能增加，相互之间争夺满足消费者的同一需要。

4. 消费竞争者

提供不同产品，满足消费者的不同愿望，但目标消费者相同的企业称为消费竞争者，如很多消费者收入水平提高后，可以把钱用于旅游，也可用于购买汽车，或购置房产，因而这些企业间存在相互争夺消费者购买力的竞争关系，消费支出结构的变化，对企业的竞争有很大影响。

从企业所处的竞争地位来看，竞争者的类型如下。

1. 市场领导者（leader）

市场领导者是指在某一行业的产品市场上占有最大市场份额的企业，如柯达公司是摄影市场的领导者，宝洁公司是日化用品市场的领导者，可口可乐公司是软饮料市场的领导者等。市场领导者通常在产品开发、价格变动、分销渠道、促销力量等方面处于主宰地位。市场领导者的地位是在竞争中形成的，但不是固定不变的。

2. 市场挑战者（challenger）

市场挑战者是指在行业中处于次要地位（第二、三甚至更低地位）的企业，如富士是摄影市场的挑战者，高露洁是日化用品市场的挑战者，百事可乐是软饮料市场的挑战者等。市场挑战者往往试图通过主动竞争扩大市场份额，提高市场地位。

3. 市场追随者（follower）

市场追随者是指在行业中居于次要地位，并安于次要地位，在战略上追随市场领导者的企业。在现实市场中存在大量的追随者。市场追随者的最主要特点是跟随。在技术方面，它不做新技术的开拓者和率先使用者，而是做学习者和改进者。在营销方面，其不做市场培育的开路者，而是搭便车，以减少风险和降低成本。市场追随者通过观察、学习、借鉴、模仿市场领导者的行为，不断提高自身技能，不断发展壮大。

4. 市场补缺者（nichers）

市场补缺者多是行业中相对较弱小的一些中、小企业，它们专注于市场上被大企业忽略的某些细小部分，在这些小市场上通过专业化经营来获取最大限度的收益，在大企业的夹缝中求得生存和发展。市场补缺者通过生产和提供某种具有特色的产品和服务，赢得发展的空间，甚至可能发展成为“小市场中的巨人”。

二、确定竞争者的目标

确定了谁是企业的竞争者之后，还要进一步搞清每个竞争者在市场上追求的目标。有些企业追求的是“满意”的利润而不是“最大”的利润；有些企业考虑的是目标组合，如获利能力、市场占有率、技术领先等。企业还要了解每个竞争者的重点目标，估计他们对不同的竞争行为做出的应对。企业还必须注意监视和分析竞争者的行为，如果发现竞争者开拓了一个新的细分市场，那么，这可能是一个新的市场营销机会。当发现竞争者正试图打入属于自己的细分市场时，那么，就应该抢先下手，予以回击。

三、确定竞争者的战略

各企业采取的战略越相似，它们之间的竞争就越激烈。在多数行业中，根据所采取的主要战略的不同，可将竞争者划分为不同的战略群体：一是不同战略群体进入的难易程度不同；二是当企业决定进入某一战略群体，首先要明确谁是主要的竞争对手，然后决定自己的竞争战略。除了同一战略群体内存在激烈竞争外，在不同战略群体之间也存在竞争。企业需要估计竞争者的优势和劣势，了解竞争者执行各种既定战略的情报和是否达到了预期目标。为此，需搜集过去有关竞争者的情报和数据。既要看到竞争者的优势，也要利用对手的劣势，攻其不备。

四、判断竞争者的反应

竞争者的目标、战略、优势和劣势决定了它对降价促销、新产品投放等市场竞争战略的反应。当企业采取某些措施和行动之后，竞争者会有不同的反应。主要有以下几种反应模式。

1. 从容不迫型竞争者

有些竞争者对其他企业的行动不会作出迅速反应或反应不强烈。也许是他们觉得其顾客很忠诚；也许是他们对其他企业的行动缺乏观察力，反应迟钝；也许是他们没有作出反应的资金。

2. 选择型竞争者

有些竞争者只对某些类型的攻击作出反应，而不理睬其他类型的攻击。比如，可能是对降价作出反应，以证明自己在这方面的抗衡能力，阻止对手降价策略的进一步实施。但对对手增加广告费用的行动，他们可能不在意，相信这对自己没多大的威胁。

3. 凶狠型竞争者

有些竞争者对所有的攻击都作出迅速反应。他们的用意在于向整个市场的竞争对手显示自己的实力与奋战到底的决心，使对手望而却步。

4. 随机型竞争者

有些竞争者并不表现出固定的反应模式，即他们对于其他企业的攻击行动可能作出反应，也可能不作出反应，而且无论从经济、历史或其他方面分析，我们都很难找到他们作出反应的规律，预料他们将如何行事。

第二节　竞争力量与竞争战略

一、竞争力量分析

麦克尔·波特（Michael Porter）于20世纪80年代初提出的五种力量模型，将大量不同的因素汇集在一个简便的模型中，以此分析一个行业的基本竞争态势。五种力量模型确定了竞争的五种主要来源，即供应商和购买者的讨价还价能力，潜在进入者的威胁，替代品的威胁，以及来自目前在同一行业的公司间的竞争。一种可行战略的提出首先应该确认并评价这五种力量，不同力量的特性和重要性因行业和公司的不同而变化，如图10-1所示。

图10-1　五种竞争力量模型

1. 供应商的讨价还价能力

供应商影响一个行业竞争者的主要方式是提高价格（以此榨取买方的盈利），降低所提供产品或服务的质量，下面一些因素决定它的影响力：

（1）供应商所在行业的集中化程度；

（2）供应商产品的标准化程度；

（3）供应商所提供的产品在企业整体产品成本中的比例；

（4）供应商提供的产品对企业生产流程的重要性；

（5）供应商提供产品的成本与企业自己生产的成本之间的比较；

（6）供应商提供的产品对企业产品质量的影响；

（7）企业原材料采购的转换成本；

（8）供应商前向一体化的战略意图。

2. 购买者的讨价还价能力

与供应商一样，购买者也会给企业的经营造成威胁。购买者能够强行压低价格，或要求更高的质量或更多的服务。为达到这一点，他们可能使生产者互相竞争，或者不从任何单个生产者那里购买商品。购买者一般可以归为工业客户或个人客户，购买者的购买行为与这种分类方法一般不相关的。有一点例外，当工业客户是零售商时，他可以影响消费者的购买决策，这样，零售商的讨价还价能力就显著增强了。以下因素影响购买者集团的议价能力：

（1）集体购买；

（2）产品的标准化程度；

（3）购买者对产品质量的敏感性；

（4）替代品的替代程度；

（5）大批量购买的普遍性；

（6）产品在购买者成本中占的比例；

（7）购买者后向一体化的战略意图。

3. 新进入者的威胁

一个行业的进入者通常带来大量的资源和额外的生产能力，并且要求获得市场份额。除了完全竞争的市场以外，行业的新进入者可能使整个市场发生动摇。尤其是当有步骤、有目的地进入某一行业时，情况更是如此。

新进入者威胁的严峻性取决于一家新的企业进入该行业的可能性、进入壁垒以及预期的成效。其中第一点主要取决于该行业的前景如何，行业增长率高表明未来的盈利性强，而眼前的高利润也颇具诱惑力。

对于上两种威胁，客户需要研究进入壁垒难易的条件因素，如钢铁业、造船业、汽车工业、规模经济是进入壁垒的重要条件，此外还有产品的差异条件，如化妆品及保健品业产品的差异是进入壁垒的主要条件之一。

4. 替代品的威胁

替代品是指那些与客户产品具有相同功能的或类似功能的产品，如糖精从功能上可以替代糖，飞机远距离运输可能被火车替代等，那么生产替代品的企业本身就给客户甚至行业带来威胁，替代竞争的压力越大，对客户的威胁越大，决定替代品压力大小的因素主要如下：

（1）替代品的盈利能力；

（2）替代品生产企业的经营策略；

（3）购买者的转换成本。

行业中的每一个企业或多或少都必须应付以上各种力量构成的威胁，而且客户必面对行业中的每一个竞争者的举动。除非认为正面交锋有必要而且有益处，例如，要求得到很大的市场份额，否则客户可以通过设置进入壁垒，包括差异化和转换成本来保护自己。

5. 行业内现有竞争者的竞争

大部分行业中的企业，相互之间的利益都是紧密联系在一起的，作为企业整体战略一部分的各企业竞争战略，其目标都在于使得自己的企业获得相对于竞争对手的优势，所以，在实施中就必然会产生冲突与对抗现象，这些冲突与对抗就构成了现有企业之间的竞争。现有企业之间的竞争常常表现在价格、广告、产品介绍、售后服务等方面，其竞争强度与许多因素有关。

一般来说，出现下述情况将意味着行业中现有企业之间竞争的加剧：行业进入障碍较低，势均力敌竞争对手较多，竞争参与者范围广泛；市场趋于成熟，产品需求增长缓慢；竞争者企图采用降价等手段促销；竞争者提供几乎相同的产品或服务，用户转换成本很低；一个战略行动如果取得成功，其收入相当可观；行业外部实力强大的公司在接收了行业中实力薄弱企业后，发起进攻性行动，结果使得刚被接收的企业成为市场的主要竞争者；退出障碍较高，即退出竞争要比继续参与竞争代价更高。在这里，退出障碍主要受经济、战略、感情以及社会政治关系等方面考虑的影响，具体包括：资产的专用性、退出的固定费用、战略上的相互牵制、情绪上的难以接受、政府和社会的各种限制等。

二、一般竞争战略

竞争战略是指在正确界定和分析竞争对手和竞争形势后，企业计划在一段较长时期内采用的主要竞争手段，也可以说竞争战略就是确立企业竞争优势的谋划。

美国著名的战略学家迈克尔•波特（Michael E. Porter）在其1980年出版的《竞争战略》一书中指出，企业要获得竞争优势，一般有两条道路：一是在行业中成为成本最低的生产商，二是在企业的产品和服务上形成与众不同的经营特色，进而提出了可供企业选择的三种基本竞争战略：成本领先战略、差别化战略、目标集聚战略。

1. 成本领先战略

成本领先战略是指企业以低成本作为主要的竞争手段，企图使自己在成本方面比同行业的其他企业占有优势地位。为了实现低成本，企业应发挥规模经济的作用，使生产规模扩大、产量增加，从而降低单位产品的固定成本。此外还要争取做到：以较低的价格取得生产所需的原材料和劳动力；使用先进的机械设备，增加产量，提高设备利用率、劳动生产率、产品合格率；强化管理，最大限度地降低和控制成本与管理费用，使企业的总成本低于竞争对手，以创造和赢得竞争优势。

成本领先可以从以下几个方面给企业带来竞争优势：

（1）以获得高于产业平均利润的利润；

（2）以有较大的降价空间，可有效地实施价格竞争，提高企业的价格竞争能力；

（3）可以以较低的价格销售产品，有利于扩大销售，提高市场占有率；

（4）可以以较低的价格限制潜在竞争者的加入。

美国福特汽车、中国的格兰仕微波炉等企业都曾因成功地实施此战略而赢得竞争优势，取得巨大成功。但是，当同行业企业都采取各种措施使成本最小化达到或接近极限时，这一战略就会失去实用价值。

2. 差异化战略

差异化战略或称标新立异战略就是使企业提供的产品或服务标新立异，有别于竞争者而具有鲜明的个性或特色，以创造和提升企业竞争优势的战略。

差异化可以通过许多方面来体现，如产品性能、质量、外观、品牌形象、技术、客户服务、经销网络等，企业只要在其中某一方面或某几个方面与竞争者有所不同，并对潜在顾客具有较大的吸引力，就能取得优势地位。

成功地实施差异化战略可带来的竞争优势有：

（1）使企业减少与竞争对手的正面冲突，取得某一领域的竞争优势；

（2）利于扩大企业和品牌的知名度，强化顾客的品牌偏好和忠诚；

（3）能有效地将顾客的注意力吸引到企业鲜明的个性和特色上，降低顾客对价格的敏感性，从而有利于企业抵御价格竞争的冲击，增加企业利润；

（4）具有特色的产品还能有效地防止替代品的威胁。

但实施这种战略可能以付出较高的成本为代价，当较多的顾客没有能力或不愿意为差异化的产品支付高价格时，企业的市场占有率很难提高；此外，企业在某些方面的经营特色也可能被其他企业打破。因此，企业采用这一战略时需要有不断创新的精神。

3. 目标集聚战略

目标集聚战略是企业将经营重点集中在某一特定的顾客群体、某产品系列或某一特定的地区市场上，力争在局部市场取得竞争优势。

具备下列四种条件，采用集中化战略是适宜的：

（1）具有完全不同的用户群，这些用户或有不同的需求，或以不同的方式使用产品；

（2）在相同的目标细分市场中，其他竞争对手不打算实行重点集中战略；

（3）企业的资源不允许其追求广泛的细分市场；

（4）行业中各细分部门在规模、成长率、获利能力方面存在很大差异，致使某些细分部门比其他部门更有吸引力。

此外，目标集聚战略一方面能满足某些消费者群体的特殊需要，具有与差异化战略相同的优势；另一方面因可以在较窄的领域里以较低的成本进行经营，又兼有与低成本战略相同的优势。

新视角

五种竞争力量与一般竞争战略之间的关系

<table>
<tr><td colspan="4">波特五力模型与一般战略的关系</td></tr>
<tr><td rowspan="2">行业内的五种力量</td><td colspan="3">一般战略</td></tr>
<tr><td>成本领先战略</td><td>产品差异化战略</td><td>集中战略</td></tr>
<tr><td>进入障碍</td><td>具备杀价能力以阻止潜在对手的进入</td><td>培育顾客忠诚度以挫伤潜在进入者的信心</td><td>通过集中战略建立核心能力以阻止潜在对手的进入</td></tr>
<tr><td>买方议价能力</td><td>具备向大买家出更低价格的能力</td><td>因为选择范围小而削弱了大买家的谈判能力</td><td>因为没有选择范围使大买家丧失谈判能力</td></tr>
<tr><td>供方议价能力</td><td>更好地抑制大卖家的议价能力</td><td>更好地将供方的涨价部分转嫁给顾客方</td><td>进货量低供方的议价能力就高，但集中差异化的公司能更好地将供方的涨价部分转嫁出去</td></tr>
<tr><td>替代品的威胁</td><td>能够利用低价抵御替代品</td><td>顾客习惯于一种独特的产品或服务因而降低了替代品的威胁</td><td>特殊的产品和核心能力能够防止替代品的威胁</td></tr>
<tr><td>行业内对手的竞争</td><td>能更好地进行价格竞争</td><td>品牌忠诚度能使顾客不理睬你的竞争对手</td><td>竞争对手无法满足集中差异化顾客的需求</td></tr>
</table>

第三节　位势竞争战略

位势竞争战略就是在市场竞争结构中，明确本企业的竞争地位，对处于不同位势的竞争对手采取相应的竞争策略。随着市场竞争的激化，企业有必要采取位势竞争战略来取胜。现将位势竞争战略分述如下。

一、市场领导者战略

市场领导者指占有最大的市场份额，在价格变化、新产品开发、分销渠道建设和促销战略等方面对本行业其他公司起着领导作用的公司。占据着市场领导者地位的公司常常成为众矢之的。因此，企业必须随时保持警惕并采取适当的措施　。一般来说，市场领导者为了维护自己的优势，保持自己的领导地位，通常可采取三种策略　：一是设法扩大整个市场需求；二是采取有效的防守措施和攻击战术，保护现有的市场占有率；三是在市场规模保持不变的情况下，进一步扩大市场占有率。

1. 扩大市场需求总量

一般来说，当一种产品的市场需求总量扩大时，受益最大的是处于市场领导地位的企业。因此，市场领导者应努力从以下三个方面扩大市场需求量。

（1）发掘新的使用者。每一种产品都有吸引顾客的潜力，因为有些顾客或者不知道这种产品，或者因为其价格不合适或缺乏某些特点等而不想购买这种产品，这样，企业

可以从三个方 面发掘新的使用者。如香水制造商可设法说服不用香水的妇女使用香水（市场渗透策略）；说服男士使用香水（新市场策略）；或者向其他国家或地区推销香水（地理扩张策略）。

在发掘新使用者方面，一个非常成功的范例是庄臣公司的婴儿洗发精。由于美国 20 世纪 60 年代以后出生率下降，婴儿用品市场逐步萎缩，为摆脱困境，庄臣公司决定针对成年人发动一场广告攻势，向成年人推销婴儿洗发精，取得了良好效果。不久以后，该品牌的婴儿洗发精就成为整个洗发精市场的领导者。

（2）开辟产品新用途。公司也可通过发现并推广产品的新用途来扩大市场。杜邦公司的尼龙就是这方面的典范。每当尼龙进入产品生命周期的成熟阶段，杜邦公司就会发现新用途。尼龙首先是用作降落伞的合成纤维；然后是作女袜的纤维；接着成为男女衬衫的主要原料；再后又成为汽车轮胎、沙发椅套和地毯的原料。每项新用途都使产品开始了一个新的生命周期 。这一切都归功于该公司为发现新用途而不断进行的研究和开发计划。

同样，顾客也是发现产品新用途的重要来源，例如，凡士林刚问世时是作机器润滑油，但在使用过程中，顾客发现凡士林还有许多新用途，如作润肤脂、药膏和发蜡等。因此，公司必须要留心注意顾客对本公司产品使用的情况。

（3）扩大产品的使用量。促使使用者增加用量也是扩大需求的一种重要手段。例如，牙膏生产厂家劝说人们每天不仅要早晚刷牙，最好每次饭后也要刷牙，这样就增加了牙膏的使用量。再如宝洁公司劝告用户，在使用海飞丝洗发精洗发时，每次将使用量增加一倍，效果更佳。

2. 保护市场占有率

处于市场领导地位的企业，在努力扩大整个市场规模时，必须注意保护自己现有的业务，防备竞争者的攻击。例如，可口可乐公司必须对百事可乐公司常备不懈；柯达公司要防备富士公司的进攻等。

市场领导者如何防御竞争者的进攻呢？最有建设意义的答案是不断创新。领导者不应满足于现状，必须在产品创新、提高服务水平和降低成本等方面，真正处于该行业的领先地位，同时，应该在不断提高服务质量的同时，抓住对方的弱点主动出击，正所谓“进攻是最好的防御”。

市场领导者即使不发动进攻，至少也应保护其所有战线，不能有任何疏漏。IBM 公司之所以决定生产个人计算机，其部分原因就是为了防止其他公司乘虚而入、站稳脚跟后发展壮大。堵塞漏洞要付出很高的代价，但放弃一个产品或细分市场，“机会损失”可能更大。柯达公司因为 35 毫米照相机亏本就放弃了这一市场，但是，日本人却想方设法对这种照相机进行改进，使之便于操作，从而迅速取代了价格较低的柯达照相机。由于资源有限，领导者不可能保持它在整个市场上的所有阵地，因此，它必须善于准确地辨认哪些是值得耗资防守的阵地，哪些是可以放弃而不会招致风险的阵地，以便集中使用防御力量。防御策略的目标是要减少受到攻击的可能性，将攻击转移到威胁较小的地带，并削弱其攻势。

小链接

六种防御策略

（1）阵地防御（position defense）。阵地防御就是在现有阵地周围建立防线，这是一种静态的消极防御，是防御的基本形式，但是，不能作为唯一的形式。对于营销者来讲，单纯防守现有的阵地或产品，就会患“营销近视症”。当年，亨利·福特便对他的T型车的近视症付出了沉重的代价，使得年盈利10亿美元的福特公司从顶峰跌到濒临破产的边缘。与此相对比的是，现在可口可乐公司虽然已经发展到年产量占全球饮料半数左右的规模，但仍然积极从事多角经营，如打入酒类市场，兼并水果饮料公司，从事塑料和海水淡化设备等工业。总之，遭受攻击的领导者如果集中全部资源，一味防御，那将是十分愚蠢的。

（2）侧翼防御（flanking defense）。侧翼防御是指市场领导者除保卫自己的阵地外，还应建立某些辅助性的基地作为防御阵地，或必要时作为反攻基地。特别要注意保卫自己较弱的侧翼，防止对手乘虚而入。例如，20世纪70年代美国的汽车公司就是因为没有注意侧翼防御，遭到日本小型汽车的进攻，失去了大片阵地。

（3）先发防御（preemptive defense）。这种更积极的防御策略是在敌方对自己发动进攻之前，先发制人抢先攻击。具体做法是，当竞争者的市场占有率达到某一危险的高度时，就对它发动攻击；或者是对市场上的所有竞争者全面攻击，使得对手人人自危。

有时，这种以攻为守是着重心理作用，并不一定付诸行动。如市场领导者可发生市场信号，迫使竞争者取消攻击。一家美国大型制药厂是某种药品的领导者，每当他听说一个竞争对手要建立新厂生产这种药时，就放风说自己正在考虑将这种药降价，并且要考虑扩建新厂，以此吓退竞争者。

当然，企业如果享有强大市场资产——厂牌忠诚度高、技术领先等，面对对手挑战，可以沉着应战，不轻易发动进攻。如美国亨氏公司对汉斯公司在番茄酱市场上的进攻，就置之不理，结果是后者得不偿失，以败阵告终。

（4）反攻防御（counter offensive defense）。当市场领导遭到对手降价或促销攻势，或改进产品、市场渗透等进攻时，不能只是被动应战，应主动反攻。领导者可选择迎击对方的正面进攻、迂回攻击对方的侧翼，或发动钳式进攻，切断从其根据地出发的攻击部队等策略。例如，当美国西北航空公司最有利的航线之一——明尼波里斯至亚特兰大航线受到另一家航空公司降价和促销进攻时，西北航空公司采取的报复手段是将明尼波里斯至芝加哥航线的票价降低，由于这条航线是对方主要收入来源，结果迫使进攻者不得不停止进攻。

（5）运动防御（mobile defense）。运动防御要求领导者不但要积极防守现有阵地，还要扩展到可作为未来防御和进攻中心的新阵地，它可以使企业在战略上有较多的回旋余地。市场扩展可通过两种方式实现：市场扩大化和市场多角化。

①市场扩大化（market broadening）。这是企业将其注意力从目前的产品转移到有关该产品的基本需要上，并全面研究与开发有关该项需要的科学技术。例如，把“石油”公司转变为“能源”公司就意味着市场范围扩展到石油、煤炭、核能、水利和化学等工业。

但是市场扩大化必须有一个适当的限度，否则就违背了两条基本的军事原则：即目标原则（确定明确可行的目标）和优势集中原则（集中优势兵力打击敌军薄弱环节）。

②市场多角化（market diversification）。这是向彼此不相关连的其他行业扩展，实行多角化经营。例如，美国雷诺和菲利浦·摩尔斯等烟草公司认识到社会对吸烟的限制正在加强，而纷纷转入酒类、软饮料和冷冻食品这样的新行业，实行市场多角化经营。

（6）收缩防御（contraction defense）。有时，在所有市场阵地上进行全面防御会力不从心，从而顾此失彼，在这种情况下，最好的行动是实行战略收缩——收缩防御，即放弃某些薄弱的市场，把力量集中用于优势的市场阵地中。例如，美国西屋电器公司将其电冰箱品种由 40 种缩减到 30 种，占其销售额的 85%。

3. 提高市场占有率

市场领导者设法提高市场占有率，也是增加收益、保持领导地位的一个重要途径。在美国许多市场上，市场份额提高一个百分点就意味着数千万美元的收益。如咖啡市场份额的一个百分点就值 4 800 万美元，而软饮料市场的一个百分点就是 12 亿美元。美国的一项称为“企业经营战略对利润的影响”（PIMS）的研究表明，市场占有率是影响投资收益率最重要的变数之一，市场占有率越高，投资收益率也越大，市场占有率高于 40% 的企业，其平均投资收益率相当于市场占有率低于 10% 者的 3 倍。因此，许多企业以提高市场占有率为目标。例如，美国通用电器公司要求它的产品在各自市场上都要占据第一或第二位，否则就要撤退。该公司就曾将计算机和空调机两项业务的投资撤回，因为它们在其中无法取得独占鳌头的地位。

但是，有些学者对该项研究提出不同意见。他们在对某些产业的研究中发现，有些企业市场占有率虽然较低，但其利润率高，它们的特点是产品质量较高，相对其高质量来说价格中等或偏低，产品经营范围狭窄，其中大部分企业都是生产常用的工业部件或原材料，对其产品很少改动。对有些行业的研究结果表明，市场占有率和利润率之间存在着一条 V 形关系曲线。在 V 形曲线上，大企业趋于追求占领整个市场，并通过实现规模经济而获得较高的利润回报率。弱小的竞争者可集中经营某些较窄的业务细分市场，制定专用于该细分市场的生产、市场营销和配销的策略方针，通过建立专业化竞争优势也能获得较高的利润率。而在 V 形曲线底部的中等竞争者，既不能获得规模经济效益，又不能获得专业化竞争优势，因此利润回报率最低。

那么，以上两种观点如何才能一致呢？PIMS 研究结果表明：随着企业在其所服务的市场上获得的市场占有率超过其竞争者，盈利就会增加。奔驰公司获得高额利润，是因为它在其所服务的豪华汽车市场上是一个占有率高的公司，尽管它在整个汽车市场上占有率并不是很高 。

不过，公司不可认为在任何情况下市场占有率的提高都意味着收益率的增长，这还要取决于为提高市场占有率所采取的营销策略是什么。有时为提高市场占有率所付出的代价会高于它所获得的收益，因此，企业在提高市场占有率时应考虑以下三个因素。

第一，引起反垄断诉讼的可能性。许多国家为维护市场竞争，制定有反垄断法，当企业的市场占有率超过一定限度时，就有可能受到反垄断诉讼和制裁。

第二，经济成本。当市场份额已达到一定水平时，再提高一步的边际成本非常大，甚至得不偿失。

第三，企业在争夺市场占有率时所采用的营销组合策略。有些营销手段对提高市场占有率很有效，但却未必能提高利润。只有在下列两种情况下，市场占有率才同收益率成正比：①单位成本随着市场占有率的提高而下降，福特汽车公司在20年代销售T型车便是采取了这种策略；②公司在提供优质产品时，销售价格的提高大大超过为提高质量所投入的成本。美国学者克罗斯比（Crosby）认为：质量是免费的，因为质量好的产品可减少废品损失和售后服务的开支等，这就节约了成本。但是，其产品应投消费者之所好，这样消费者就愿意支付超出成本的高价。

二、市场挑战者战略

1. 确定战略目标与竞争对手

市场挑战者指在行业中占据第二位及以后位次，有能力对市场领导者和其他竞争者采取攻击行动，希望夺取市场领导者地位的公司。市场挑战者首先必须确定其战略目标。大多数市场挑战者的战略目标是增加自己的市场占有率，并且认为增加市场占有率将会获得更大的利益。

一个竞争者可在下列三种类型的企业中选择一种进行攻击。

（1）攻击市场领导者。这是一种具有高风险但是又有潜在高报酬的策略；而且如果市场领导者“并非真正的领导者”，且无法为市场服务时，这种策略就更具有意义。挑战者应该了解消费者的需要或者是不满之处，如果有一种实质的需要尚未被满足或者未能获得完全满足时，则就给挑战者提供了一个战略性的目标市场。

（2）攻击那些与自己规模相当，但经营不良且财务状况不佳的公司。攻击者必须时时刻刻调查消费者的满意程度，以及潜在的创新的机会。假如其他企业资源有限，那么即使采取正面的攻击亦能奏效。

（3）它可以攻击地方性的或者区域性的营运与财务状况均不佳的企业。很多大公司之所以有今日的规模，并非靠彼此争夺顾客而来的，主要是靠着争取一些“小企业”或者“小公司”的顾客而日渐壮大的。由此可知，选择竞争者与选择目标，是相互关联的。如果攻击的对象是市场领导者，则其目标可能是夺取某些市场占有率。若所攻击的对象是地方性的小企业，则其目标可能是将这些小企业逐出市场。不论是在何种情况下，最重要的原则依然是：每一项战略行动都必须指向一个明确规定的、决定性的以及可以达到的目标。

2. 选择挑战战略

在确定了战略目标和进攻对象之后，挑战者要考虑进攻的策略问题。其原则是集中优势兵力于关键的时刻和地方。总的来说，挑战者可选择以下五种战略。

（1）正面进攻（frontal attack）。正面进攻就是集中兵力向对手的主要市场发动攻击，打击的目标是敌人的强项而不是弱点。这样，胜负便取决于谁的实力更强，谁的耐力更持久，进攻者必须在产品、广告、价格等主要方面大大领先对手，方有可能成功。

进攻者如果不采取完全正面的进攻策略，也可采取一种变通形式，最常用的方法是针对竞争对手实行削价。通过在研究开发方面大量投资，降低生产成本，从而在低价格上向竞争对手发动进攻，这是持续实行正面进攻策略最可靠的基础之一。日本企业是实践这一策略的典范。

（2）侧翼进攻（flanking attack）。侧翼进攻就是集中优势力量攻击对手的弱点，有时也可正面佯攻，牵制其防守兵力，再向其侧翼或背面发动猛攻，采取"声东击西"的策略。侧翼进攻可以分为两种：一种是地理性的侧翼进攻，即在全国或全世界寻找对手相对薄弱的地区发动攻击。例如，IBM 公司的挑战者就是选择一些被 IBM 公司忽视的中小城市建立强大的分支机构，获得了顺利的发展。另一种是细分性侧翼进攻，即寻找市场领导企业尚未很好满足的细分市场。例如，德国和日本的汽车生产厂商就是通过发掘一个尚未被美国汽车生产厂商重视的细分市场，即对节油的小型汽车的需要，而获得极大发展。

侧翼进攻不是指在两个或更多的公司之间浴血奋战来争夺同一市场，而是要在整个市场上更广泛地满足不同的需求。因此，它最能体现现代市场营销观念，即"发现需求并且满足它们"。同时，侧翼进攻也是一种最有效和最经济的策略，较正面进攻有更多的成功机会。

（3）围堵进攻（encirclement attack）。围堵进攻是一种全方位、大规模的进攻策略，它在几个战线发动全面攻击，迫使对手在正面、侧翼和后方同时全面防御。进攻者可向市场提供竞争者能供应的一切，甚至比对方还多，使自己提供的产品无法被拒绝。当挑战者拥有优于对手的资源，并确信围堵计划的完成足以打垮对手时，这种策略才能奏效。日本精工表在国际市场上就是采取这种策略。在美国，它提供了约 400 个流行款式、2 300 种手表，占据了几乎每个重要钟表商店，通过种类繁多、不断更新的产品和各种吸引消费者的促销手段，精工表取得了很大成功。

（4）迂回进攻（bypass attack）。这是一种最间接的进攻策略，它避开了对手的现有阵地而迂回进攻。具体办法有三种：一是发展无关的产品，实行产品多元化经营；二是以现有产品进入新市场，实现市场多元化；三是通过技术创新和产品开发，以替换现有产品。例如，美国高露洁公司在面对强大的宝洁公司竞争压力下，就采取了这种策略：即加强高露洁公司在海外的领先地位，在国内实行多元化经营，向宝洁没有占领的市场发展，迂回包抄宝洁公司。该公司不断收购了纺织品、医药产品、化妆品及运动器材和食品公司，结果获得了极大成功。

（5）游击进攻（guerrilla attack）。游击进攻主要适用于规模较小力量较弱的企业，目的在于通过向对方不同地区发动小规模的、间断性的攻击来骚扰对方，使之疲于奔命，最终巩固永久性据点。游击进攻可采取多种方法，包括有选择的降价，强烈地突袭式的促销行动等。应予指出的是，尽管游击进攻可能比正面围堵或侧翼进攻节省开支，但如果要想打倒对手，光靠游击战不可能达到目的，还需要发动更强大的攻势。

从以上可以看出，市场挑战者的进攻策略是多样的。一个挑战者不可能同时运用所有这些策略，但也很难单靠某一种策略取得成功，通常是设计出一套策略组合，通过整体策略来改善自己的市场地位。

三、市场追随者与市场利基者战略

1. 市场追随者战略

市场追随者指那些在产品、技术、价格、渠道和促销等大多数营销战略上模仿或跟随市场领导者的公司。并非所有的位居第二的公司都会向市场领先者挑战，领先者在一个全面的战役中往往会有更好的持久力，除非挑战者能够发动必胜的攻击，否则最好追随领先者而非攻击领先者。不过，追随者并非仅是被动的模仿领导者；相反地，追随者必须自行决定一条不会引发报复的成长途径。

市场追随者营销战略的一个重要特征是追随领导企业的经营行为，提供类似的产品或者是服务给购买者，尽力维持行业市场占有率的稳定。追随者也应当制定有利于自身发展而不会引起竞争者报复的战略，可分为以下 3 类。

（1）紧密跟随。指在个细分市场和产品、价格、广告等营销组合战略方面模仿市场领导者，不进行任何创新的公司。有些追随者甚至可能被说成是寄生者，他们在刺激市场方面很少有主动的动作，而是靠紧密追随领导者而获利。

（2）距离跟随。指在基本方面模仿领导者，但是在包装、广告和价格上又保持一定差异的公司。只要有距离的追随者没有积极的进攻领导者，领导者十分欢迎这种追随者，乐意让给他们一些市场份额，以便自己免遭市场的指责。

（3）选择跟随。指在某些方面紧跟市场领导者，在某些方面又自行其是的公司。这类企业也会选择不同的市场规划，以避免直接与领导者发生冲突，这类企业常常会成为未来的挑战者。

2. 市场利基者战略

市场利基者也称市场补缺者，指专门为规模较小的或大公司不感兴趣的细分市场提供产品和服务的公司。规模较小且大公司不感兴趣的细分市场称为利基市场。

有利的市场位置（利基）不仅对于小企业有意义，而且对某些大企业中的较小业务部门也有意义，它们也常设法寻找一个或多个既安全又有利的利基。一般来说，一个理想的利基具有以下几个特征：

（1）有足够的市场潜量和购买力；

（2）市场有发展潜力；

（3）对主要竞争者不具有吸引力；

（4）企业具备有效地为这一市场服务所必需的资源和能力；

（5）企业已在顾客中建立起良好的信誉，足以对抗竞争者。

那么，一个企业如何取得利基呢？进取利基的主要策略是专业化，公司必须在市场、顾客、产品或渠道等方面实行专业化。

（1）按最终用户专业化，即专门致力于为某类最终用户服务。例如，书店可以专门为爱好或研究文学、经济、法律等的读者服务。

（2）按垂直层次专业化，即专门致力于为生产—分销循环周期的某些垂直层次的经营业务。如制铝厂可专门生产铝锭、铝制品或铝质零部件。

（3）按顾客规模专业化，即专门为某一种规模（大、中、小）的客户服务。许多利基者专门为大公司忽略的小规模顾客服务。

（4）按特定顾客专业化，即只对一个或几个主要客户服务。如美国一些企业专门为西尔斯百货公司或通用汽车公司供货。

（5）按地理区域专业化，即专为国内外某一地区或地点服务。

（6）按产品或产品线专业化，即只生产一大类产品，如日本的 YKK 公司只生产拉链这一类产品。

（7）按客户订单专业化，即专门按客户订单生产预订的产品。

（8）按质量与价格专业化，即选择在市场的底部（低质低价）或顶部（高质高价）开展业务。

（9）按服务项目专业化，即专门提供一种或几种其他企业没有的服务项目。如美国一家银行专门承办电话贷款业务，并为客户送款上门。

（10）按分销渠道专业化，即专门服务于某一类分销渠道，如生产适用超级市场销售的产品。

市场利基者要承担较大风险，因为利基本身可能会枯竭或受到攻击，因此，在选择市场利基时，营销者通常选择两个或两个以上的利基，以确保企业的生存和发展。不管怎样，只要营销者善于经营，小企业也有机会为顾客服务并赢得利润。市场利基者是弱小者，面临的主要风险是当竞争者入侵或目标市场的消费者习惯变化时有可能性陷入绝境。因此，它的主要任务有以下 3 项。

①创造利基市场：敏锐捕捉消费者的需求信息；善于寻找和利用竞争对手的弱点。

②扩大利基市场：扩大产销量；扩大服务对象。

③保护利基市场：树立差异化优势；以技术创新构筑竞争壁垒；勇于向自己挑战。

本章提要

- 如何准确地识别竞争者是企业正确制定市场竞争战略和实现营销目标的前提。
- 五种力量模型确定了竞争的五种主要来源，即供应商和购买者的讨价还价能力，潜在进入者的威胁，替代品的威胁，以及来自目前在同一行业的公司间的竞争。
- 在同一目标市场上竞争的企业，一般可采取三种竞争战略：成本领先战略、差异化战略和目标集聚战略。
- 市场领导者是市场上最有实力的企业，要根据自身的特点，制定出正确的竞争战略，以维护自己的地位和市场份额。
- 市场挑战者作为仅次于市场领导者的企业，在制定竞争战略时，必须先确定自己的战略目标和竞争对手，然后选择挑战战略。
- 市场追随者是挑战者的主要攻击目标，只有保持低成本和高质量才能立足。作为市场补缺者最要紧的是找到一个或多个安全、有利可图的补缺点，以便求得生存。

关　键　词

成本领先战略（cost priority strategy）
目标集聚战略（emphases concentrate strategy）
市场领导者（market leader）
市场追随者（market nicher）
差异化战略（difference strategy）
市场利基者（market-nicher strategy）
市场挑战者（market challenger）

复习与思考

1. 五种竞争力量和三种基本竞争战略是什么？
2. 市场领导者为保护市场份额应采取什么样的竞争战略？
3. 市场挑战者应采取什么样的进攻战略？
4. 市场追随者应采取什么样的跟随战略？
5. 市场利基者应选择怎样的竞争战略？

研究与讨论

1. 企业在其营销活动中为什么要研究竞争者？怎样识别呢？
2. 试列举我国几大行业中的市场领导者、市场挑战者、市场追随者。
3. 如果你是一家利基者企业，你将怎样寻找市场的空缺并开发利基产品？

实 践 演 练

1. 对中国房地产市场进行调查研究，并找出市场的领导者、挑战者、追随者。
2. 对中国快餐业市场领导者缺位现象进行分析。

营 销 模 拟

1. 通过网上或实地调查分析，请你为伊利、蒙牛和光明提出参与市场竞争的建议。
2. 你认为这三家企业实行的是什么样的竞争战略？应该实行怎样的竞争战略？

本 章 案 例

可乐争霸战

扫描此码　　案例学习

案例讨论题：

1. 百年的发展铸就了可口可乐今日的辉煌，可口可乐保持长盛不衰的秘诀是什么？

2. 可乐大战给我们什么启示？尤其对于在市场上不断崛起的国产饮料企业最应该学习的是什么？

3. 挑战第一，百事可乐如何对可口可乐发起攻击？

4. 面对新可乐事件，可口可乐采取了什么样的产品策略？

5. 对于消费者来说，可口可乐是一种饮料，还是一种文化？

第十一章　品牌战略

21 世纪的工作，已经从做一份工作、追求一项事业，转变到建立专业品牌。

——汤姆·彼得斯

品牌就是一种让顾客了解相关产品来源的信号，它保护了顾客和产品制造者不受那些企图销售类似产品的竞争对手的干扰。

——大卫·艾克

学习目标

知识目标

1. 品牌的含义、作用及功能；
2. 品牌资产的构成和特征；
3. 品牌战略的意义和内容。

能力目标

1. 学习和掌握品牌定位战略；
2. 能够制定品牌推广战略；
3. 能够选择品牌扩展战略。

营销故事

大山很美，山里来了一只狼，狼饿了，找食吃，见到了一群猫。

这么多猫，把狼吓了一跳。可狼实在饿了，就壮着胆子向一只猫下了手，结果把猫吃了。猫虽然挣扎，也没有用，其他猫也没有给予帮助。狼很得意，于是每天吃一只猫，把这一群猫都给吃完了。

狼吃完了猫，又四处觅食，走了很远。正当饿极时，又看到一只大猫，这下狼高兴了，心想，虽然这次只有一只，可看起来大，可以吃饱，冲上去就咬，结果这只猫不但气力大，也凶猛，反过来把狼打倒在地，吃掉了。

狼至死也不明白，这只貌似猫的东西原来不是猫而是老虎。大猫非猫，一只大老虎的力量大过一群猫。

引例

P&G：开品牌管理之先河

品牌经理已成为当今的热门职位，良好的品牌管理能为企业带来更高的效益，这已成为企业的共识。越来越多的企业都在努力建立适合本企业的品牌管理系统，在这方面，宝洁公司是他们争相参照的经典。

1931 年 5 月 31 日，一份具有历史意义的备忘录在宝洁诞生。哈佛毕业生尼尔·麦克罗伊在这份长达 3 页的备忘录中详细介绍了他的品牌管理思想，公司总裁杜普利破例详细阅读了这份超长的备忘录（公司规定备忘录不能超过 1 页）并予以批准。于是，一份备忘录改变了宝洁的发展史，“将品牌作为一项事业来经营”从此成为宝洁的信念之一。

在新的品牌管理体系之下，品牌经理要对某一品牌的营销全权负责，且其收入与该品牌业绩相挂钩，由此，品牌经理会充分发挥其智慧和才能，在内外部双重竞争的状态下争取“他的”品牌获得成功。简单地说，宝洁品牌管理系统的精要就是让自己的品牌展开竞争，这对当时的美国工商业都是个全新的概念。

宝洁要求它旗下的每个品牌都是“独一无二”的，都必须自我建立顾客忠诚度。同类产品上的多种宝洁品牌相互竞争但又各有所长，为消费者提供不同的好处从而保持各自的吸引力。如洗发水品牌各自承诺不同的利益：头屑去无踪，秀发更出众（海飞丝）；洗护二合一，让头发飘逸柔顺（飘柔）；含维他命原 B_5，令头发健康，加倍亮泽（潘婷）。在全球范围之内，宝洁还有 9 个洗衣剂品牌，6 个香皂品牌，3 个牙膏品牌，2 个衣物柔顺剂品牌，也难怪《时代》杂志会称宝洁是个“毫无拘束、品牌自由的国度”。

第一节　品牌的基本概念

一、品牌的含义

品牌的英文单词 Brand，源出古挪威文 Brandr，意思是“烧灼”。人们用这种方式来标记家畜等需要与其他人相区别的私有财产。到了中世纪的欧洲，手工艺匠人用这种打烙印的方法在自己的手工艺品上烙下标记，以便顾客识别产品的产地和生产者。这就产生了最初的商标，并以此为消费者提供担保，同时向生产者提供法律保护。

在《牛津大辞典》里，品牌被解释为“用来证明所有权，作为质量的标志或其他用途”，即用以区别和证明品质。

品牌是用以识别某个销售者或某群销售者的产品或服务，并使之与竞争对手的产品或服务区别开来的商业名称及其标志，通常由文字、标记、符号、图案和颜色等要素或这些要素的组合构成。

品牌是一个集合概念，它包括品牌名称和品牌标志两部分。品牌不同于产品，与商标既有联系又有区别。现代品牌已经超越了区别的功能，成为企业形象和文化的象征，消费者从形象和文化中能感受到消费该品牌产品或服务带来的心理上的价值利益。因此，品牌最持久的含义是其价值、文化和个性，它代表着销售者（卖者）对交付给买者的产品特征、利益和服务的一惯性的承诺，它们构成了现代品牌的实质。

久负盛名的品牌就是优良质量的保证。不仅如此，品牌还是一个更为复杂的符号，蕴含着丰富的市场信息。为了深刻揭示品牌的含义，还需从属性、利益、价值、文化、个性、用户六个方面进行分析。

（1）属性。品牌首先使人们想到某种属性。例如“奔驰”意味着昂贵、工艺精湛、马力强大、高贵、转卖价值高、速度快等。

（2）利益。品牌不止意味着一整套属性。顾客买的不是属性，而是利益。属性需要转化为功能性或情感性的利益。耐久的属性体现了功能性的利益，昂贵的属性体现了情感性的利益。

（3）价值。品牌也说明一些生产者价值。“奔驰”代表着高绩效、安全、声望及其他。

（4）文化。品牌也可能代表着一种文化。“奔驰”汽车代表着德国文化：组织严密、高效率和高质量。

（5）个性。品牌也反映一定的个性。不同的品牌会使人们产生不同的品牌联想。

（6）用户。品牌暗示着购买或使用产品的消费者类型。

小链接

品牌的其他定义

菲利普·科特勒（Philip Kotler）在其《营销管理——分析、计划、控制》一书中将品牌定义为：“一个名字、名词、符号或设计，或是上述的总和，其目的是要使自己的产品或服务有别于其他竞争者。”

企划鼻祖史提芬·金则认为：“产品是工厂所生产的东西，品牌是消费者要购买的东西。产品可以被竞争者模仿，品牌却是独一无二的。产品极易过时落伍，但成功的品牌却能长久不衰。”

世界著名广告大师大卫奥格威1955年说过：“广告传播是品牌建设的一项长期的投资行为。所以，品牌应该有简单清晰的品牌核心利益诉求，并且保持持续的传播行为才能有效地占领消费者的脑海，获取消费者的青睐。”奥格威认为：品牌是一种错综复杂的象征。它是品牌属性、名称、包装、价格、历史、声誉、广告的方式的无形总和。

广告专家约翰·菲利普·琼斯认为：“品牌是指能为顾客提供其认为值得购买的功能利益及附加值的产品。”

按照“定位论”的创始者特劳特和里斯的“心智定位”学说，我们可以将品牌定义为一个有着某种共同特质的人群数据库。显然，作为一个品牌，它首先必须是定位于人，然后才是一个有着某种共同特质的人群集合，再次才是这部分人群的心理、态度与行为考量。

品牌不同于产品。产品是带有功能性目的的物品，而品牌还能提供别的东西。所有的品牌都是产品，但并非所有的产品都是品牌。产品可以有品牌，也可以无品牌。产品是生产者制造出来的，品牌则是由消费者带来的。

品牌与商标既有联系又有区别。其联系在于，都是用以识别不同商品的商业名称及其标志，都是企业的无形资产，都具有一点的专有性。其区别在于，品牌是市场概念，实质上是品牌经营者对顾客的产品、服务和利益等方面的承诺。而商标属于法律范畴，是经过注册获得商标使用权从而受到法律保护的商业名称及其标志。品牌注册成商标，商标就是品牌的法律形式。

二、品牌的作用

品牌的作用可从以下几个方面来透视。

1. 品牌对营销者的作用

（1）有助于促进产品销售，树立企业形象；

（2）有利于保护品牌所有者的合法权益；

（3）可以约束企业的不良行为；

（4）有助于新产品开发，节约市场投入成本；

（5）扩大产品组合，形成品牌竞争力。

2. 品牌对消费者的益处

（1）易于识别商品，有助于消费者选购；

（2）有利于维护消费者的权益；

（3）有利于促进产品改良，满足消费需求；

（4）有利于消费者降低购买风险和购买成本；

（5）有利于消费者形成品牌偏好。

3. 品牌对竞争者的作用

（1）竞争者可以有针对性地进行品牌反击；

（2）竞争者可以实施“品牌补缺”战略，从而获益；

（3）竞争者可不做品牌做销售。

品牌的积极作用还表现在，有利于市场监控、维护市场运行秩序，有利于促进市场经济的发展和国家竞争力的提高。

三、品牌的功能

1. 识别功能

识别功能是品牌最基本、最原始的功能。它是指品牌能尽快帮助消费者找出所需要的产品，减少消费者在选购商品时所花费的时间和精力。消费者在购买具有某种使用价值的商品时，由于商品品种很多，难以作出抉择。正是因为品牌是产品的标志，代表着产品的品质、特色和承诺，消费者才会有目的地进行选择。品牌（商标）经国家有关部门登记注册后，成为企业形象的代号，代表着企业的经营理念、质量管理要求、企业文化、产品特色等。如果品牌在消费者心目中已形成良好的印象，则更易使消费者在种类繁多的产品中很快作出抉择。

2. 保障功能

品牌的重要组成部分是商标，商标一旦注册，便具有法律效力，受到法律的保护，其他任何企业不能使用与其相同的标示，不得模仿、抄袭和假冒，从而使企业的市场形象、社会声誉等受到保护。

3. 促销功能

品牌是企业赢得市场竞争优势的有力武器，是企业进入市场的通行证。由于品牌是产品品质、特色、档次的象征，是产品的牌子，易吸引消费者，实现扩大产品销售的目的。另外，一个好的品牌名字易记易识，是企业形象的体现，也容易帮企业尽快打开市场。

4. 增值功能

品牌作为一种无形资产，它本身可以作为商品被买卖，在市场交流的过程中，它能为企业带来巨大的经济效益，而且随着企业规模的扩大，品牌知名度、美誉度和忠诚度的提高，品牌本身的价值也会不断增长。

小链接

王老吉真“火”了

王老吉凉茶似乎是一夜走红。2002 年，它的年销售额是 1 亿元，2004 年却突然飙升至 8 亿元。王老吉实现从 1 亿元到 8 亿元飞跃仅仅用了两年，而销售额 1 亿元的路，王老吉却走了整整 7 年。在这 7 年时间里，它仅仅是蛰居于广东和浙江的地域品牌，颇受当地人的欢迎，没有生存的担忧，但好像也没有更大的发展空间。可是在 2003 年一年间，它却出人意料地吸引了全国人民的眼球。

2003 年，对于红色罐装王老吉来说是攻城略地、遍地开花的一年，“怕上火，喝王老吉”的广告频繁出现在电视广播中。仿佛一夜之间，全国人民都认识了王老吉，其销售额也奇迹般地猛增至 6 亿元，2004 年更达到 8 亿元之巨。

一个地域性品牌在短短一年的时间内红遍大江南北，年销售量激增 400%，这样的业绩，并非哪个企业都能做得到。精准的定位、铺天盖地的广告、强势的终端，是王老吉迅速走红的原因所在。

第二节　品牌资产

一、品牌资产的含义

品牌资产是一种超过商品或服务本身利益以外的价值。它通过为消费者和企业提供附加利益来体现其价值，并与某一特定的品牌紧密联系着。品牌给企业带来的附加利益最终源于品牌对消费者的吸引力和感召力。或者说，品牌资产是企业与顾客长期动态关系的反映。

阅读资料

品牌资产的相关定义

品牌资产这一概念于20世纪80年代由广告公司最早使用（Barwise，1993）。这一概念出现后日益引起营销管理人员和学者的广泛兴趣和关注。但是迄今为止，对于“品牌资产”也尚未形成一个广泛接受的定义（Keller，1993；Teas&Grapentine，1996；Ehernberg，1997）。对各种各样的定义进行总结，可以分为两大类：一是基于企业视角的定义；二是基于消费者视角的定义。基于企业视角的定义主要是从给企业带来实际收益、竞争优势、市场扩张能力等方面来定义“品牌资产”。比如卢泰宏（2000）归纳的财务会计概念模型：“品牌资产本质上是一种无形的资产，因此必须为这种无形资产提供一个财务价值。”Shocker等（1994）认为品牌资产是指“有品牌的产品与没有品牌的产品相比获得的超额现金流”。美国营销科学院给出的定义是“有品牌的产品可以获得比在没有品牌名称条件下更多的销售额和利润，同时赋予品牌超越竞争者强大、持久和差别化的竞争优势。”孙枝来（2001）认为：“品牌所能带来的未来收益的累计贴现。”

基于消费者视角的定义主要是从消费者角度来界定品牌资产的定义，因为研究越来越发现应该把品牌资产和消费者联系起来才有意义。从这个角度给出的定义，我们又可以分为以下两类。

1. 认识心理学视角的定义

一是从消费者效用或利益的角度。Aaker（1991）认为品牌资产指“与品牌、名称和标识等相关的一系列资产或负债，可以增加或减少通过产品或服务给企业或顾客的价值”。Shocker等（1994）从消费者角度将其定义为：“消费者认知中形成的产品物理属性所不能解释的在效用、忠诚和形象上的差异。”Farquhar为品牌资产归纳的概括性定义是，“与没有品牌的产品相比，品牌给产品带来的超越其使用价值的附加价值或附加利益”。范秀成（2000）认为，品牌资产是“企业以往在品牌方面的营销努力产生的赋予产品或服务的附加价值”。张传忠（2002）认为品牌资产能够给顾客和企业带来不同于产品的特别价值或利益，品牌资产不等于这些特别价值或利益，而是能够产生这些特别价值或利益的有价值的“能量”。

二是从消费者行为的角度。Keller（1993）提出基于顾客的品牌资产概念，认为品牌资产本质上是“由于顾客头脑中已有的品牌知识，导致顾客对品牌营销活动的差别化反应”。赵平（2003）强调品牌资产的消费者基础，认为品牌资产是“消费者对企业营销活动在认知、感情、行为意向、行为方面的差别化反应”。

综合来说，基于消费者视角的品牌资产定义应该包括三个阶段的内容：一是消费者心中积聚的品牌知识；二是通过对这些品牌知识的联想，从而认识到的品牌能给自己带来的效用；三是基于品牌能给自己带来的效用上的认识和认可，而愿意做出的差异化行为（比如愿意溢价购买，偏好购买）。

因此，美国营销科学院从消费和角度认为品牌资产是“品牌的顾客、渠道成员、母公司等对于品牌的联想和行为”。Keller（1993）提出基于顾客的品牌资产概念，认为品牌资产本质上是“由于顾客头脑中已有的品牌知识导致的顾客对品牌营销活动能过的差别化反应”。

而我们可以对 Keller（1993）的定义稍微修改为更好的定义，即从消费者角度，品牌资产指“由于顾客头脑中已有的品牌知识，并且在这种品牌知识带来的顾客联想下，认知到品牌能给自己带来的效用，从而导致的顾客对品牌营销活动的差别化反应”。

2. 社会心理学视角的定义

这种视角下，认为品牌资产更多体现的是一种品牌与消费者之间的关系。符国群（1999）认为，品牌资产是附于品牌之上，能够在未来为企业带来额外收益的“顾客关系”。

这些关系方法论者的研究有两个基本假设：一是把品牌人格化；二是把品牌作为组织的品牌。现有研究文献显示，目前的研究主要是基于第一种假设的研究。把品牌人格化（即“作为人的品牌”）作为基本假设，便把消费者与品牌的关系转化为人与人之间的关系来考虑。它借用了社会心理学中的人际关系理论。在这个假设下，又形成了两个研究分支：一是把个性（心理学中常称为人格）用于品牌上，即品牌个性；二是把关系隐喻用于消费者与品牌的相互作用上，把品牌作为关系伙伴，形成了“消费者—品牌关系”的概念。

资料来源：李怀斌，周学仁．市场营销学 [M]. 北京：东北财经大学出版社，2007.

我们正从一个产品经营时代向品牌经营时代转变。2016年8月6日，据英国《金融时报》报道，研究机构 Millward Brown 编制的 BrandZ 最新排行榜，全球 100 个最具价值的品牌，它们的总价值上升了 3%，达 3.4 万亿美元。

根据资料显示，在过去 10 年，全球最具价值 100 强的品牌增长了一倍多，增幅达到 133%。其中品牌价值是根据收入和盈利能力等财务指标，结合消费者品牌认知调查计算的。

在全球最具价值品牌百强榜上，有 15 个中国品牌上榜，比去年多一个，较 10 年前大有增加，当时中国移动（China Mobile）是唯一上榜的中国品牌。中国品牌上榜主要是挤掉了欧洲企业，这表明，经济实力正向东方转移。

中国品牌近年来发展迅猛，特别是科技行业，以腾讯（Tencent）、中国移动和阿里巴巴（Alibaba）为首的亚洲 10 强品牌的品牌价值达 3 600 亿美元，仅比欧洲大陆和英国 10 强的品牌价值总和低 10%。2016 全球品牌价值排行榜前 100 如表 11-1。

表 11-1　BrandZ 发布 2016 全球品牌价值榜（前 100 位）

Global brands：the top 100				↑ Biggest risers	↓ Biggest fallers
Rank 2016	Rank 2015	Change	Brand	Brand Value 2016（$m）	Value change 2016 vs 2015
1	2	1	Google	229 198	32%
2	1	−1	Apple	228 460	−8%
3	3	0	Microsoft	121 824	5%
4	6	2	AT & T	107 387	20%
5	12	7	Facebook	102 551	44%

续表

Global brands：the top 100				↑ Biggest risers	↓ Biggest fallers
Rank 2016	Rank 2015	Change	Brand	Brand Value 2016（Sm）	Value change 2016 vs 2015
6	5	−1	Visa	100 800	10%
7	14	7	Amazon	98 988	59%
8	7	−1	Verizon	93 220	8%
9	9	0	McDonald's	88 654	9%
10	4	−6	IBM	86 206	−8%
11	11	0	Tencent	84 945	11%
12	10	−2	Marlboro	84 143	5%
13	8	−5	CoCa-Cola	80 314	−4%
14	16	2	Wells Fargo	58 540	−1%
15	15	0	China Mobile	55 923	−7%
16	17	1	GE	54 093	−9%
17	18	−1	UPS	49 816	−4%
18	13	−5	Alibaba	49 298	−26%
19	19	0	Disney	49 229	15%
20	20	0	Mastercard	46 141	15%
21	29	8	Starbucks	43 565	49%
22	24	2	SAP	39 023	2%
23	27	4	Deutsche Telekom	37 733	12%
24	28	4	Nike	37 472	26%
25	23	−2	Vodafone	36 750	−4%
26	31	5	The Home Depot	36 440	32%
27	22	−5	ICBC	33 637	−13%
28	30	2	Toyota	29 501	2%
29	21	−8	Baidu	29 030	−27%
30	32	2	Louis Vultton	28 508	4%
31	33	2	Budwelser	27 975	5%
32	26	−6	Walmart	27 275	−23%
33	34	1	BMW	26 837	2%
34	25	−9	American Express	26 641	−30%
35	42	7	Zara	25 221	14%
36	38	2	L' Oreal Paris	23 524	1%
37	37	0	Pampers	22 911	−4%
38	51	13	Accenture	22 813	13%
39	43	4	Mercedes-Benz	22 708	4%
40	46	6	Movistar	21 945	3%
41	40	−1	Subway	21 567	−4%

续表

Global brands：the top 100				↑ Biggest risers	↓ Biggest fallers
Rank 2016	Rank 2015	Change	Brand	Brand Value 2016（Sm）	Value change 2016 vs 2015
42	39	−3	HP	21 387	−7%
43	35	−8	HSBC	20 276	−16%
44	55	11	Hermes	19 821	5%
45	36	−9	RBC	19 635	−18%
46	41	−5	China Construction Bank	19 617	−11%
47	New	n.a.	NTT	19 552	n.a.
48	45	−3	Samsung	19 490	−10%
49	44	−5	Oracle	19 489	−10%
50	70	20	Huawel	18 625	22%
51	56	5	Intel	18 632	1%
52	58	6	BT	18 575	3%
53	61	8	Orange	18 465	6%
54	57	3	Colgate	18 319	2%
55	64	9	IKEA	18 082	6%
56	60	4	Citi	17 055	−2%
57	68	11	Ping An	16 910	6%
58	49	−9	ExxonMobil	16 838	−18%
59	62	3	China Life	16 712	−4%
60	47	−13	TD	16 543	−20%
61	52	−9	Gillette	16 400	−17%
62	50	−12	Agricultural Bank of China	16 331	−19%
63	53	−10	FedEx	16 236	−17%
64	48	−16	Com’wealth Bank of Austrailia	16 227	−21%
65	88	23	PayPal	15 910	35%
66	54	−12	Shell	14 940	−21%
67	67	0	Cisco	14 508	−10%
68	97	29	Costco	14 461	29%
69	74	5	HDFC	14 440	3%
70	72	2	US Bank	14 098	−5%
71	65	−6	Bank of China	13 803	−16%
72	63	−9	Sinopec	13 206	−24%
73	66	−7	DHL	13 199	−19%
74	78	4	Honda	13 195	−1%
75	80	5	Fofd	13 084	0%
76	New	n.a.	Lowe’s	13 001	21%
77	59	−18	ANZ	12 883	−27%

续表

Global brands：the top 100				↑ Biggest risers	↓ Biggest fallers
Rank 2016	Rank 2015	Change	Brand	Brand Value 2016（Sm）	Value change 2016 vs 2015
78	82	4	Telstra	12 825	1%
79	75	−4	H&M	12 665	−8%
80	76	−4	Gucci	12 592	−9%
81	69	−12	Siemens	12 485	−19%
82	83	1	KFC	12 386	−2%
83	71	−12	Petrochina	12 341	−18%
84	89	5	Chase	12 330	6%
85	85	0	Linkedin	12 314	1%
86	79	−7	Pepsi	12 188	−7%
87	90	3	ALDL	12 077	4%
88	New	n.a.	CVS	12 074	17%
89	77	−12	J.P.Morgan	11 943	−12%
90	94	4	Red Bull	11 667	3%
91	73	−18	Ebay	11 509	−19%
92	93	1	Nissan	11 479	1%
93	New	n.a.	Moutai	11 465	n.a.
94	98	4	SoftBank	11 343	2%
95	95	0	Bank of America	11 289	0%
96	81	−15	BP	10 552	−18%
97	New	n.a.	Heineken	10 549	9%
98	New	n.a.	AIA	10 545	10%
99	New	n.a.	JD.com	10 496	37%
100	New	n.a.	Adobe	10 440	41%

2016 年 3 月 21 日，WPP 和华通明略公司发布了第六届 BrandZ 最具价值中国品牌 100 强年度排名。最新排名结果显示，尽管中国经济增速趋缓，中国最具价值 100 强企业的品牌总价值年度同比增长了 13%，达到 5 256 亿美元。腾讯此次蝉联排名榜首，品牌价值增长 24%，达到 821 亿美元。表 11-2，只列举前 25 位最具价值中国品牌。

表 11-2　最具价值中国品牌

序号	品牌	商标	行业	品牌价值（百万美元）	年同比变化率	品牌贡献
1	腾讯	Tencent 腾讯	科技	82.107	24%	5
2	中国移动	中国移动 China Mobile	电信服务	57.157	2%	4
3	阿里巴巴	Alibaba Group 阿里巴巴集团	零售	47.605	−20%	3
4	中国工商银行	ICBC 中国工商银行	银行	34.276	−1%	2

续表

序号	品牌	商标	行业	品牌价值（百万美元）	年同比变化率	品牌贡献
5	百度		科技	26.849	-13%	5
6	中国建设银行		银行	19.720	-6%	2
7	华为		科技	18.501	新上榜	3
8	中国农业银行		银行	16.239	5%	2
9	中国平安		保险	15.624	41%	3
10	中国人寿		保险	15.504	53%	3
11	中国银行		银行	12.974	9%	2
12	中国石化		石油和天然气	12.717	-18%	1
13	茅台		酒类	11.507	51%	5
14	中国石油		石油和天然气	10.709	-11%	1
15	京东		零售	9.422	新上榜	3
16	中国电信		电信服务	9.003	-9%	4
17	招商银行		银行	6.631	17%	2
18	伊利		食品和乳品	6.235	22%	5
19	中国国际航空		航空	4.902	26%	3
20	蒙牛		食品和乳品	4.755	-2%	5
21	中国联通		电信服务	4.708	-14%	3
22	交通银行		银行	4.499	17%	2
23	太平洋保险		保险	4.304	36%	3
24	联想		科技	3.788	16%	3
25	中国民生银行		银行	3.441	12%	2

二、品牌资产的特征

品牌作为企业重要的资产，有如下基本特征。

（1）品牌资产是一种重要的无形资产。品牌能给企业带来财富，是一种特殊的、无形的资产。因而，对于品牌资产的价值难以直观把握，其所有权的获得与使用权的转移也与有形资产存在差异。

（2）品牌资产的价值难以准确计量。由于品牌构成的特殊性和复杂性，其获利性受多种因素影响，因而对其进行估价也十分复杂，难以准确计量。

（3）品牌资产形成的长期性与积累性。品牌价值的形成和增长是企业长期经营与积累的结果，是企业与广大顾客保持长期互利关系的结果。一个强势品牌的形成过程就是品牌与消费者之间关系的长期沟通与发展过程。

（4）投资与利用的交错性。品牌作为无形资产，其投资与利用常常是交织在一起的，难以截然分开。品牌的有效利用和增加投资会促进价值增值。

（5）品牌资产价值的波动性。品牌从无到有，从弱到强，甚至从强走弱，其价值也会发生波动。今天的名牌并不一定就是明天的名牌，今天的无名小卒或许正是明天的名牌。

三、品牌资产的构成

品牌资产是一个系统的概念，由一系列要素构成，如图 11-1 所示。

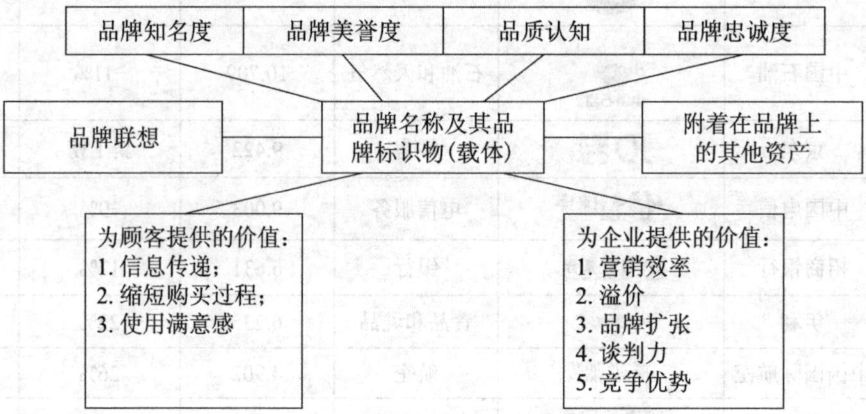

图 11-1　品牌资产构成要素

（1）品牌知名度：指某品牌被公众知晓、了解的程度，是评价品牌社会影响大小的指标。

（2）品牌美誉度：指某品牌获得公众信任、支持和赞许的程度，它反映品牌社会影响的好坏。

（3）品质认知：指消费者对产品或服务的适用性和其他功能特性适合其使用目的的主观理解或整体反应。

（4）品牌联想：指消费者想到某一品牌时就能记起与该品牌相连的信息。

（5）品牌忠诚度：指消费者在一段时间甚至更长时间内重复选择某一品牌，并形成重复购买的倾向。它反映出一个顾客转向另一个品牌的可能程度。

（6）附着在品牌上的其他资产：如专利、专有技术、分销系统等。

（7）为消费者提供附加利益：如奔驰汽车、劳力士手表。

（8）为企业提供附加利益：如营销效率、品牌扩张、谈判和竞争优势。

品牌名称及其标识是品牌资产的物质载体，（1）至（6）是品牌资产的有机成部分，（7）至（8）是品牌资产的实质内容。

四、品牌资产价值评估

品牌资产的价值评估是一项复杂而烦琐的工作。正因如此，品牌资产价值评估方法在理论界和实务界都存在许多争议。但若依据各种评估方法的基本特点作一归纳，品牌资产价值的评估方法基本可分为以下五类。

（1）历史成本法，即依据品牌资产的购置或开发的全部原始价值估价，包括设计、创意、广告、研制、分销、促销的价值。这种方法只考虑历史价值，无法反映现在的价值，往往会高估品牌的价值。

（2）重置成本法，即依据实际投入在被评估品牌上的资源的现行成本确定品牌价值。换言之，品牌价值取决于按现有的市场、技术条件，重新开发一个同样的品牌所需的成本。重置成本法评估的其实是品牌的外在价值。因此，采用该法进行评估的结果与品牌实际所具有的价值相比往往偏低，甚至相去甚远。

（3）市价法，即通过市场调查，选择一个或几个与评估品牌相类似的品牌作为比较对象，分析比较对象的成交价格和交易条件，进行对比调整，估算出品牌的价值。应用这种方法需具备两个条件：一是要有交易市场；二是要有参照对象，在执行上存在一定的难度。

（4）收益法，即通过估算品牌未来的预期收益，并采用适宜的贴现率折算成现值，然后累加得出品牌的价值。在对品牌未来收益的评估中，要做到两点：分离出品牌的净收益和预测品牌未来的收益。这种方法估算的品牌价值由两部分组成：一是品牌过去的终值；二是品牌未来的现值。

（5）英特品牌评估法，是英国英特品牌（Interbrand）公司提出的一种评估法。该方法根据企业市场占有率、产品销售量以及利润状况，结合主观判断的品牌力量，估算确定品牌资产的价值。其计算公式为

$$E=I \cdot G$$

式中：E——品牌价值；

I——品牌给企业带来的年平均利润；

G——品牌因子。

首先，要对企业利润进行分离，分离出由品牌带给企业的利润，具体可分以下两个步骤来进行。

（1）估计某种产品或某项业务的超额收益，即该种产品或该项业务的未来收益扣除有形资产创造的收益后的余额。这一余额反映了某个产品或某项业务收益产生过程中所有无形资产共同作用的程度。

（2）估计该种产品或该项服务的超额收益中，多大部分应归功于品牌，多大部分要

归功于非品牌无形资产，然后将归功于非品牌无形资产的超额收益予以扣除，那么，剩余的超额收益即为品牌所将产生的超额收益。在确定非品牌无形资产所创造的超额收益占全部超额收益的比重时，英特品牌公司采用的是“品牌作用指数法”，其基本思路是：从多个层面审视哪些因素影响产品的超额收益，以及品牌在多大程度上促进了超额收益的形成。尽管“品牌作用指数”带有主观和经验的成分，但英特品牌公司认为它不失为一种较为系统的品牌作用评价方法。

其次，要估算出品牌因子 G。品牌因子又称品牌强度倍数，是指品牌的预期获利年限。考察品牌强度时，英特品牌公司主要关注以下七个方面。

（1）市场特性。一般而言，处于成熟、稳定和具有较高市场壁垒的行业中的品牌，强度得分就高。

（2）稳定性。较早进入市场的品牌往往比新进入的品牌拥有更多的忠诚消费者，故品牌强度得分就高。

（3）品牌在行业中的地位。居于领导地位的品牌，由于对市场有更大的影响力，因此，它会较居于其他地位的品牌有更高的强度得分。

（4）行销范围。品牌行销范围越广泛，其抵御竞争者和扩张市场的能力就越强，因而该种品牌的强度得分就越高。

（5）品牌趋势。即品牌对行业发展方向的影响力。在消费者心目中越具有现代感，与消费者的需求越趋于一致，该种品牌的强度得分就越高。

（6）品牌支持。获得持续投资和重点支持的品牌通常更具有价值。

（7）品牌保护。获得注册、享有商标专用权从而受到商标法保护的品牌，较未注册品牌或注册地位受到挑战的品牌的强度得分更高。此外，受到特殊法律保护的品牌较受到一般法律保护的品牌强度得分更高；注册地理范围越广，品牌强度得分越高。

品牌在上述七个因素方面得分越高，品牌竞争力就越强，品牌的预期获利年限就越长。根据大量调查，英特品牌公司评估法中将品牌最低的预期获利年限确定为 6 年，将最高的预期获利年限确定为 20 年。

新视角

北京名牌资产评估事务所评估法

北京名牌资产评估事务所参照英特品牌公司的评价体系，结合中国的实际情况，建立起了中国品牌的评价体系。这一评价体系所考虑的主要因素有：品牌的市场占有能力（M）、品牌的超值创利能力（S）和品牌的发展潜力（D）。某个品牌的综合价值（P）可简单表述为：

$$P = M+S+D$$

品牌的市场占有能力的代表指标是产品的销售收入；品牌的超值创利能力，即超过同行业平均创利水平的能力，其代表指标是营业利润和销售利润率；品牌的发展潜力的代表指标比较复杂，但所有指标都与利润有关，主要有：商标国内外注册状况、使用时间和历史、产品出口情况、广告投入情况等。

第三节　品 牌 战 略

一、品牌战略的含义及特点

所谓品牌战略，简而言之就是运用战略管理的方法对品牌进行规划和实施，其目的是在内外部环境不断变化的情况下，明确一个企业的根本品牌方向和基本活动范围，进而通过对资源的战略性配置来获取持续性的品牌优势。

品牌战略有如下特点：

（1）长期性，品牌战略并不注重品牌经营短期的成败得失，而是着眼于发现和解决长期的品牌问题，具有相对的稳定性。

（2）全局性，品牌战略解决的不是局部或个别的问题，而是全局性问题，需要对企业各方面的因素和关系加以综合考虑，注重总体的协调与整合。

（3）竞争性，试图使一个企业获得某种重要、独特和持续的品牌优势。

（4）导向性，品牌战略对其他品牌活动具有导向性，也将影响到方方面面的经营决策与管理。

（5）创新性，建立或扩展企业的资源和能力来创造机会或利用它们创造新的价值。

（6）风险性，由于非常复杂且具有高度的不确定性，所以要求综合性的方法和组织的重大转变。

在市场经济条件下，品牌的命运维系着企业的命运。同时，品牌是一个民族素质的重要象征，是一个国家或地区经济、科技、文化等综合实力的象征，又是人们生活质量提高的反映。

二、品牌化战略

品牌化是指赋予产品和服务一种品牌所具有的能力。品牌化的实质就是创造差别以使自身与众不同。品牌化战略包括品牌有无战略、品牌使用者战略、品牌统分战略。

1. 品牌有无战略

一般来讲，现代企业都建有自己的品牌和商标。虽然这会使企业增加成本，但也可使品牌拥有者得到好处，如便于管理订货、有利于细分市场、有助于树立企业形象、有利于吸引忠诚顾客、有利于保护产品特色。

尽管品牌化是商品市场发展的大趋势，但对于个别企业而言，是否要使用品牌还要根据实际情况作出选择。有些产品无法形成一定的特色，同质性很高，消费者在购买时不会过多地注意品牌，这时使用品牌意义不大，如一些农产品、价格低廉的生活用品和未加工的原材料等。

2. 品牌使用者战略

企业有以下三种可供选择的战略。

（1）使用本企业品牌。一般情况下，品牌是制造商的产品标记，制造商决定着产品的设计、质量、特色等。因此，企业可以决定使用自己的品牌。近年来，经销商的品牌日益增多。如沃尔玛经销的 90% 的商品都用自己的品牌。

（2）使用中间商品牌。目前，中间商品牌已经成为品牌竞争的一个重要因素，但使用中间商品牌对于经销商会带来一些问题，如经销商需大量订货，占用大量资金，承担的风险较大；为扩大自身品牌的声誉，需要大力宣传其品牌，经营成本会提高。经销商使用自身品牌也会带来诸多利益，比如因进货数量较大则其进货成本较低，因而销售价格较低，竞争力较强，可以得到较高的利润，同时经销商可以较好地控制价格，可以在某种程度上控制其他中间商。

（3）使用混合品牌。在现代市场经济条件下，制造商品牌和经销商品牌之间经常展开激烈的竞争，也就是所谓的品牌战。一般来说，制造商品牌和经销商品牌之间的竞争，本质上是制造商与经销商之间实力的较量。在制造商具有良好的市场声誉，拥有较大市场份额的条件下，应多使用制造商品牌，无力经营自己品牌的经销商只能接受制造商品牌。相反，当经销商品牌在某一市场领域中拥有良好的品牌信誉及庞大的、完善的销售体系时，利用经销商品牌也是有利的。

3. 品牌统分战略

如果企业决定其大部分或全部产品都使用自己的品牌，那么还要进一步决定其产品是分别使用不同的品牌，还是统一使用一个或几个品牌。在这个问题上有以下四种可供选择的战略。

（1）个别品牌。个别品牌是指企业各种不同的产品分别使用不同的品牌。其好处主要有：一是企业的整个声誉不致受其某种商品的声誉的影响；二是某企业原来一向生产某种高档产品，后来推出较低档的产品，如果这种新产品使用自己的品牌，也不会影响这家企业的名牌产品的声誉。

（2）统一品牌。统一品牌是指企业所有的产品都统一使用一个品牌名称。例如，美国通用电气公司的所有产品都统一使用“GE”这个品牌名称。企业采取统一品牌名称战略的好处主要有：一是企业宣传新产品的费用开支较低；二是如果企业的名声好，其产品必然畅销。

（3）分类品牌。分类品牌是指企业的各类产品分别命名，一类产品使用一个牌子。这主要是因为：①企业生产或销售许多不同类型的产品，如果都统一使用一个品牌，这些不同类型的产品就容易互相混淆；②有些企业虽然生产或销售同一类型的产品，但是为了区别不同质量水平的产品，往往也分别使用不同的品牌名称。例如，我国最大的现代化皮鞋生产企业森达集团将高档男鞋的品牌定为“法雷诺”，高档女鞋为“梵诗蒂娜”，都市前卫男鞋为“百思图”，都市前卫女鞋为“亚布迪”，工薪族男女鞋为“好人缘”。

（4）企业名称加个别品牌。这种战略是指企业对其不同的产品分别使用不同的品牌，而且各种产品的品牌前面还冠以企业名称。例如，美国通用汽车公司生产的各种类型的汽车，其品牌都是公司名称（GM）加上各种不同的个别品牌名称，如凯迪拉克、别克、雪佛兰等。在新产品的品牌名称上加上企业名称，可以使新产品享受企业的声誉，而采用不同的品牌名称，又可使各种新产品显示出不同的特色。

三、品牌定位战略

1. 品牌定位的含义

品牌定位是在综合分析目标市场与竞争情况的前提下，建立一个符合原始产品的独特品牌形象，并对品牌的整体形象进行设计、传播，从而在目标消费者心中占据一个独具价值地位的过程或行动。其着眼点是目标消费者的心理感受，途径是对品牌整体形象进行设计，实质是依据目标消费者的特征，设计产品属性并传播品牌价值，从而在目标顾客心中形成该品牌的独特位置。

2. 品牌定位的意义

品牌定位的目的就是将产品转化为品牌。企业一旦选定了目标市场，就要设计并塑造自己相应的产品、品牌及企业形象，以争取目标消费者的认同。由于市场定位的最终目标是为了实现产品销售，而品牌是企业传播产品相关信息的基础，品牌还是消费者选购产品的主要依据，因而品牌成为产品与消费者连接的桥梁，品牌定位也就成为市场定位的核心和集中表现。品牌定位也是品牌传播的客观基础。

品牌定位决定品牌特性和发展动力，其也是品牌战略的核心。在产品越来越同质化的今天，要成功打造一个品牌，品牌定位已是举足轻重。品牌定位的意义包括：

（1）有助于消费者识别品牌；

（2）明确目标消费者；

（3）积极传播品牌形象；

（4）创造品牌的差异化优势。

3. 品牌定位的核心

品牌定位战略旨在建立新秩序，确立新价值，从更长远的角度实现占领市场的目的。品牌定位战略是品牌战略的核心。品牌定位的核心是 STP，即细分市场（segmenting）、选择目标市场（targeting）和具体定位（positioning），如图 11-2 所示。品牌定位是技术性较强的一项工作，离不开科学严密的思维，必须讲究一定的战略与战术。

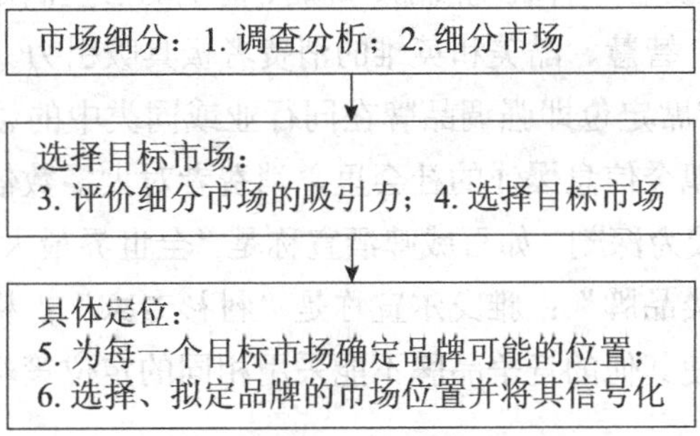

图 11-2　品牌定位的核心工具

4. 品牌定位的战略与策略

（1）功效定位。消费者购买产品主要是为了获得产品的使用价值，希望产品具有所期望的功能、效果和效益，因而以强调产品的功效为诉求是品牌定位的常见形式。很多产品具有多重功效，定位时向顾客传达单一的功效还是多重功效并没有绝对的定论，但由于消费者能记住的信息是有限的，往往只对某一强烈诉求容易产生较深的印象，因此，向消费者承诺一个功效点的单一诉求更能突出品牌的个性，获得成功的定位，如洗发水中飘柔的承诺是"柔顺"，海飞丝是"去头屑"，潘婷是"健康亮泽"；舒肤佳强调"有效去除细菌"；沃尔沃汽车定位于"安全"。

（2）品质定位。品质定位就是以产品优良的或独特的品质作为诉求内容，如"好品质""天然出品"等，以面向那些主要注重产品品质的消费者。适合这种定位的产品往往实用性很强，必须经得起市场考验，能赢得消费者的信赖，如格力空调定位于"好空调，格力造"；蒙牛高钙奶宣扬"好钙源自好奶"。企业诉求制造产品的高水准技术和工艺也是品质定位的主要内容，体现出"工欲善其事，必先利其器"的思想，如乐百氏纯净水的"27 层净化"让消费者至今记忆深刻。

（3）情感定位。该定位是将人类情感中的关怀、牵挂、思念、温暖、怀旧、爱等情感内涵融入品牌，使消费者在购买、使用产品的过程中获得这些情感体验，从而唤起消费者内心深处的认同和共鸣，最终获得对品牌的喜爱和忠诚。浙江纳爱斯的雕牌洗衣粉，借用社会关注资源，在品牌塑造上大打情感牌，其创造的"下岗片"，就是较成功的情感定位策略。

（4）企业理念定位。企业理念定位就是企业用自己的具有鲜明特点的经营理念和企业精神作为品牌的定位诉求，体现企业的内在本质。一个企业如果具有正确的企业宗旨，良好的精神面貌和经营哲学，那么该企业采用理念定位策略就容易树立起令公众产生好感的企业形象，借此提高品牌的价值，树立品牌形象，如"IBM 就是服务"是美国 IBM 公司响彻全球的口号，也是 IBM 公司经营理念的精髓所在；诺基亚的"科技以人为本"、招商银行的"因您而变"等都是企业理念定位的典型代表。

（5）自我表现定位。该定位通过表现品牌的某种独特形象和内涵，让品牌成为消费者表达个人价值观、审美情趣、自我个性、生活品位、心理期待的一种载体和媒介，使消费者获得一种自我满足和自我陶醉的快乐感觉。如浪莎袜业锲而不舍地宣扬"动人、高雅、时尚"的品牌内涵，给消费者一种表现靓丽、妩媚、前卫的心里满足；夏蒙西服定位于"007 的选择"，对渴望勇敢、智慧、酷美和英雄的消费者极具吸引力。

（6）首席定位。首席定位即强调品牌在同行业或同类中的领导性、专业性地位，如宣称"销量第一"。在现今信息爆炸的社会里，消费者对大多数信息毫无记忆，但对领导性、专业性的品牌印象较为深刻。如百威啤酒宣称是"全世界最大，最有名的美国啤酒"；双汇强调"开创中国肉类品牌"；雅戈尔宣称是"衬衫专家"；格兰仕推出柜式空调，宣称是"柜机专家"，致使其他的竞争品牌不能采用相同的定位策略，因而这都是首席定位策略的表现。

（7）质量或价格定位。即将质量和价格结合起来构筑品牌识别。质量和价格通常是消费者最关注的要素，都希望买到质量好、价格适中或便宜的物品。因而在实际中，这种定位往往表现宣传产品的价廉物美和物有所值。戴尔电脑采用直销模式，降低了成本，并将降低的成本让渡给顾客，因而戴尔电脑总是强调“物超所值，实惠之选”；雕牌用“只选对的，不买贵的”暗示雕牌的实惠价格；奥克斯空调告诉消费者“让您付出更少，得到更多”和乐凯胶卷宣称的“拍得好，花得少”也都是既考虑了质量又考虑了价格的定位策略。

（8）生活情调定位。就是使消费者在使用产品的过程中能体会出一种令人惬意的生活气氛、情调和感受，从而获得一种精神满足。该定位使产品融入消费者的生活，并成为消费者的生活内容，使品牌更加生活化。如青岛纯生啤酒的“鲜活滋味，激活人生”给人以奔放、舒畅和激扬的心情体验；美的空调的“原来生活可以更美的”给人以舒适、惬意的生活感受。

（9）类别定位。该定位就是与某些知名而又司空见惯的产品作出明显的区别，或给自己的产品定为与之不同的另类，这也可称为与竞争者划定界限的定位。如美国的七喜汽水，之所以能成为美国第三大软性饮料，就是由于采用了这种策略，宣称自己是“非可乐”型饮料，是代替可口可乐和百事可乐的消暑解渴饮料，突出其与两“乐”的区别，因而吸引了相当部分的“两乐”转移者。

（10）档次定位。不同档次的品牌带给消费者不同的心理感受和体验。现实中，常见的是高档次定位策略，高档次的品牌传达了产品高品质的信息，往往通过高价位来体现其价值，并被赋予很强的表现意义和象征意义。如劳力士、浪琴等能给消费者独特的精神体验并表达出“高贵、成就、完美、优雅”的形象。

（11）文化定位。将文化内涵融入品牌，形成文化上的品牌识别，文化定位能大大提高品牌的品位，使品牌形象更加独具特色。中国文化源远流长，国内企业要予以更多的关注和运用，目前已有不少成功的案例。珠江云峰酒业推出的“小糊涂仙”酒，就成功地实施了文化定位，他们借“聪明”与“糊涂”反衬，将郑板桥的“难得糊涂”的名言融入酒中，由于把握了消费者的心理，将一个没什么历史渊源的品牌运作得风生水起；金六福酒实现了“酒品牌”与“酒文化”的信息对称，把中国具有亲和力与广泛群众基础的“福”文化作为品牌内涵，与老百姓的“福文化”心理恰巧平衡与对称，使金六福品牌迅速崛起。

（12）对比定位。对比定位是指通过与竞争对手的客观比较来确定自己的定位，也可称为排挤竞争对手的定位。在该定位中，企业设法改变竞争者在消费者心目中的现有形象，找出其缺点或弱点，并用自己的品牌进行对比，从而确立自己的地位。如农夫山泉通过天然水与纯净水的客观比较，确定天然水优于纯净水的事实，宣布停产纯净水，只出品天然水，鲜明地亮出自己的定位，从而树立了专业的健康品牌形象。

（13）概念定位。概念定位就是使产品、品牌在消费者心目中占据一个新的位置，形成一个新的概念，甚至造成一种思维定式，以获得消费者的认同，使其产生购买欲望。该类产品可以是以前存在的，也可是新产品类。概念定位成功的案例是“脑白金”，其品牌本身就创下了一个概念，容易让消费者形成诱导式购买，人们已经是身不由己地把脑白金和送礼佳品、年轻态健康品等同起来了。

（14）历史定位。即以产品悠久的历史建立品牌识别。消费者都有这样一种惯性思维，对于历史悠久的产品容易产生信任感，一个有历史的企业，其产品品质，服务质量应该是可靠的，因而历史定位具有“无言的说服力”。泸州老窖公司拥有始建于明代万历年间（1573年）的老窖池群，所以总是用“您品味的历史，430年，国窖1573”的历史定位来突出品牌传承的历史与文明。

（15）生活理念定位。该定位将品牌形象和生活理念联系在一起，将品牌形象人性化。这样的生活理念必须是简单而深奥的，能引起消费者内心的共鸣和对生活的信心，产生一种振奋人心的感觉，催人上进，甚至成为消费者心中的座右铭，从而给消费者以深刻印象。纳爱斯雕牌的一则广告中，将“努力就有机会”这一简单而深奥的生活真理融入品牌，让人无限感慨，尤令下岗工人感动，品牌自然叫人喜欢；劲霸男装的广告很短，但十分精练，只强调“奋斗，成就男人”，这让男人深感依恋，因为男人深感只有努力奋斗，才会有所成就。

（16）比附定位。比附定位就是攀附名牌，主要有两种形式：（1）甘居第二，即明确承认同类中另有最负盛名的品牌，自己只不过是第二而已。这种策略会使人们对公司产生一种谦虚诚恳的印象，相信公司所说是真实可靠的，如美国阿维斯出租汽车公司强调“我们是老二，我们要进一步努力”，从而赢得了更多忠诚的客户；（2）攀龙附凤，其切入点亦如上述，承认同类中某一领导性品牌，本品牌虽自愧弗如，但在某地区或在某一方面还可与它并驾齐驱，平分秋色，并和该品牌一起宣传。如内蒙古的宁城老窖，宣称是“宁城老窖——塞外茅台”。

（17）形态定位。形态定位是根据产品独特的外部形态特点来作为品牌识别的。在产品的内在特性越来越相同的今天，产品的形态本身就可以造就一种市场优势。这种定位方式在如今“硝烟四起”的手机市场尤为突出。康佳推出独特的R6166“黑屏”手机，在手机中独树一帜；夏新会“跳舞”的A8手机，让人耳目一新；海尔的“奔风”手机，强调独具一格的“笔形”。这些对于崇尚独特个性、喜好求新求异的消费者尤其具有吸引力。

（18）情景定位。情景定位是将品牌与一定环境、场合下产品的使用情况联系起来，以唤起消费者在特定的情景下对该品牌的联想，从而产生购买欲望和购买行动。喜之郎果冻在广告中推荐“工作休闲来一个，游山玩水来一个，朋友聚会来一个，健身娱乐来一个”，让人在这些快乐和喜悦的场合想起喜之郎。

（19）消费群体定位。该定位直接以产品的消费群体为诉求对象，突出产品专为该类消费群体服务，来获得目标消费群的认同。把品牌与消费者结合起来，有利于增进消费者的归属感，使其产生“我自己的品牌”的感觉。如金利来定位为“男人的世界”；“太太口服液”定位于太太阶层；哈药的护彤定位为“儿童感冒药”；百事可乐定位为“青年一代的可乐”。

（20）使用定位。根据产品的某些使用特点来定位。如雷达表向人们展示它“永不磨损”的特点；“红牛”饮料则把自己定位在增加体力、消除疲劳上；北京统一石油化工公司的“统一经典”润滑油将目标锁定为“高级轿车专用润滑油”。

四、品牌推广战略

企业在为品牌定位后，就需要制定品牌推广战略，有效地开展品牌传播，让消费者通过听觉、视觉等来认识品牌，建立、提高品牌认知。

品牌推广应从以下几方面着手。

1. 建立品牌知名度

建立或提高品牌知名度的基本要点是建立品牌认知和加强品牌记忆。消费者通过各种渠道获取有关品牌的各种信息，从而对品牌有一定的认识和了解。品牌记忆是消费者在不需要任何提示的情况下能够想起某种品牌的能力，即能正确区别先前所见或听到的品牌。促使消费者主动去识别品牌和记住品牌的关键在于品牌的有效传播，品牌传播的方式多种多样，企业应根据具体情况加以选择。

（1）进行有效的广告传播，如标新立异的广告创意、好的口号和标识、持续重复等。

（2）强势攻关，有效的攻关活动是品牌知名度传播的重要手段。

（3）注重消费者的口碑效应。

2. 建立品质认知

消费者对品牌的品质认知是建立在产品客观品质基础上的主观认识，企业在建立品质认知时可从以下几个方面努力：

（1）保持高品质的产品和服务；

（2）展示品质认知；

（3）利用价格暗示。

3. 建立品牌联想

促使消费者产生品牌联想的因素很多，如品牌名称、产品性能、广告、促销等。若要建立良好的品牌联想应做好以下工作：

（1）选择联想的关键因素，如产品的特征、价格、利益等，例如“非常可乐”；

（2）选择联想的传播方式，如名人效应；

（3）选择联想的传播工具，如包装、广告、促销、攻关等。

4. 建立品牌忠诚

品牌忠诚度是一项战略性资产，能给企业创造更多的价值。提高企业品牌忠诚的根本途径在于：

（1）始终树立以消费者为中心的观念；

（2）洞察并不断满足消费者的需求，创造一些新需求；

（3）长期的质量保证和满意服务；

（4）努力降低成本，减缓竞争威胁；

（5）塑造良好的企业形象。

五、品牌扩展战略

品牌扩展战略有五种选择，即产品线扩展战略、品牌延伸战略、多品牌战略、新品牌战略、合作品牌战略。

1. 产品线扩展战略

产品线扩展战略指企业现有的产品线使用同一品牌，当增加该产品线的产品时，仍沿用原有的品牌。这种新产品往往都是现有产品的局部改进，如增加新的功能、包装、式样和风格等。通常厂家会在这些商品的包装上标明不同的规格、不同的功能特色或不同的使用者。产品线扩展的原因是多方面的，如可以充分利用过剩的生产能力，满足新的消费者需要，率先成为产品线全满的公司以填补市场的空隙，与竞争者推出的新产品竞争或为了得到更多的货架位置。

产品线扩展的利益有：

（1）扩展产品的存活率高于新产品，而通常新产品的失败率在 80% ～ 90%；

（2）满足不同细分市场的需求；

（3）完整的产品线可以防御竞争者的袭击。

产品线扩展的风险在于：

（1）它可能使品牌名称丧失其特定的意义，随着产品线的不断加长，会淡化品牌原有的个性和形象，增加消费者认识和选择的难度；

（2）有时因为原来的品牌形象的影响力过于强大，给产品线的扩展造成混乱，加上销售数量不足，难以冲抵它们的开发和促销成本；

（3）当消费者未能在心目中区别出各种产品时，会造成同一种产品线中新老产品自相残杀的局面。

2. 品牌延伸战略

品牌延伸是指将现有成功的品牌使用到另一类新产品上，品牌延伸并非只借用表面上的品牌名称，而是对整个品牌资产的策略性使用，是实现品牌资产转移和发展的有效途径。当一种品牌被确立并得到消费者的认可后，品牌忠诚就建立起来了，由此品牌为产品带来了附加价值，这时，生产企业倾向于把这种附加价值扩展到其他产品上。

（1）品牌延伸的优点是：可以加快新产品的定位，保证新产品投资价值的实现；有助于减少新产品的市场风险；有利于减少新产品的市场导入费用；有助于强化品牌效应；能够增强核心品牌的形象，增加其价值。

（2）品牌延伸的缺点是：可能会损害原有品牌形象；有悖于消费心理；易形成此消彼长的现象；淡化品牌特性。

（3）品牌延伸的原则：①主要成分相同；②服务系统相近；③技术关系密切；④使用者相似；⑤回避已高度定位的品牌；⑥质量档次相当；⑦ 品牌名称联想所及。

（4）品牌延伸的程序，延伸品牌的过程是一个系统过程，主要包括三个步骤：①确定品牌联想；②识别相关产品；③选择候选品牌。

（5）品牌延伸的路径：①在产业上延伸，即在产业方向上可向上、向下或同时向上下方向延伸；②在档次上延伸，即在产品线上增加高档、中档和低档产品；③ 其他相关延伸，如单一品牌向多品牌延伸；一国一地品牌向异国他地延伸；名牌产品向企业延伸成为名牌企业等。

3. 多品牌战略

在相同产品类别中引进多个品牌的战略称为多品牌战略。一个企业建立品牌组合，实施多品牌战略，往往也是基于同样的考虑，并且这种品牌组合的各个品牌形象之间是既有差别又有联系的，组合的概念蕴含着整体大于个别的意义。

（1）培植市场的需要。没有哪一个品牌单独可以培植一个市场。多个品牌一同出现是支持一个整体性市场所必需的。

（2）多品牌使企业有机会最大限度地覆盖市场。没有哪一个品牌能单枪匹马地占领一个市场。随着市场的成熟，消费者的需要逐渐细化，一个品牌不可能保持其意义不变而同时满足几个目标。这就是有的企业要创造数个品牌来对应不同的细分市场的初衷。多品牌战略有助于遏制中间商控制某个品牌进而左右制造商的能力和企图。

（3）多品牌提供了一种灵活性，有助于限制竞争者的扩展机会，使得竞争者感到在每一个细分市场的现有品牌都是进入障碍。

（4）突出和保护核心品牌。当需要保护核心品牌的形象时，多品牌的存在更显得意义重大，核心品牌在没有把握的革新中不能盲目冒风险。

多品牌战略虽然有着很大优越性，但同时也存在诸多局限性。

（1）随着新品牌的引入，其净市场贡献率将呈一种边际递减的趋势。

（2）品牌推广成本较大。企业实施多品牌战略，就意味着不能将有限的资源分配给获利能力强的少数品牌，各个品牌都需要一个长期、巨额的宣传预算。

小链接

九个市场九种品牌

宝洁公司至少发现了洗衣粉的九个细分市场。为了满足不同细分市场的特定需求，公司就设计了九种不同的品牌。这九种品牌分别针对如下九个细分市场：

（1）汰渍，洗涤能力强，去污彻底，它能满足洗衣量大的工作要求，是一种用途齐全的家用洗衣粉。“汰渍一用，污垢全无。”

（2）奇尔，具有“杰出的洗涤能力和护色能力，能使家庭服装显得更干净、更明亮、更鲜艳”。

（3）奥克多，含有漂白剂。它“可使白色衣服更洁白，花色衣服更鲜艳。所以无须漂白剂，只需奥克多”。

（4）格尼，最初是宝洁公司的加酶洗衣粉，后重新定位为令衣服干净、清新，“如同太阳一样让人振奋”的洗衣粉。

（5）波德，其中加入了织物柔软剂，它能“清洁衣服，柔软织物，并能控制静电”。波德洗涤液还可增加“织物柔软剂的新鲜香味”。

（6）象牙雪，“纯度达到99.44%”，这种肥皂碱性温和，适合洗涤婴儿尿布和衣服。

（7）卓夫特，也用于洗涤婴儿尿布和衣服。它含有“天然清洁剂”硼石，“令人相信它的清洁能力”。

（8）达诗，是宝洁公司的价值产品，能有效去除污垢，但价格相当低。

（9）时代，是天生的去污剂，能清除难洗的污点，在整个洗涤过程中效果良好。

可见，洗衣粉可以从职能上和心理上加以区别，并赋予不同的品牌个性。通过多品牌策略，宝洁已占领了美国更多的洗涤剂市场，目前市场份额已达到55%，这是单个品牌所无法达到的。

资料来源：[美] 菲利普·科特勒. 市场营销管理（亚洲版）[M]. 北京：中国人民大学出版社，1997.

4. 新品牌战略

它是一种为新产品设计新品牌的战略。当企业在新产品类别中推出一个产品时，它可能发现原有的品牌名称并不合适，或是对新产品来说有更合适的品牌名称，这时企业就需要设计新品牌。例如，春兰集团以生产空调闻名，当它决定开发摩托车时，采用春兰这个女性化的名称就不太合适，于是采用了新的品牌“春兰豹”。又如，原来生产保健品的养生堂开发饮用水时，使用了更好的品牌名称“农夫山泉”。

5. 合作品牌战略

合作品牌（也称为双重品牌）是两个或更多的品牌在一个产品上联合起来。每个品牌都期望另一个品牌能强化整体的形象或购买意愿。

合作品牌的形式有多种：一种是中间产品合作品牌，如沃尔玛汽车公司的广告强调，它使用米其林轮胎；另一种形式是同一企业合作品牌，如摩托罗拉公司的一款手机使用的是“摩托罗拉掌中宝”，掌中宝也是公司注册的一个商标；还有一种形式是合资合作品牌，如日立的一种灯泡使用“日立”和“GE”联合品牌。

六、品牌更新战略

品牌更新是指随着企业经营环境的变化和消费者需求的变化，品牌的内涵和表现形式也要不断发展变化，以适应社会经济发展的需要。品牌更新是社会经济发展的必然。只要社会经济环境在发展变化，人们的需求特征趋向多样化。只有不断设计出符合时代需求的产品，品牌才有生命力。品牌创新是品牌自我发展的必然要求，是克服品牌老化的唯一途径。品牌更新战略如下。

1. 形象更新

形象更新，顾名思义，就是品牌不断创新形象，适应消费者心理的变化，从而在消费者心目中形成新的印象的过程。有以下几种情况：一是消费观念变化导致企业积极调整品牌战略，塑造新形象；二是档次调整，企业要开发新市场，就需要为新市场塑造新形象。

2. 定位的修正或品牌再定位

从企业的角度，不存在一劳永逸的品牌；从时代发展的角度，要求品牌的内涵和形式不断变化。品牌从某种意义上讲就是从商业、经济和社会文化的角度对这种变化的认识和把握。所以，企业在建立品牌之后，会因竞争形势而修正自己的目标市场，如竞争者可能会在对手企业品牌出现之后推出自己的品牌，并抢占企业的市场份额；顾客偏好也会转移，对企业品牌的需求减少等。因此，企业有时会因时代特征、社会文化的变化而不断修正品牌定位或再定位。

在作出品牌修正定位或再定位决策时，首先应考虑将品牌转移到另一个细分市场所需要的成本，包括产品品质改变费、包装费和广告费。一般来说，修正或再定位的跨度越大，所需成本越高。其次，要考虑品牌定位与新位置后可能产生的收益。收益大小是由以下因素决定的：某一目标市场的消费者人数；消费者的平均购买率；同一细分市场竞争者的数量和实力，以及在该细分市场中为品牌修正或再定位要付出的代价。

3. 产品更新换代

现代社会科学技术作为第一生产力、第一竞争要素，也是品牌竞争的实力基础。企业的品牌想要在竞争中处于不败之地，就必须重视技术创新，不断地进行产品的更新换代。

4. 管理创新

企业与品牌是紧密结合在一起的，企业的兴盛发展必将推动品牌的成长与成熟。品牌的维系，从根本上说是企业管理的一项重要内容。管理创新是指从企业生存的核心内容来指导品牌的维系与培养，它含有多项内容，诸如与品牌有关的观念创新、技术创新、制度创新以及管理过程创新等。

七、品牌保护战略

品牌要在激烈的市场竞争中实现保值、增值，就需要采取多种手段来保护品牌。品牌保护是一个战略问题，通常有以下三种保护战略：

（1）品牌的法律保护，品牌注册是法律保护的主要内容；

（2）品牌的自我保护，如珍惜商标权，谨防假冒，严守商机；

（3）品牌的经营保护，如始终树立以消费者为中心的经营理念，保持品牌的高品质，广告传播的连续性，避免恶性竞争。

本章提要

- 品牌是一种标识，就其实质来说，它代表着卖者对交付给买者的产品特征、利益和服务的一惯性承诺。价值、文化和个性等构成品牌的基础。建立品牌对消费者、经营者、竞争者都是有益的。
- 品牌是一种资产，它能够为企业和顾客提供超越产品和服务的价值。品牌资产是企业与顾客长期动态关系的反映，可以通过有效运营加以增值。
- 品牌战略，就是运用战略管理的方法对品牌进行规划和实施，其目的是在内外部环境不断变化的情况下，明确一个企业的根本品牌方向和基本活动范围，进而通过对资源的战略性配置来获取持续性的品牌优势。

- 品牌化战略包括品牌有无战略、品牌使用者战略、品牌统分战略。
- 品牌定位是企业在市场定位和产品定位的基础上，对特定的品牌在文化取向及个性差异上的商业性决策，它是建立一个与目标市场有关的品牌形象的过程和结果。品牌定位战略是品牌战略的核心，必须讲究一定的战略与战术。
- 品牌推广战略就是要有效地开展品牌传播，让消费者通过听觉、视觉等来认识品牌，建立品牌认知，提高品牌知名度。
- 品牌扩展战略有五种选择，即产品线扩展战略、品牌延伸战略、多品牌战略、新品牌战略、合作品牌战略。
- 品牌更新是品牌自我发展的必然要求，是克服品牌老化的唯一途径。

关键词

品牌（brand）　　商标（trade mark）

品牌资产（brand equity）　　品牌知名度（brand awareness）

品牌忠诚度（brand loyally）　　多品牌（multibrands）

合作品牌（cobrands）　　品牌定位（brand positioning）

品牌延伸（brand extensions）

复习与思考

1. 品牌的含义是什么？品牌与商标的关系是什么？
2. 品牌对消费者和生产者有何意义？
3. 品牌资产的特征及其构成是什么？
4. 品牌战略的主要内容是什么？

研究与讨论

1. 对几种品牌资产评估的方法进行比较分析。
2. 试就中国企业的品牌定位和品牌扩展情况作出评述。
3. 试分析中国十大品牌与世界十大品牌之间的差距。

实践演练

1. 通过学习和查阅资料，对麦当劳和肯德基两个品牌作对比分析。

2. 通过调查研究，各找一家品牌战略实施好的企业和差的企业，总结它们的经验和教训。

3. 如果你是一个企业的产品经理，你将如何经营你的品牌？

营销模拟

1. 如果你有一个自主创新品牌，试为其制定一整套品牌推广方案。

2. 前几年，一个名为“掉渣的烧饼店”在短短几个月火遍大江南北，后来又在短短几个月全线瓦解。原因就是自身品牌没有得到保护，假冒者猖獗。你能为店主提出一些什么建议？

本章案例

五粮液 VS 茅台：品牌战略造就市场格局

扫描此码　案例学习

案例讨论题：

1. 结合本案例，谈谈你对品牌战略重要性的认识。
2. 试分析茅台和五粮液两大品牌的品牌个性。
3. 面对五粮液的崛起和威胁，茅台应布局怎样的品牌战略？

第四篇　营销组合策略

第十二章　产品策略

客户不是买什么东西，而是买解决问题的办法。

——西奥多·李维特

把产品先搁在一边，去研究消费者的需求和欲望，不要再卖你所能创造的产品，而是卖消费者需要的产品。

——唐·舒尔茨

学习目标

知识目标

1. 产品的整体概念及其营销意义；
2. 产品生命周期各阶段的特征；
3. 新产品开发的必要性及其过程。

能力目标

1. 学会产品组合的分析方法；
2. 掌握产品生命周期各阶段的营销策略；
3. 能够制定包装策略。

营销故事

有一位外国摄影师，他在街上拍照时看到一群孩子，忽然来了灵感，开始他的“长期投资”计划。他每天都要背着照相机，专门拍摄幼儿园的孩子，把孩子们的玩耍、淘气、学习等用镜头记录下来。多年以后，他在报上刊登了广告：如果谁需要自己儿时的照片，可以与本人联系。那些孩子都已长大成人，他们很好奇，纷纷前来联系。于是，这位摄影师将他拍的照片销售一空，获得很大的“投资收益”，他便成了这条街上众人皆知的“富翁”。

引例

花旗银行：银行营销新时代

服务业领域的营销发展相对滞后，将营销思想和工具引入银行服务业，是银行竞争的重要法宝和支撑点，这已成为今天优秀银行的基本做法。在银行行销的发展进程中，花旗银行开辟了一个全新的时代。这对于今天正在转制的发展中国家的银行业具有深远意义。

1977 年，美国花旗银行副总裁写了一篇文章《从产品营销中解放出来》，由此花旗银行揭开了服务营销研究的序幕。他写道:“服务营销的成功需要有新的理论来支撑。如果把产品营销理论只是来个改头换面，就应用到服务领域，营销问题还是难以解决。服务行业中缺少相关营销理论，恐怕与市场营销本身的近视不无关系吧？”这段话，足以说明，花旗银行在同行中，甚至在整个服务领域，它的营销都领先一步。

多年以来，银行家们根本不关心和理解市场营销。为了向公众显示银行的重要性和可靠性，银行建筑宛如希腊神庙，内部员工刻板严肃，出纳员也不苟言笑。某位放款员的办公室是这样的：他自己靠着窗户，坐在一张宽大的办公桌后，而让前来借款的顾客坐在对面的一张小矮凳上。阳光射入，直射在对面忙着解释借款原因的倒霉顾客脸上。这便是银行对待顾客的真实写照。

花旗银行率先从消费品公司的领袖“宝洁”引入营销经理制，树立起营销理念。今天我们可以看到银行服务就如普通商品一样提供给我们丰富的金融产品，且服务至上。花旗银行自从20世纪70年代正式引入营销，在金融产品创新的基础上，寻找到了新的竞争武器，如进行市场细分，为不同的目标市场提供不同的产品，因此，它提供多达500种金融产品给顾客。凭借1997年与旅行者公司的合并，花旗真正成为一个银行金融百货公司。花旗还为自己定位，树立品牌形象，在20世纪90年代的品牌评比中，它位列金融业的榜首。同时，花旗还是行业内国际化经营的典范，在海外市场中，它做到将花旗的服务标准与当地的文化相结合，注意花旗品牌形象的统一性。

第一节　产品与产品组合

一、产品整体概念

在现代市场营销学中，产品概念具有极其宽广的外延和丰富的内涵，它指通过交换而满足人们需要和个体户的因素或手段，包括任何有形物品和无形产品。一般用三个层次来表述产品整体概念，即核心产品、形式产品和延伸产品。但近年来，人们多用以下五个层次更深刻而准确地表述产品整体概念。如图12-1所示。

（1）核心产品，指向顾客提供的产品的基本效用或利益。例如，空调机是能够满足人们凉爽舒适的需求。

（2）形式产品，指核心产品借以实现的形式或目标市场对某一需求的特定满足形式，如品质、式样、包装等。

（3）期望产品，指购买者在购买产品时期望得到的与产品密切相关的一整套属性和条件。人们去餐馆吃饭，不仅要求饭菜好，还需要清洁和卫生。

（4）延伸产品，指顾客购买形式产品和延伸产品时，附带获得的各种利益的总和，包括产品说明书、保证、安装、送货、维修等。

（5）潜在产品，指现有产品包括所有附加产品在内的，可能发展成为未来最终产品的潜在状态的产品。

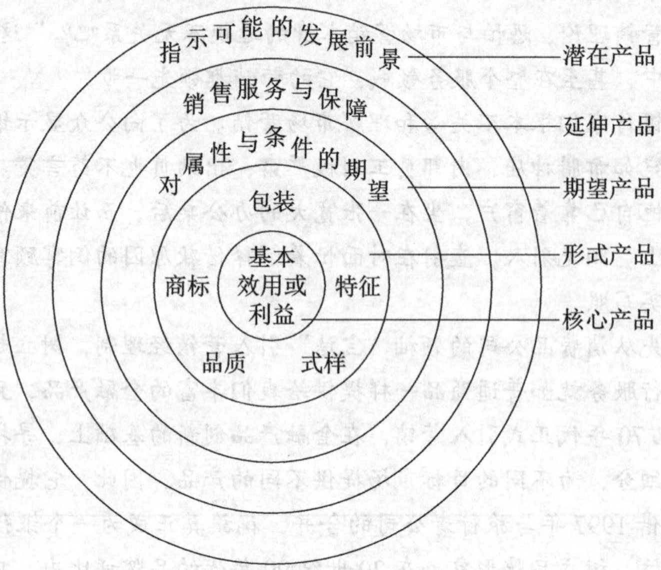

图 12-1　整体产品概念的五个层次

新视角

产品整体概念对市场营销的意义

产品整体概念以消费者基本利益为核心，指导整个市场营销管理活动，是企业贯彻市场营销观念的基础。企业市场营销管理的根本目的就是要保障消费者的基本利益。消费者购买电视机是希望业余时间充实和快乐；消费者购买计算机是为了提高生产和管理效率；消费者购买服装是要满足舒适、风度和美感的要求，等等。概括起来，消费者追求的基本利益大致包括功能和非功能两方面的要求。消费者对前者的要求是出于实际使用的需要，而对后者的要求则往往是出于社会心理动机。而且，这两方面的需要又往往交织在一起，并且非功能需求所占的比重越来越大。而产品整体概念，正是明确地向产品的生产经营者指出，要竭尽全力地通过有形产品和附加产品去满足核心产品所包含的一切功能和非功能的要求，充分满足消费者的需求。可以断言，不懂得产品整体概念的企业不可能真正贯彻市场营销观念。

只有通过产品五层次的最佳组合才能确立产品的市场地位。营销人员要把对消费者提供的各种服务看作是产品实体的统一体。由于科学技术在今天的社会中能以更快的速度扩散，也由于消费者对切身利益关切度的提高，使得营销者的产品以独特形式出现越来越困难，消费者也就越来越以营销者产品的整体效果来确认哪个厂家、哪种品牌的产品是自己喜爱和满意的。尤其是，国内消费者在购买家电产品时，往往对有两层包装纸盒的产品（双包装产品）更为相信，对于不少缺乏电器专业知识的消费者来说，判别家电产品的质量可靠性，往往是以包装好坏作为决策的依据。对于营销者来说，产品越能以一种消费者易觉察的形式来体现消费者购物选择时所关心的因素，越能获得好的产品形象，进而确立有利的市场地位。

产品差异构成企业特色的主体，企业要在激烈的市场竞争中取胜，就必须致力于创造自身产品的特色。不同产品项目之间的差异是非常明显的。这种差异或表现在功能上，如鸣笛水壶与一般水壶之别；或表现在设计风格、品牌、包装的独到之处，甚至表现在与之相联系的文化因素上，如各种服装的差异；或表现在产品的附加利益上，如各种不同的服务，可使产品各具特色。总之，在产品整体概念的五个层次上，企业都可以形成自己的特色，而与竞争产品区别开来。而随着现代市场经济的发展和市场竞争的加剧，企业所提供的附加利益在市场竞争中也显得越来越重要。国内外许多企业的成功，在很大程度上应归功于他们更好地认识了服务等附加产品在产品整体概念中的重要地位。

产品按照其耐用性和有形性分为耐用品、非耐用品和服务；按照消费者的购买习惯分为便利品、选购品、特殊品和非渴求品；工业品一般分为材料和部件、资本项目、供应品和服务。

二、产品组合

1. 产品组合的概念

产品组合是指一个企业给市场的全部产品线和产品项目的组合或结构。企业为了实现经营目标，充分有效地满足目标市场的需求，必须设计一个优化的产品组合。

产品线是指产品组合中的某一产品大类，是一组密切相关的产品。产品项目是指产品线中不同品种、规格、质量和价格的特定产品。例如，百货商场经营的家电、百货、鞋帽等，这就是产品组合；而其中家电或鞋帽等大类就是产品线；每一大类里包括的具体品牌、品种为产品项目。

2. 产品组合的宽度、长度、深度和相关性

产品组合的广度是指产品组合中所拥有的产品线的数目。

产品组合的长度是指产品组合中产品项目的总数，如以产品项目总数除以产品线数目即可得到产品线的平均长度。

产品组合的深度是指一条产品线中所含产品项目的多少。

产品组合的相关性是指各条产品线在最终用途、生产条件、分配渠道或其他方面相互关联的程度。不同的产品组合存在着不同的相关程度。例如，某家用电器公司拥有电视机、收录机等多条产品线，但每条产品线都与电有关，这一产品组合具有较强的一致性。相反，实行多角化经营的企业，其产品组合的相关性则小。

企业应当根据市场需求、自身条件和企业目标，按照有利于扩大销售和增加企业利润的原则，寻求并实现最佳产品组合。

表 12-1 所显示的产品组合的宽度为 4，产品组合总长度为 18，每条产品线的平均长度为 18÷4 = 4.5。产品组合的深度分别为：服装 6、皮鞋 4、帽子 5、针织品 3。

表 12-1　产品组合的长度

	服　装	皮　鞋	帽　子	针织品
产品线的长度	男西装	男凉鞋	制服帽	卫生衣
	女西装	女凉鞋	鸭舌帽	卫生裤
	男中山服	男皮鞋	礼　帽	汗衫背心
	女中山服	女皮鞋	女　帽	
	风雨衣		童　帽	
	儿童服装			

3. 优化产品组合

产品组合状况直接关系企业销售额和利润水平，企业必须对现行产品组合作出系统的分析和评价，并决策是否加强或剔除某些产品线或产品项目。优化产品组合的过程，通常是分析、评价和调整现行产品组合的过程。

优化产品组合包括以下两个重要步骤：

（1）产品线销售额和利润分析：即分析、评价现行产品线上不同产品项目所提供的销售额和利润水平。在一条产品线上，如果销售额和盈利高度集中在少数产品项目上，则意味着产品线比较脆弱。为此，公司必须细心地加以保护，并努力发展具有良好前景的产品项目，如无发展前景，可以将其剔除。

（2）产品项目市场地位分析：即将产品线中各产品项目与竞争者的同类产品作对比分析，全面衡量各产品项目的市场地位。

4. 产品组合决策

根据产品组合的四种尺度，企业可以采取四种方法发展业务组合：①加大产品组合的宽度，扩展企业的经营领域，实行多样化经营，分散企业投资风险；②增加产品组合的长度，使产品线丰满充裕，成为更全面的产品线公司；③加强产品组合的深度，占领同类产品的更多细分市场，满足更广泛的市场需求，增强行业竞争力；④加强产品组合的一致性，使企业在某一特定的市场领域内加强竞争和赢得良好的声誉。

因此，产品组合决策就是企业根据市场需求、竞争形势和企业自身能力对产品组合的宽度、长度、深度和相关性方面做出的决策。具体有以下几种策略。

（1）扩大产品组合，包括开拓产品组合的广度和加强产品组合的深度，前者指在原产品组合中增加产品线，扩大经营范围；后者指在原有产品线内增加新的产品项目。当企业预测现有产品线的销售额和盈利率在未来可能下降时，就须考虑在现有产品组合中增加新的产品线，或加强其中有发展潜力的产品线。

（2）缩减产品组合，包括减少产品线和在产品线中减少产品项目，即缩小经营范围。市场繁荣时期，较长较宽的产品组合会为企业带来更多的盈利机会。但是在市场不景气或原料、能源供应紧张时期，缩减产品线反而能使总利润上升，因为剔除那些获利小甚至亏损的产品线或产品项目，企业可集中力量发展获利多的产品线和产品项目。

（3）产品线延伸，指全部或分地改变原有产品的市场定位，具体有向上延伸、向下延伸和双向延伸。向上延伸是在原有产品线内增加高档产品项目。向下延伸是在高档产品线中增加低档产品项目。双向延伸是将产品线向两个方向延伸，同时增加高档产品和低档产品。

（4）产品线现代化，是指对产品线进行现代化改造。这是因为，产品组合虽然适宜，但产品线的生产方式落后也会影响企业的生产和营销效率。

第二节　产品生命周期及其营销策略

一、产品生命周期的概念及其阶段划分

1. 产品生命周期的概念

产品生命周期是指某产品从进入市场到被淘汰退出市场的全部运动过程。产品生命周期指的是产品的市场寿命，而不是使用寿命。产品生命周期由需求与技术的生命周期决定。企业开展市场营销活动的思维视角，不是从产品开始，而是从需求出发的。任何产品都只是作为满足特定需要或解决问题的特定方式而存在。

2. 产品生命周期阶段划分

产品生命周期一般分为四个阶段：引入期、成长期、成熟期和衰退期。如图 12-2 所示。

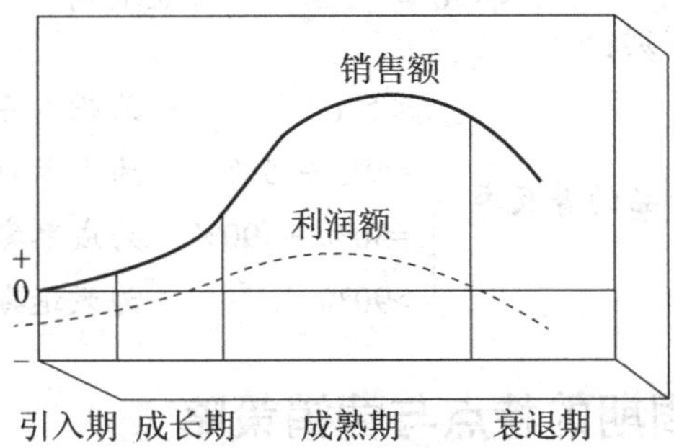

图 12-2　企业产品生命周期

一般而言，产品种类（如香烟）、产品形式（如过滤嘴香烟）和产品品牌（如红塔山）的生命周期各不相同。产品种类具有最长的生命周期，产品形式比产品种类能够更准确地体现标准的产品生命历程，产品品牌相对于前两者而言显示了较短的生命周期。

3. 产品生命周期的其他形态

产品生命周期是一种理论抽象，在现实经济生活中，并不是所有产品的生命历程都完全符合这种理论形态。除上述的正态分布曲线，还有以下几种形态。

（1）再循环形态。指产品销售进入衰退期后，由于种种因素的作用而进入第二个成长阶段。这种再循环型生命周期是市场需求变化或厂商投入更多的促销费用的结果。

（2）多循环形态。亦称“扇形”运动曲线，或波浪形形态，是在产品进入成熟期以后，厂商通过制定和实施正确的营销策略，使产品销售量不断达到新的高潮。

（3）非连续循环形态。大多数时髦商品呈非连续循环，这些产品一上市即热销，而

后很快在市场上销声匿迹。厂商既无必要也不愿意做出延长其成熟期的任何努力，而是等待下一周期的来临。

新视角

产品生命周期的释义

产品生命周期的几点说明：（1）它研究的只是工业产品，不包括农产品；（2）四个阶段的划分是靠经验划分的，曲线是一条经验曲线，无数学依据或模型；（3）产品生命周期曲线是一条理想曲线，现实中销售额的发展表现为锯齿形；（4）产品生命周期指的是它在市场上的生命力，它不同于产品自然寿命和经济寿命。

产品生命周期的判断方法：判断产品处于生命周期的某一阶段，常用的方法有销售增长率和产品普及率判断法。

以销售增长率来判别：

$$\text{销售增长率}=(Y_2-Y_1)/Y_1\times 100\%$$

其中，Y_2 是计划年的实际销售量；Y_1 是上一年的实际销售量。

$$\text{销售增长率}\begin{cases}=0.1\%\sim 10\% & \text{为投入期和成熟期;}\\ >10\% & \text{为成长期;}\\ <0 & \text{为衰退期}\end{cases}$$

以产品的普及率来判别：

$$\text{产品的普及率}\begin{cases}<5\% & \text{为投入期;}\\ =5\%\sim 50\% & \text{为成长期;}\\ =50\%\sim 90\% & \text{为成熟期;}\\ >90\% & \text{为衰退期}\end{cases}$$

二、产品生命周期的特点与营销策略

1. 引入期

产品引入期的特点是：

（1）消费者对该产品不了解，销量小，制造成本高；

（2）价格难以确定，利润少甚至出现亏损；

（3）尚未建立理想的营销渠道和高效率的分配模式；

（4）广告费用和其他营销费用开支较大；

（5）产品技术、性能不够完善，竞争者少。

产品引入期的营销策略如下。

（1）快速掠取策略，即以高价格和高促销推出新产品。实行高价格是为了在每一单位销售额中获取最大的利润，高促销费用是为了引起目标市场的注意，加快市场渗透。成功地实施这一策略，可以赚取较多的利润，尽快收回新产品开发投资。实施该策略的市场条件是：市场上有较大的需求潜力；目标顾客具有求新心理，急于购买新产品，并愿意为此付出高价；企业面临潜在竞争者威胁，需要及早树立名牌。

（2）缓慢掠取策略，即以高价格低促销费用将新产品推入市场。高价格和低促销水平结合可以使企业获得更多利润。实施该策略的市场条件是：市场规模相对较小，竞争威胁不大；市场上大多数用户对该产品没有过多疑虑；适当的高价能为市场所接受。

（3）快速渗透策略，即以低价格和高促销费用推出新产品。目的在于先发制人，以最快的速度打入市场，该策略可以给企业带来最快的市场渗透率和最高的市场占有率。实施这一策略的条件是：产品市场容量很大；潜在消费者对产品不了解，且对价格十分敏感；潜在竞争比较激烈；产品的单位制造成本可随生产规模和销售量的扩大迅速下降。

（4）缓慢渗透策略，即企业以低价格和低促销费用推出新品。低价是为了促使市场迅速地接受新产品，低促销费用则可以实现更多的利润。企业坚信该市场需求价格弹性较高，而促销弹性较小。实施这一策略的基本条件是：市场容量较大；潜在顾客易于或已经了解此项新产品且对价格十分敏感；有相当的潜在竞争者准备加入竞争行列。

2. 成长期

产品成长期的特点是：

（1）消费者对新产品已经熟悉，销售量增长很快；

（2）大批竞争者加入，市场竞争加剧；

（3）产品已定型，技术工艺较成熟；

（4）市场价格趋于下降，成本下降，利润迅速上升；

（5）建立了比较理想的营销渠道；

（6）促销费用基本稳定或略有提高，但占销售额的比率会下降；

（7）由于促销费用分摊到更多销量上，单位生产成本迅速下降，企业利润迅速上升。

产品成长期企业营销策略的核心是尽可能地延长产品的成长期。具体来说，有以下营销策略。

（1）根据用户需求和其他市场信息，不断提高产品质量，努力发展产品的新款式、新型号，增加产品的新用途。

（2）加强促销环节，树立强有力的产品形象。促销策略的重心应从建立产品知名度转移到树立产品形象，主要目标是建立品牌偏好，争取新的顾客。

（3）重新评价渠道、选择决策、巩固原有渠道，增加新的销售渠道，开拓新的市场。

（4）选择适当的时机调整价格，以争取更多顾客。

企业采用上述部分或全部市场扩张策略，会加强产品的竞争能力，但也会相应地加大营销成本。因此，在成长阶段，面临着“高市场占有率”或“高利润率”的选择。一般来说，实施市场扩张策略会减少眼前利润，但加强了企业的市场地位和竞争力，有利于维持和扩大企业的市场占有率，从长期利润观点看，更有利于企业发展。

3. 成熟期

产品成熟期的特点是：

（1）各销售渠道基本呈饱和状态，销售量虽有增长，但增长率呈下降趋势；

（2）竞争十分激烈，生产能力渐趋过剩；

（3）由于市场饱和，价格趋降，利润稳中有降。

产品成熟期的营销策略如下：

（1）市场改良策略，即发现产品的新用途，开发新市场，寻找新用户，市场重新定位，寻求有潜在需求的新顾客；

（2）产品改良策略，即进一步提高产品质量，改变产品的特色和款式，为顾客提供新的服务等；

（3）营销组合改良，即指通过改变价格、销售渠道和促销方式来延长产品的成熟期。

4. 衰退期

产品衰退期的特点是：

（1）销售量由缓慢下降变为迅速下降，消费者的兴趣已完全转移；

（2）价格已降到最低水平；

（3）多数企业无利可图，被迫退出市场；

（4）留在市场上的企业逐渐减少产品附带服务、削减促销预算等，以维持最低水平的经营。

产品衰退期的营销策略如下：

（1）集中策略，即把资源集中使用在最有利的细分市场和销售渠道上，缩短营销战线，以获得尽可能多的回报；

（2）维持策略，即保持原有的细分市场和营销组织，把营销维持在一个低水平上，等待时机退出市场；

（3）榨取策略，即大力降低销售费用，精减销售人员，以增加眼前利润。

如果企业决定停止经营衰退期的产品，应在立即停产还是逐步停产问题上慎重考虑，并应处理好善后事宜，使企业有秩序地转向新产品经营。

第三节　新产品开发

一、新产品开发的必要性

1. 新产品的概念

在现代市场营销学中，新产品是指从产品整体概念中任何一个层次的更新和变革，使产品有了新的结构、新的功能、新的品种或增加了新的服务，从而给消费者带来了新的利益和满足，与原产品产生了差异。

2. 新产品的类型

可分为以下六种基本类型：

（1）全新产品，即运用新一代科学技术革命创造的整体更新产品；

（2）新产品线，使企业首次进入一个新市场的产品；

（3）现有产品线的增补产品；

（4）现有产品的改进或更新，对现有产品性能进行改进或注入较多的新价值；

（5）再定位，进入新的目标市场或改变原有产品市场定位推出新产品；

（6）成本减少，以较低成本推进出同样性能的新产品。

3. 新产品开发的必要性

企业之所以要大力开发新产品，主要是由于：

（1）产品生命的周期理论要求企业不断开发新的产品；

（2）消费需求的变化需要不断开发新产品；

（3）科学技术的发展推动着企业不断开发新产品；

（4）市场竞争的加剧迫使企业不断开发新产品。

4. 新产品开发的组织

（1）新产品开发的组织形式：产品线经理；新产品经理；新产品开发委员会；产品开发小组。

（2）团队导向的“同时型产品开发”组织：在新产品开发中，研究部门、设计部门、技术部门、生产部门、采购部门、市场营销部门和财务部门自始至终的通力合作，各种职能的交叉管理应贯穿始终。

（3）新产品开发与经营管理体制。公司的经营管理体制在很大程度上决定了新产品开发的组织体制。

二、新产品开发的过程

新产品开发由八个阶段构成，即新产品构思、筛选、产品概念的形成与测试、初拟营销规划、商业分析、新产品研制、市场试销和商业性投放。

1. 新产品构思

构思是为满足一种新需求而提出的设想。在产品构思阶段，营销部门的主要责任是：积极地在不同环境中寻找好的产品构思；积极地鼓励公司内外人员挖掘产品构思；将所汇集的产品构思转送公司内部有关部门，并征求修正意见，使其内容更加充实。

营销人员寻找和搜集新产品构思的主要方法有如下几种：

（1）产品属性排列法；

（2）强行关系法，先列举若干不同的产品，然后把某一产品与另一产品或几种产品强行结合起来，产生一种新的构思；

（3）多角分析法，这种方法首先将产品的重要因素抽象出来，然后具体地分析每一种特性，再形成新的创意；

（4）聚会激励创新法；

（5）征集意见法，指产品设计人员通过问卷调查、召开座谈会等方式了解消费者的需求，征求科技人员的意见，询问技术发明人、专利代理人、大学或企业的实验室、广告代理商等的意见，从而形成制度。

2. 筛选

筛选的主要目的是选出那些符合本企业发展目标和长远利益，并与企业资源相协调的产品构思，摒弃那些可行性小或获利较少的产品构思。筛选应遵循如下标准：

（1）市场成功的条件；

（2）企业内部条件；

（3）产品是否符合企业的营销目标，其获利水平及新产品对企业原有销售的影响。这一阶段的任务是剔除那些明显不适当的产品构思。

筛选新产品构思可通过新产品评审表进行。表 12-2 是一份比较典型的新产品构思评审表。

表 12-2　新产品构思评审表

产品成功的必要条件	权重（A）	公司能力水平（B）											得分数（A）·（B）
		0.0	0.1	0.2	0.3	0.4	0.5	0.6	0.7	0.8	0.9	1.0	
公司信誉	0.20							★					0.120
市场营销	0.20										★		0.180
研究与开发	0.20								★				0.140
人员	0.15							★					0.090
财务	0.10										★		0.090
生产	0.05									★			0.040
销售地点	0.05				★								0.015
采购与供应	0.05										★		0.045
总计	1.00												0.720

分数等级 0.00 ～ 0.40 为“劣”；0.41 ～ 0.75 为“中”；0.76 ～ 1.00 为“良”。目前可以接受的最低分数为 0.70。

表上第一栏是某新产品成功的条件；第二栏是按照这些条件在进入市场时的重要程度分别给予不同的权重；第三栏是对某新产品成功打入市场的能力给予不同的评分；最后汇总，即（A）·（B），得数相加，表示这个产品投入市场是否符合本企业的目标和战略的综合评分。在筛选阶段，应力求避免两种偏差：一种是漏选良好的产品构思，对其潜在价值估价不足，失去发展机会；另一种是采纳了错误的产品构思，仓促投产，造成失败。

3. 产品概念的形成与测试

新产品构思经筛选后，需进一步发展更具体、明确的产品概念。产品概念是指已经成型的产品构思，即用文字、图像、模型等予以清晰阐述，使之在顾客心目中形成一种潜在的产品形象。一个产品构思能够转化为若干个产品概念。

每一个产品概念都要进行定位，以了解同类产品的竞争状况，优选最佳的产品概念。选择的依据是未来市场的潜在容量、投资收益率、销售成长率、生产能力以及对企业设备、资源的充分利用等，可采取问卷方式将产品概念提交目标市场有代表性的消费群进行测试、评估，问卷调查可帮助企业确立吸引力最强的产品概念。

4. 初拟营销规划

企业选择了最佳的产品概念之后，必须制订把这种产品引入市场的初步市场营销计划，并在未来的发展阶段中不断完善。初拟的计划包括三个部分：（1）描述目标市场的规模、结构、消费者的购买行为、产品的市场定位以及短期（如三个月）的销售量、市场占有率、利润率预期等；（2）概述产品预期价格、分配渠道及第一年的营销预算；（3）分别阐述较长期（如 3 ～ 5 年）的销售额和投资收益率，以及不同时期的市场营销组合等。

5. 商业分析

即从经济效益分析新产品概念是否符合企业目标。包括两个具体步骤：预测销售额和推算成本利润。预测新产品销售额可参照市场上类似产品的销售发展历史，并考虑各种竞争因素，分析新产品的市场地位，市场占有率等。

6. 新产品研制

主要是将通过商业分析后的新产品概念交送研究开发部门或技术工艺部门试制成为产品模型或样品，同时进行包装的研制和品牌的设计，这是新产品开发的一个重要步骤，只有通过产品试制，投入资金、设备和劳力，才能使产品概念实体化，发现不足与问题，不断改进设计，才能证明这种产品概念在技术、商业上的可行性。应当强调，新产品研制必须使模型或样品具有产品概念所规定的所有特征。

7. 市场试销

新产品试销应对以下问题作出决策：

（1）试销的地区范围；

（2）试销时间；

（3）试销中所要取得的资料；

（4）试销所需要的费用开支；

（5）试销的营销策略及试销成功后应进一步采取的战略行动。

8. 商业性投放

新产品试销成功后，就可以正式批量生产，全面推向市场。这时，企业要支付大量费用，而新产品投入市场的初期往往利润微小，甚至亏损，因此，企业在此阶段应对产品投放市场的时机、区域、目前市场的选择和最初的营销组合等方面作出慎重决策。

三、新产品市场扩散

新产品的市场扩散是指新产品进入市场后为广大消费者能接受的过程。新产品能否尽快为消费者所接受，主要取决于产品的优越性、对新产品认识与接受过程和企业的营销努力。

1. 新产品特征与市场扩散

（1）创新产品的相对优点。新产品的相对优点越多，在诸如功能、可靠性、便利性、新颖性等方面比原有产品的优越性越大，市场接受得就越快。

（2）创新产品的适应性。创新产品必须与目标市场的消费习惯以及人们的产品价值观相吻合。当创新产品与目标市场消费经验、社会心理、产品促进观相适应或较接近时，则有利于市场扩散，反之，则不利于市场扩散。

（3）创新产品的简易性。这是要求新产品设计、整体结构、使用维修、保养方法必须与目标市场的认知程度相适应。一般而言，新产品的结构和使用方法简单易懂，才有利于新产品的推广扩散，消费品尤其如此。

（4）创新产品的明确性。这是指新产品的性质或优点是否容易被人们观察和描述，是否容易被说明和示范。凡信息传播较便捷、易于认知的产品，其采用速度一般比较快。

2. 购买行为与市场扩散

（1）消费者采用新产品的程序与市场扩散。人们对新产品的采用过程，客观上存在着一定的规律性。美国市场营销学者罗吉斯调查了数百人接受新产品的实例，总结归纳出人们接受新产品的程序和一般规律性，认为消费者接受新产品一般表现为以下五个重要阶段。

①认知，这是个人获得新产品信息的初始阶段。新产品信息情报的主要来源是广告，或者通过其他间接的渠道获得，如商品说明书、技术资料等。显然，人们此时处在获得的新产品信息的初始阶段，只是一般性的了解。

②兴趣，指消费者不仅认识了新产品，并且发生了兴趣。在此阶段，消费者会积极地寻找有关资料，并进行对比分析，研究新产品的具体功能、用途、使用等问题，如果满意，将会产生初步的购买动机。

③评价，这一阶段的消费者主要权衡采用新产品的边际价值。例如，对采用新产品获得的利益和可能承担风险的比较，从而对新产品的吸引力作出判断。

④试用，指顾客开始小规模地试用新产品。通过试用，顾客可评价自己对新产品的认识及购买的正确性。企业应尽量降低失误率，详细介绍产品的性质、使用和保养方法。

⑤采用，顾客通过试用收到了理想的效果，放弃原有的产品，完全接受新产品，并开始正式购买、重复购买。

（2）顾客对新产品的反映差异与市场扩散。在新产品的市场扩散过程中，由于社会地位、消费心理、产品价值观、个人性格等多种因素的影响制约，不同顾客对新产品的反应具有很大的差异。

①创新采用者，也称为"消费先驱"，通常富有个性，勇于革新冒险，性格活跃，消费行为很少听取他人意见，经济宽裕，社会地位较高，受过高等教育，易受广告等促销手段的影响，是企业投放新产品时的极好目标。

②早期采用者，一般是年轻，富于探索，对新事物比较敏感并有较强的适应性，经济状况良好，对早期采用新产品具有自豪感。这类消费者对广告及其他渠道传播的新产品信息很少有成见，促销媒体对他们有较大的影响力，但与创新者比较，持较为谨慎的态度。

③早期大众，这部分消费者一般较少保守思想，接受过一定的教育，有较好的工作环境和固定的收入；对社会中有影响的人物、特别是自己所崇拜的"舆论领袖"的消费行为具有较强的模仿心理；不甘于落后于潮流，但由于特定的经济地位所限，购买高档产品时持非常谨慎的态度。他们经常是在征询了早期采用者的意见之后才采纳新产品。研究他们

的心理状态、消费习惯，对提高产品的市场份额具有很大的意义。

④晚期大众，指较晚地跟上消费潮流的人。他们的工作岗位、受教育水平及收入状况往往比早期大众略差，对新事物、新环境多持怀疑态度或观望态度。往往在产品成熟阶段才加入购买。

⑤落后的购买者，这些人受传统思想束缚很深，思想非常保守，怀疑任何变化，对事物、新变化多持反对态度，固守传统消费行为方式，在产品进入成熟期以至衰退期才能接受。

新产品的整个市场扩散过程，从创新采用者至落后购买者，形成完整的“正态分布曲线”，这与产品生命周期曲线极为相似，为企业规划产品生命周期各阶段的营销战略提供了有力的依据。

四、新产品开发策略

激烈的市场竞争使发展新产品成为必要，科学技术的飞速发展使新产品的研究与开发成为可能。“以质量求生存，以品种求发展”不仅仅是一句口号，而且是企业的行动指南。

1. 领先策略

领先策略是企业要在其他企业的新产品还未开发成功投放市场之前抢先开发新产品，投放市场，使企业某种产品处于领先地位，然后，千方百计的扩大结果，迅速扩大覆盖面。

实质上是以攻取胜，企业采用这种策略需要有较强的新产品开发能力和风险承受能力。

2. 跟随超越策略

技术引进与自行研制相结合。这种策略是以跟随先导，以超越为目标，善于利用外界条件达到事半功倍的有效途径。

这种策略风险小，要求的科研能力不高，在技术上和经济上都较稳妥。但是，采用跟随超越策略必须具备两个条件：一是要求市场信息捕捉快；二是要具备一定的应变能力和研发能力。

跟随超越策略的最大好处就是可以大大缩短新产品的研制周期，降低研制费用。

3. 差异化策略

由于需求的差异性必然会带来产品的差异化。产品差异化的内容可概括为两个方面：产品因素差异化、市场营销组合因素差异化。

大体说来，企业可通过以下决策实现产品差异化。

（1）研究与开发策略，企业为使自己的产品区别于同类企业的产品并建立竞争优势，就要大力开展研究和开发工作，努力使产品在质量、式样、造型等方面发生改变，不断推出新产品，满足顾客需要。

（2）地理策略，企业产品的生产地和销售地的选择均以地理便利为基础，由此带来位置和运输上的好处。这种地理差异对于企业节省成本、广揽顾客有着重要作用。

（3）促销策略，产品差异对消费者的偏好具有特殊意义，尤其是对购买次数不多的商品，许多消费者并不了解其性能、质量和款式，所以，企业应通过广告、销售宣传、包装吸引力以及公关活动给消费者留下偏好和主观形象。

（4）服务策略，在现代市场营销观念中，服务已成为产品的一个重要组成部分。企业可通过训练有素的职员为消费者提供优质服务、缩短结账过程等，满足消费者合理的差异需求。事实上，许多消费者不仅乐意接受优质服务，而且愿意为产品中包含的信息和服务支付费用。

4. 更新换代策略

更新换代策略指在老产品的基础上，采用新技术，新材料，开发更高技术性能的新产品。

5. 系列延伸策略

一种新产品的问世，往往会延伸出与该产品密切联系的一系列配套需求。

第四节　产品包装策略

一、包装的含义、种类与作用

1. 包装的含义

包装是产品整体概念中的重要组成部分。包装是指对某一品牌的商品设计并制作容器或包扎物的一系列活动。它有两方面的含义：一是指为产品设计、制作包扎物的活动过程；二是指包装物。

2. 包装的种类

产品包装按其在流通过程中作用的不同，可以分为运输包装和销售包装两种。运输包装主要用于保护产品品质安全和数量完整，又细分为单件包装和集合包装。销售包装是要美化和宣传产品，便于陈列展销，吸引顾客，方便消费者认识、选购、携带和使用。

3. 包装的作用

包装是商品生产的继续，作为商品的重要组成部分，其营销作用主要表现在：保护商品，便于储运，促进销售，增加盈利。

二、包装标签与包装标志

包装标签是指附着或挂在商品销售包装上的文字、图形、雕刻及印制的说明。

包装标志是在运输包装的外部印制的图形、文字和数字以及它们的组合，

三、包装的设计原则

（1）安全。

（2）适于运输，便于保管、陈列、携带和使用。

（3）美观大方，突出特点。

（4）与商品价值和质量相匹配。

（5）尊重消费者信仰和习俗。

（6）符合法律规定等原则。

四、包装策略

符合设计要求的包装固然是良好的包装，但良好的包装只有同科学的包装决策结合起来才能发挥其应有的作用。可供企业选择的包装策略如下。

1. 类似包装策略

类似包装是指企业生产经营的所有产品，在包装外形上都采取相同或相近的图案、色彩等共同的特征，使消费者通过类似的包装联想起这些商品是同一企业的产品，具有同样的质量水平。类似包装策略不仅可以节省包装设计成本，树立企业整体形象，扩大企业影响，而且还可以充分利用企业已经拥有的良好声誉，有助于消除消费者对新产品的不信任感，进而有利于带动新产品销售。它适用于质量水平相近的产品，但由于类似包装策略容易对优质产品产生不良影响，所以，对于大多不同种类、不同档次的产品一般不宜采用这种包装策略。

2. 等级包装策略

该策略是指企业对自己生产经营的不同质量等级的产品分别设计和使用不同的包装。显然，这种依产品等级来配比设计包装的策略可使包装质量与产品质量等级相匹配，对高档产品采用精致包装，对低档产品采用简略包装，其做法适应不同需求层次消费者的购买心理，便于消费者识别、选购商品，从而有利于全面扩大销售。当然，该策略的实施成本高于类似包装策略也是显而易见的。

3. 分类包装策略

分类包装策略是根据消费者购买目的不同，对同一种产品采用不同的包装。如，购买商品用作礼品赠送亲友，则可精致包装；若购买者自己使用，则简单包装。此种包装策略的优点与等级包装策略相同。

4. 配套包装策略

配套包装就是指企业将几种有关联性的产品组合在同一包装物内的做法。这种策略能够节约交易时间，便于消费者购买、携带与使用，有利于扩大产品销售，还能够在新旧产品组合在一起时，使新产品顺利进入市场。

5. 再使用包装策略

再使用包装也称双重用途包装策略，即指包装物在被包装的产品消费完毕后还能移做他用的做法。由于这种包装策略增加了包装的用途，可以刺激消费者的购买欲望，有利于扩大产品销售，同时也可使带有商标的包装物在再使用过程中起到延伸宣传的作用。

6. 附赠品包装策略

附赠品包装策略是指在包装物内附有赠品以诱发消费者重复购买的做法。在包装物中的附赠品可以是玩具、图片，也可以是奖券。该包装策略对儿童和青少年等低收入者比较有效。这也是一种有效的营业推广方式。

7. 更新包装策略

更新包装策略就是改变原来的包装。更新包装策略是指企业包装策略随着市场需求的变化而改变的做法。一种包装策略无效，依消费者的要求更换包装，实施新的包装策略，可以改变商品在消费者心目中的地位，进而收到迅速恢复企业声誉之佳效。

本章提要

- 产品是市场营销组合的最重要和最基本的因素。产品整体概念是建立在产品需求的基础之上的，体现了以顾客为中心的现代市场营销观念。了解产品整体概念对于有效地开展市场营销活动有重要意义。
- 产品组合是一个企业的全部产品结构。研究产品结构就是要选择产品的宽度、长度、深度和相关性，优化产品组合可以采取三种策略。
- 产品生命周期包括引入期、成长期、成熟期和衰退期四个阶段，每个阶段都有其自身的特点，企业可以采取相应的营销策略。
- 新产品开发需要经历一个过程，其市场扩散与新产品特征和购买行为有关。新产品也要讲究策略。
- 包装是商品生产的继续，商品只有经过包装才能进入流通领域，实现其价值，产品包装亦有不同的策略。

关键词

核心产品（core product）　　形式产品（actual product）
延伸产品（augmented product）　　期望产品（expected product）
潜在产品（potential product）　　产品线（product line）
产品组合（product mix）　　产品生命周期（product life cycl）
新产品开发（new product development）

复习与思考

1. 产品整体概念包括哪几层含义？
2. 产品生命周期各阶段的特点是什么？
3. 产品生命周期各阶段应采取什么样的营销策略？
4. 新产品开发的程序是怎样的？
5. 包装策略有哪几种？

研究与讨论

1. 产品整体概念对企业市场营销有何意义？
2. 产品生命周期理论对企业开展市场营销活动有何启示？
3. 新产品开发对企业成长有何意义？

实践演练

1. 请你描述一家小型或大型百货商店的产品组合，并分析其合理性。
2. 试就市场上某类商品的生命周期作出分析。

营销模拟

1. 请判断某品牌的电视机所处的生命周期，并提出延长其生命周期的合理化建议。
2. 请你设计和开发出某种新产品的主要属性，并说明其理由。

本章案例

华龙面的产品组合策略

扫描此码 案例学习

案例讨论题：

1. 华龙面的产品组合是否合理？其理由是什么？
2. 华龙面产品组合策略的成功经验给了我们怎样的启示？
3. 华龙面在产品创新上应该有哪些选择？

第十三章　定价策略

你不是通过价格出售产品，你是出售价格。

——菲利普·科特勒

暂时忘掉定价策略，快去了解消费者为了满足自己的需要与欲望所愿意付出的成本。

——唐·舒尔茨

学习目标

知识目标

1. 影响企业产品定价的因素；
2. 熟悉定价的基本策略；
3. 企业价格变动与调整的原因。

能力目标

1. 掌握定价的一般方法；
2. 能够运用各种价格策略；
3. 能够根据实际情况对价格作出调整。

营销故事

一个人去买鹦鹉，看到一只鹦鹉前面写着：此鹦鹉会两门语言，售价二百元。另一只鹦鹉前则写道：此鹦鹉会四门语言，售价四百元。该买哪只呢？两只都毛色光鲜，非常可爱。这人一时拿不定主意。

结果这人突然发现一只老掉了牙的鹦鹉，毛色暗淡散乱，标价八百元。他赶紧将老板叫来：“这只鹦鹉是不是会说八门语言？”

店主说：“不”。这人奇怪了：“那为什么又老又丑，又没有能力，会值这个数呢？”

店主回答：“因为另外两只鹦鹉叫这只鹦鹉老板”。

引例

卖　　画

在比利时的一间画廊里，一位美国华裔画商正和一位印度画家在讨价还价，争辩得很激烈。其实，印度画家的每幅画底价仅在10—100美元之间。但当印度画家看出美国画商购画心切时，对其所看中的3幅画单价非要250美元不可。

美国画商对印度画家敲竹杠的宰客行为很不满意，吹胡子瞪眼要求降价成交。印度画家也毫不示弱，竟将其中一幅画用火柴点燃，烧掉了。美国画商亲眼看着自己喜爱的画被焚烧，很是惋惜，随即又问剩下的两幅画卖多少钱。印度画家仍然坚持每幅画要卖 250 美元。从对方的表情中，印度画家看出美国画商还是不愿意接受这个价格。这时，印度画家气愤地点燃火柴，竟然又烧了另一幅画。

至此，酷爱收藏的美国画商再也沉不住气了，态度和蔼多了，乞求说："请不要再烧最后一幅画了，我愿意出高价买下。"最后，竟以 800 美元的价格成交。

第一节　影响定价的因素

价格是市场营销组合因素中十分敏感而又难以控制的因素，它关系着市场对产品的接受的程度，影响着市场需求和企业利润的多少。

影响定价的因素是多方面的，主要有以下几种。

一、定价目标

定价目标是指企业凭借价格产生的效应所要达到的具体目的。企业定价目标主要有：

（1）维持生存；

（2）实现预期利润；

（3）提高或维持市场占有率；

（4）保持和优化产品质量；

（5）考虑竞争需要。

二、成本费用

任何企业都不能随心所欲地制定价格。某种产品的最高价格取决于市场需求，最低价格取决于这种产品的成本费用。从长远来看，任何产品的销售价格都必须高于成本费用。只有这样，才能以销售收入来抵偿生产成本和经营费用，否则就无法经营。因此，企业在制定价格时，必须估算相关成本费用。

三、市场需求

市场需求不仅决定产品的销售量，而且直接影响产品定价。一般供不应求的产品，价格可以定的高些；供过于求的产品，应考虑降低价格。需求的价格弹性反映需求量对价格的敏感程度，企业定价应考虑需求弹性的大小。需求弹性大，价格的升降会引起需求较大幅度的变化，定价趋底；需求弹性小，定价可趋高。

四、竞争者的产品和价格

在产品的最高价格与最低价格的幅度内，企业能把价格定多高，则取决于竞争者同种产品的价格水平。企业必须了解竞争者所提供的产品质量和价格，通过比较来确定本企业产品的价格。特别是当竞争对手调整价格时，企业应当认真分析竞争形势，相应调整本企业的产品价格。

五、政府的政策法规

企业制定价格还须考虑政府的有关政策、法规等要求和限制。

新视角

市场与产品特点影响产品定价

消费者的购买频率：购买频率高的产品可以经常调整其价格；购买频率低的产品尽量保持价格稳定。

产品标准化（差异）程度：标准化、差异性小的产品，价格不可经常变化；个性化、差异大的产品，可以因市场变化而经常调整价格。

产品生命周期阶段：新上市阶段可以定较高的价格；到了衰退阶段只能降低价格。

产品的易腐性、易毁性：不易保存的产品价格不能维持不变。

产品供应和需求的季节性：季节性强的产品价格变动空间较大。

产品的流行性和威望性：流行产品的价格调整余地较大。

经济景气状况：经济高增长期，人们对价格变化敏感性较低；经济衰退期，人们对价格比较敏感。

资料来源： 傅浙铭，林宁 . 顾客心理与营销决策 [M]. 广州：广东经济出版社，1999.

第二节 定价的一般方法

企业产品价格的高低要受市场需求、成本费用和竞争情况等因素的影响和制约。企业定价时应全面考虑这些因素。但是在实际定价工作中，企业往往只能侧重某一方面的因素。

大体上企业定价有三种导向，即成本导向、需求导向和竞争导向。

一、成本导向定价法

成本导向定价法是一种主要以成本为中心的传统定价方法，具体应用又有以下三种方法。

1. 成本加成定价法

这是以成本为中心的传统定价方法。具体做法是首先按总成本估算出一个单位产品的平均成本，然后加上一定比率的预期利润。公式为：

$$P = C(1+R)$$

其中，P 为单位产品售价；C 为单位产品成本；R 为成本加成率。

零售企业通常以售价为基础进行加成定价。

这一定价方法的优点是计算简单，简便易行；它的局限性在于忽视了供求状况和竞争状况，有可能与市场需求脱节，并难以适应竞争的变化。这种定价方法一般适用于卖方市场条件下产品的定价。

2. 增量分析定价法

这是指以增量成本（变动成本）为基础来确定价格的定价方法。它主要是分析企业接受新任务后有没有增量利润（增量收入-增量成本），若增量利润为正值，则新任务的价格是可以接受的，若增量利润为负值，则新任务的价格是不可接受的。

在企业经营中，增量分析定价法主要适用于三种情况：（1）企业是否要按较低的价格接受新任务；（2）为减少亏损，企业可通过降价来争取更多的任务；（3）企业生产互相替代或互补的几种产品。

3. 目标定价法

这是指根据估计的总销售额和估计的销售量来制定价格。这种定价方法有一个主要缺陷，即企业以估计的销售量来求价格，而价格恰恰是影响销售量的重要因素。

二、需求导向定价法

需求导向定价法是一种以市场需求强度及消费者感受为主要依据的定价法，具体又有如下三种方法。

1. 认知价值定价法

该方法以消费者对商品价值的感受及理解程度作为定价基本依据。消费者对产品价值的认知不同，愿意支付的价格限度不同。这个价格限度就是消费者宁愿付出货款而不愿失去这次购买机会的价格。如果价格刚好定在这一限度内，消费者就会顺利购买。为此企业定价时要采用有效的营销措施突出产品的特征，加深消费者对产品价值的认知程度，使消费者感到购买这些产品能获得更多的相对利益，从而提高其愿意支付的价格限度。

新视角

以顾客感知为核心的价值定价

必须看到，传统定价方法绝大部分考虑的是生产者自身的利益保证，而较少考虑消费者的利益，这显然不符合未来市场发展的趋势。未来的市场竞争者要考虑生产者自身的利益，更重要的是考虑顾客的利益。众所周知，在影响顾客购买的决定因素中，最重要的莫过于物有所值。这就提醒企业，在关注价格时，不妨多考虑一下价值因素，以价值为中心来制定价格政策。

未来利润的基础，只能是为客户提供他们认同的价值，有效的定价方法应该是按价值定价，也就是根据顾客在消费产品过程中所获得的价值量来制定价格。制定价格的基础，是其产品或服务与竞争对手的产品或服务之间的预期价值比。因此，未来的企业必须由生产产品转变为创造价值，由创造价值转变为创造顾客，实现价格与价值的无缝对接。按价值定价，是定价方法上的一次新飞跃。它的突出之处在于打破了定价受成本驱动的旧思想模式，适应了现代竞争的价值理念。值得提醒的是，按价值定价，并不是不关注成本，而是强调未来成本比目前成本更重要，以追求顾客成本的降低，顾客价值等式重心的转移，来改变竞争的方式。贴近顾客是按价值定价的关键。

因此，采取按价值定价模式，必须要洞察目标顾客的价值取向，及时地向顾客提供至关重要并超过期望的产品和服务，这样的品牌，在无须损害价值的价格水平上同样具有竞争力，研究表明，有效开展产品服务和顾客服务的企业盈利始终比那些在这方面迟迟未有动作的企业高得多。

了解对手是按价值定价的基础。让自己产品的价值与竞争者相比高出一筹，就能赢得显著的竞争优势。事实上，顾客对价值的认知，是在与同类产品的比较中确定的。只有收集掌握了竞争对手的信息，才能理性地制定价格策略。这就要求企业必须建立一套有效的系统，以更好地获取利用产品或服务按性能的优劣进行排列比较。当自己产品的价格与竞争者十分接近时，需清醒地认识到哪些价值优势的提高或降低会使企业赢得或失去市场份额，从而及时、相应地调整自己的价格。

必须牢记的是，市场经济的本质特征就是竞争，最富有竞争力的定价策略，就是最容易被市场所认可和接受的策略。即便是按价值定价也不例外。一个重要的现实是，但凡采取了让市场认可和接受的价值策略的企业，都真正地走上了市场并最终占领了市场，最典型的例子莫过于海尔，其创造了利润，也实现了企业规模与市场份额同时增长的企业成长神话；而那些始终死守传统观念，采用只让自己认可和接受的定价策略的企业，不是悄然消失，就是在竞争中败下阵来。

购买者所期望的是从购买的产品和服务中寻求最大化的价值。通常他们不会在意销售商的成本是多少，他们更在意价格与价值的关系。购买者所寻求的利益包括特定的功能、解决的问题或者获得的快乐。只有当产品或服务所提供利益同顾客认同的价值一致时，才会实现顾客的价值。在发展以价值为导向的定价战略时，最重要的掌握顾客的感受。价值导向的定价法可以避免定价相对于价值过高或过低的错误。市场将会让在感受上具有更高价值的产品或服务获得更高的价格。

资料来源：吕巍，周颖 . 战略营销 [M]. 北京：机械工业出版社，2007.

2. 需求差异定价法

这种定价法以销售对象、销售地点、销售时间等条件变化所产生的需求差异，尤其是需求强度差异作为定价基本依据，而不是以成本差异为基础依据。在实际生活中，不仅不同的消费者对同一产品的需求有差异，对同一产品的不同款式各有所好，即使同一消费者在不同的时间、不同的地点对同一产品的需求强度往往也不同，甚至有很大的差异，因此，即使产品的成本相同，企业也可以区分不同的顾客拟定不同的价格；区分不同款式（式样）拟定不同的价格；区分不同销售地点拟定不同的价格；区分不同的销售时间拟定不同的价格。采用这种定价方法，其前提条件是企业对市场能够根据需求强度的不同进行细分，如街市销售饮料与舞厅销售饮料就是两个不同的市场，后者的价格要高于前者。

3. 反向定价法

反向定价法是指企业依据消费者能够接受的最终销售价格，计算自己从事经营的成本和利润后，逆向推算出产品的批发价、零售价。这种定价方法不以实际成本为主要依据，而是以市场需求为定价的出发点，力求使价格为消费者所接受。分销渠道中的批发商和零售商多采取这种定价方法。

三、竞争导向定价法

竞争导向定价法是一种以市场上相互竞争的同类产品价格为主要依据的定价方法。具体有以下三种方法。

1. 随行就市定价法

即本企业产品与同行业竞争产品的平均价格即现行市场价格水平保持一致，这是一种最简单的方法。这样做，易为消费者接受；能与竞争产品“和平共处”，也能带来合理、适度的利润。这种方法主要应用于竞争激烈的均质产品，如大米、面粉、钢铁以及某些原材料的价格确定。

2. 主动竞争定价法

与上述“随大流”相反，它不是追随竞争者的价格，而是根据本企业产品的实际情况及与竞争对手的产品差异情况来定价。一般为实力雄厚或产品独具特色的企业所采用。

3. 投标定价法

这种定价方法适应用于投标交易方式（大型成套设备订货、承包公共事业工程等）。投标定价是根据竞争对手的报价估计制定的，而不是按实际的成本费用计算，目的是赢得合同。因此，报价一般会低。拍卖定价则是一种选择最高价格的定价方法。

第三节　定价策略

在市场营销实践中，企业还要考虑利用灵活多变的定价策略，对基础价格进行适当地修正或调整。

一、折扣定价策略

企业为了鼓励顾客及早付清货款、大量购买、淡季购买，还可以酌情进行价格调整，给予一定的折扣。具体做法有以下几点：

（1）现金折扣，企业给及时付清货款的顾客的一种减价；

（2）数量折扣，企业根据购买产品数量的多少而给予顾客不同的折扣，以鼓励多购；

（3）功能折扣，制造商给批发商或零售商的一种额外折扣促使他们执行某种应用功能；

（4）季节折扣，企业在销售淡季给顾客的折扣；

（5）价格折让，企业根据价目表给顾客的另一种折扣。

小链接

美佳西服店的折扣定价

日本东京银座美佳西服店为了销售商品采用了一种折扣销售方法，颇获成功。具体方法是这样：先发一公告，介绍某商品品质性能等一般情况，再宣布打折扣的销售天数及具体日期，最后说明打折方法：第一天打九折，第二天打八折，第三、四天打七折，第五、六天打六折，以此类推，到第十五、十六天打一折，这个销售方法的实践结果是，第一、二天顾客不多，来者多半是来探听虚实和看热闹的，第三、四天人渐渐多起来，第五、六天打六折时，顾客如洪水般地拥向柜台争购。以后连日爆满，没到一折售货日期，商品早已售缺。这是一则成功的折扣定价策略。妙在准确地抓住顾客购买心理，有效地运用折扣售货方法销售。人们当然希望买质量好又便宜的货，最好能买到两折。

二、心理定价策略

企业也可以针对顾客心理来制定产品价格，主要有以下几种形式。

1. 尾数定价策略

尾数定价又称零头定价，是指企业针对消费者的求廉心理，在商品定价时有意定一个与整数有一定差额的价格。这是一种具有强烈刺激作用的心理定价策略。尾数定价法会给消费者一种经过精确计算的、最低价格的心理感觉；有时也可以给消费者一种打了折扣，商品便宜的感觉；同时，顾客在等候找零期间，也可能会发现和选购其他商品。

2. 整数定价策略

整数定价与尾数定价相反，是针对消费者的求名，求方便心理，将商品价格有意定为整数，由于同类型产品，生产者众多，花色品种各异，在许多交易中，消费者往往只能将价格作为判别产品质量、性能的指示器。同时，在众多尾数定价的商品中，整数能给人一种方便、简洁的印象。

3. 习惯性定价策略

某些商品需要经常、重复地购买，因此这类商品的价格在消费者心理上已经定格，成为一种习惯性的价格。对这些商品的定价，一般应依照习惯确定，不要随便改变价格，以免引起顾客的反感。善于遵循这一习惯确定产品价格者往往受益匪浅。

4. 声望定价策略

消费者一般都有求名望的心理，根据这种心理行为，企业将有声望的商品定价比市场同类商品要高，即为声望性定价策略。它能有效地消除购买心理障碍，使顾客对商品或零售商形成信任感和安全感，顾客也从中得到荣誉感。如德国的奔驰轿车，售价 20 万马克；瑞士莱克司手表，价格为五位数；巴黎里约时装中心的服装，一般售价 2 000 法郎。

5. 招徕定价策略

招徕定价又称特价商品定价，是一种有意将少数商品降价以招徕吸引顾客的定价方式。商品的价格定的低于市价，一般都能引起消费者的注意，这是适合消费者求廉心理的。

采用招徕定价策略时，必须注意以下几点：

（1）降价的商品应是消费者常用的，最好是适合于每一个家庭应用的物品，否则没有吸引力；

（2）实行招徕定价的商品，经营的品种要多，以便使顾客有较多的选购机会；

（3）降价商品的降低幅度要大，一般应接近成本或者低于成本。只有这样，才能引起消费者的注意和兴趣，才能激起消费者的购买动机；

（4）降价品的数量要适当，太多商店亏损太大，太少则容易引起消费者的反感；

（5）降价品应与因伤残而削价的商品明显区别开来。

6. 最小单位定价策略

最小单位定价策略是指企业把同种商品按不同的数量包装，以最小包装单位量制定基数价格，在销售时，参考最小包装单位的基数价格与所购数量收取款项。一般情况下，包装越小，实际的单位数量商品的价格越高，包装越大，实际的单位数量商品的价格越低。

最小单位定价策略的优点比较明显：一是能满足消费者在不同场合下的不同需要，如便于携带的小包装食品，小包装饮料等；二是利用了消费者的心理错觉，因为小包装的价格容易使消费者误以为价廉，而实际生活中消费者很难也不愿意换算出实际重量单位或数量单位商品的价格。

三、差别定价策略

差别定价是指企业根据不同的顾客、不同的时间和空间以及需求强度，对同一产品或劳务采用不同的销售价，主要有以下四种形式。

1. 顾客差别定价

即企业按照不同的价格把同一种产品或劳务卖给不同的顾客。例如，某汽车经销商按照价目标价格把某种型号汽车卖给顾客 A，同时按照较低价格把同一种型号汽车卖给顾客

B。这种价格歧视表明，顾客的需求强度和商品知识有所不同。

2. 产品形式差别定价

即企业对不同型号或形式的产品分别制定不同的价格，但是，不同型号或形式产品的价格之间的差额和成本费用之间的差额并不成比例。

3. 产品部位差别定价

即企业对于处在不同位置的产品或服务分别制定不同的价格，即使这些产品或服务的成本费用没有任何差异。例如剧院，虽然不同座位的成本费用都一样，但是不同座位的票价有所不同，这是因为人们对剧院的不同座位的偏好有所不同。

4. 销售时间差别定价

即企业对于不同季节、不同时期甚至不同时刻的产品或服务也分别制定不同的价格。例如，我国在春节期间的火车票、汽车票、飞机票都会上涨，夜间航班票价折扣较大。

四、地区定价策略

一般来说，一个企业的产品，不仅卖给当地顾客，而且同时卖给外地顾客，而卖给外地顾客时，把产品从产地运到顾客所在地，需要花一些装运费。地区定价策略就是企业根据产品销售地的不同情况，分别采取不同的价格对策。通常有以下几种定价策略。

1. FOB 原产地定价

FOB 原产地定价，就是顾客（双方）按照厂价购买某种产品，企业（卖方）只负责将这种产品运到产地某种运输工具（如卡车、火车、船舶、飞机等）上交货。交货后，从产地到目的地的一切风险和费用皆由顾客承担。如果按产地某种运输工具上交货定价，那么每一个顾客都各自负担从产地到目的地的运费，这是很合理的。但是，这样定价对企业也有不利之处，即远地的顾客就可能不愿购买这个企业的产品，而购买其附近企业的产品。

2. 统一交货定价

这种形式和前者正好相反。所谓统一交货定价，就是企业对于卖给不同地区顾客的某种产品，都按照相同的出厂价加相同的运费（按平均运费计算）定价，也就是说，对全国不同地区的顾客，不论远近，都实行一个价。因此，这种定价又叫邮资定价（目前我国邮资也采取统一交货定价，如平信邮资都是 0.5 元，而不论收发信人距离远近）。

3. 分区定价

这种形式介于前两者之间。所谓分区定价，就是企业把全国（或某些地区）分为若干价格区，对于卖给不同价格区顾客的某种产品，分别制定不同的地区价格。距离企业远的价格区，价格定得较高；距离企业近的价格区，价格定得较低。在各个价格区范围内实行一个价。企业采用分区定价也有以下问题：

（1）在同一价格区内，有些顾客距离企业较近，有些顾客距离企业较远，前者就不合算；

（2）处在两个相邻价格区界两边的顾客，他们相距不远，但是要按高低不同的价格购买同一种产品。

4. 基点定价

即企业选定某些城市作为重点，然后按一定的出厂价加上从基点城市到顾客所在地的运费来定价（不管产品实际上是哪个城市起运的）。有些公司为了提高灵活性，选定许多个基点城市，按照顾客最近的基点计算运费。

5. 运费免收定价

有些企业因为急于和某些地区做生意，负担全部或部分实际运费。这些卖主认为，如果生意扩大，其平均成本就会降低，因此足以抵偿这些费用开支。采取运费免收定价，可以使企业加深市场渗透，并且能在竞争日益激烈的市场上站得住脚。

五、产品组合定价策略

企业往往生产销售多种类、多品种的产品，这时，要根据市场情况确定一系列产品价格策略，使整个产品组合的利润实现最大化。

（1）产品线定价。企业在制定价格决策时，往往是针对整个产品线定价，而不是只对单个产品定价。因此，需要确定产品线上各种产品间的价格差距。价格差距的确定必须考虑各产品间的成本差距、消费者对产品不同特点的评价以及竞争对手的价格等。另外，许多企业在进行产品线定价时，会确定几个价格点，如定高、中、低三种价格，让顾客据此联系到高、中、低三种质量水平的产品。

（2）附带产品定价。附带品是指必须与主产品一同使用的产品，如刀片是剃须刀的附带品。对这类产品，通常采取的定价策略是将主要产品的价格定得较低，而将附带品的价格定得较高。当然，附带产品的价格也不能太高，否则会招致大量的仿制者。

（3）选购产品定价。许多在提供主要产品的同时，还会提供一些可选择的非必需附带产品或服务。在进行定价时，必须确定价格中应包括哪些产品，哪些另行计算。

（4）分部定价。适用于服务性企业，这些企业常常收取一笔固定费用，再加上可变使用费用获取利润，如电话、出租车收费。一般固定费用应较低，以便吸引顾客使用该服务项目，并通过可变使用费获取利润。

（5）副产品定价。生产加工使用肉类、石油产品和其他化学产品的企业，常常需要对产生的副食品定价。副食品的价格应能弥补副食品的处理费用。如果副食品对某些顾客群有价值，则应按其价值定价。

（6）产品系列定价，是指将有连带关系的一组产品或服务组合在一起定价销售，也称捆绑定价，又分纯粹捆绑和混合捆绑两种形式。采用这一策略时，组合的价格必须足够的低廉才会吸引顾客。

六、新产品定价策略

新产品引入期价格的高低，关系到该产品的市场占有率的企业效益，企业应根据不同情况采取不同策略。

（1）取脂定价策略，即高价投放新产品。这是指新产品投放市场之际，针对部分消费者追求时髦、猎奇的求新心理，把价格定得尽可能高些。其优点很明显：可以尽快收回投资，取得利厚，但会引来竞争者加入，也有可能影响及时打开销路。适用于竞争者不易仿制的新产品的定价。

（2）渗透定价策略，即低价投放新产品，在建立声望、打开市场后再逐步提价。其优点是能尽快地开拓市场，有效排除竞争者，即使以后有竞争者加入，本企业也会由于成本下降而有条件再降低价挤出竞争对手，从而保持高的市场占有率。适用于易仿制、市场容量大的新产品的定价。

（3）合理定价策略。此策略介于上述两者之间，特点是价格适中，易于被普遍接受。适用于日用小商品。

小链接

天天低价

第二次世界大战时山姆当过兵，退役后他想进入零售业。于是他开了一家小商店，学会了采购、定价、销售。这个时候他结识了来自纽约的一名生产代理亨利·维尼，从那人那里学会了定价第一课。

山姆事后介绍说，“亨利卖裤子，一条只卖2美元，但其他人从同一地点购买同样的裤子，一条卖2.5美元”。我们发现，如果按亨利的卖价，裤子的销量会猛增。于是我学到了一个看似非常简单的道理：如果我用单价80美分买进东西，以1美元的价格出售，其销量竟然是以1.2美元出售的3倍！单从一件商品上看，我少赚了一半的钱，但我卖出了3倍的商品，利润实际上大多了。直到今天，他儿子对这一价格哲学也没有改变。

第四节　价格变动与调整

企业在市场竞争中有时需要主动降价或提价，有时又需要对竞争者的价格变动作出适当的反应。

一、企业降价与提价

1. 企业降价的主要原因

（1）生产能力过剩，需要扩大销售，又不能通过产品改进和加强销售等扩大市场。

（2）在强大竞争压力下，企业市场占有率下降。

（3）企业成本费用比竞争者低，企图通过降价掌握市场或提高市场占有率，从而扩大生产和销售量，进一步降低成本费用。

2. 企业提价的主要原因

（1）通货膨胀，物价上涨，成本费用提高，许多企业不得不提高价格。

（2）产品供不应求，不能满足所有顾客。

二、顾客对企业变价的反应

顾客对企业某种产品降价可能这样理解：①这种产品的式样老了，将被新型产品所代替；②这种产品有某些缺点，销售不畅；③企业遇到财务、资金困难，难以继续经营；④价格还会下跌；⑤这种产品的质量下降了。

提价通常会影响销售，但是购买者对某种产品提价也可能样理解：①这种产品畅销，不赶快买就买不到了；②这种产品很有价值；③卖主想尽量取得更多利润。

一般来说，购买者对于价值高低不同的产品价格变动的反应有所不同。购买者对于价值高，经常买的产品价格变动敏感，对于价值低，不常买的商品，即使单位价格较高也不大注意。购买者虽然关心产品价格变动，但可能更关心取得、使用和维修产品的总费用。如果卖主能使顾客相信，某种产品取得、使用和维修的总费用较低，那么其就可以把产品价格定得比竞争者高。

三、竞争者对企业变价的反应

1. 了解竞争者反应的主要途径

企业估计竞争者的可能反应，至少可以通过两种方法：内部资料和统计分析。取得内部情报的方法有很多。例如，从竞争者那里挖来经理，以获得竞争者决策程序以及反应模式等情报；雇用竞争者以前的员工，专门建立一个部门，任务式模仿竞争者的立场、观点、方法等。类似的情报也可由其他渠道，如顾客、金融机构、供应商、代理商等处获得。

实际情况是复杂的，因为竞争者对本企业可能有多种理解，如可能认为企业想偷偷侵占市场阵地；或企业经营不善，力图扩大销售；还可能认为企业想使整个行业价格下降，刺激整个市场需求。

2. 竞争者反应的主要类型

（1）相向式反应：你提价，他涨价；你降价，他也降价。这样一致的行为对企业影响不太大，不会导致严重后果。只要企业坚持合理的营销策略，不会失掉市场和减少市场份额。

（2）逆向式反应：你提价，他降价，或维持原价不变；你降价，他提价或维持原价不变。这种相互冲突的行为影响很严重，竞争者的目的也十分清楚，就是乘机争夺国内市场。对此，企业要进行调查分析，首先要摸清竞争者的具体目的，其次要估计竞争者的实力，还要了解市场的竞争格局。

（3）交叉式反应：众多竞争者对企业调价反应不一，有相向的也有逆向的，还有不变的，情况错综复杂。企业在不得不进行价格调整时，应该提高产品质量，加强广告宣传，保持分销渠道畅通等。

四、企业对竞争者变价的反应

1. 不同市场环境下的企业反应

在同质产品市场上，如果竞争者降价，企业必须随之降价，否则顾客就会转而购买竞争者的产品。如果某个企业提价，且提价对整个行业有利，其他企业也会随之提价。但是，如果有企业不跟随提价，那么最先发动提价的企业和其他企业就有可能不得不取消提价。

当异质产品市场饱和时，企业对竞争者变价的反应有更多选择余地。因为在这种市场上，顾客选择买主不仅考虑价格因素，而且考虑质量、服务、性能、外观、可靠性等，因而对于较小的价格差异可能并不在意。

面对竞争者的变价，企业必须认真研究以下问题：

（1）为什么竞争者要变价？

（2）竞争者是暂时变价，还是打算永久变价？

（3）若对竞争者的变价行为置之不理，对本企业的市场占有率和利润会有何影响？

（4）其他企业是否也会作出反应？

（5）竞争者和其他企业对本企业的每个可能的反应，又会有什么样的反应？

2. 企业主导者的反应

在市场上，居于主导地位的企业经常遇到一些较小企业的进攻。这些企业的产品可与市场主导者的相媲美，往往通过进攻性的降价争夺主导者的市场阵地。在这种情况下，市场主导者有以下策略可供选择。

（1）维持价格不变。因为市场主导者认为，如果降价，会减少利润和收入；维持价格不变，尽管对市场占有率有一定影响，但以后还能恢复市场阵地。当然，维持价格不变的同时要改进产品质量，提高服务水平，加强促销沟通等，运用非价格手段反击竞争者。许多企业的实践证明，这种策略比简单的降价和低利润经营合算。

（2）降价。市场主导者采取这种策略是因为：①降价可使销售量和产量增加，从而使成本费用下降；②市场对价格敏感，不降价会使市场占有率下降太多；③市场占有率下降以后就很难恢复。但是，降价以后企业仍应尽力保持质量和服务水平。

（3）提价。提价的同时，致力于提高产品质量或退出新品牌，以与竞争对手争夺市场。

3. 企业应变需要考虑的因素

受到竞争对手进攻的企业必须考虑：

（1）产品在其生命周期中所处的阶段以及在企业产品投资组合中的重要程度；

（2）竞争者的意图和资源；

（3）市场对价格和价值的敏感性；

（4）成本费用随销量和产量的变化而变化的情况。

面对竞争者的变价，企业不可能花很多时间去分析应该采取什么对策。事实上，竞争者很可能花了大量时间准备变价，本企业需要在几天甚至数小时内明确、果断地作出反应。

缩短价格反应决策时间的唯一途径，就是预料竞争者可能的价格变动，并事先准备适当对策。

本章提要

- 价格通常是影响产品销售的关键因素，定价策略的意义就在于使价格成为促销的有效手段。
- 价格受多种因素影响，主要有定价目标、成本费用、市场需求、竞争者以及市场营销组合等。
- 定价的基本方法有成本导向定价法、需求导向定价法和竞争导向定价法。
- 企业在定价时还应充分考虑需求、心理、产品以及差别化等因素，采取相应的策略。
- 企业在市场竞争中有时需要主动降价或提价，有时又需要对竞争者的价格变动作出适当的反应。

关键词

认知价值（perceived value）　折扣（discounts）
折让（allowance）　差别定价（discriminatory pricing）
渗透定价（penetration pricing）　价格策略（price policy）
价格调整（price adjust）

复习与思考

1. 影响企业定价的主要因素有哪些？
2. 企业定价有哪些基本策略？
3. 差别定价的适用条件是什么？
4. 企业降价或提价的原因何在？

研究与讨论

1. 试就中国部分行业的价格战作出评述。
2. 定价策略如何与其他营销组合策略协调配合？

实践演练

1. 调查 2 家商场，了解它们是如何为商品定价的？
2. 调查研究影响房地产价格的主要因素。

营销模拟

1. 如果你是一家百货公司的老板，你将如何确定产品的价格？
2. 如果你想调价，又要考虑哪些因素？

本 章 案 例

本田雅阁“一步到位”的价格策略

扫描此码 案例学习

案例讨论题：

1. 请分析新雅阁定价策略实施的市场背景。

2. 新雅阁采取了哪种定价策略？竞争对手针对雅阁的价格变更作出了哪些反应？

第十四章　分销策略

营销渠道是促使产品或服务顺利地被使用或消费的一整套相互依存的组织。

——路易斯·斯特恩、艾尔·安塞利

销售终端是离消费者心理最近的地方，售后服务是离消费者身体最近的地方。

——牛根生

学习目标

知识目标

1. 分销渠道的含义、职能与结构；
2. 分销渠道设计的因素与渠道管理；
3. 批发商和零售商及其功能；
4. 物流及物流策略。

能力目标

1. 学会设计营销渠道；
2. 能够有效的管理渠道、发挥渠道的作用；
3. 熟悉批发与零售。

营销故事

一只女蜂王被100只男蜜蜂追求，它们竞相炫耀自己的优势，有的称自己有正宗的贵族血统；有的展示自己独特的技术，可以酿造世界上最甜的蜂蜜；有的赞赏自己有着世界上最华丽的外形；有的则当场演唱美妙动听的歌曲。但女蜂王最后还是选择了一只难看的蜘蛛。众多男蜜蜂好奇地问女蜂王："你为什么不选择我们？"女蜂王煞有介事地说："因为它有一个网络。"

引例

华为的营销渠道策略

在市场经济的大潮下，企业要想生存，要想取得辉煌的成绩，除了产品、人才这两个众所周知的要素以外，营销渠道成了第三个必不可少的上升通道。可以看到，随着市场竞争的日益激烈，如何吸引并激励更多的合作伙伴更好地销售自己的产品，成为众多供应商渠道管理的一个重要课题。

作为国内较早建立渠道营销管理部的电信企业，华为很早就把渠道的建设作为企业产品营销的一个重要通路，在不同的阶段提出了不同的渠道销售策略。

从最初创业起，华为很长一段时间都把直销作为自己唯一的销售渠道的华为在企业形成一定的规模，再加上正式向国际市场发起进攻之后，发现随着客户群体的不断扩大，企业需要一种能为不同的客户提供有针对性的全面的产品解决方案，因此果断地改变了直销这个一直是华为销售生命线的渠道策略，转而寻求制定一条新的销售渠道。经过不断的完善改革，最终形成了今天的分销商供应渠道模式。

华为着手打造的这个全面的分销渠道，是一个基于销售与服务合作伙伴、培训合作伙伴及直接用户的较为完善的体系。这个分销体系包括第一级的高级分销商，以及下属的区域代理商、高级认证代理商、行业集成商、一级代理商、区域分销商等，旨在为客户提供端到端的产品一体化解决方案。

华为的这个销售渠道经过扁平化处理，进一步加强了渠道功能的细分以及行业的覆盖率，代理商之间没有绝对的从属关系，享受同样的政策优惠，均依靠业绩积累和周转获得与华为产品品牌、性能、服务水平相当的利益。

为了使分销商这个销售渠道保持畅通，华为对渠道合作伙伴在市场推广、技术培训等方面也给予更多的激励和支持。例如在2002年2月2日召开的“华为网络2001年渠道表彰大会”上，一大批华为的合作伙伴就受到了华为的表彰，并获得了华为为其发放的金额从5万元到25万元不等的奖励。在对代理商进行表彰的同时，华为还宣布正式出台专门针对代理商的销售人员的“阳光里程俱乐部”表彰计划，这一带有激励性质的计划是华为在渠道推广中实施的一种激励机制，所有的华为认证代理商的销售人员都可以参加到俱乐部中去，成为俱乐部的会员。这些销售人员的销售业绩，都会通过他们向华为上报的订单进行统计汇总，从而赢得积分。根据积分的多少，会员可以从基本会员，晋升为银牌会员，乃至金牌会员。华为再根据他们的业绩，对其进行各种不同等级的物质奖励。

“2002阳光商业计划”自实施以来，得到了华为合作伙伴的肯定与支持，渠道销售情况取得了很大进展，为今后华为渠道的市场拓展起到很好的推动作用。在此基础上，华为企业网事业部又推出了勇士计划，对开拓空白行业的合作伙伴进行奖励。

同时，华为在2003年6月24日首次启动了针对渠道代理商的一系列技术培训，此举的目的是通过对渠道商的技术培训，提高渠道代理商们的技术服务水平，以及华为渠道的竞争力，同时增进了华为与渠道代理商之间的沟通、交流。

2003年，华为数据通信产品在国内市场的销售额达到28亿元。赛迪数据显示，2003年，华为路由器、以太网交换机在国内市场分别占据了21.6%和21.2%的市场份额，此时思科的对应份额下降为41.6%和29.5%。这意味着思科在中国数据通信领域绝对垄断的格局被打破，华为在中国网络IP领域领军者的地位初步奠定。

经过改革后的华为通信产品销售渠道在2004年基本完成了其战略布局，销售量稳步上涨，已经具备了冲击海外市场的实力。

资料来源：http：//www.jewelchina.com/date/info_53109.html.

第一节　分销渠道的职能与类型

一、分销渠道的含义与职能

在市场营销学中，市场营销渠道与分销渠道是有区别的两个概念。市场营销渠道是指配合起来生产、分销和消费某一生产者的产品和服务的所有企业和个人。也就是说，市场营销渠道包括某种产品供产销过程中所有的有关企业和个人，如供应商、生产者、中间商以及日子终消费者或用户等。分销渠道是指某种产品和服务从生产者向消费者转移过程中，取得这种产品和服务的所有权或帮助所有权转移的所有企业和个人。因此，分销渠道包括商人中间商和代理中间商，还包括最终消费者和用户，但不包括供应商、辅助商。分销渠道由五种流程构成，即实体流程、所有权流程、付款流程、信息流程及促销流程。

渠道是企业与顾客之间的桥梁，是企业的无形资产，是企业竞争优势的来源。渠道也是一把双刃剑。

分销渠道的基本职能在于对产品从生产者转移到消费者所必须完成的工作加以组织，以消除产品或服务与使用之间的分离。分销渠道的主要职能包括：

（1）研究；
（2）促销；
（3）接洽；
（4）配合；
（5）谈判；
（6）物流；
（7）融资；
（8）风险承担；
（9）付款；
（10）服务。

小链接

中间商的经济效果

中间商是处于分销渠道各个环节上密切联系的中介机构，在关系视角下，分销渠道是一系列中间商组成的营销关系。正是有中间商的存在，制造商的分销渠道才能建立起来。否则，制造商只能靠自己将产品直接出售给消费者，那么将大大增加制造商的营销成本，并且对整个市场体系来说，产品交易次数会很多，总市场交易成本会很高。然而，通过中间商为制造商销售和转移商品，则会大大减少市场交易的次数，降低市场交易成本，提高经济效率。如图 14-1 所示，假设市场中有 3 个制造商和 3 个消费者。如果不使用中间商，

3 个制造商将各自直接与 3 个消费者展开交易，那么市场中发生的交易总次数为 9 次；而当使用了中间商之后，制造商和消费者都与中间商展开交易，市场中的交易总次数减少为 6 次。由此可见，中间商减少了市场中原本必须进行的交易次数，提高了市场的经济效率。

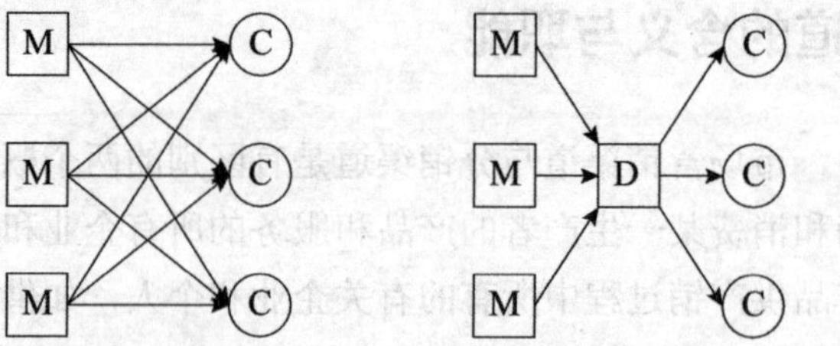

（a）联系次数=M•C=3×3=9　（b）联系次数=M+C=3+3=6

M=制造商　C=消费者　D=分销商

图 14-1　中间商的经济效果

资料来源：[美] 菲利普・科特勒，凯文・莱恩・凯勒 . 营销管理（12 版）[M]. 梅清豪，译 . 上海：上海人民出版社，2006.

二、分销渠道的类型

分销渠道存在一定的差异，可以按照一定的标准进行分类。分销渠道也是不断变化的。

（1）根据商品从生产者到消费者（用户）的流通进程中是否有中间商参加，可分为直接分销渠道和间接分销渠道。直接分销渠道是指产品从制造商流向最终用户的过程中不经过任何中间商，也称零级渠道。间接分销渠道又分为一级渠道、二级渠道、三级渠道和多级渠道。主要结构如图 14-2 所示。

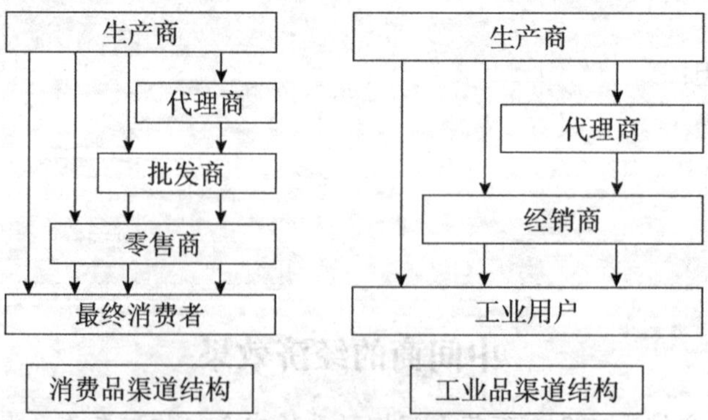

图 14-2　分销渠道结构

（2）根据商品在流通过程中使用中间商的多少，又可分为长渠道和短渠道。我们把在商品从生产者转移到消费者过程中任何一个对商品拥有所有权或负责推销责任的机构，称为一个渠道层次。渠道层次的数目称为渠道的长度。商品在流通过程中只经过一个渠道层次称为短渠道，经过两个或两个以上渠道层次称为长渠道。

（3）根据渠道中每个层次同类中间商的多少，又可分为宽渠道和窄渠道。宽渠道是指制造商通过尽量多的批发商或零售商在广泛的市场上销售产品，渠道覆盖率较高。分销渠道的每个层次使用同种类中间商数目的多少称为分销渠道的宽度。它与企业的分销策略密切相关。而企业的分销策略通常有三种：即密集分销、选择分销和独家分销。

三、分销渠道系统

20世纪80年代以来，分销渠道系统突破了由生产者、批发商、零售商和消费者组成的传统模式和类型，有了新的发展，如垂直渠道系统、水平渠道系统、多渠道营销系统等。

1. 垂直渠道系统

这是由生产企业、批发商和零售商组成的统一系统。垂直分销渠道的特点是专业化管理、集中计划，销售系统中的各成员为共同的利益目标，都采用不同程度的一体化经营或联合经营。它主要有以下三种形式。

（1）公司式垂直系统。是指一家公司拥有并统一管理制造商、批发商和零售商，综合经营生产、批发、零售业务的系统。这种系统对渠道的控制水平较高，往往以大型制造商或大型零售商为龙头的工商或商工一体化的经营方式。

（2）管理式垂直系统，是指制造商和零售商共同协商销售管理业务，其业务涉及销售促进、库存管理、定价、商品陈列、购销活动等。

（3）契约式垂直系统，是指不同层次的独立制造商和经销商为了获得单独经营达不到的经济利益、而以契约为基础实行的联合体。它主要分为三种形式：特许经营组织；批发商创办的连锁店；零售商合作社。

2. 水平式渠道系统

指由两家以上的公司联合起来的渠道系统，它们可实行暂时或永久的合作。这种系统可发挥群体作用，共担风险，获取最佳效益。

3. 多渠道营销系统

指对同一或不同的分市场采用多条渠道营销系统。这种系统一般分为两种形式：一种是生产企业通过多种渠道销售同一商标的产品，这种形式易引起不同渠道间激烈的竞争；另一种是生产企业通过多渠道销售不同商标的产品。

第二节　分销渠道策略

一、选择分销渠道的基本原则

不同的分销渠道有不同的特点和作用，无论采用何种分销渠道都有应坚持以下几条基本原则：

（1）经济原则；

（2）时间原则；

（3）竞争原则；

（4）满意原则。

二、影响分销渠道选择的因素

如何使企业的产品能够顺利地到达消费者手中，对分销渠道的选择尤为重要。影响分销渠道选择的因素主要有以下几种。

1. 顾客特性

分销渠道深受顾客人数、地理分布、购买频率、平均购买数量以及不同促销方式的敏感性等因素的影响。一般来说，顾客多而分散、每位顾客需求量小或购买频繁的产品，宜采用长渠道销售；顾客集中、需求特殊则采用短渠道和窄渠道销售。

2. 产品特性

一般来说，易腐烂的、技术复杂的、用途专一的、附加服务多的产品，适合采用短渠道、宽渠道销售。单位价值高、产品体积和重量大的应由企业推销人员直接销售。

3. 中间商特性

选择分销渠道还必须考虑执行不同任务的市场营销中间机构的特点，如中间商在执行储运、广告、接纳顾客等职能方面，在信用条件、退货特权、人员培训和送货频率等方面，都有不同的特点和需求。

4. 竞争者特性

选择分销渠道还要受到竞争所使用的渠道的影响，有时，竞争者所使用的分销渠道是生产者应避免使用的渠道；有时，生产者希望在与竞争者用相同或相近的渠道进行抗衡。

5. 企业特性

企业特性在渠道选择中扮演着十分重要的角色，主要体现在：

（1）企业的总体规模；

（2）企业的财务能力；

（3）企业的产品组合；

（4）企业的渠道经验；

（5）企业的营销政策。

6. 环境特性

社会环境的变化，包括人口、政治、经济、法律、技术、文化等环境都会影响到渠道设计的变化。

三、分销渠道的设计

一般来讲，要设计一个有效的渠道系统，必须经过以下步骤。

1. 分析顾客需要的服务产出水平

设计渠道的第一步，是了解消费者在目标市场购买什么商品、在什么地方购买、为何购买、何时买和如何买。营销人员必须了解目标顾客需要的服务产出水平——人们购买一个产品时，想要的和期望的服务类型和水平。

通常渠道可提供以下服务产出：

（1）批量大小——批量是分销渠道在购买过程中提供给顾客的单位数量；

（2）等候时间——顾客等待收到货物的平均时间，顾客一般喜欢快速交货渠道，而快速服务要求较高的服务水平；

（3）空间便利——空间便利是渠道为顾客购买提供的方便程度；

（4）产品齐全——一般来说，顾客喜欢较多的花式品种，这使得顾客有更多的选择机会。

2. 确定渠道目标与限制

渠道设计问题的中心环节是确定到达目标市场的最佳途径。每一生产者都必须在顾客、产品、中间商、竞争者、企业政策和环境等形成的限制条件下，确定渠道目标。所谓渠道目标，是企业预期达到的顾客服务水平（如何、何时、何处对目标顾客提供产品和实现服务）以及中间商应执行的职能等。

3. 明确各种渠道备选方案

确定渠道的目标与限制之后，下一步工作是明确各主要渠道的备选方案。渠道的备选方案涉及两个基本问题：一是中间商的类型与数目；二是渠道成员的特定任务。

4. 评估各种可能的渠道备选方案

每一渠道备选方案都是产品送达最终顾客的可能线路。生产者所要解决的问题，就是从那些似乎很合理但又互相排斥的备选方案中，选择最能满足企业长期目标的一种。因此，生产者必须对各可能的渠道备选方案进行评估。其评估标准有三个，即经济性、控制性和适应性。

（1）经济性标准。在三项标准中，经济性标准最为重要。因为企业是追求利润，而不是追求渠道的控制性与适应性。假设某企业希望其产品在某一地区取得大批零售商支持，现有两种方案可供选择：一是向该地区外派出 10 名销售人员，除了付给员工基本工资，还根据推销业绩付给佣金；二是利用该地区的销售代理商，该代理商已和零售店建立了密切联系，并可派出 30 名推销员，推销员的报酬按佣金制支付。两种方案可能导致不同的销售收入和成本。判别一个方案好坏的标准，不应只是其能否导致较高销售额和较低成本费，而是能否取得最大利润。

（2）控制性标准。使用代理商，无疑会增加控制的问题。代理商是一个独立的企业，它所关心的是自己如何取得最大利润。它可能不愿与相邻地区同一委托人的代理商合作；它可能只注重访问那些与其推销产品有关的顾客，忽视对委托人很重要的顾客；代理商的推销员可能无心了解与委托人产品相关的技术细节，也很难正确认真对待委托人的促销资料。

（3）适应性标准。评估各渠道备选方案时，还要考虑自身是否具有适应环境变化的能力。每个渠道方案都会有规定期限，某一制造商决定利用销售代理商推销产品时，可能要签订 5 年合同。在这段时间内，及时采用其他销售方式会更有效，制造商也不得任意取消销售代理商。所以，一个涉及长期承诺的渠道方案，只有在经济性和控制性方面都很优越的条件下才可予以考虑。

四、渠道选择策略

一般说来，企业的分销渠道选择决策如下。

1. 直接渠道与间接渠道

生产者将产品直接卖给消费者或用户，形成的是直接渠道；经过中间商转卖而形成的销售渠道则为间接渠道。生产者选择直接渠道，有利于及时销售鲜活、时尚产品，减少损失，有利于销售技术复杂的产品，便于直接提供服务；有利于用途单一产品的销售，便于直接加工订货；也利于集中生产对应集中消费的成批商品。选择直接渠道销售产品时，对于生产者收集市场信息、树立企业信誉等也有特殊作用。然而，在多数情况下，选择间接渠道销售产品却是不可避免的。大多数消费品的销售主要采用间接渠道，而直接渠道在产业用品销售中占有重要地位。对于一个生产者来说，同时采用这两类渠道销售产品（当然有主有次）则是常见的。

2. 长渠道与短渠道

在产品向消费运动的流通过程中，经过的买卖环节或层次越多，销售渠道越长：反之，渠道越短。销售渠道的“长”与“短”只是相对而言，渠道长度决策的关键点是选择适合自身特点的渠道类型。实际上，企业往往采取多渠道推销某种产品，取长补短，提高市场渗透程度。

3. 宽渠道与窄渠道

如果生产者选择间接渠道销售产品，则应考虑间接渠道的宽窄之别。销售渠道的“宽度”取决于渠道的每个层次（环节）中使用同种类型中间商数目的多少。多者为宽度渠道，意味着销售窗口多，市场覆盖面也就相应较大或很大，主要有以下三种策略。

（1）密集分销，即生产厂家通过尽可能多的批发商、零售商推销其产品。这种策略的重心是扩大市场覆盖或快速进入一个新市场，使众多的消费者和用户能随时随地买到这些产品。

（2）选择分销，即生产厂家在某一地区仅通过几个精心挑选的最合适的中间商推销产品。这一策略的重心是着眼于市场竞争地位的稳固，维护本企业产品在该地区良好的信誉。

（3）独家分销，即生产厂家在某一地区仅通过一家中间商推销其产品。通过双方协商签订独家经销合同，规定不得同时经营第三方、特别是竞争对手的产品。这一策略的重心是控制市场、控制中间商或者彼此充分利用对方的商誉和经营能力。

4. 对代理商的利用

采用代理商，对制造商来说有许多好处：代理商一般通晓市场行情，联系范围宽：利用代理商，有利于疏通销售渠道，开拓市场；有利于推销新产品和滞销品，因为代理商的经营不必垫支资金，承担风险，所以是否利用代理商也就成为渠道策略中又一个需要决策的问题。

第三节 分销渠道的管理

对分销渠道的管理主要是对中间商及其与制造商的关系进行管理。

一、分销渠道成员的条件和责任

分销渠道成员的条件和责任主要包括以下几个方面。

1. 价格政策

制造商要制定明确的价目表和折扣明细单，而且要保证中间商有利可图，并且能够将商品尽快地转移到消费者手中。

2. 销售条件

指制造商对中间商承诺的付款条件，以及市场价格水平变化的担保。一般来说，大多数制造商对于付款较快的中间商会给予现金折扣。有的制造商还为中间商提供价格担保。

3. 地区权利

制造商应该明确在特定地区使用哪些中间商，或者是中间商分销产品的地区权限。中间商也要清楚自己分销的范围以及特许条件。双方常用协议作出约定。

4. 服务责任

对制造商和中间商双方的服务和责任，也要明确规定，并且要认真执行。

二、分销渠道成员的管理

1. 选择渠道成员

（1）选择中间商（批发商、零售商、代理商）需考虑：中间商的市场范围；中间商的产品政策；中间商的地理区位优势；中间商的产品知识；预期合作程度；中间商的财务状况及管理水平；中间商的促销政策和技术；中间商的综合服务能力。

（2）理想的中间商应具备的条件：与生产企业的目标顾客有较密切的联系；经营场所的地理位置较为理想；市场渗透能力较强；有较强的经营实力（支付能力、销售队伍、流通设施等）；良好的声誉。

（3）使用中间商商标与使用制造商商标的选择。

（4）使用代理商（适于新企业和小企业）。优点：易于开拓市场，节省渠道投资；经济、灵活、适应性强。缺点：代理商市场拓展积极性不高；销量较大时，代理成本较高。

实际上，选择渠道成员是一个“双向过程”。

2. 激励渠道成员

生产者不仅利用中间商销售产品，而且还要把产品卖给中间商。这就使得激励中间商这一工作不仅必要，而且要多进行一些广告、促销、信息交流和技术培训。可以通过与中间商的合作、合伙、分销规划建立和发展更密切的关系，促使中间商为销售本企业的产品而努力。

（1）了解中间商。中间商并非受雇于制造商以成为其分销连锁的一环，而是一个独立的市场。中间商首先是作为其顾客的买卖代理商，其次才是供应商的销售代理商，其主要兴趣在于销售顾客喜欢的产品。

中间商力图将所有相关产品组合并销售，其销售努力在于取得该产品组合的订单，而非单一货物。除非给予某种激励，否则中间商决不会保存各品牌商品销售情况的资料。要从中间商的角度来考虑激励中间商。

（2）制造商处理与分销商的关系的三种方式。一是合作，可用“胡萝卜 + 大棒”政策，一方面提供激励，如高利润、特别交易、额外奖金、广告津贴、销售测试等；另一方面采用制裁措施，如减少中间商的利润、推迟交货、销售测试等（“刺激—反应模式”）。

二是合伙：公司努力与其分销商建立长久的关系。制造商努力取得分销商在库存、市场份额、市场开发、寻找客户、市场信息等方面的合作，并按其遵守程度确定“职能付酬方案”。

三是分销规划。迈克卡门认为，“分销规划是把制造商的需要和中间商的需要结合起来，建立有计划的、专业化管理的垂直市场营销系统”。制造商设“分销关系规划处”的部门，负责确定分销商的需要，制订交易计划，帮助经销商以最佳方式经营，该部门与分销商共同制定交易目标、存货水平、商品陈列计划、销售培训要求、广告与销售促进计划。

（3）制造商对中间商的主要激励措施：开展促销活动；资金资助；协助中间商搞好经营管理，提高市场营销效果；提供信息与培训等服务；与中间商结成长期的伙伴关系。

3. 评估渠道成员

生产者除了选择和激励渠道成员外，还必须定期评估他们的绩效。如果某一渠道成员的绩效过分低于既定标准，则需找出原因，同时考虑可能和补救方法。当放弃或更换中间商将会导致更坏的结果时，生产者只能容忍；当不致于出现更坏的结果时，生产者应要求工作欠佳的渠道成员在一定时间内改进工作，否则，可取消其资格。

（1）制造商必须定期评估中间商的业绩。

（2）评估标准：销售配额完成情况；平均存货水平；送货时间；对次品与丢失品的处理情况；在促销和培养方面的合作；对消费者提供的服务等。

4. 渠道变革

当市场条件发生变化，如消费者购买模式发生改变、市场扩大、产品成熟、新竞争者加入、新的分销渠道出现时，便有必要对渠道进行变革。渠道的扁平化是一种趋势。

三、分销渠道冲突的管理

制造商希望分销渠道成员之间展开合作，以获得更好的协同合作。然而在渠道成员合作的过程中，又产生了利益冲突和竞争。分销渠道冲突是指各种分销渠道系统中渠道成员之间的不和谐。

1. 分销渠道冲突的类型

分销渠道冲突主要有三种类型：垂直渠道冲突、水平渠道冲突和多渠道冲突。

（1）垂直渠道冲突。垂直渠道冲突是同一分销渠道内不同层次的中介机构之间的冲突。比如，零售商抱怨制造商产品品质不良或者批发商不遵守制造商制定的价格政策等。

（2）水平渠道冲突。水平渠道冲突是同一分销渠道内同一层次的各中介机构之间的冲突。比如，某制造商的一些批发商可能指控同地区的另一些批发商随意降低价格，扰乱市场。

（3）多渠道冲突。多渠道冲突是指一个制造商建立了两条或两条以上的分销渠道，而这些分销渠道在向同一市场销售其产品时产生的冲突。比如，某制造商决定通过大型综合商店出售其产品，这会招致该制造商原有的独立专业店的不满。

2. 分销渠道冲突的原因

在分销渠道系统中，制造商、批发商、零售商和消费者构成了一个复杂的行动整体。由于渠道成员的所有权差别，以及在社会再生产过程中所处的地位不同，使得渠道冲突产生的原因是多样的。

（1）目标差异。分销渠道冲突的一个主要原因是制造商与中间商之间的目标不一致。比如，制造商希望通过低价格策略迅速占领市场，而中间商为了获取更高利润却希望实行高价政策。

（2）知觉差异。比如，制造商可能认为未来一段时间内的经济前景比较好，因而要求中间商多准备存货，而中间商却对经济前景并不看好。

（3）依赖性差异。这种差异是指制造商和中间商之间互相依赖的程度存在着差别。比如，采用独家分销的汽车经销商，对汽车制造商的依赖性就比制造商对它的依赖性大很多，汽车经销商不得不受制造商产品设计和定价决策的影响。这方面的差异也会引起分销渠道的冲突。

3. 分销渠道冲突的解决

分销渠道冲突应该在分析冲突原因的基础上，找出合适的解决方法。分销渠道冲突的解决方法主要有如下五种。

（1）激励手段。利用对渠道成员的激励可以一定程度上解决渠道冲突。比如，对较懒散的渠道成员，可采用提高利润、补贴，展示宣传津贴，组织销售竞赛，销售奖励等方法达到缓和与解决渠道冲突的目的。

（2）说服协商。这种方法是指分销渠道成员相互将问题找出来，共同协商和沟通意见，共同寻求普遍接受的冲突解决方案。渠道成员各方也可以通过建立“超级目标”的方式，即找出共同点，签订一个各方都接受的基本目标的协议。

（3）适当惩罚。在激励和协商不起作用的情况下，可利用团体规范，通过警告、减少服务、减低经营援助，甚至取消合作关系等方法，迫使冲突某一方放弃不合作行为。

（4）分享管理权。一种方式是通过建立合同式垂直分销渠道系统，使自主活动的制造商、批发商和零售商以契约的形式联合起来，实行有计划的管理，以减少成员内部的冲突；另一种形式是成立分销渠道的管理委员会，定期商议并决定分销渠道内部的管理事项，以增进相互理解和减少冲突。

（5）积极寻求合作。在解决分销渠道冲突时，制造商要主动争取与中间商的合作。制造商可采用提供适销对路的产品、加强广告宣传、援助中间商的促销活动、协助中间商进行市场调查、延长付款期限、协助经营管理等方法。同时，中间商也要认真搞好市场调查与预测，采取有效的促销方式，积极推销产品，及时将市场信息反馈给制造商，这样才能减少渠道冲突，促进渠道合作。

新视角

以渠道为中心的竞争优势

现在与过去不一样，有许多以产品为基础的资源可以提供持久的竞争优势。同时，新的渠道及互联网、呼叫中心和数据库营销系统提供了许多新的选择项，并为公司提供了广泛的选择范围，公司以此来完美地设计和实施一种新优势：渠道优势。

"以渠道为中心"的战略优势背后的理论简单得让人难以置信。公司一般会有各式各样把产品和客户联接起来的途径，从销售人员到分销商，从直邮方式到互联网，如图 14-3 所示。这些渠道各自都有自己独特的优势。在面对面协商谈判是客户期待的也是必需的时候，销售人员通常最适用于这种复杂的高成本交易。呼叫中心是另一种渠道，其可以节约 40% 的销售成本，并且对客户忠诚度而言也是有益的，因为它可以提供 24 小时问题解决方案和服务。商业伙伴和分销商可以通过本地市场进入和渗透，进一步扩大市场范围。使用互联网可以以极低的成本把产品相关信息传递给还未被告知的大众。

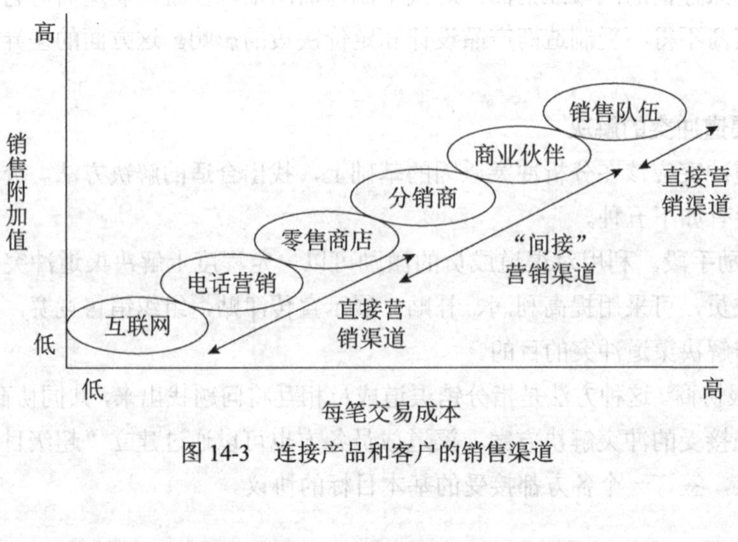

图 14-3　连接产品和客户的销售渠道

另一方面，每种渠道都有明显的局限性和不能兼顾的地方。销售人员可以处理复杂、冗长的交易，但成本非常昂贵。互联网对某种类型的产品很奏效，但不适用其他类型，同时它也不适合要求大量培训或需要手工作业配合的交易。分销商可以明显地扩大市场覆盖范围，但也使你越来越远离最终用户。你需要消费者对品牌的忠诚度，但也需要了解他们最新的需求。使用单一的渠道限制了公司的市场行为。如果使用销售人员，你可能可以提供好的客户服务，但相对使用其他渠道的竞争对手而言，你处于严重的成本劣势。如果使用互联网，又可能被限定于销售简单、低成本的产品，在发展客户忠诚关系时将面临重大的挑战。没有一个单一的渠道可以把每件事都做好。

选择并明智地整合恰当渠道的公司，在另一方面可以构建走向市场的体系，以此来满意地回答客户对产品和市场的要求并实现最重要的、关键的利润增长的目的。比如说，它们可以用销售人员负责获取最重要的、关键的利润并实现其增长；也可以使用分销服务于不同群体较小的客户，并提供本地支持；还可以使用呼叫中心把简单的销售归并，引导其他渠道产生销售来源，把后续工作交给直邮业务，更可以使用互联网接触到那些喜欢自我服务和省钱的客户。这么一直做下去，它们就可以使用在每种销售情况下做得最好、成本最低的渠道。从销售收入、市场延伸度、客户忠诚度和更高利润的角度看，这样的渠道就可以赋予公司一个巨大的竞争优势。

资料来源：[英]劳伦斯·G. 费里德曼，蒂莫西·R. 费瑞 . 创建销售渠道优势[M]. 何剑云，沈正宁，译 . 北京：中国标准出版社，科文（香港）出版有限公司，2000.

第四节 批发商和零售商

一、批发和批发商

批发是指一切将物品或服务销售给为了转卖或者商业用途而进行购买的企业或个人的活动。批发商主要有三类：商人批发商、经纪人和代理商、制造商的销售办事处或零售商的分店。

1. 商人批发商

商人批发商是指自己进货，取得商品所有权后再批发出售的商业企业，这是批发商最主要的类型。商人批发商按职能和提供的服务是否完全可分为完全服务批发商和有限服务批发商两类。

（1）完全服务批发商。完全服务批发商提供几乎所有的批发服务功能，诸如存货、推销、顾客信贷、负责送货以及协助管理等服务。按其服务范围及系统产品线宽窄不同，多分为三种：①综合批发商，经营不同行业并不相关联的产品，范围很广泛，并为零售商提供综合服务；②专业批发商，指其经销的产品是行业专业化的，完全属于某一行业大类，诸如杂货批发商经营各类杂货，五金批发商则经营五金零售商所需的所有产品；③专用品批发商，专门经营某条产品线上的部分产品，如杂货业中的冷冻食品批发商，服装行业中的布料批发商。

（2）有限服务批发商，对其供应者和顾客只提供极少的服务。其包括：①现购自运批发商，只经营一些周转快的商品，主要是卖给小型零售商，收取现款，一般不负责送货服务，无赊销功能，很少使用广告；②承销批发商，他们并不持有存货，亦不实际负责产品运输，仅负责接单，联系生产者，使生产者直接运送产品到零售商或用户手中；③直送批发商，专门经营一些笨重的工业产品，如煤、木材和重型设备等；④托售批发商，在超市、杂货商店和药品零售商店设置展台或货架经营其产品，卖出后零售商付给货款；⑤邮购批发商，指借助邮购方式开展批发业务的批发商；⑥生产合作社，主要由农民组建，负责组织农民到当地市场销售的批发商。

2. 经纪人和代理商

经纪人和代理商是从事购买或销售或二者兼备的洽商工作，但不取得产品所有权的企业和个人。其主要职能在于促成交易，赚取佣金；其不存货，不卷入财务，不承担风险；多见于食品、不动产、保险和证券经纪人。主要有以下几种类型：

（1）经纪人；

（2）制造商代表；

（3）销售代理商；

（4）采购代理商；

（5）佣金商。

3. 制造商的销售办事处或零售商的分店

这是一种自营批发业务，主要分为两种类型：

（1）销售分店和销售办事处；

（2）采购办事处。

二、零售和零售商

零售是指所有向最终消费者直接销售产品和服务，用于个人及非商业性用途的活动。从事这种销售活动的企业和个人就是零售商。任何从事这种销售活动的机构不论是制造商、批发商还是零售商，也不论这些产品和服务是如何销售或是在何处销售的，都属于此范畴。零售商既是生产商和批发商的推销者，又是消费者日常生活的服务者。零售商主要有以下几种类型。

1. 专业商店

经营的产品线较窄，但花色品种齐全，特别适合购买频率不高的选购品。

2. 百货公司

通常规模较大，经营的产品面很宽，尤以服装、服饰、个人及家居用品为主，深度则取决于百货商店规模的大小。

3. 超级市场

是大规模、低成本、低毛利、消费者自我服务的零售经营方式，主要经营食品、清洁品及家庭其他日常用品，品种齐全，特别适合购买频繁、用量大的易耗类消费品。

4. 超级商店和特级市场

超级商店较传统的超级市场更大，目的在于满足消费者对日常购买的食品和非食品类商品的全部需要，甚至还提供洗衣、修鞋、快餐等服务。特级市场比超级商店还大，综合了超级市场、折扣商店和仓储商店的经营方式，范围超出了日常用品，包括家具、大小家用电器、服装和其他许多商品。

5. 折扣百货店

主要特点是鼓励大量购买，给以数量折扣，并以销售全国性的品牌为主，故能保证产品质量。

6. 便利商店

接近居民生活区，旨在使消费者日常生活购买方便的小商店。经营范围为人们日常生活中必要、基本的商品和服务。

7. 仓储俱乐部

店的面积很大但店址偏僻，经营产品线宽，但每类商品品种不多，以周转快的全国性品牌商品为主。店内商品均直接放在货架上，很少有店内装修，与一般零售店比，可称得上是批量购买。

8. 无门市销售

大致可分为邮购、上门推销、自动售货机和最新的网上购物几大类。

小链接

连锁商店和特许经营

根据各成员商店之间所有权和管理集中程度的不同，连锁店又可分为直营连锁店、自愿连锁和零售商合作社。连锁商店是同一所有者、统一店名、统一管理；自愿连锁则是独立商店通过契约形成的连锁关系，通常由一家批发商牵头，统一管理、统一采购；零售商合作社是由一群独立的零售商组成一个集中的采购组织。

特许经营是特许授予人与被授予人之间通过协议授予受许人使用特许人已经开发出的品牌、商号、经营技术、经营规模的权利。为此，受许人必须先付一笔首期特许费，此后每年按销售收入的一定比例支付特许费，换得在一定区域内出售商品或服务的权利，并必须遵守合同中关于经营活动的其他规定。

三、网上销售平台

随着互联网的发展，网上销售越来越被广泛应用，并形成了服务于消费者的网状分销渠道。网上销售平台分类如下。

（1）制造商网上销售平台；

（2）传统零售商网上销售平台；

（3）新兴网上零售商；

（4）新兴网络中间商。

第五节　物流策略

一、物流的含义

物流是指通过有效地安排商品的仓储、管理和转移，使商品在需要的时间到达需要的地点的经营活动。

物流的任务，涉及原料及最终产品从起点到最终使用点或消费点的实体移动的规划与执行，并在取得一定利润的前提下，满足顾客的需求。

物流的职能是将产品由其生产地转移到消费地，从而创造地点效用。

一般来讲，企业往往将其物流目标确定为：对产品进行适时适地的传送，兼顾最佳顾客服务与最低配送成本。合理的物流目标，应是通过有效的选择，适当兼顾最佳顾客服务与最低配送成本。

二、物流策略

物流策略主要包括四个方面：一是订单程序策略；二是仓储策略；三是存货策略；四是运输策略。

1. 订单程序策略

订单程序策略的关键是缩短订单程序所需时间和提高订单处理的准确性，要做到快速传递、快速处理、快速发货，以便快速收款。因此，在订单处理周期中，计算机应该被广泛地运用，充分发挥了计算机在信息传递、查询、计算、输入与输出等方面快捷性和准确性高的优势。几乎所有企业都希望收到订单到收到货款之间的周期越短越好，这个周期就是订单程序周期，主要包括收到订单、销售员转交订单、订单输入和客户信息检查、存货和生产安排、交货、发票传递、收取货款等流程。

物流始于收到顾客的订单。订单一般由公司的销售代表、经销商和顾客送达公司。公司的订单处理部门须编制提货单一式多份，分送各有关部门，货品交运时须附装箱单及交运单等。

2. 仓储策略

由于生产过程与消费过程的不一致，几乎所有的产品都需要储存一定的时间，以缓解预测销售量与实际销售量在数量、时间和地点上的差异。

（1）仓储数量策略。仓库数量对市场后勤总成本的各项成本都有重要影响，主要表现在：仓库数量越多，运输成本越低；仓库数量越多，顾客流失成本越低。这主要是因为仓库数量增多使得企业能够更及时和充分地满足顾客对产品和服务的需求，顾客满意度随之提高，进而降低了顾客流失的成本或丧失销售额的成本；仓库数量越多，仓储固定成本越高，因为仓库数量越多，仓库的建设和维护费用越高；仓库数量越多，仓储变动成本或存货成本越高。

（2）仓库地点和类型策略。存货除部分存放于工厂内，很大部分应该也必须分存于各地市场。企业可以自行设置仓库，称为“自用仓库”；也可以租用他人的仓库，称为“公共仓库”。运用自用仓库，企业能有效地实施控制。其缺点是占用资金多，同时在需要更换仓库地点时缺乏弹性。企业使用公共仓库，只需按使用空间大小支付费用，且公共仓库常为企业提供其他额外服务，如货品检查、包装、代运、提供办公场所和电话等。

如果租用公共仓库，就需要对仓库地点和类型加以选择，而且要有专业性的仓库可用，如冷藏仓库、散装仓库等。目前，大多数企业使用的仓库有两种类型：一种为储备仓库，是供产品储存较长时间之用；另一种为中转仓库，是供各企业短期存放，作为收货、存放及迅速对顾客交货的场地，利用中转仓库，企业可获得更大的便利。

3. 存货策略

存货是一个财务概念，指企业在经营过程中为销售或生产耗用而储备的资产，包括库存中的、加工中的和在途的各种原材料、燃料、包装物、产成品以及发出商品等。存货策略的主要内容主要有两方面：一是何时订货，即订货点策略；二是订多少货，即订货量策略。

（1）订货点策略。订货点指库存产品减少到需要重新订货的点。比如，订货点在10，就是指当存货减少到10个单位时，企业就要在仓库中增加存货。订货点应该是在由于脱销而造成的风险与存货过量所发生的费用这两者之间进行权衡之后的决定。影响订货点策略的因素主要有三个：一是订货前置时间，即自订货单发出到接到货物所需要的平均时间，一般来说，订货前置时间越长，则订货点就越高；二是顾客平均购买率，即在某一段时间内顾客的平均购买数量，顾客平均购买率越高，则订货点就应越高；三是存货直接出货率，即企业希望从存货中直接用来完成顾客订单的百分比，存货直接出货率越高，订货点就应越高。

（2）订货量策略。订货量和订货次数之间呈反方向变动关系，即订货量越高，则订货次数越少。存货策略在考虑订货数量时，主要在订货处理成本和存货维持成本之间进行权衡。订货处理成本是指在制造商或中间商在每次订货时不随订货量变动的固定支出；存货维持成本是指随着存货数量变动的支出，主要包括仓储费用、资金成本、税收及保险费、资产折旧及产品过期损失等。

在确定了订货的处理成本、存货维持成本之后，就可以得出订货总成本，并进行最佳订货量决策。单位订货处理成本随着存货数量的增加而降低，而单位存货维持成本随着存货数量的增加而增加。将单位订货处理成本曲线与单位存货维持成本曲线垂直相加，就形成了单位订货总成本曲线。单位订货总成本曲线上位置最低的一点，就是最佳订货量 Q^*。

在获得相关数据的情况下，还可以利用最佳订货量公式计算出最佳订货量，公式如下：

$$Q^*=\text{Squat}2DL/H$$

式中：

Q^*——最佳订货量；

D——年存货需求量或订货总量；

L——每次订货费用；

H——单位存货平均年度维持成本。

4. 运输策略

运输策略主要是对如何运用低廉的费用得到高效率的运输工具进行决策。运输工具的选择将直接影响到产品的价格、准时送货的执行和商品抵达时的损耗情况等，而这些又将影响到顾客的满意程度。运输策略主要包括以下几种。

（1）运输路线策略。运输路线策略是指根据运输商品对于运输时间与运输条件的具体要求，选择适宜的运输路线，如铁路、水路、公路、行空、管道等。在选择运输路线时，托运人要考虑运输路线的速度、频率、可靠性、运载能力、可用性和成本等因素。对于公路运输所使用的货运汽车，应决定是使用自有车辆，还是租赁车辆或委托专业运输公司运输。此外，还要决定发运的批量、送货的时间，以及行走的路线等。

（2）联运方式策略。托运人在选择运输路线的同时，往往也就选择了运输路线上待定的运输工具。目前，托运人更多地将两种或两种以上的运输工具结合起来使用，这主要是得益于集装箱运输的发展。集装箱运输是将商品装于箱内或置于车内，这方便了两种运输工具的调换，促进了“联运”的发展。比如，“猪背联运”就是指火车和卡车的联合运输；“鱼背联运”是指船舶和卡车的联合运输。此外，还有火车船联运、空中卡车联运等。每种联运方式对于托运人来说都有特定的好处，比如，“猪背联运”就要比单独使用卡车运输便宜，而且更为灵活方便。

（3）运输者策略。在选择运输者时，托运人可以在私人运输者、契约性运输者和公关运输者中进行挑选。私人运输者是指托运人拥有自己的运输工具，比如卡车、飞机，这种运输者在运输自己的货物时，更为灵活，责任心更强；契约性运输者是指某个独立的组织，按照所订的契约，向另一个组织出售运输服务；公共运输者按照规定时间提供预定地点之间的运输服务，并向所有的托运人都按标准间隔收取运费。托运人可以根据产品的特定、运输费用和自身的财务状况等因素，决定是自己作为私人运输者，还是选择其他运输者来运输其货物更为合理。

本章提要

- 渠道与分销渠道既有联系又有区别。分销渠道的基本职能在于对产品从生产者转移到消费者所必须完成的工作加以组织，以消除产品或服务与使用之间的分离。分销渠道有不同的类型。

- 在设计分销渠道时应考虑顾客、产品、中间商、竞争者、企业自身以及环境等方面的特性。除此之外，还要考虑经济效益。
- 中间商起着联系生产者与消费者、减少交易次数、加速资金周转、开拓销售市场的作用。批发商起着生产者推销中心和零售商采购中心的作用。零售商与广大消费者直接见面，可灵活运用品种、价格、质量、售货环境、营业时间等因素的组合来形成特色。
- 制定正确的物流策略，对于降低成本费用，增强竞争实力，提供优质服务，促进和便利顾客购买，提高企业效益有重要意义。

关 键 词

营销渠道（marketing channels） 分销渠道（distribution channels）
密集分销（intensive distribution） 选择分销（selective distribution）
独家分销（exclusive distribution） 批发商（wholesaler）
零售商（retailer）

复习与思考

1. 分销渠道对于企业市场营销有何意义？
2. 设计分销渠道应考虑哪些因素？
3. 如何有效地管理分销渠道？
4. 零售商店有哪几种类型？
5. 企业可采取的物流策略有哪些？

研究与讨论

1. 我国企业在渠道管理中存在哪些主要问题？如何解决？
2. 你对“传统渠道做销量，现代渠道做形象”这句话是如何理解的？
3. 论述中国零售业的现状、问题及对策。

实 践 演 练

1. 以美国安利公司为例，分组讨论直销和直销业。

2. 有人说渠道管理是“剪不断、理还乱”，你对此有何评论？

3. 选择一家生产或经营企业，对其渠道进行梳理，分析其合理性和存在的问题，并提出改进意见。

营 销 模 拟

1. 如果你是蒙牛的营销总监，你将怎样处理企业与渠道成员之间的利益冲突？
2. 请你为青岛啤酒设计分销渠道。

本章案例

娃哈哈是怎样控制分销渠道的?

扫描此码　案例学习

案例讨论题:

1. 娃哈哈的经验是否适合其他饮料企业？为什么？

2. 有人用“不变是等死，变是找死”来形容渠道变革，结合本案例谈谈你的认识。

第十五章 促销策略

微笑是最好的促销品。

——松下幸之助

关系营销是所有未来营销的关键，而只有通过整合营销传播，这种关系才能得以建立。

——唐·舒尔茨

学习目标

知识目标

1. 促销的含义、作用以及促销组合的基本内容；
2. 人员推销的基本策略和广告的设计原则；
3. 公共关系和营业推广的主要活动方式。

能力目标

1. 能够运用促销组合理论分析企业在促销实践中存在的问题；
2. 能够分析和制定各种有效的促销策略；
3. 能够认识和发挥整合营销传播的功能。

营销故事

古时候，宋国有个卖酒的人，酿制的酒香味醇厚，做生意诚实公平，待客热情周到，店外的酒旗高高飘扬，可酒就是卖不出去。时间一长，店里的酒都变酸了。卖酒的人很是不解，就去请教一位长者。这位长者告诉他："你养的那条狗太凶猛了，人们害怕被狗咬，谁都不敢去买酒，酒变酸也就可想而知了"。

引例

快递："白菜价"冲量

"韵达3.5元发全国、中通全国5元不限重、百世汇通5元接单……"虽然不少快递企业表示要早日走出低价竞争的困局，但面对快递淡季时，降价仍是其首选。

日前，有淘宝网卖家向北京商报记者反映，百世汇通近期在大幅降价，异地首重从8元/单下调至5元/单。据百世汇通北京区一位加盟商介绍，该项活动从某年8月1日起暂定推行3个月，全国范围内除新疆、西藏、宁夏三地外不分地区，从北京发件1公斤以内都按5元/件计算。上述加盟商表示，"低价是针对大客户抢占小件市场"。

除了百世汇通外，"四通一达"中的另外两家中通、韵达快递以及刚刚开放加盟正在进行全面转型的宅急送也做出相应调整。中通首重价格下调至 5 元 / 件；韵达除了快递费下调至 3.5 元 / 单外，面单费也下调至 2 元；宅急送则在 27 个省市，省内首重降至 5 元 / 件，异地价格也降至 9—10 元不等。不过北京商报记者发现，这些优惠只针对大客户及淘宝网卖家。

上述企业的相关负责人表示，7—9 月是快递业淡季，为了保证增长率，快递企业各地总部会相应调整班车费，腾出一部分利润给加盟商打折。同时，为了保证加盟商的干劲，公司内部也制定了相应的奖励措施，“我们要的结果是快件增长率和总额不下降，到快递旺季来临时，这个政策就会取消”。

第一节　促销与促销组合

一、促销的含义

促销是促销产品的简称。从市场营销的角度看，促销是企业通过人员和非人员的方式，沟通企业与消费者之间的信息，引发、刺激消费者的消费欲望和兴趣，使其产生购买行为的活动。其含义有以下几层：

（1）促销工作的核心是沟通信息；

（2）促销的目的是引发、刺激消费者产生购买欲望和行为；

（3）促销的方式有人员促销和非人员促销两类。

二、促销的作用

1. 传递信息，强化认知

销售是市场营销活动的中心任务，信息传递是产品顺利销售的保证。在促销过程中，一方面，卖方向买方介绍有关企业现状、特点、价格及服务等有关信息以此来诱导消费者对产品或服务产生需求，并采取购买行为；另一方面，买方向卖方反馈有关信息，促使卖方改进工作，更好地满足消费者的需求。

2. 突出特点，诱导需求

企业通过促销活动宣传本企业产品，有利于其他同类竞争产品所带来的利益伏于竞争者，做出购买决策，变潜在需求为现实需求。

3. 指导消费，扩大销售

在促销活动中，营销者循循善诱地介绍产品知识，一定程度上对消费者起到教育指导作用，从而有利于激发消费者的需求欲望，起到扩大销售的作用。

4. 形成偏爱，稳定销售

企业运用适应的促销方式，开展有效的促销活动，可使较多的消费者对本企业的产品滋生偏爱，进而巩固本企业的市场地位，达到稳定销售的目的。

5. 树立企业形象

企业市场营销活动的成功很大程度上取决于消费者对企业的信任程度。通过以公共关系为主的促销活动，企业可以在社会公众中树立起良好的企业形象，为企业创造良好的市场营销环境，使企业的营销活动能获得广泛的支持与信任。

三、促销组合及其影响因素

促销的方式有直接促销和间接促销两种，又可分为人员推销、广告、公共关系和营业推广四种。由于各种促销方式都有其优点和缺点，因而在促销过程中常常将几种促销方式综合运用。所谓促销组合，就是企业根据产品特点和营销目标，综合各种因素，对各种促销组合方式的选择、编配和运用。促销组合是促销策略的前提，在促销组合的基础上，才能制定相应的促销策略。因此，促销策略也称促销组合策略。

促销策略从总的指导思想上可分为推式策略和拉式策略两类。

（1）推式策略，是企业运用人员销方式，把产品推给消费者。这种策略一般适合于单位价值较高的产品，以及性能复杂、需要做出示范的产品，流通环节较少、渠道较短的产品等。

（2）拉式策略，是企业运用非人员方式把顾客拉过来，使其对企业的产品产生需求，以扩大销售。一般单位价值低、流通环节较多、渠道较长的产品，市场范围较广、市场需求较大的产品，常采用拉式策略。

促销组合策略是对有关促销方式的选择和搭配的策略。企业在实施促销组合策略时，除分析各种促销方式的特点外，还应综合考虑以下因素。

1. 促销目标

选择促销方式组合，首先要明确促销目标。企业在不同的市场营销环境下，在不同的营销阶段所确定的促销目标不同，因而选择的促销方式也不同。如某企业在一定时期的促销目标是建立消费者对产品的了解和信任，树立企业良好形象，由此促销组合中应重点选择广告和公共关系；而在另一时期，企业的促销的目标转向迅速扩大产品销售量，则应更多地选择营业推广、人员推销和广告。

2. 产品性质

顾客对不同性质的产品具有不同的购买动机和购买行为，因而需要企业确定不同的促销组合。一般来说，消费品的技术、结构比较简单，标准化程度较高，购买者人多面广，购买频率较高，通常采用以广告为主的促销组合。而产业用品由于技术复杂，常常需要详细的说明、解释、示范、操作表演，需要良好的技术咨询、安装和维修服务，购买者相对数量较少，购买比较集中，因而多采用人员推销为主的促销组合。为了让用户事先了解本企业及产品的状况，为人员推销铺平道路，企业也可在电视、广播、报刊上适当进行广告宣传。在产业用品的促销中，广告只是一种辅助性的促销手段。

3. 产品生命周期

处在市场生命周期不同阶段的产品，促销侧重点不同，所选用的促销方式也应不同，因此必须相应地选择、编配不同的促销组合。当产品处于导入期时，顾客尚未认识产品的性能和特色，需要对产品进行广泛的宣传以提高其知名度，激发顾客的购买欲望。因此，在导入期企业侧重于提高产品知名度，采用广告和公共关系为主，同时辅以营业推广和人员推销，鼓励顾客试用。

当产品进入成长期时，促销的目标就应转向进一步引起顾客兴趣，因而促销的重点应是宣传产品牌号和特色，培养顾客对本品牌的信任度，激起顾客对产品的进一步需求，甚至改变顾客使用原产品的习惯，转而偏爱本产品。同时，应扩大分销渠道，广设网点，以便于顾客购买。因此，在成长期时促销目标应侧重于宣传产品特色，树立品牌形象，广告和公共关系仍是企业最佳的促销方式，营业推广则可相对减少。

当产品进入成熟期时，需要重点突出本企业产品区别于竞争产品的优点，达到树立顾客对本品牌的偏爱态度，力争在竞争中占据优势地位的促销目标。因此，在成熟期企业的促销目标是加强竞争能力，巩固市场地位，广告仍是主要促销手段，但其形式和内容需要有所变化。同时，营业推广方式要加强，配合使用人员推销与公共关系，使各种手段充分发挥作用。

当产品进入衰退期时，市场上已出现优于本产品的竞争产品，产品即将退出原有市场，广告在原有市场已无必要，营业推广成为企业重要的促销方式。通过营业推广，可使偏爱本产品的老顾客继续购买，巩固原有市场。另外，在经营策略上可以改变为开辟新的地区市场，在新的市场仍需充分利用广告促销。

值得注意的是，在产品生命周期各阶段，都要十分注意消除顾客购买产品后的不满意感。针对顾客的疑虑，采用广告和公共关系等方式，回答顾客疑问，同时加强售后服务工作，解除顾客不满。只有这样，才能保持企业和产品在市场上的信誉，实现企业的长期目标。

4. 市场因素

不同的市场，需要采用不同的促销组合。所谓不同的市场，是从市场范围、市场类型及市场潜在顾客角度来区分的。

（1）范围大小不同的市场。市场地理范围大小不同，促销方式就应有所区别。目标市场范围小，顾客相对集中，适合采用人员推销和营业推广方式；相反，若目标市场范围大，顾客分散，则以广告和公共关系方式为主。

（2）类型不同的市场。消费市场顾客多而分散，主要应以广告、营业推广去吸引顾客。企业应考虑潜在顾客的性别、年龄、文化观念等因素，选择合适的促销策略。生产资料市场专业性强，数量少且集中，通常应以人员推销为主，或者进行专业性的展销示范，应面向客户介绍产品性能和特色。

（3）潜在顾客不同的市场。即使相同类型的市场，由于潜在顾客的数量不同，促销策略也应不同。潜在顾客少的市场，以人员推销为主；潜在顾客多的市场，应以广告策略为主。

5. 消费者的购买决策阶段

顾客的购买决策过程一般分为六个阶段：即知晓、认识、喜欢、偏好、确信、购买。对于购买决策过程的不同阶段，应采取不同的促销策略。

在知晓阶段，广告和公共关系的作用较大；在认识和喜欢阶段广告作用较大；其次是人员推销；在偏好和确信阶段，人员推销的作用较大，广告的作用略小于人员推销；在购买阶段，则主要是人员推销发挥作用。

6. 营销环境

企业的营销环境也会在一定程度上影响企业促销组合的选择。如一个国家或地区对大众传播媒体的控制程度，以及该国家或地区居民接触传播媒体的可能性，如报刊的订阅率、电视机和收音机的拥有率等，都会极大地影响广告的宣传效果；一些大型的社会活动，如体育运动会、足球联赛等，有可能为营业推广和公共关系创造良好的机会；某些政策法令会对各种促销手段的应用形成直接或间接的促进或制约；甚至政治局势的变化和某些重大社会事件的发生，也会因其舆论导向的作用而成为某些促销手段实施的契机。

7. 促销预算

企业促销组合的选择在很大程度上取决于企业的促销预算。促销预算较大时，企业才有可能选择费用较高的促销方式，如知名电视台黄金时段的电视广告，企业在促销预算的限制下应根据自己的促销目标，结合其他因素，确定合适的促销组合。

8. 其他营销组合策略

促销组合的确定还需要同其他营销策略相配合。如价格策略，如果企业实施薄利多销的低价策略，可能就无力承担较高的促销费用；相反，如果企业实施高价营销策略，则可以支出较多的促销费用，进行更多的促销活动。又如渠道策略，若企业采取直接渠道模式，则主要采用人员推销，同时辅以少量广告；反之，若采用间接渠道模式，则应以广告为主要促销方式，同时辅之以其他促销方式。

第二节　人员推销策略

一、人员推销及其特点

人员推销是企业运用推销人员直接向顾客推销商品和劳务的一种促销活动。其基本要素是推销人员、推销对象和推销品。通过推销人员与推销对象之间的接触、洽谈，将产品推销给推销对象，从而达成交易，实现既销售商品，又满足顾客需要的目的。

人员推销与非人员推销相比，既有优点也有缺点。

其优点表现在四个方面：

（1）信息传递双向性；

（2）推销目的双重性；

（3）推销过程灵活性；

（4）友谊、协作长期性。

其缺点是成本高，对人员要求高。

人员推销是一个综合的复杂过程，它既是信息沟通过程，也是商品交接进程，又是技

术服务过程。推销人员的素质决定了人员推销活动的成败。推销人员一般应具备如下素质:

（1）态度热忱，勇于进取；

（2）勤于学习，知识广博；

（3）善于表达，文明敬业；

（4）富于应变，技巧娴熟。

二、人员推销的目标

作为与顾客直接接触的推销员，不仅在推销本企业的产品，同时也在推销着企业的形象。在推销产品的过程中，需要推销员通过一系列的活动去建立和维护企业与顾客之间隔的良好关系，成为企业与客户之间联系的纽带，并以此来促进销售，实现企业的获利目标。

人员推销的目标，它必须根据企业面对市场及所要达到的市场目标来确定。一般地说，推销队伍的目标有以下几个方面：

（1）寻找顾客，推销人员不仅要保持与现有顾客的联系，还要不断寻找新的潜在顾客；

（2）传递信息，推销人员应将与企业有关的产品和服务信息传递给现有与潜在顾客；

（3）推销产品，推销人员采取各种策略，说服顾客，实现产品交易；

（4）提供服务，推销人员向顾客提供诸如咨询、安装、维修等各项服务；

（5）收集信息，推销人员在推销过程中，应善于收集市场信息，并定期出台报告，为企业营销决策提供依据；

（6）分配货源，推销人员要根据市场供求状况，合理安排和组织货源，尽量满足各方面顾客的需求；

（7）培训顾客，推销人员向顾客推销的过程，也是对顾客进行培训的过程，通过推销人员的推销，顾客从开始对产品完全陌生转变为熟悉产品及服务。

三、人员推销的形式和对象

一般说来，人员推销有以下三种基本形式。

一是上门推销，由推销员携带样品、说明书和订货单等走访顾客，推销商品。这是一种推销员向顾客靠拢的积极主动的“蜜蜂经营法”，是一种企业广泛认可和接受的形式。

二是柜台推销，由营业员接待进入商店的顾客，推销商品。商店的营业员成为推销员，这是一种“等客上门“式的营销方法。

三是会议推销，利用各种会议的形式介绍和宣传商品，开展推销活动，如各种订货会、展销会、厂商联谊会、新闻发布会等。这种形式具有群体推销、接触面广、集中成交、交易额大等特点。

推销对象是人员推销活动中接受推销的主体，是推销人员说服的对象。推销对象有消费者、生产用户和中间商三类。

（1）向消费者推销。推销人员向消费者推销产品，必须了解消费者的基本情况，进而了解消费者的购买欲望、购买能力、购买习惯等，还要掌握消费者的心理反应。

（2）向生产用户推销。向生产用户推销产品，必须了解用户的基本情况和需求，掌握本企业产品的优势和特点，帮助用户解决实际问题，为用户创造价值。

（3）向中间商推销。在向中间商推销产品时，首先要了解中间商的业务特点、经营规模、经济实力以及他们在整个分销渠道中的地位；其次，应向中间商提供有关信息，给中间商提供帮助，建立友谊，扩大销售。

四、人员推销的步骤

1. 寻找顾客，是推销工作的第一步

寻找潜在顾客有很多途径，可以通过现有顾客的介绍，以及其他销售人员的介绍、查找工商名录、电话号码簿等寻找潜在顾客。

2. 事前准备方式

在进行推销之前，推销人员必须知己知彼，掌握三方面的知识。

（1）产品知识——关于本企业、本企业产品的特点、用途、功能等各方面的情况。

（2）顾客知识——包括潜在顾客的个人情况，所在企业的情况，具体用户的生产、技术、资金情况，用户的需要，购买决策者的性格特点等。

（3）竞争者知识——竞争者的能力、地位及其产品的特点。同时，还要准备好样品、说明材料，选定接近顾客的方式、访问时间、应变语言等。

3. 接近顾客，与潜在客户开始面对面交谈

这一阶段推销员要注意：

（1）给顾客一个好印象，并引起顾客的注意。因而，穿着、举止、言谈、自信而友好的态度都是必不可少的；

（2）验证在准备阶段所准备的全部情况；

（3）为后面的谈话做好准备。在接近时，注意使自己有一个正确的心态：友好、自信。友好：自己与对方是进行利益交换，是互惠互利的交换。自信：你不是低人一等求别人，你的企业产品是能经得起考验的。

4. 介绍

这是推销过程中的重要一步。

任何产品都可以也必须用某种方法进行介绍。即使那些无形产品（如保险，金融，投资业务），也可以采用图形、坐标图、小册子等形式加以说明。介绍时要注意通过顾客的视、听、触摸等感官向顾客传递信息，其中视觉是最重要的。在介绍产品时，要特别注意说明该产品可能给顾客带来的利益，要注意倾听对方的发言，以判断顾客的真实意图。

5. 处理异议

推销人员应随时准备处理不同意见。顾客在听取介绍的过程中，总会提出一些异议，如怀疑产品的价值，不喜欢交易的条件。这就需要推销员应当具有与持不同意见的买方洽谈的语言能力和技巧，能解释、协商，随时有应对否定意见的措施和论据，但不要争辩。

6. 达成交易

有经验的推销人员认为，接近和成交是推销过程中两个最困难的步骤。在洽谈、协商过程中，推销人员要随时给予对方能够成交的机会。有些买主不需要全面的介绍，介绍过程中如发现顾客表现出愿意购买的意图，应立即抓住时机成交。在这个阶段，推销人员还可以提供一些优惠条件，以尽快促成交易。

7. 售后追踪

达成交易不是推销的结束，而是下一轮推销的起点。如果推销人员希望顾客满意并重复购买，希望他们传播企业的好名声，则必须坚持售后追踪访问调查。售后追踪访问调查的直接目的是了解顾客是否满意已购买的产品，发现可能产生的各种问题，表达推销人员的诚意和关心。另外一个重要的目的，是促使顾客传播企业及产品的好名声，听取顾客的改进建议。

五、人员推销的基本策略

在人员销售活动中，一般采用以下三种基本策略。

1. 试探性策略

这种策略又称"刺激—反应"策略，即推销人员利用刺激性较强的方法引发顾客购买行为的一种推销策略。推销人员在尚未了解到顾客需求的情况下，事先设计好能引起顾客兴趣、刺激顾客购买欲望的推销语言，投石问路，对顾客进行试探，观察顾客的反应，然后根据顾客的反应进行说服、宣传。

2. 针对性策略

这种策略又称"配方—成交"策略，即推销人员利用针对性较强的说服方法，促使顾客产生购买行为的一种推销策略。这种策略主要用于推销人员已基本了解顾客的需求的情况下，针对顾客的需求进行有目的的宣传介绍，投其所好，有的放矢。运用这种策略应注意说服要讲到点子上，让顾客感到推销员是真心为自己服务，确实是自己的好参谋，从而产生强烈的信任感，愉快地成交。

3. 诱导性策略

这种策略又称"诱发—满足"策略，即通过说服诱导顾客产生需求，促使顾客急切要求实现这种需求，再抓住时机介绍本产品能满足这方面的需求，从而诱导顾客购买产品的策略。运用这种策略要求推销人员具有较高的推销艺术，站在顾客角度上说话，恰如其分地介绍商品，真正起到诱导作用。

对新产品和初次接触本企业产品的顾客，用教育培训、示范操作等方法向顾客传授产品知识，以打消顾客的疑虑，促成其做出购买选择。

新视角

有效的推销模式——AIDA 模式

AIDA 模式是将推销分成四个步骤，即吸引注意（attention）、引起兴趣（interest）、刺激欲望（desire）和采取行动（action）。

AIDA 模式的第一步是确保吸引顾客的注意力，即推销人员在与顾客交谈时必须尽早吸引顾客的注意，且愈早愈好。推销员应该通过种种努力，把注意力吸引到所要推销的产品或服务上。研究表明：人有两种感情，一种是理智的；另一种是情感的。相比而言，情感要比理智更易引起注意。

吸引了顾客注意后，AIDA 的第二步就是要靠推销人员的努力使顾客产生兴趣，使吸引的注意力能维持下去。

AIDA 的第三步，是提出某些刺激顾客的建议，使之产生想要采取购买行动的欲望。欲望就是希望获得某些东西的意念。推销员的工作就是要影响顾客采取购买的动作，而在这之前，刺激顾客的购买欲望很重要。当顾客有了购买产品的意念时，推销人员就应主动提出种种建议，以尽快刺激起顾客的购买欲望。

AIDA 的第四步，是促使顾客实施购买行为。到了这一步，推销员要不失时机促进顾客进行关于购买的实质性思考，帮助顾客强化购买意识，进而说服顾客，促使顾客实际采取购买行为。

第三节 广告策略

一、广告的概念

从市场营销学的角度讲，广告是广告主以促进销售为目的，以付费的方式，通过特定的媒体传播商品或劳务等有关信息的大众传播活动。可以看出，广告是以广大消费者为广告对象的大众传播活动；广告以传播商品或劳务等有关信息为主要内容；广告是通过特定的媒体来实现的，并且要支付费用；广告的目的是为了促进商品的销售，取得较好的经济效益。

广告有商品广告和企业广告之分，也有全国性广告和地区性广告之分。

二、广告目标

广告所要达到的目标，必须依据企业市场营销策略和目标市场来确定，根据广告的沟通对象和销售目标的不同，广告目标可分为以下三类。

（1）告知式。这种广告的宣传重点在于介绍新产品，宣传产品的新用途，通告产品价格的变化，说明产品的功能，告知产品的各项服务内容，纠正产品的错误形象，减轻消费者的某种疑虑，树立企业形象等。

（2）说服式。这类广告的目的在于培养消费者对某种品牌商品的偏好，提商他们对这种品牌的选择兴趣，抛弃原有的旧品牌，改用新品牌。

（3）提醒式。这类广告的用意在于提醒消费者未来可能产生的对商品的需求，同进强调在何地购买，以使消对者在产品销售淡季时也能记住这种商品。

三、广告媒体及其选择

广告媒体，也称广告媒介，是广告主与广告接受者之间的连接物，它是广告宣传必不可少的物质条件。

1. 媒体的种类

（1）报纸，包括日报、晚报、周报等。其优点是发行量大的报纸，传播范围广、读者多、时效性强，易于长期保存，选择性强，制作容易，成本较低。缺点是感染力不太强，广告版面易被读者忽视。

（2）杂志，其优点是针对性强，选择性好，可信度高，具有一定权威性，读者稳定，反复传阅率高，保存期长。缺点是阅读间隔时间长，易失去广告的时效性，广告隐于书中，容易被读者忽视。

（3）广播，其优点是制作简单，信息传播迅速、及时，传播范围广，选择性强，费用低。缺点是表现手法单一，信息传播转瞬即逝。

（4）电视，其优点是能集图像、色彩、声音及动感于一体，直观、真实、感染力强，印象深刻，观众多。缺点是费用昂贵，信息存活时间短，黄金时段有限，针对性较差。

（5）邮寄，其优点是对象明确、容易联络感情、提供信息全面。缺点是宣传面窄、不易引起注意、广告形象较差。

（6）户外广告，其优点是醒目、易引人注意、复现率高。缺点是形式简单、宣传范围小。

（7）网络广告，其优点是传播范围广、传播力强、互动性和针对性强、费用较低。缺点是信任度较低、吸引力不够。

此外，还有一些广告媒体，如电梯、电影、橱窗、包装、车船等。

2. 广告媒体的选择

不同的广告媒体有不同的特性，这就决定了企业从事广告活动必须对广告媒体进行选择，否则将影响广告效果。正确地选择广告媒体，应考虑以下影响因素。

（1）目标市场媒体习惯。不同目标市场的消费者，对广告媒体有不同的接受习惯。企业选择广告媒体时，要研究目标市场消费者经常接触什么广告媒体，有针对性地选择目标市场消费者容易接受的广告媒体。

（2）广告内容。选择广告媒体要考虑广告信息内容。广告信息量大、内容多，应选择报纸、杂志等印刷媒体；广告中需展示商品的外观、结构等，则应选择电视媒体；如广告需及时传播，应选择广播、电视和日报等媒体。

（3）媒体收费标准。由于不同广告媒体的影响力不同，传播范围不同，可信度不同，收费标准也不同。通常，电视收费标准高于广播，全国性报纸比地方性报纸收费高。企业应在广告预算限度内，选择最好的广告媒体。

（4）媒体传播范围。选择广告媒体必须使媒体传播范围与企业目标市场范围相一致。

若产品是行销全国的，应在全国性报纸、广播电台和电视台做广告；若目标市场是地区性的，则应在地方性报纸、电台和电视台做广告。

四、广告设计的原则

广告效果，不仅取决于广告媒体的选择，还取决于广告设计的质量。高质量的广告必须遵循六个原则来设计：（1）真实性；（2）社会性；（3）针对性；（4）感召性；（5）简明性；（6）艺术性。

五、广告效果的测定

广告效果，指广告接受者的反应情况。由于广告接受者的反应是多方面的，于是就形成了不同类别的广告效果。广告效果有经济效果和社会效果之分；也有即性效果与迟效性效果之分；还有促销效果和广告本身效果的分类。

1. 广告促销效果的测定

广告促销效果，也称广告的直接经济效果，它反映广告费用与商品销售量（额）之间的比例关系，广告促销效果的测定，是以商品销售量（额）增减幅度作为衡量标准的。测定方法很多，主要有以下几种。

（1）广告费用占销率法，通过这种方法可以测定出计划期内广告费用对产品销售量（额）的影响。广告费用占销率越小，表明广告促销效果越好，反之则越差。其公式为：

$$广告费用占销率=广告费\div 销售量（额）\times 100\%$$

（2）广告费用增销率法，此法可以测定计划期内广告费用增减对广告商品销售量（额）的影响。广告费用增销率越大，表明广告促销效果越好；反之则越差，其公式为：

$$广告费用占销率=销售量（额）增长率\div 广告费用增长率\times 100\%$$

（3）单位费用促销法，这种方法可以测定单位广告费用促销商品的数量或金额。单位广告费用促销量（额）越大，表明广告效果越好；反之则越差。其公式为：

$$单位广告费用促销额（量）=销售额（量）\div 广告费用$$

（4）单位费用增销法，此法可以测定单位广告费用对商品销售的增益程度。单位广告费用增销量（额）越大，表明，广告效果越好；反之越差，其计算公式为：

$$单位广告费用增销量（额）=[报告期销售量（额）-基期销售量（额）]\div 广告费用$$

（5）弹性系数测定法，即通过广告费用投入量变动率与销售量（额）变动率之比值来测定广告促销效果。其公式为：

$$E=(\Delta S/S)/(\Delta A/A)$$

式中：S 为销售量（额）；ΔS 为增加广告费用后的销售增加量（额）；A 为广告费用原有支出；ΔA 为增加的广告费支出；E 为弹性系数，即广告效果。E 值越大，表明广告的促销效果越好。

影响产品销售的因素很多。广告只是其中因素之一，因此，单纯以销售量（额）的增减来衡量广告效果是不全面的。也就是说，上述测定方法只能作为衡量广告效果的参数。当促销效果不理想时，不能轻易否定广告，而应从其他多方面来参考分析。

2. 广告本身效果的测定

广告本身效果也称广告的间接经济效果，它不是以销售量的大小为衡量标准，而是以广告对目标市场消费者所引起心理效果的大小为标准，包括对商品信息的注意、兴趣、情绪、记忆、理解、动机等。因此，对广告本身效果的测定，应主要测定知名度、注意度、理解度、记忆度、视听率、购买动机等项目。其测定方法，常有以下几种。

（1）价值序列法。它是一种事前测定法。其具体做法是，邀请若干专家，消费者对事先拟定的几则同一商品的广告进行评价，然后排序，依次排出第一位，第二位，第三位……排在首位的，表明其效果最佳，选其作为可传播的广告。

（2）配对法，也是一种事先测定法。其做法是，将针对统一商品设定的不同的两则广告配对，请专家、消费者进行评定，选出其中一例。评定内容包括广告作品的标题、征文、插图、标语、布局等全部内容。

（3）评分法。此法既适合于事前测定，又适合于事后测定。其做法是，将广告各要素列成表，请专家，消费者逐项平分，得分越高，表明广告效果越好。

小链接

哈佛大学对广告效果的 17 条总结

1. 85% 的广告没人看。
2. 看广告标题的人数是看正文人数的 5 倍，也就是说标题比内文多 5 倍的阅读力。
3. 如果在标题里能畅所欲言你就浪费了 80% 的广告费。
4. 广告空白增加 1 倍，注目率增加 0.7 倍。
5. 数字“100 元”比“一百元”更打动人心 25%，因为它接近实际。
6. 彩色广告是黑白广告的 5 倍。
7. 广告语 8 ～ 12 个字最易记忆。
8. 广告正文 20 个字阅读人数为 10；50 个字阅读人数为 5；500 个字阅读人数为 1。
9. 看广告图像比看广告标题的人数多 20%。
10. 一般人类的心智不能同时与七个以上的单位打交道。
11. 图画比语言的力量强 16 倍。
12. 看报纸广告的顺序是图像—标题—正文。
13. 看报纸广告左边比右边的人数多 12%，看上边比看下边的人数多 60%。
14. 受众对电视广告维持注意状态的时间是 5 秒，而前两秒注意力最强。
15. 看三角形比看正方形的人数多 2 倍。
16. 打破常规的表现广告注目率增倍。
17. 绰号因特色而比名字记忆率高 8 倍。

第四节　公共关系策略

一、公共关系的含义和特征

公共关系是指企业在从事市场营销活动中正确处理企业与社会公众的关系，以便树立企业的良好形象，从而促进产品销售的一种活动。公共关系是现代市场营销中的重要组成部分。根据菲利普·科特勒的定义，公共关系的实质在于“争取对企业有利的宣传报道，帮助企业与有关各界公众建立和保持良好的关系，树立和保持良好的企业形象，以及消除和处理对企业不利的谣言、传说和事件”。其基本特征表现在以下几方面：

（1）公共关系是一定社会组织与其相关的社会公众之间的相互关系；

（2）公共关系的目标是为企业广结良缘，在社会公众中创造良好的企业形象和社会声誉；

（3）公共关系的活动以真诚合作、平等互利、共同发展为基本原则；

（4）公共关系是一种信息沟通，是创造“人和”的艺术；

（5）公共关系是一种长期活动。

二、公共关系的作用

公共关系是一门内求团结、外求发展的经营管理艺术。其作用主要表现在：

（1）搜集信息，监测环境；

（2）咨询建议，决策参谋；

（3）舆论宣传，创造气氛；

（4）交往沟通，协调关系；

（5）教育引导，服务社会。

三、公共关系的活动方式和工作程序

公共关系在企业营销管理中占有重要地位。在企业内部，公共部门介于决策者与职能部门之间或介于职能部门与基层人员之间，负责沟通和协调决策者与职能部门之间、各职能部门之间以及职能部门与成员之间的相互关系；在企业外部，公关部门介于企业与公众之间，对内代表公众，对外代表企业，沟通、协调企业与公众之间的相互关系。公共关系部门，无论是独立的职能部门，还是隶属于某一职能部门，都具有相同的活动方式和工作程序。

1. 公共关系的活动方式

公共关系的活动方式，是指以一定的公关目标和任务为核心，将若干种公共媒介与方法有机地结合起来，形成一套具有特定公关职能的工作方法系统。按照公共关系的功能不同，公共关系的活动方式可分为五种：

（1）宣传性公关；

（2）征询性公关；

（3）交际性公关；

（4）服务性公关；

（5）赞助性公关。

2. 公共关系的工作程序

公共关系活动的基本程序，包括调查、计划、实施、检测四个步骤：

（1）公共关系调查；

（2）公共关系计划；

（3）公共关系实施；

（4）公共关系的检测。

小链接

陈绍鹏：联想如何打好奥运牌

成为国际奥委会 TOP 赞助商 3 年来，联想品牌价值提升近一倍，销售拉动净增 4%。

由联想与 AMD 联合主办，北京奥组委参与支持的大型奥运推广活动——“2007 奥运联想千县行”正式启动。自 2006 年以来，“奥运联想千县行”的足迹已遍布中国 1 500 多个县。

从零故障支持都灵冬奥会，第一次在海外大规模发布“Lenovo”品牌的 PC 产品，到推出北京 2008 年奥运会祥云火炬，成为北京 2008 年奥运会火炬传递全球合作伙伴，发布“科技奥运、人文奥运”两大奥运战略以及十大奥运计划。联想的奥运整合营销计划正有条不紊地全面展开。

奥运营销，也让联想初步尝到了甜头：从 2004 年到 2006 年 3 年间，联想的品牌价值由 307 亿元人民币提升到 607 亿元人民币，品牌美誉度从 53% 上升到 62%，销售拉动净增 4%，联想的人气指数也一直在高位持续攀升。

奥运战略——放在国际化大背景下

“Lenovo”品牌切换、成为国际奥委会全球合作伙伴、收购 IBM 的 PC 业务，2003 年以来，联想相继推出的一连串大手笔商业运作，看似一个个独立的单元，背后却是联想对国际化战略的深思熟虑、运筹帷幄。

“2008 年奥运会，对联想而言是百年难遇的机会。成为奥运 TOP 赞助商，不仅圆了联想传播奥林匹克精神、为北京奥运会做贡献的梦想，也为联想搭建起了世界级的品牌营销平台。”联想集团高级副总裁陈绍鹏坦言。

联想的技术、产品、服务是不是世界级的？在收购 IBM 个人电脑业务，成为全球第三大 PC 生产商之后，这一命题直接关系着联想产品在全球市场的竞争力，也事关联想全球品牌整合计划。因为，按照约定，在2009年底，联想全球所有产品将不再使用IBM商标。

“我们迫切需要一个练兵场，需要通过最严格、最苛刻的检验，来获得全球市场的通行证。”陈绍鹏说，“作为最复杂、最具挑战性的信息系统之一，奥运会为联想提供了证明自己实力的最佳舞台。”

此外，奥运精神超越了种族、民族、国家、宗教，实施奥运战略还可帮助联想提升全球员工和代理商的凝聚力和认同感，促进文化整合。因此，在联想国际化的大背景下，奥运战略一直是联想的主战略。“2006年，我们提出‘借势奥运和国际化，打造源自中国的国际化品牌’。在描述联想大中华区战略的三句话中，‘一条奥运主线’放在了第一位。”陈绍鹏说。

奥运营销——从学习到创新

如何制订奥运整合营销计划、充分挖掘TOP赞助商的价值，对于擅长市场运作的联想而言，是一个全新挑战。

“联想的奥运营销大体上分三个阶段，其中，在2004年到2005年的起步阶段，联想的主要工作是和北京奥组委、国际奥委会进行密切的沟通接触，学习和掌握奥运营销规则。”陈绍鹏介绍说，“为积累奥运营销经验，联想还与可口可乐、VISA等其他TOP厂商进行了积极的沟通。”

2006年都灵冬奥会的实战演练，是联想奥运营销的第二阶段。联想为都灵冬奥会提供了348台服务器、4 767台商用台式机、630台笔记本电脑、600台打印机以及4 808台显示器，并以此为基础，搭建了由计时评分、赛场结果、解说员信息、打印分发等多个子系统构成的奥运会信息系统。

在−20℃的低温下，联想产品以零故障的完美亮相赢得国际奥委会的高度评价。与此同时，奥运营销也全面展开。联想相继启动了奥运联想千县行、全球明星代言计划等，并第一次在海外大规模发布“Lenovo”品牌的PC产品。

“从现在到2008年，是联想奥运营销的全面冲刺阶段。”陈绍鹏介绍说，“正如祥云火炬的创新性设计一样，联想在奥运营销方面也同样强调创新。我们已经制定了‘科技奥运、人文奥运’两大战略，以及技术设备计划、IT运营服务计划、奥运网吧计划、多品牌电脑维修计划、数字奥运体验馆计划等十大奥运计划”。业内人士对此的评价是，联想的奥运营销计划已渗透到奥运会的各个环节，堪称完美。

为保证奥运战略的执行力，联想成立了专职的奥运业务部，并组建了分别负责奥运全球营销、全球奥运公关、内部沟通三个团队。陈绍鹏说，“我们制订了特别的激励计划，每个项目结束后，都会进行总结，优秀人员将得到奖励”。

“按照我们的设想，联想将利用奥运TOP赞助商以及北京奥运会火炬传递全球合作伙伴的身份，在19个国家的每一站，通过各种形式，全面提升联想的品牌知名度和美誉度。”陈绍鹏说，“此外，与奥运会每一个重大时间节点同步，联想将在全球发动营销攻势，推出新的产品和服务，做强做大联想品牌”。

资料来源：王政．人民日报2007-6-18.

第五节 营业推广策略

一、营业推广的含义和特点

营业推广，又称销售促进，指企业用各种短期诱因鼓励消费者和中间商购买、经营或代理企业产品和服务的促销活动。美国市场营销协会把营业推广定义为：那些不同于人员推销、广告和公共关系的销售活动，它存在激发消费者购买和促进经销商的效率，诸如陈列、展出与展览、表演和许多非常规的非经常性的销售尝试。营业推广是促销因素组合中一种重要的促销手段。营业推广的主要特点如下。

1. 是一种辅助性的促销方式

一般来说，人员推销、公共关系、广告等促销方式都带有持续性和常规性，而营业推广则常常是上述促销方式的一种辅助手段，用于特定时期、特定商品的短期特别推销。主要适用于品牌声誉不高、价格弹性较大的产品促销。

2. 促销效果显著

与其他促销措施比较，营业推广的主要特点是以特殊的优惠和强烈的呈现为特征，给消费者以不同寻常的刺激，从而迅速地吸引顾客的注意，激起购买行为，在短期内扩大销售。但该促销措施不能作为一种经常性的促销手段来加以使用，常常配合其他促销方式使用。

3. 有贬低产品或品牌之意

容易造成顾客怀疑产品质量低、价格高或企业急于销售积压产品，有可能降低其品牌声誉。

因此，企业在开展营业推广活动时，尤其是对消费者开展营业推广活型时，要制订周密的推广计划，选择合适的时间和规模。应向消费者宣传清楚产品质量、性能以及企业的声誉；否则会给人一种企业急于求售的印象，容易引起消费者的疑虑和担心，甚至会影响到企业的声誉。

二、营业推广的方式

营业推广的方式多种多样，每一个企业不可能全部使用。这就需要企业根据各种方式的特点、促销目标、目标市场的类型及市场环境等因素选择适合本企业的营业方式。

1. 消费者推广的方式

向消费者推广，是为了鼓励老顾客继续购买、使用本企业产品，激发新顾客试用本企业产品。其方法主要有以下几种。

（1）赠送样品。企业通过随销售其他商品时附送，或凭企业广告上的附条领取等方式，向目标市场消费者提供免费样品，供其试尝、试用、试穿，以诱使消费者使用产品，逐步增强消费者对产品的信任。

（2）有奖销售。企业在销售某商品时，对购买商品的消费者设立若干奖励，奖给那些对号中奖的顾客，从而吸引大量顾客购买。奖励的对象可以是全部购买者，也可以用抽奖或摇奖的方式奖励部分消费者。有奖销售方式的刺激性很强，常用于推销一些品牌成熟的日用消费品。

（3）发放优惠券。企业向目标市场的部分消费者发放一种优惠券，凭券可以按实际销售价格折价购买某种商品。优惠券可以采取直接赠送或广告附送的方式发放。发放优惠券方式可直接吸引消费者购买指定产品，适用于刺激成熟品牌商品的销路，也可鼓励买主在产品导入期试用新品牌。

（4）特价包装和赠品销售。特价包装是向消费者提供低于常规价格的优惠价销售商品的一种方法，主要是采取在商品包装上进行由整到零的改装和不同商品的组合等方式。赠品销售则通过赠送便宜品、附赠品或免费品来吸引消费者大批量购买。

（5）现场示范。企业派人将自己的产品在销售现场进行示范表演，表演产品的生产过程和使用方法。现场示范既可将一些技术性较强的产品的使用方法介绍给消费者，又可使消费者直观地看到产品的使用效果，以增加顾客对产品的了解，刺激购买。现场示范方式对使用技术比较复杂或直观性比较强的产品开拓新市场比较有效。

（6）组织展销。企业将一些能显示企业优势和特征的产品集中陈列，利用橱窗或货架等展示空间专门布置某种产品，设计和制作节省占地面积的陈列方法，力求利用陈列品、广告牌和广告招贴等取得促进销售的显著效果，边展边销。展销可由一个企业单独举办，也可由多个企业共同举办。若能围绕一定的主题组织展销活动，并同广告宣传活动配合起来，促销效果会更好。

2. 对中间商的营业推广方式

向中间商推广，其目的是为了促使中间商积极经销本企业产品，其方式主要有以下几种。

（1）购买折扣。生产企业可以按中间商购买产品的数量给予一定的折扣，购买数量越多，折扣越大，从而鼓励中间商大批量购买。

（2）资助。生产企业也可以在一定期限内向中间商提供一定金额的推广津贴或资助，以补偿中间商在广告宣传、商品储运等方面的费用支出，有助于加强与中间商的合作。

（3）经销奖励。企业如果在同一个市场上通过多家中间商来销售本企业的产品，可以定期在中间商之间开展销售竞赛，在事先控制好的促销预算约束下，对销售业绩优胜的中间商给予一定的奖励，如现金奖励、实物奖励。

三、营业推广的控制

1. 确定适当的营业推广目标

企业应根据目标市场的特点和整体营销目标来制定推广目标，即“向谁推广”和“推广什么”，如争取新顾客，扩大市场份额；或是鼓励消费者多购，扩大产品销量；或是推销过时商品，延长产品生命周期等。对消费者、中间商、企事业单位等区别对待，短期目标与长期目标相结合。

2. 选择适当的对象

营业推广的对象可以是最终消费者、中间商和推销人员，营业推广的对象不同，推广方式也应有所区别。实践证明，即使是针对消费者的营业推广，由于不同消费者购买动机和购买行为不同，营业推广的效果也有差异。如对“冲动型”“不定型”的消费者，营业推广效果比较明显，而对那些“理智型”消费者，营业推广的作用就小得多。

3. 选择适当的方式

企业应根据市场需求和竞争状况，选择有效的营业推广方式。如企业为了增强产品竞争力，抵制竞争对手，可采用折价方式；为开拓新产品市场，可免费赠送样品。

4. 选择适当的时间和期限

许多产品的需求具有明显的季节性，企业营业推广活动应安排在销售旺季。营业推广的时间安排必须符合整体营销策略，与其他促销活动相协调。应利用最佳的市场机会，确定适当的推广期限。时间太短，不少潜在顾客可能错过机会；时间太长，会使消费者感到是一种变相降价，从而失去吸引力，甚至会怀疑商品质量。

5. 选择适当的地点

针对消费者开展营业推广的地点应尽可能选在居民区或闹市区，以便于更多的消费者参与。

6. 及时评价营业推广的实施效果

每项营业推广工作应当确定实施和控制计划，在一项营业推广结束后，应及时总结，对实施效果进行评估，并注意同其他促销策略之间的配合使用。

第六节　整合营销传播

营销理论已经发展了数十年，经历了消费品营销（20 世纪 50 年代）、产业营销（20 世纪 60 年代）、非盈利及社会营销（20 世纪 70 年代）、服务及关系营销（20 世纪 80 年代）、整合营销（20 世纪 90 年代）的演变。营销，是一个不断发展的概念。

一、整合营销传播的概念

1993 年，广告学专家舒尔茨等人提出了整合营销传播的概念。整合营销传播是以顾客为中心，建立在对顾客的深入了解基础上的一种传播方式，它将所有的营销传播手段协调、统一起来，向目标受众传递统一的说服性信息，在企业与顾客间建立一种独特的关系，从而达到企业的目标的传播活动。为此，应首先决定符合企业实情的各种传播手段和方法的优先次序，通过计划、调整、控制等管理过程，有效地、阶段性地整合诸多企业传播活动。

舒尔茨认为，整合营销传播提供了一种新的视角，将一度各自为政的广告、公关、促销、组织传播等各种传播方式看做一个整体，从而使传播者从普通顾客的视角看待所有的信息。

整合营销传播区别于传统营销传播的关键在于整个活动的中心由生产商向顾客的转移。严格地说，它改变的不仅仅是传播活动，而是整个营销活动。

整合营销传播并不是最终目的，而只是一种手段，其根本就在于以顾客为中心。在整个传播活动中，它的内涵具体表现在以下四个方面。

1. 以顾客数据库为运作基础

顾客数据库是整合营销传播活动的起点，也是关系营销中双向交流的保证。现代技术的发展使测量顾客行为成为可能，它具有比态度测量更高的准确性。从资料库的信息中，可以充分掌握顾客、潜在顾客使用产品的历史，了解他们的价值观、生活方式、消费习惯、接触信息的时间、方式等，分析、预测其需求，由此确定传播的目标、渠道、信息等，真正做到针对不同的消费群体采取相应的策略。

2. 以整合传播为手段

顾客每天需要接收、处理大量的信息，顾客形成了“浅尝”式的信息处理法。他们依赖认知，把搜集的信息限制到最小的范围内，并由此做判断与决定。对于顾客来说，无论正确与否，他们认知到的就是事实。这就要求生产者提供的产品或服务的信息必须清晰、一致而且易于理解，从而在顾客心中形成一致性的形象。

要做到这一点，必须充分认识顾客对于产品或服务信息的各种接触渠道。它们包括广告、公关、促销、人员销售、产品包装、在货架上的位置、售后服务等经过计划的接触渠道，也包括新闻报道、相关机构的评价、顾客口碑，办公环境等未纳入计划甚至无法控制的接触渠道。理想的整合营销传播是把顾客的接触渠道尽可能地纳入到计划之中，同时把这些接触渠道传递的信息整合起来。这种整合，不是信息的简单叠加，而是发挥不同渠道的优势，使信息传播形成合力，从而形成鲜明的品牌个性。

3. 以关系营销为目的

整合营销传播的核心是使顾客对品牌萌生信任，并且维系这种信任，使其长久存在顾客心中。然而，企业不能单单依靠产品本身就建立这种信任，因为许多产品实质上是相同的，而与顾客建立和谐、共鸣、对话、沟通的关系，才能使你的企业脱颖而出。

尽管营销并没有改变其根本目的，但达到目的的途径却因以顾客为中心的营销理论发生了改变。如果说以往只要通过大量的广告、公关、活动等就可以形成产品的差异化，今天的生产商们远没有那么幸运。由于产品、价格乃至销售渠道的相似，顾客对于大众传媒的排斥，生产商只有与顾客建立长期良好的关系，才能形成品牌的差异化，整合营销传播正是实现关系营销的有力武器。

4. 以循环为本质

以顾客为中心的营销观念决定了企业不能以满足顾客一次性需求为最终目的，只有随着顾客的变化调整自己的生产经营与销售，才是未来企业的生存发展之道。顾客数据库是整个关系营销以及整合营销传播的基础与起点，因而不断更新、完善的数据库成为一种必需。现代计算机技术以及多种接触控制实现了生产商与顾客之间的双向沟通，由此可以掌握顾客态度与行为的变化情况，雀巢、亨氏（Heinz）等一些企业以俱乐部的形式在顾客与生产商之间建立了直接的联系，一些航空公司、宾馆、大型零售商也建立起顾客数据库，形成固定联系；更有一些企业利用新兴的互联网技术设置虚拟社区，为顾客的信息反馈提供空间，从中了解顾客对产品的满意程度，吸取有价值的信息，为企业的进一步发展寻找新的机会点。

可以说，没有双向交流，就没有不断更新的资料库；没有不断更新的资料库，就失去了整合营销传播的基础。因此，建立在双向交流基础上的循环是整合营销传播的必要保证。

二、整合营销传播的阶段

在舒尔茨教授的整合营销传播研究中，涉及整合营销传播的四个阶段的问题。他认为，这四个阶段如下所述。

1. 战略定位

组织开始协调其营销传播活动，制定一些品牌计划或者品牌管理计划，或者说，首先决定管理其品牌以及它发布的与品牌有关的信息。这是通常的“一种形象和一个声音”的概念或定义。

2. 重新界定营销传播范围

在这一阶段，公司开始定义新的或者广义的传播概念。组织更加广泛而不是局限于传统的功能性广告活动，销售促进、直接营销等。

3. 信息技术的应用

在这一阶段，营销组织开始利用信息技术来整合过去使用过的各种营销传播形式。例如，通过使用包括数据库技术在内的各种研究方法，组织研究顾客态度和行为数据上的差异以及如何使这两者相一致。利用更多的外部顾客信息，传播计划小组开始区分顾客的个人标准。也就是说，从大量营销方法转换到通过辨别顾客的独特的需要和欲望来确认顾客。

4. 关于财务和战略的整合

在此阶段，组织制订计划说明书，该说明书是基于对顾客和他们的市场或财务价值及潜在价值的评估，而不是简单地基于公司所想要达到的目标。通过关注顾客，企业通常能够制订出更好用的计划和测量方法——营销传播“封闭回路系统”，也就是说，这种顾客价值知识使得公司能以可评估的“投资回报率”为基础来进行营销传播投资。

由此可见，这四个阶段实际上全都是关于为整合营销传播准备传播内容和传播物质基础的工作。它们更多的涉及营销领域内的事务，只有先将这些营销因素理顺，为整合营销传播奠定良好的“原料”准备，整合营销传播才能够得以顺利、成功的开展，并最终达成传播和营销目的。如果营销目的没有较好的实现，传播也就失去了赖以生存的物质支撑和继续进行下去的动力。传播，是必须建立在营销效果之上的。这也再次说明了为什么整合营销传播要在整合营销的基础上开展。

小链接

双向三维五步推广法

双向：渠道规划定位

自有渠道：打造属于您的互联网销售运营资源——企业网站、商城（网店）、博客、微博。

合作渠道：打造适合您的互联网第三方网络推广资源——论坛 B2B（商贸网站）分类信息、视频、新闻平台、百度产品。

三维：多层面营销体系

横向覆盖：抢占适合您的网络渠道通路和信息覆盖，展示企业信息和形象，让客户找到您、认识您，产生购买意愿；

纵向深入：每个通路要塞联通，将覆盖的信息汇聚强化，让客户了解您、信任您和依赖您，营造网络销售；

定向服务：策划组织行业相关事件、软文、病毒营销，根据客户区域分布和职业分布进行定点推广，开发潜在客户

五步：营销实施定位

第 1 步抢地盘：对客户可能出现的平台进行抢占，好让客户有机会找到您、发现你；

第 2 步初步认识：对抢占的地盘进行有效的信息发布，让客户找到您时对您有初步认识；

第 3 步强化印象：完善信息，对各个渠道进行有效开发，让客户认识您并有个好的印象；

第 4 步增加信任：每个渠道通路信息汇聚，让客户信任您，并进行购买；

第 5 步应势利导：借助事件、软文、病毒营销的引爆和传播性，让更多的网民发现您，依靠前面的基础，开发更多潜在客户。

本章提要

- 促销策略是营销策略的重要组成部分，就是将人员推销、广告、公关和营业推广四种手段加以综合运用，目的是为了促进产品或服务销售。
- 人员推销主要适用于那些价值高、性能复杂、专业性强的产品。它的有效性与推销人员的素质有关。
- 广告在促销中发挥着越来越重要的作用。由于不同广告媒体有不同的特性，企业在从事广告活动时必须对媒体进行选择。
- 在市场竞争中，与社会的协调、与公众的沟通，已成为企业取胜的法宝。公共关系起着沟通企业与社会公众之间关系的作用。
- 营业推广是一种在商业活动中普遍采用的促销方式。优良的产品、合理的价格和顺畅的渠道并不能保证营销活动的成功，还必须要有灵活的促销策略与之配合。

关键词

促销组合（promotion mix） 人员推销（personal selling）

广告（advertising） 公共关系（public relations）

销售促进（sales promotion） 媒体（media）

整合营销传播（integrated marketing communications）

复习与思考

1. 促销的含义和作用是什么？

2. 为什么说人员推销的效果取决于推销人员的素质？

3. 广告设计应遵循哪些原则？

4. 公共关系活动的方式有哪些？

5. 向消费者进行营业推广的方式有哪些？

研究与讨论

1. 合格推销员应具备怎样的素质？

2. 如何认识广告效果的好坏？

3. 试比较分析各种促销方式的优缺点，如何选择这些促销方式？

实践演练

1. 电视机和商品房适宜采用何种促销策略？为什么？

2. 请你为中国联通 CDMA 手机设计一套完整的促销方案。

3. 参加一次促销活动，谈谈你的感受。

营销模拟

1. 模拟一家保险公司推销员，请你向 5 个陌生人推销一份人寿保单。

2. 请你为一家公司的产品设计一套广告促销文案。

本章案例

《学习的革命》：一本塑造企业形象的书

扫描此码　案例学习

案例讨论题：

1. 本案例给市场营销管理带来了怎样的启示？

2. 营销的手段和方式是多方面的，企业应如何运用事件营销技巧提升企业形象？

3. 假如你处于宋朝弟的位置，你将如何解释《学习的革命》未能达到事先宣传的 1 000 万册营销目标的事实？

第十六章　服务策略

早晨起来，你首先想到的是怎样为客户服务，而不是想客户的钱，你就成功了。

——米歇尔·科特勒

营销本质不是“卖”，而是“买”。

——张瑞敏

学习目标

知识目标

1. 服务的概念、分类和特征；
2. 服务营销的要素；
3. 服务市场细分与定位。

能力目标

1. 理解服务特征对营销战略的影响；
2. 能够分析和制定各种有效的服务营销策略。

营销故事

一位猎人带着一只健壮的猎狗在森林里打猎。“砰！”，一声枪响后，一只野兔拖着受伤的后腿全力逃跑，猎狗及时地追了过去。猎狗追了一段路程，没能追上，回到了主人身边。猎人生气地责备：你一只强壮的猎犬，为什么连一只受伤的兔子都追不上？！猎狗望着主人：主人啊，我是忠于你的，我已经尽力了，确实没办法。

小兔子回到山洞，他的母亲得知情况后很吃惊，问：你一只受伤的小兔子，怎么跑得过一只强壮的猎狗呢？小兔子回答：情况不一样啊！猎狗是在为生活奔跑，他只是“尽力”了而已；我是在为生命奔跑，我是“全力以赴”啊！

引例

彩虹服务

彩虹代表着一切美好事物和崭新事物的开始，国美将其服务体系命名为“彩虹服务”就是要向广大消费者诠释一种新型的服务模式和理念。据国美售后服务中心介绍，“彩虹服务”是国美总结了以往的服务经验，整合家电厂家的服务资源推出的包括售前、售中、售后服务的全系列家电服务品牌。彩虹的缤纷颜色体现其服务内容的丰富多彩、细致全面；彩虹的桥梁形状体现了国美电器是架起商家与消费者的桥梁，也是架起厂家与消费者的桥梁；彩虹是由阳光折射而成的现象，代表着国美的服务阳光向上，温暖亲切；彩虹的七色还代表了服务工作中的 7 个 100% 承诺，即咨询服务落实率 100%、客户投诉回复率 100%、安装调试合格率 100%、维修合格率 100%、用户档案完备率 100%、上门服务到位率 100%、服务时间准时率 100% 。

国美“彩虹服务”服务内容基于三个品牌核心价值而分为三大系列，同时对应着商标 logo 的三种颜色：绿色“无忧”服务——购物无忧、投诉无忧、维修（后顾）无忧、价格无忧，使消费者买得安心；红色“个性”服务——会员制、服务提速承诺、免费上门设计、异地购物、以旧换新、网上商城，使消费者买得称心；蓝色“亲情”服务——亲情服务台、“三米三声”服务、电脑十项免费服务和培训、空调免费服务、发烧影院安装服务，使消费者买得舒心。

红、绿、蓝为颜色的三个基本色素，通过这三个色素可以组成所有颜色。以此表现出国美“彩虹服务”的多样性，是以国美为龙头，涵盖了所有家电厂家的服务内容联盟。

国美“彩虹服务”的服务项目突出人性化、个性化和对顾客的关怀细致入微、体贴备至，正如“彩虹服务”的口号“无微不至，无所不在”。“无微不至”体现了“彩虹服务”在服务品质上追求的深度，同时，“彩虹服务”以其强大的联盟实力做保证，服务项目周到而全面，渗入家电服务领域每个细节，并且总在不断完善之中，“无所不在”体现了“彩虹服务”在服务品质上追求的广度。正是在对“深度”和“广度”的不懈追求中造就了“彩虹服务”，国美也将“彩虹服务”全力打造成为国内家电服务领域第一品牌。

第一节　服务概述

一、服务的概念、分类与特征

1. 服务的概念

菲利普·科特勒认为，“服务是一方能够向另一方提供的基本上是无形的任何行为或绩效，并且不导致任何所有权的产生。它的生产可能与某种物质产品相联系，也可能毫无联系”。也有学者认为，服务是“为满足购买者某些需要而暂时提供的产品或从事的活动。”A. 佩恩认为：“服务是一种涉及某些无形性因素的活动，它包括与顾客或他们拥有财产的相互活动，它不会造成所有权的变更。条件可能发生变化，服务产出可能或不可能与物质产品紧密相联。”

上述定义说明：

（1）服务提供的基本上是无形的活动，可以是纯粹服务，也可以与有形的联系在一起；

（2）服务提供的是产品的使用权，并不涉及所有权的转移；

（3）服务对购买者的重要性足以与物质产品相提并论，但某些义务性的服务“购买者”不需要直接付费或全额交费。

2. 服务的分类

商品营销和服务营销不是两种能够清晰分开的营销类型，制造型公司已深深卷入服务之中，而服务型公司往往也需要产品来实现其服务。对服务的分类目的在于概括出不同行业中服务的共同特征。

下面从五个角度分别对服务进行分类。

（1）根据服务活动的本质，即服务活动是有形的还是无形的以及服务对象是人还是物，可将服务分成4类：作用于人的有形活动，如医疗保健、美容、娱乐等；作用于人的无形活动，如教育、广播、电影院等；作用于物的有形活动，如货运、设备维修、洗衣、草坪养护等；作用于物的无形活动，如银行、保险、会计师事务所等。

（2）根据服务机构与顾客之间的关系，即连续的还是间断的以及是正式的还是非正式的，也可将服务分成4类：正式的连续性的，如保险公司、银行；正式的间断性的，如月票、长途电话；非正式的连续性的，如广播电台、灯塔；非正式的间断性的，如邮政服务、出租车。

（3）根据选择服务方式的自由度大小以及服务对顾客需求的满足程度划分服务类型。有些服务过程比较标准化，服务提供者和顾客对服务方式选择余地都较小；有些服务虽能使每个顾客需求得到充分满足，但服务提供者对服务方式的选择自由度却很小；有些服务提供者的选择余地虽然较大，但却难以满足单个顾客的需求；还有一类服务，不仅单个顾客的需求能够得到充分的满足，服务提供者也有发挥的空间。

（4）根据服务供应与需求的关系划分服务类型。有些服务供应与需求的波动都较小；有的需求波动幅度大而供应基本能跟上；有的需求波动大，有时会超出供应能力。

（5）根据服务推广的方法划分的服务类型。有以下几种：顾客在单一地点主动接触服务机构；服务机构在单一地点主动接触顾客；顾客与服务机构在单一地点远距离交易；顾客在多个地点主动接触服务机构；服务机构在多个地点主动接触顾客；顾客与服务机构在多个地点远距离接触。

由于研究的出发点不同，某一特定的服务可能被划归不同的类型。此外，还有一些其他分类的方法。

3. 服务的特征

服务的特点较多，以下几方面对制定营销方案影响较大。

（1）无形性，也称不可触知性。主要指服务提供是非物质产品，顾客在购买之前一般不能看到、听到、嗅到、尝到或感觉到。因此，广告宣传不宜过多介绍服务的本体，而应集中介绍服务所能提供的利益，让无形的服务在消费者眼中变得有形。实际上，真正无形的服务极少，很多服务需借助有形的实物才可以产生。对顾客而言，购买某些产品，只不过因为它们是一些有效的载体，这些载体所承载的服务或者效用才是最重要的。

（2）同步性，也称不可分割性。主要指服务的生产和消费是同时进行的，有时也与销售过程连接在一起。服务具有直接性，服务的过程是顾客同服务人员广泛接触的过程。服务的供应者往往是以其劳动直接为购买者提供使用价值，生产过程与消费过程同步进行。这一特征表明，顾客只有而且必须加入到服务的生产过程中，才能享受到服务。而且一个出售劳务的人，在同一时间只能身临其境在一个地点提供直接服务。因此，直接销售通常是唯一的销售途径。

（3）异质性，也称可变性。主要指服务的构成成分及其质量水平经常变化，很难统一界定。和实行机械化生产的制造业不同，服务是以人为中心的产业，它依赖于谁提供服务以及何时、何地提供服务。由于人的气质、修养、技术水平存在差异，同一服务，有数人操作，品质难以完全相同；同一人做同样服务，由于时间、地点和心态变化，作业成果也难完全一致。因此，服务的产品设计须特别注意保持应有的品质，力求始终如一，维持高水准，建立顾客信心，树立优质服务形象。

（4）易逝性，也称不可储存性，主要指无形的服务，既无法储存，也容易消失。服务的生产与消费同时进行及其无形性，决定了服务具有边生产、边消费或边销售、边生产、边消费的重要特征。服务不能在生产后储存备用，消费者也无法购后储存。很多服务的使用价值，如不及时加以利用，就会“过期作废”。因此，服务业的规模、定价与推广，必须力求达到人力、物力的充分利用；在需求时，要千方百计解决由缺乏库存所引致的供求不平衡的问题。

此外，服务的无形性与易逝性使得购买者不能“实质性”地占有，因而不涉及所有权的转移，也不能申请专利。各类服务产品之间往往可以互相替代，如为到达同一目的地，可以选择多种运输服务方式。

二、服务质量

1. 服务质量的内涵

服务质量是服务的效用及其对顾客需要的满足程度的综合表现。服务质量同顾客的感受的关系很大，可以说是一个主观范畴。它取决于顾客对服务的预期质量同其实际感受的服务水平或体验质量的对比。整体感受质量不仅取决于预期质量与体验质量之比，也决定于技术质量和职能质量的水平。技术质量指服务过程的产出，即顾客从服务过程中所得到的东西，对此，顾客容易感知，也便于评价。职能质量则指服务推广的过程，即顾客同服务人员打交道的过程，服务人员的行为、态度、穿着等都影响顾客的感知，通常提供服务和接受服务的过程会给顾客留下深刻的印象。

顾客对服务的预期质量，通常要受四方面因素的影响，即市场营销沟通、顾客口碑、顾客需求和企业形象。由于接受服务的顾客通常能直接接触到企业的资源、组织结构和运作方式等方面，企业形象无可避免地影响顾客对服务质量的认知和体验。顾客心目中的企业形象较好，会谅解服务过程中的个别失误；如果原有形象不佳，则任何细微的失误也会造成很坏的影响。因此，企业形象被称为顾客感知服务质量的过滤器。

2. 服务质量的评价标准

一般认为，评价服务质量的标准，主要有以下五个方面。

（1）感知性，指提供服务的有形部分。顾客正是借助这些有形的、可见的部分来把握服务的实质。有形部分提供了有关服务质量本身的线索，同时也直接影响到顾客对服务质量的感知。

（2）可靠性，指服务供应者准确无误地完成所承诺的服务。可靠性要求避免服务过程中的失误，顾客认可的可靠性是最重要质量指标，它同核心服务密切相关。许多以优质服务著称的服务企业，正是通过强化可靠性来建立自己的声誉的。

（3）适应性，主要指反应能力，即随时准备乐意为顾客提供快捷、有效的服务，包括矫正失误和改正对顾客稍有不便之处的能力。对顾客的各项要求能否予以及时满足，表明企业的服务导向，即是否把顾客利益放在第一位。

（4）保证性，主要指服务人员的友好态度与胜任能力。服务人员较高的知识技能和良好的服务态度，能增强对服务质量的可信度和安全感。在服务产品不断推陈出新的今天，顾客同知识渊博而又友好和善的服务人员打交道，无疑会产生信任感。

（5）移情性，指企业和服务人员能设身处地为顾客着想，努力满足顾客的要求。这要求服务人员有一种投入精神，想顾客之所想，急顾客之所需，了解顾客的实际需要，以至特殊需要，千方百计予以满足；给予顾客充分的关心和相应的体贴，使服务过程充满人情味，这便是移情性的体现。

按上述评价标准，可通过问卷调查或其他方式对服务质量进行测量。调查应包括顾客的预期质量和体验质量两个方面，以便进行分析研究。

3. 服务质量与顾客服务

服务行业的行为按照是否与顾客直接接触，分为前台活动与后台活动。顾客服务的基本要求是尽量扩大前台活动的范围和比例，使顾客接触到更多的与职责攸关而又独立操作的服务人员，这既可提高顾客的满意度，又便于企业进行追踪调查。因此，顾客服务现已成为服务经营中制胜的法宝，服务形式也日新月异，变化无穷。

（1）顾客服务与顾客期望。顾客期望在顾客对服务的认知中起着关键性的作用。顾客正是将预期质量与体验质量进行比较，据以对服务质量进行评估，期望与体验是否一致已成为服务质量评估的决定性因素。期望作为比较评估的标准，既反映顾客相信会在服务中发生什么（预测），也反映顾客想要在服务中发生什么（愿意）。

（2）管理顾客期望。可以通过做好以下几方面工作，对顾客期望进行有效的管理。

① 确保承诺的实现性。明确的服务承诺和暗示的服务承诺都是企业可以控制的，对之进行管理是管理顾客期望的直接的可靠的方法。企业应集中精力于基本服务项目，通过切实可行的努力和措施，确保对顾客所作的承诺能够反映真实的服务水平，保证承诺完满兑现。过分的承诺难以兑现，将会失去顾客的信任，超出顾客的容忍度，对企业是不利的。

② 重视服务的可靠性。在顾客对服务质量进行评估的多项标准中，可靠性无疑是最为重要的。提高服务可靠性能带来较高的现有顾客保持率，增加积极的顾客口碑，减少招揽新顾客的压力和再次服务的开支。可靠服务有助于减少优质服务重现的需要，从而合理限制顾客期望。

③ 坚持沟通的经常性。经常与顾客进行沟通，理解他们的期望，对服务加以说明，或是对顾客光临表示感激，都会增强顾客的忠诚度。通过与顾客经常对话，加强与顾客的联系，可以在问题发生时处于相对主动的地位。企业积极地发起沟通以及对顾客发起的沟

通表示关切，都传达了和谐、合作的愿望，而这又是顾客经常希望而又很少得到的。有效地沟通有助于树立顾客对企业的信心和包容心态，从而在出现服务失误时，减少或消除顾客的失望。

（4）超出顾客期望。管理期望为超出期望奠定了基础，企业可利用服务传送和服务重现所提供的机会来超出顾客期望。

① 进行优质服务传送。在服务过程中，顾客亲身体验了提供的服务技能和服务态度，有利于保持更切合实际的期望和更多的容忍。每一次与顾客的接触都是一次潜在的机会，可使顾客感到享受了期望的服务，而对顾客冷淡的员工则浪费了机会。

② 加强重现服务。虽然对完美的服务的追求是优质服务的特征，但在第一次服务出现失误时，一流服务的重现显得十分重要。服务重现是一个超出顾客期望的绝好机会，也为企业提供了重新赢得顾客信任的机会。企业必须加强力量组织好重现服务，使服务中的问题得到令人满意的解答。虽然在服务重现期间顾客对过程和结果的期望都会比平时更高，顾客将比往常更加注意服务的传递过程，但以全身心投入来对待顾客的有效重现，能使顾客顺心惬意，并为精心组织的服务重现超出期望而感到惊喜。

三、有形展示及其作用

物质产品可以自我展示，服务则不能。但是，顾客可以看到服务工具、设备、员工、信息资料、其他顾客、价目表等，这些有形事物都可为无形的服务提供有形的展示。由此，在服务营销管理中，一切可以传递服务特色与优点的有形组成部分，均可称作服务的有形展示。

有形展示可以从不同的角度加以分类。从构成要素的角度，有形展示可分为三种类型，即实体环境（周围因素、设计因素和社会因素）、信息沟通和价格，这三种类型往往是交织在一起的。有形展示的作用如下。

1. 帮助顾客感受到服务所能带来的利益

服务展示的一个潜在作用，就是能给营销策略带来乐趣优势。有形展示可在顾客的消费经历中，注入新颖的、激动人心的、戏剧性的因素，消除顾客的厌倦情绪。采用有形展示的实质，是通过有形物体对顾客感官的刺激，让顾客感受到无形服务带给自己的好处和利益，进而影响其对服务的需求。

2. 引导顾客对服务产生合理的期望

服务的无形化及不可感知性，使顾客在使用前难以对该项服务做出正确的理解或描述。运用有形展示，可以让顾客在使用服务前能具体地把握服务的特征和功能，从而对服务产生较合理的期望，避免因期望过高而难以满足所造成的负面影响。

3. 影响顾客对服务产品的第一印象

有形展示作为部分服务内涵的载体，是顾客取得第一印象的物质因素。对于新顾客而言，在购买和享用某项服务之前，往往会根据第一印象对服务产品做出判断，有形展示的成败，最终会影响顾客的购买决策。

4. 促使顾客对优质服务做出客观评价

服务质量高低由多种因素决定，可感知性是其中的一个重要特质，而有形展示正是可感知性的服务组成部分。有形展示如同物质产品的包装，好的包装能使顾客对产品产生优质的感觉，完美的有形展示也可使顾客对服务产生优质的感觉。

5. 引导顾客识别和改变服务形象

有形展示能形象地、具体地传达最具挑战性的企业形象。服务企业或服务产品形象的无形性，增加了改善形象的难度。形象的改变不仅是在原来形象上加入新内容，而且要打破传统观念，利用有形产品作为新设计的形象的中心载体，使形象变更的可见的信息迅速传送给顾客。

6. 协助服务企业培训服务员工

在利用有形展示突出服务产品的特征及优点时，也可利用有形展示作为培训员工的手段。员工作为“内部顾客”，通过有形展示深刻、具体地理解了企业所提供的服务，会有助于保证他们所提供的服务符合企业所规定的标准。

第二节　服务营销

一、服务营销及其特点

在社会经济活动中，随着服务业的发展和产品营销中服务活动所占比重的提升，将服务营销从市场营销中独立出来加以专门研究成为必要。服务营销将以科学的、系统的、完备的营销理论指导服务业的营销实践活动，从而推动服务业由传统向现代、由国内向国际、由自发向自觉地发展，为服务业企业的成长和国际化进程、为服务业的营销活动和商品营销中的服务提供充分的、明确的理论依据。服务营销有如下特点。

1. 供求分散性

服务营销活动中，服务产品的供求具有分散性。不仅供方覆盖了第三产业的各个部门和行业，企业提供的服务也广泛分散，而且需方更是涉及各类企业、社会团体和千家万户不同类型的消费者，由于服务企业一般占地小、资金少、经营灵活，往往分散在社会的各个角落；即使是大型的机械服务公司，也只能在有机械损坏或发生故障的地方提供服务。服务供求的分散性，要求服务网点要广泛而分散，尽可能地接近消费者。

2. 营销方式单一性

有形产品的营销方式有经销、代理和直销多种营销方式。有形产品在市场可以多次转手，经批发、零售多个环节才使产品到达消费者手中。服务营销则由于生产与消费的统一性，决定其只能采取直销方式，中间商的介入是不可能的，储存待售也不可能。服务营销方式的单一性、直接性，在一定程度上限制了服务市场规模的扩大，也限制了服务业在许多市场上出售自己的服务产品，这给服务产品的推销带来了困难。

3. 营销对象复杂多变

服务市场的购买者是多元的、广泛的、复杂的。购买服务的消费者的购买动机和目的各异，某一服务产品的购买者可能牵涉社会各界各种不同类型的家庭和不同身份的个人，即使购买同一服务产品，有的用于生活消费，有的却用于生产消费，如信息咨询、邮政通信等。

4. 服务消费者需求弹性大

根据马斯洛需求层次原理，人们的基本物质需求是一种原发性需求，这类需求人们易产生共性，而人们对精神文化消费的需求属继发性需求，需求者会因各自所处的社会环境和各自具备的条件不同而形成较大的需求弹性。同时对服务的需求与对有形产品的需求在一定组织及总金额支出中相互牵制，也是形成需求弹性大的原因之一。同时，服务需求受外界条件影响大，如季节的变化、气候的变化、科技发展的日新月异等会对信息服务、环保服务、旅游服务、航运服务的需求造成重大影响。需求的弹性是服务业经营者最棘手的问题。

5. 服务人员的技术、技能、技艺要求高

服务者的技术、技能、技艺直接关系着服务质量。消费者对各种服务产品的质量要求也就是对服务人员的技术、技能、技艺的要求。服务者的服务质量不可能有唯一的、统一的衡量标准，而只能有相对的标准和凭购买者的感觉体会。

二、服务营销要素

20 世纪 80 年代初，Booms 和 Bitner 将服务企业营销组合定为 7 个要素，即产品（product）、定价（price）、地点或渠道（place）、促销（promotion）、人员（people）、有形展示（physical evidence）、过程（process），简称 7Ps。在制定营销战略时，服务营销人员需要考虑这些组合要素之间的关系。

1. 产品

服务产品必须考虑的要素是提供服务的范围、质量、以及售后服务等。服务产品包括核心服务、便利服务和辅助服务。核心服务体现了企业为顾客提供的最基本效用；便利服务是为配合、推广核心服务而提供的便利；辅助服务用以增加服务的价值或区别于竞争者的服务。

2. 分销

随着服务领域的扩展，服务销售除直销外，经由中介机构销售的情况日渐增多。中介机构主要有代理、供销、经纪、批发、零售等形态。在分销因素中，选择服务地点至关重要。

3. 定价

由于服务质量水平难以统一界定，质量检验也难以采用统一标准，加上季节、时间因素的重要性，服务定价必须有较大的灵活性。而在区别一项服务与另一项服务时，价格是一种重要的识别标志，顾客往往从价格中感受到服务价值的高低。

4. 促销

服务促销包括广告、人员推销、营业推广、宣传、公共关系等营销沟通方式。为增进消费者对无形服务的印象，企业在促销活动中要尽量使服务产品有形化。

5. 人员

服务业的操作人员，在顾客心目中实际上是产品的一个重要组成部分。服务企业的特色，往往体现在操作者的服务表现和服务销售上。因此，企业必须重视雇员的甄选、训练、激励和控制。另外，顾客与顾客间的关系也应受到重视。一位顾客对服务质量的认识，很可能是受到其他顾客的影响。

此外，对某些服务业务而言，顾客和顾客之间的关系也应引起重视。因为，一位顾客对一项服务产品质量的认知，很可能受到其他顾客的影响。在这种情况下，管理者应面对的问题，是在顾客与顾客之间相互影响方面的质量控制。

6. 有形展示

有形展示会影响消费者和客户对一家服务企业的评价。有形展示包括的要素有：实体环境（装潢、颜色、陈设、声音）以及服务提供时所需要的装备实物（比如汽车租赁公司所需要的汽车），还有其他的实体性线索，如航空公司所使用的标志。

7. 过程

人的行为在服务企业中很重要，而过程（即服务的递送过程）也同样重要。表情愉悦、专注和关切的工作人员，可以减轻顾客必须排队等待服务时的不耐烦感觉，或者平息顾客在技术上出问题时的怨言或不满。整个体系的运作政策和程序方法的采用、服务供应中机械化程度、员工裁断权的适用范围、顾客参与服务操作过程的程度、咨询与服务的流动、定约与待侯制度等，都是市场营销管理者需要特别注意的事情。

新视角

服务利润链

成功的服务公司既把注意力集中在顾客身上也集中在职员身上。它们懂得服务利润链，把公司的利润和雇员与顾客的满意连在一起。这条链有五个关节点。

- 内部服务质量——高级职员的挑选和培训，高质量的工作环境，对前线服务人员的大力支持
- 满意的和干劲十足的服务人员——更加满意、忠诚和刻苦工作的雇员
- 更大的服务价值——效力更大和效率更高的顾客价值创造和服务提供
- 满意和忠诚的顾客——感到满意的顾客，他们保持忠诚，且继续购买，以及介绍来的其他顾客
- 强盛的服务利润和增长——优秀服务公司的表现

资料来源：[美] 菲利普·科特勒，加里·阿姆斯特朗．营销学导论 [M]. 俞利军，译．北京：华夏出版社，1999.

三、服务市场细分与定位

1. 服务市场细分

服务的多样性是客观存在的。服务营销应抓住形成细分市场的基本特征和差异，适度进行市场细分。服务市场细分可以集中于某一个市场，也可划分为几个市场。

2. 目标市场选择

市场细分的结果将导致服务企业对目标市场做出如下选择：

（1）决定瞄准其中的一个细分市场；

（2）决定瞄准其中的几个细分市场，并为每个细分市场制定不同的营销组合；

（3）对所有细分市场提供服务；

（4）认为尚未发现有活力的适当市场位置，对市场还须再作分析和认识。

3. 市场定位

市场定位是关于识别、开发和沟通那些可以使服务企业的产品和服务被目标顾客在心目中感觉到比竞争者更优秀和更有特色的差异性优势。每项服务都有可能产生与竞争对手相区别的一系列特征，企业应该确定给目标顾客增进有益的特征和差异。定位有助于使无形服务利益被有形性所代替，尽量提供有形的证据让顾客看到无形的利益。市场定位的战略，包括服务差异化战略、人员差异化战略和形象差异化战略，目的都是要提高顾客总价值，巩固与顾客的关系，从而战胜竞争对手。

四、提高服务质量

提高服务质量的方法与技巧很多，这是两种常用的方法，即标准跟进和蓝图技巧。

1. 标准跟进

标准跟进是指将产品、服务和市场营销过程同竞争对手尤其是最具优势的竞争对手进行对比，在比较、检验和学习的过程中逐步提高自身的服务和服务质量。

标准跟进法最初主要应用于生产企业，服务企业在运用这一方法时可以从策略、经营和业务管理方面着手。

（1）策略。将自身的市场策略与竞争者的成功策略进行比较，寻找它们的相关因素。比如，竞争者主要集中在哪些细分市场，竞争者实施的是低成本策略还是价值附加策略，竞争者的投资水平以及资源如何分配于产品、设备和市场开发等方面。通过一系列的比较和分析，企业将会发现以往被忽视的成功的策略因素，从而制定出新的、符合市场和自身资源条件的策略。

(2)经营。主要集中于从降低营销成本和提高竞争差异化的角度了解竞争对手的做法，并制定自己的经营策略。

（3）管理。在业务管理方面，根据竞争对手的做法，重新评估某些职能部门对企业的作用。比如，在一些服务企业中，与顾客相脱离的后勤部门，缺乏适度的灵活性而无法同前台的质量管理相适应。学习竞争对手的经验后，使二者步调一致，协同动作，无疑会有利于提高服务质量。

2. 蓝图技巧

蓝图技巧又称服务过程分析。指通过分解组织系统和架构，鉴别顾客同服务人员的接触点，从这些接触点出发来提高服务质量。服务企业想要提高服务质量和顾客满意度，必须理解影响顾客认知服务产品的各种因素，蓝图技巧则为有效地分析和理解这些因素提供了便利。

蓝图技巧借助流程图分析服务传递过程的各个方面，包括从前台到后勤服务的全过程。主要步骤是：

（1）将服务的各项内容绘入服务作业流程图，使服务过程一目了然地客观地展示出来；

（2）找出容易导致服务失误的接触点；

（3）建立体现企业服务质量水平的执行与规范；

（4）找出顾客能看得见的、作为企业与顾客的服务接触点的服务展示。在每一个接触点，服务人员都要向顾客提供不同的职能质量和技术质量，而顾客对服务质量感知的好坏将影响企业形象。

由于服务的不可感知性，顾客常因担心服务质量难以符合期望水平而在购买时犹豫不决。企业为化解顾客对质量风险的顾虑，可从以下几方面改进工作。

（1）突出质量第一。高层管理人员真正投入质量管理活动，包括履行承诺保证，在资源配置上支持质量管理活动；建立以质量为核心的企业文化，全体员工树立质量第一的服务态度，自觉地为提高服务质量贡献力量。让顾客了解到企业内部的质量观及措施，逐渐消除其对质量风险的忧虑。

（2）重视人的因素。以人为中心的服务，质量决定于人的操作技巧和态度，必须重视员工培训，让员工掌握新的服务技巧，改善服务态度。同时，管理者要创造一种能够得到员工支持的对优良业绩给予奖励的环境，争取在员工满意的基础上让所有的顾客满意。

（3）广告强调质量。针对顾客对质量的担心，在设计广告宣传时要形象地突出有关服务的质量特征与水平。

五、创造服务环境

服务环境指企业向顾客提供服务的场所，包括影响服务过程的各种设施，以及许多无形的要素。顾客在接受服务之前，最先感受的是来自服务环境的影响。对于一些先入为主的顾客来说，环境因素的影响尤为重要。

1. 环境的特点

服务环境设计关系着各个局部和整体所表达出的整体印象。从环境设计的角度看，环境主要有以下特点：

（1）环境是与服务营销有潜在关系的所有外在力量和实物体系，个人只能是环境的参与者；

（2）环境往往是多重模式的，环境对于各种感觉形成的影响并非只有一种方式；

（3）环境所能透露的信息，总是比实际过程反映的更多，其中有若干信息可能互相冲突；

（4）环境隐含着针对种种不同角色的目的和行为；

（5）环境隐含着各种美学的、社会性的和系统性的特征。

2. 理想环境的创造

有形展示并不限于环境设计，更不局限于室内设计，它包括了环境因素、气氛因素和设计因素，还有社交因素。社交因素涉及服务员工的外观、行为、态度、谈吐及处理顾客要求的反应等，这些对服务质量、企业形象乃至整个市场营销过程的影响不容忽视。调查表明，社交因素对顾客评估服务质量的影响比之其他因素更为显著，通过对社会因素的观察，顾客可直接判断服务的热忱和能力如何，从而影响顾客购买的决策与信心。

第三节 服务营销策略

一、服务产品策略

在市场经济条件下，服务就是商品，具有特殊的使用价值和交换价值。

1. 服务差异化策略

当产品实体进行多样化的难度增大时，要获得竞争优势就要提供有价值的服务。服务差异化策略主要包括实体证明差异化、过程差异化、员工差异化和形象差异化。

实体证明差异化是指在服务的实体供应上增加一些创新特色，如产品配送、安装、培训、咨询、维修等。顾客也期望在基本服务组合上增加一些次要的服务特色。比如在航空运输业，有些企业已经引入了一些次要差异化服务特色，包括机舱电影、预订座位、销售商品、空对地电话业务等。但是，实体证明差异化很容易被竞争者所模仿，企业只有通过不断服务创新和开发才能保持差异化的连续优势。

过程差异化是指企业对服务的提供过程或交付系统所进行的差异化。过程差异化的程度有三种：一是可靠性，比如供应商比起竞争者提供更可靠的准时投递、订单完成及订购循环业务；二是灵活性，比如有些供应商更善于处理紧急情况、取消产品订购和回复问讯；三是创新性，比如有些供应商提供更好的信息系统，引进条形码和其他手段来更好地为顾客服务。

员工差异化就是通过训练有素质的员工来获得竞争优势。

形象差异化是指企业可以通过符号、象征和品牌标记等来创建服务的差异化形象。

2. 个性化服务策略

传统市场营销观念把顾客看作是具有相似消费需求群体的一员，没有把顾客当作具有独特需要的个体看待，因此所提供的产品和服务只能满足目标市场顾客的相似需要而不能满足每一个顾客个性化的需要。顾客满意在很大程度上带有片面性和局限性。因此，要使顾客全面满意，则必须提供个性化的服务。

（1）与顾客联盟。从市场营销的角度看，企业给每位顾客提供个性化服务，就必须把每个顾客作为一个细分市场。因此，企业必须将以往“以生产为导向”的观念转变成“以顾客需要为中心”营销观念。与顾客联盟的最大好处是能够很快掌握顾客需求变化的动态。另外，与顾客联盟能够及时得到顾客的指导。在现代顾客中，很大一部分是各个方面的专家，他们最了解产品所存在的不足，最清楚今后的发展趋势，及时收集这方面的意见和建议，才能留住更多的回头客。专家型的顾客扮演着前导指示的角色，告诉市场的走向，提供各种点子。拜顾客为师，企业才能在个性化服务中精益求精，以超越现有产品和服务，为顾客提供更大附加价值。

（2）网络制胜。要利用现代科技手段提高个性化服务水平，而互联网为个性化服务提供了良好的基础。企业可以建立一个优良的电子商务网络平台，通过企业的内部顾客资料和网上联络的方式得到顾客的需求信息。如果企业能够很好地整合企业的内部资源和外部资源（如供应商、代理商、承运商等），提高其生产、采购及配送的准确性，从而能在快速变化的市场上提高服务效率，最终使顾客满意。如“当当网”采用现代科技手段，实行书籍网上销售，以互联网为媒介，利用信息技术进行网上采购、销售，使用户足不出户就可以享受到“当当网”的服务，购买到自己满意的产品。利用互联网销售，满足了广大消费者在价格、品种、质量方面方便查询、节省时间，节省采购费用、提高工作效率的愿望，也便于收集广大消费者对产品的需求信息、特殊要求、意见和建议，使我们与消费者贴的更近了，更好地实现个性化服务。

（3）一对一营销。在市场由卖方市场向买方市场的转轨过程中，营销也开始由传统营销向一对一营销转变。传统营销是开发出一种产品后努力去寻找顾客，而一对一营销则是培育出一位顾客后努力为其搜寻产品。一对一营销是指识别、记录个体消费者的个性化需求特征并运用针对性的营销策略组合去满足其需求，从而达到消费者和企业共同满意的活动过程。一对一营销核心是以顾客份额为中心，通过与每一位客户的互动对话，与客户逐一建立持久、长远的双赢关系，为客户提供定制化的产品和服务。从理论角度看，一对一营销的产生得益于关系营销和数据库营销的发展。关系营销强调建立、保持和发展同现有顾客的长期交换关系，这为一对一营销提供了一个理论基础，而数据库营销强调顾客信息的收集、处理和使用，则为一对一营销提供了有力的技术支持和操作手段。

要使一对一营销计划有效地运作起来，必须实施四个关键性的步骤：识别、区分、互动和定制。

①识别顾客。实施一对一营销，必须尽可能详细、深入地了解你的顾客，包括顾客的姓名、地址、公司名称、职位、电话、习惯、偏好等细节，建立起企业庞大的数据库，还要注意记录企业与顾客发生的每一次联系。比如顾客购买的数量、价格、采购的条件、特定的需要、家庭成员的姓名和生日等。如果一个企业获得了最有价值的顾客——“金牌客户”，那将是企业的最重要的资源。

②区分等级。不同的客户具有不同的商业价值，企业必须对其进行等级划分，以便有

效地配置企业有限的资源，获取最大的收益。区分不同的等级，然后对不同的顾客给予不同的对待。佩珀斯先生和罗杰斯博士根据顾客对于企业的价值，将顾客划分为三类：最有价值顾客（most valuable customer，MVC）、最具增长性顾客（most growable customer，MGC）、负值顾客（below zero customer，BZC）。对最有价值的顾客首先努力实施一对一营销计划，获取其最大利益，根据顾客的个别需要，对每个顾客量身定做，设计应对方案。一家企业必须守住 MVC，尽量尽快地将其 MGC 转化为 MVC，同时最为重要的就是尽快地抛弃掉 BZC，因为 BZC 给企业带来不了任何价值，只会耗用企业资源。

③加强互动沟通。一对一营销必须与每一位顾客进行对话，实行一对一的双向沟通。尽量做好与每一位最有价值的顾客的沟通工作，分别满足他们的需求。随着科技的发展和进步，企业与顾客沟通的手段和方式越来越多，如电话、传真、互联网等均可实现双向沟通。顾客可以把自己的感想、意见和抱怨、需要等传递给企业，企业通过数据库记录顾客的信息，然后解答顾客的问题。另外，顾客也可参与企业的产品设计和开发，满足自己的个性化需求。

④提供产品和服务。根据顾客的真实需求，对产品进行批量定制或量身定制有关产品。实际的批量定做过程要比想象得简单得多。海尔集团率先实施了家电个性化营销战略，提出“您来设计，我来实现”的口号。由顾客提出自己对该种家电产品的个性需求集合（包括性能、规格、款式、色彩等），根据顾客个体的个性化配置来生产产品，满足其个性化需求。企业可以充分利用现代的先进科技和发达的网络系统，进一步完善计算机辅助设计，实现适合于一对一生产方式的模块化设计和模块化制造，生产线也必须是柔性的，然后公司再根据特定客户的需要将合适的模块配置起来，生产出数千个，甚至上百万个产品式样，给顾客提供最大化的满足。

二、服务定价策略

各种有关物质产品定价的概念和方法，基本上都适用于服务产品定价。由于服务的差异性和无形性特征，与有形商品相比，服务定价的策略性、灵活性要大很多。

1. 服务定价的主要因素

按照价格理论，影响企业定价的因素主要有三个方面，即成本、需求和竞争。不过，在研究服务产品成本、市场供求和竞争状况时必须同服务的基本特征联系起来。

2. 服务特征对服务定价的影响

服务特征对服务产品的定价有很大的影响。在不同的服务形态和市场状况下，这些特征所造成的影响也不同。因此在制定服务价格时，除了考虑成本、需求和竞争三个基本要素之外，还必须对服务的特征加以考虑。对定价造成影响的服务特征，可分为以下 5 大类。

（1）服务的无形性特征使得服务产品的定价比有形产品更困难。在购买服务产品时，顾客不能客观地、准确地检查服务，只能猜测服务产品的大概特色，然后同价格进行比较，但结论没有信心。这就解释了为什么服务产品价格的上限和下限之间的定价区域一般要比有形产品的定价区域宽，且最低价和最高价的差距极大。因此，顾客在判断价格合理与否时，他们更多地是受服务产品中实体要素的影响，从而在心目中形成一个“价值”概念，并将这个价值同价格进行比较，判断是否物有所值。服务的非实体性也意味着提供服务比提供实体产品要有更多的变化，服务水平、服务质量等都可以依照不同顾客的需要而调整配合。因此，价格必然也可以经由买主和卖主之间的协商来决定。

（2）服务的不可储存性及服务的需求波动大，导致服务企业必须使用优惠价及降价等方式，以充分利用剩余的生产能力，因而边际定价政策得到了普遍应用。

（3）顾客往往可以推迟或暂缓消费某些服务，甚至他们可以自己来实现某些服务的内容，类似的情况往往导致服务卖主之间更激烈的竞争。当然这也可能提高某些市场短期内价格的稳定程度。

（4）如果服务是同性质的，那么价格竞争就有可能很激烈。不过，行业协会或政府管制部门，往往规定收费标准，防止不正常的销价。一般来说，越是独特的服务，卖方越可以自行决定价格，只要买主愿意支付此价格。在这种情况下，一方面价格可能被用来当作质量指标，而提供服务的个人或公司的声誉，则可能形成相当的价格杠杆；另一方面，服务质量具有很高的差异性，服务与服务之间没有同一的质量标准作为比较。

（5）服务与提供服务的人的不可分割性，使得服务受地理因素或时间的限制。同样，消费者也只能在一定的时间和区域内才能接受到服务，这种限制不仅加剧了企业之间的竞争，而且直接影响到其定价水平。

3. 服务定价方法

（1）客观定价法。客观定价法指不论顾客种类，先设定服务单价，如每小时服务价格是多少。这种定价法的前提条件是，该项服务可以被分割，通常根据经验或市场价格水平来确定。其优点是适应固定方式的服务，易于计费，顾客心中有底；缺点是不能反映顾客对价格的感受，固定的价格有时对某些顾客过于昂贵，对另一些顾客又被当成档次过低的服务，从而降低竞争力。

（2）主观定价法。主观定价法指根据服务的感觉价值和接受程度，结合客观因素制定和调整服务价格。这些因素有：服务效率的估价；企业的经验和能力；企业的知名度；服务工作的类型和难度；服务的便利性；额外的特殊费用及加班费；市场价格水平等。对于趋近于艺术化的服务来说，服务对象和服务状况多种多样，根据具体情况灵活调整价格的主观定价法有其适应性。

（3）利润导向定价法。利润最大化是服务企业的定价目标之一。利润最大化决定了定价必须高于总成本，成本应是定价的最低限。当价格在成本基础上逐渐增加时，利润水平将得到提高，直到出现很大的市场阻力时为止。市场或顾客能否接受，应是定价的上限。价格过高，顾客会寻找替代品，导致服务需求和盈利水平下降。当然，服务定价过低，会影响顾客低估服务质量，故服务定价除考虑成本、利润因素外，也不可忽视服务形象的重要性。

（4）成本导向定价法。成本导向定价法是指依据服务成本决定价格，主要优点是简单明了，适应需求状况，保持合理利润水平。当需求旺盛时，价格显得较为公道；当需求平淡时，价格可合理降低。服务的类型、顾客人数和对额外设施的需求程度，对不同服务成本的影响差异性较大。在竞争剧烈的买方市场，也可以变动成本为基础，实行边际成本定价法，争取在价格中有一定的边际贡献（价格减边际成本后的余额）即可。

（5）竞争导向定价法。竞争导向定价法包括通行价格定价和主动竞争型定价。前者指以该种服务的市场通行价格作为定价的基础，避免价格战，平均价容易为顾客所接受，企业也可获得适度利润；后者则是为了维持或增加市场占有率而采取进取性定价。

（6）需求导向定价法。需求导向定价法以质量和成本为基础，着眼于消费者的态度和行为，适度调整变动价格。

三、服务分销策略

分销决策主要考虑应在什么地点及如何将服务提供给顾客。人们通常认为，服务销售以直销最普遍，而且渠道很短。但是仍有很多服务业的分销渠道，包括一个或一个以上的中介机构。有些中介机构承担了所有权风险；有些是担任所有权转移的中介角色（如采购）；有些是担当实体移动（如运输）的任务等。

1. 位置

位置是指企业做出关于在什么地点经营和员工处于何处的决策，包括地域、地区和地点的选择。服务提供者和顾客相互作用的方式不外乎 3 种。

（1）顾客主动找服务提供者。当顾客不得不来找服务提供者时，坐落位置变得特别重要，甚至可能是顾客光顾的主要理由之一。而对于多地点服务的运营者来说，选择地点时应该关心在所能够到达的地域内的潜在顾客以及竞争者对手地盘的位置。

（2）服务提供者主动找顾客。服务提供者来找顾客，假定顾客在足够近的地方得到了高质量的服务，坐落位置就变得不那么重要了。在某些情况下，鉴于某种服务必须在顾客的房间内进行，服务提供者无须判断是否来找顾客，这种情况包括范围很广的维修服务。在其他状况下，服务提供者还可以判断决定是在顾客处提供服务还是在自己所在地。

（3）顾客与服务提供者在双方可达到的范围内交易。当服务提供者和顾客在随手可及的范围内交易时，位置是无关重要的。在这种情况下，在这些地方配备了有效的邮递和电子通信，我们无须关心服务提供者的实际位置在什么地方，例如电气、电话或保险。在某些情况下，由服务提供者提供的服务在随手可及的地方提供，但其他则需要服务提供者和顾客亲自交往。

2. 渠道

渠道的参与者包括服务的提供者，中间商和顾客。渠道的类型主要有以下几种。

（1）直销。从服务提供者到顾客，实行面对面的服务。这可以是经过选择而采用的方式，也可能是因服务和服务提供者不可分享，如会计、管理与法律咨询等。

（2）经由中介机构销售。中介机构的形式较多，常见的有：

①代理人，指依据代理合同的规定，受服务提供者的授权委托从事某项服务活动的中介者；

②经纪人，在市场上为服务提供者和顾客双方提供信息，充当中介并收取佣金；

③经销商，指将服务产品买进后再售出的中间商，利润来源于进销差价；包括批发商和零售商；

④批发商，主要指从事批发业务的服务中介机构；

⑤零售商，面向广大顾客从事服务产品的供应；

⑥代销商，为服务提供者代为推销服务产品，代销商收取手续费或从折扣中取得收入。

（3）特许经营商。指特许者将自己所拥有的服务商标、商号、产品、专利和专有技术、经营模式等以特许经营合同的形式授予被特许者使用，被特许者按合同规定，在特许者统一的业务模式下从事经营活动，并向特许者支付相应的费用。目前世界上规模最大的特许连锁企业为麦当劳公司。

（4）租赁服务。近年来，租赁业务发展很快，许多企业也开始增添了租赁和租用业务，此外，也有新兴的服务机构投入到租赁市场的服务供应中来。不过，租赁的商品大多是比较贵重而不容易为私人拥有的物品。在租用和租赁合同中，银行和融资公司，以第三者的身份，扮演了重要的中介角色。

（5）综合服务。综合公司体系和综合性合同体系正在持续发展，并已开始主宰某些服务领域。比如，在大饭店和汽车旅馆方面，综合体系如假日旅馆、希尔顿饭店都占据了很大的市场分额。目前有些大型的服务企业，正通过垂直和水平的服务渠道系统，以整体的服务组合，提供给旅游者。

为一种服务挑选配送和渠道主要依赖于市场的特殊需求和服务自身的本质。在某些情况下，技术可以改变那些靠接近顾客市场进行服务而获得的优势。同时，技术还允许改变位置决策，但是决定在什么地方和如何交付服务通常还是取决于顾客的需要。

四、服务促销策略

服务促销是指为了和目标顾客及相关公众沟通信息，使他们了解企业及其所提供的服务、刺激消费需求而设计和开展的营销活动。促销的对象，并不完全限于顾客，有时也可以用来激励雇员和中间商。服务促销的主要目标是：建立对该服务产品及服务企业的认知和兴趣；使服务内容和服务企业本身与竞争者产生差异；沟通并描述服务带来的各种利益；建立并维持服务企业的整体形象和信誉；说服顾客购买或使用该项服务。

服务的无形性使顾客对服务有一种不确定的心理。促销信息必须侧重宣传本企业服务的特点，创造深刻而富有特色的企业形象。促销的主要目标是将企业所提供的服务与竞争对手所提供的服务区别开来。具体目标有：①传递信息，告知潜在顾客本企业的服务项目和服务能力；②说明，促使顾客做出购买决策；③提示，向顾客描述本企业的服务所具有的特征和各种利益。

服务促销的手段主要是：广告、人员推销和公共关系。要根据的营销目标、资源状况、购买者特点、本企业服务的特点和其他营销组合因素、竞争对手的情况等，确定在促销组合中以何种方式占主导地位。

1. 广告

基于服务的特点，服务广告要努力实现将无形服务有形化，消除顾客的不确定心理。在使用广告时必须注意以下问题。

（1）传递服务信息。以简明的文字和图形，传达所提供服务的领域、深度、标准的明确的信息。

（2）强调服务利益。在充分了解顾客需求的基础上，选择广告所使用的利益诉求，争取广告的最佳效果。

（3）承诺必须兑现。广告中关于服务可获得的利益的诺言必须务实，应既是顾客所想得到的，也是企业能够做到的。在某些方面要制定最低一致性标准，如能做得比标准更好，顾客会更加高兴。

（4）提供有形线索。为增强促销效果，应尽量使用有形线索作提示。如知名人物和实体，常用此对服务作有形展示。

（5）消除购后顾虑。有针对性地强调购买选择的合理性，鼓励顾客将对服务与产品的感受、利益转告他人，消除购后的不和谐感。

2. 人员推销

人员推销是为了帮助和说服顾客购买某项服务而进行的人与人之间的交往过程。帮助是向顾客传达信息，说服是试图影响潜在顾客采取有利于双方的购买行动。人员推销要求：

（1）推销人员素质高，推销人员必须业务能力强，服务态度好，能使顾客信任他；

（2）发展与顾客的个人关系，由于顾客需求的差异性，对不同的问题有不同的感受，通常希望能被单独接待。往往并非服务本身，而是人与人之间的关系使顾客满意或不满意；

（3）采取专业化导向，在顾客心目中，销售人员必须是一个真正的行家里手，服务提供者的外表、动作、行为和态度要符合顾客心目中一个专业人员应有的标准；

（4）推销多项服务，在推销核心服务时，提供一系列有关的辅助性服务，这既可为顾客提供方便，也可为企业带来利益。

3. 公共关系

公共关系是为了树立和维护服务企业良好形象而采用的各种交际技巧，以提高企业的知名度。主要手段有：

（1）媒介宣传，报刊、广播、电视发布消息，这是一种免费的宣传，具有较高的可信度，易为公众接受；

（2）企业宣传资料，企业利用出版物和宣传品向顾客传达企业的目标和策略，表彰服务人员的业绩，报道企业信息，从而激励销售并改善与顾客的关系；

（3）欢迎顾客参观，实行开放或参观日或庆祝某一纪念日等，随时接待顾客，向顾客展示新的服务项目和服务设施，使其有机会更多地了解企业；

（4）密切社团关系，服务企业需要取得地方和社区的大力支持，与社团建立良好的关系，有利于维持稳定的顾客群和得到政府机构的支持。

有的时候要进行服务促销，这是为了促进销售，加快新服务的引入，加速人们接受新服务的沟通过程。促销对象不只限于顾客，也可以被用来激励雇员和刺激中间商。

随着科技的迅猛发展，产品间的差异越来越小，几乎是同质化产品，因此，如何在众多的产品中脱颖而出，服务就成为企业制胜的有力武器。服务是产品整体概念的有机组成部分，企业开展服务营销，则为创造顾客满意提供了解决问题的新思路。从我国的企业实际情况来看，近些年来的价格大战、广告大战、渠道大战等均未取得长期竞争优势，反而导致"内伤"。只有实施服务营销策略才能获得竞争能力，赢得顾客满意，如国美、海尔、春兰等公司即是明证。

五、服务一体化策略

服务过程是由一系列前后相继、相互制约的行为构成的。要使顾客满意，必须搞好服务一体化工作，全方位、立体式让顾客从心理上感到满意。向顾客提供单一的服务项目，也许能一时吸引顾客，但要真正抓住顾客的心，并形成忠诚度，则依赖于健全、良好的一体化服务策略。服务一体化包括售前、售中和售后服务工作，它们相互联系，相互作用，从纵向上看，是关系到产品一生的服务；从横向上看，是多种服务项目、服务方式的综合。

1. 售前服务

售前服务是指企业在销售产品之前为顾客提供服务的一系列活动，如培训与激励、市场调查、产品设计、提供使用说明书、提供咨询服务等。售前服务是帮助顾客认识自身需要、唤起需要、激发兴趣、产生购买欲望的重要步骤，在整个营销过程中起着先导作用。

2. 售中服务

售中服务是指是指在特定的时间和地点，服务提供方抓住机会以特定的方式向顾客展示其服务质量的过程，或在产品销售过程中为顾客提供的服务，如热情地为顾客介绍、展示产品，详细说明产品使用方法，耐心地帮助顾客挑选商品，解答顾客提出的问题等。售中服务与顾客的实际购买行动相伴随，是促进商品成交的核心环节。

自助服务策略是指企业依靠自助服务技术和设备向顾客提供服务的策略。比如通过自动售货机、自动提款机、加油站的自动加油器、旅店的自动核对系统、互联网上的自动售票器等提供服务。因为在服务的过程中没有服务人员参与，所以顾客的注意力会集中在自助服务的设备和其他提供物上。这样，顾客体验的服务质量将主要是技术性质量，这对企业来说，服务过程的设计和控制会更简单一些。

3. 售后服务

售后服务是指在产品售出之后为顾客提供的服务，如产品运输、安装、调试、维修和退换等各种保障、产品使用和维修方法培训等。售后服务可以使顾客放心地购买和使用，免除后顾之忧，获得整体满意，成为企业稳定的顾客群体并带动他人加入购买。一位营销大师曾说过，一次好的服务会给你带来 8 个新顾客，而一次不良服务会使你失掉 25 名潜在顾客。

(1) 全面售后服务，指企业为消费者提供所需要的产品售后全过程的所有服务，这种服务几乎适用于所有经济价值高、寿命周期长、结构复杂和技术性强的产品，同时，能够最大范围地获得消费者的满意，增强企业的竞争能力，扩大市场占有率，给企业带来良好的经济效益和社会效益。在市场经济条件下，全面售后服务能够收到部分服务所意想不到的效果，最大限度地发挥产品的功效并促进销售。

（2）特殊售后服务，指企业向消费者提供大多数其他企业所没有的售后服务，最大限度地满足消费者的需要。这种服务适用于经济价值比较高，寿命周期不太长的产品，特别是季节性和专利性产品。这种策略往往具有这样几个特点：①反映企业优良的产品特色和独特的服务项目，在满足顾客物质需要的同时，在心理上也获得充分的享受；②满足特殊消费的特殊需要，由于生理、心理和文化背景的不同，一部分消费者具有特殊服务的要求，企业应通过特殊服务来予以满足。

（3）部分售后服务，指企业根据经营目标、市场环境、产品特点和消费者需求，仅仅对购买者的某些服务项目提供特定的服务，这种服务普遍适合中小型企业采用。由于这种售后服务只提供消费者所提出的、适当的售后服务项目，将其他服务项目舍弃，这样使消费者得不到希望的全面服务，易产生不满情绪，甚至在不满情绪比较强烈时会转而购买竞争者的产品，导致企业产品销售量、市场份额和经济效益的下降。因此，这种策略仅在消费者十分看重产品的质量和价格方面，不十分重视产品的售后服务，且服务的项目和内容不多时才可以采用。

六、人员管理策略

在服务利润链概念中，顾客满意和顾客忠诚取决于服务企业为顾客创造的价值，而服务企业为顾客创造的价值能否让顾客满意，又取决于员工的满意与忠诚。只有满意和忠诚的员工才可能提高其服务效率和服务质量。此外，由于服务的不可分离性，服务的生产与消费过程往往是紧密交织在一起的，服务人员与顾客间在服务生产和递送过程中的互动关系，直接影响着顾客对服务过程中质量的感知。因此，服务企业的人员管理应是服务营销的一个基本工具。服务企业人员管理的关键是不断改善内部服务，提高公司的内部服务质量。公司内部服务即公司对内部员工的服务，它的服务质量包括两大方面：一是外在服务质量，即有形的服务质量，如财务收入；二是内在服务质量，即无形的服务质量。但员工对公司的满意度主要还是来自于员工对公司内在服务质量的满意度，它不仅包括员工对工作本身的态度，还包括他们对同事关系的感受。

七、顾客满意策略

顾客满意战略（customer satisfaction，CS），最早始于20世纪90年代日本的汽车工业，随后日本及许多发达国家的其他产业包括服务业也纷纷引进。这一策略的指导思想是：企业的整个经营活动要以顾客满意为方针，站在顾客的立场上，按顾客的观点来考虑和分析顾客的需求。实际上，顾客满意本身并不是什么新思想，无论是20世纪50年代的消费者市场营销，20世纪60年代的产业市场营销，20世纪70年代的社会市场营销，20世纪80年代的服务营销，还是20世纪90年代的关系市场营销，其核心都是追求顾客的满意。但将顾客满意作为一种策略提出来，却有其重要的理论与实践意义。在理论上，正是顾客满意策略的提出，推动了顾客满意与顾客忠诚度、企业经营绩效间的关系，推动了顾客满意因素、如何衡量顾客满意度等方面大量研究成果的出现。在实践上，则促使企业将其战略重点由过去的市场份额规模增长，转向了市场份额质量（用市场份额中忠诚顾客的百分比来衡量）的提高。这是一个很大的飞跃，不仅有利于增加顾客的利益，也有利于改善企业的经济效益。

顾客满意策略的主要内容如下：

（1）站在顾客的立场上而不是站在企业的立场上去研究设计产品（包括有形商品和无形服务）；

（2）不断完善服务生产与提供系统，最大限度地使顾客感到安全、舒适和便利；

（3）重视顾客的意见，顾客参与和顾客管理；

（4）千方百计留住顾客，并尽可能实现相关销售和推荐销售；

（5）创造企业与顾客彼此友好和忠诚的界面，使服务手段和过程处处体现真诚和温暖；

（6）按照以顾客为中心的原则，建立富有活力的企业组织；

（7）分级授权。

本章提要

- 服务是一方向另一方提供的基本上无形的任何行为或绩效。
- 服务具有无形性、同步性、异质性、易逝性等特征，服务提供的是产品的使用权。
- 服务营销要素包括产品、价格、分销、促销、人员、过程和展示。
- 服务营销策略主要有：服务产品策略、服务定价策略、服务分销策略、服务促销策略和服务一体化策略。

关键词

服务（service）
服务营销（service marketing）
服务质量（service quality）
服务利润链（service profit chain）
标准跟进（benchmarking）
蓝图技巧（blueprinting technique）

复习与思考

1. 服务有哪些类型？服务的特征是什么？
2. 服务营销的构成要素包括哪些？
3. 如何细分服务市场和进行服务定位？
4. 服务营销策略有哪些？

研究与讨论

1. 服务特征的无形性对企业市场营销战略有何影响？

2. 服务定价与产品定价有何不同？为什么？
3. 服务营销策略创新的方向在哪里？

实践演练

1. 请你调查一家宾馆或酒店，了解其采取怎样的营销策略？
2. 请你调查一家零售企业，了解其营销策略存在的问题，并提出改进策略。

营销模拟

1. 模拟一家餐厅，分析其营销的要素，制定有效的营销策略。
2. 模拟一家理发店，为其制定有效的营销策略。

本章案例

九十九朵红玫瑰

扫描此码　案例学习

案例讨论题：

1. 根据本案例，分析服务体现的是什么样的营销哲学？
2. 酒店能否开展一对一营销？为什么？

参考文献

[1] 菲利普·科特勒 . 营销管理（第十四版，全球版）[M]. 北京：中国人民大学出版社，2012.

[2] 吴健安 . 市场营销学（第五版）[M]. 北京：高等教育出版社，2012.

[3] 郭国庆 . 市场营销学通论（第六版）[M]. 北京：中国人民大学出版社，2014.

[4] 刘治江 . 管理学原理与应用 [M]. 哈尔滨：哈尔滨工业大学出版社，2011.

[5] 王成慧，范军 . 营销新模式经典案例集 [M]. 北京：经济管理出版社，2016.

[6] 肖凭，文艳霞 . 新媒体营销 [M]. 北京：北京大学出版社，2014.

[7] 秦陇一 . 市场营销学（应用创新型营销学系列精品教材）[M]. 北京：清华大学出版社，2014.

[8] 吕一林，陶晓波 . 市场营销学（第五版）[M]. 北京：中国人民大学出版社，2014.

[9] 李昊 . 市场调查与预测 [M]. 北京：中国人民大学出版社，2016.

[10] 李世杰，于飞 . 市场调查与预测（第 2 版）[M]. 北京：清华大学出版社，2014.

[11] （美）沃克，（英）马林斯 . 营销战略：以决策为导向的方法（第 7 版）[M]. 北京：北京大学出版社，2014.

[12] 杨洪涛 . 市场营销：超越竞争，为顾客创造价值 .（第 2 版）[M]. 北京：机械工业出版社，2015.

[13] 王海忠 . 品牌管理 [M]. 北京：清华大学出版社，2014.

[14] 黄静 . 品牌管理（第二版）[M]. 武汉：武汉大学出版社，2015.

[15] 郭伟 . 品牌管理——战略、方法、工具与执行 [M]. 北京：清华大学出版社，2016.

[16] 赖朝安 . 新产品开发 [M]. 北京：清华大学出版社，2014.

[17] 吴廷玉 . 产品设计与品牌管理 [M]. 杭州：浙江大学出版社，2014.

[18] 孙向阳 . 颠覆价格：高利润销售的秘密 [M]. 北京：中华工商联合出版社，2015.

[19] 李先国 . 分销渠道管理（第 2 版）[M]. 北京：清华大学出版社，2014.

[20] 谭贤 . 新网络营销推广实战从入门到精通 [M]. 北京：人民邮电出版社，2016.

[21] 卢泰宏，贺和平 . 促销基础 [M]. 北京：清华大学出版社，2012.

[22] 林建煌 . 服务营销与管理 [M]. 北京：北京大学出版社，2014.

教师服务

感谢您选用清华大学出版社的教材！为了更好地服务教学，我们为授课教师提供本书的教学辅助资源，以及本学科重点教材信息。请您扫码获取。

教辅获取

本书教辅资源，授课教师扫码获取

样书赠送

市场营销类重点教材，教师扫码获取样书

清华大学出版社

E-mail: tupfuwu@163.com
电话：010-83470332 / 83470142
地址：北京市海淀区双清路学研大厦 B 座 509

网址：http://www.tup.com.cn/
传真：8610-83470107
邮编：100084

